사회적 경제란 무엇인가

사회적 경제란 무엇인가

인간의 사회를 향한 생명의 경제운동

ⓒ 김기섭 2018

초판 1쇄	2018년 7월 1일		
초판 5쇄	2021년 7월 12일		

지은이	김기섭	펴낸이	이정원
		펴낸곳	도서출판 들녘
출판책임	박성규	등록일자	1987년 12월 12일
편집주간	선우미정	등록번호	10-156
편집	이동하·이수연·김혜민	주소	경기도 파주시 회동길 198
디자인	김정호	전화	031-955-7374 (대표)
마케팅	전병우		031-955-7376 (편집)
경영지원	김은주·나수정	팩스	031-955-7393
제작관리	구법모	이메일	dulnyouk@dulnyouk.co.kr
물류관리	엄철용	홈페이지	www.dulnyouk.co.kr

ISBN	979-11-5925-352-2 (03330)	CIP	2018019712

이 도서의 국립중앙도서관 출판예정도서목록(CIP)은 서지정보유통지원시스템 홈페이지(http://seoji.nl.go.kr)와
국가자료공동목록시스템(http://www.nl.go.kr/kolisnet)에서 이용하실 수 있습니다.

사회적 경제란 무엇인가

Economy

SOCIAL

김기섭 지음

인간의 사회를 향한
생명의 경제운동

프롤로그

'옴소리'와
'라곰'

스웨덴 말에 '옴소리(omsorg)'와 '라곰(lagom)'이라고 있습니다. 사람들의 일상에 깊이 뿌리내려 있는 아주 평범한 말입니다. 옴소리는 보통 '사회적 서비스(social service)'로 이해되지만 본래는 "슬픔을 나눈다"는 뜻입니다. 라곰은 보통 '적당한'으로 번역되지만 본래는 "너무 많지 않으면서 그럭저럭 충분하다(just about enough but too much)"는 뜻입니다. 부자는 아니어도 그럭저럭 먹고살 만해지기를 바라는 경제적인 지향이 라곰이고, 그런 사람들이 어울려 슬픔을 나누며 살아가길 바라는 사회적인 지향이 옴소리인 셈입니다.

제1차 세계대전이 끝나고 온 세계가 자국의 이익만을 위해 서로 경쟁할 때, 그 결과로 세계 곳곳에서 식민지 쟁탈전과 경제 블록

화에 혈안이 되어 있을 때, 오직 두 곳만이 이런 흐름에서 벗어나 다른 길을 걸어갔습니다. 스위스와 더불어 스웨덴만이 정치와 경제의 유착에서 벗어나 아래로부터의 사회 개혁에 착수했습니다. 특히 스웨덴에서는 대다수 국가가 총력전을 방불케 하는 중앙집권적 경제 동원을 향해 가는 와중에 오히려 시민의 자발적 운동—자유교회운동·금주운동·노동조합운동 같은 3대 국민운동과 협동조합운동—을 전개했습니다. 그리고 그 결과로 세계가 대공황의 소용돌이에 빠졌을 때 스웨덴만은 유일하게 "세계 공황이라는 절망의 바다 위에 떠 오른 희망의 섬"이 될 수 있었습니다.

대공황과 그 뒤이은 제2차 세계대전의 상황은 100여 년이 지난 지금도 변함이 없습니다. 지금도 세계는 나눠야 할 행복을 빼앗아야 할 행복으로 만들고 있고, 빼앗기지 않으려면 빼앗아야 한다고 가르치고 있습니다. 이웃의 가난이 곧 나의 행복이라는 '근린 궁핍화(beggar-my-neighbour) 전략'이 국가 간에만이 아니라 한 국가 안에서도 일상이 되어 있습니다.

일본의 저명한 재정학자 진노(神野直彦)는 옴소리와 라곰이 동양의 전통 언어인 인화(人和)와 중용(中庸)에 가깝다고 말했습니다. 하지만 그것의 의미를 어떻게 비유하든 중요한 것은 사람과 사람이 하나로 화합하는 데는 사람 아닌 무언가의 도움이 필요하고, 사람이 너무 욕심부리지 않고 그럭저럭 살아갈 수 있는 것은 사람 아닌 무언가의 모습을 닮고자 해서라는 사실입니다.

요즘 '공유경제(sharing economy)'라는 말이 심심치 않게 들립니다. 대량생산·대량소비로 상징되는 현대사회에서 소유할 필요 없는 '협력적 소비(collaborative consumption)'는 분명 의미 있는 행동입니다. 하지만 '공유(sharing)'의 진짜 의미는 소유권을 무색하게 만드는 이용권의 보장에 있는 것이 아니라 하늘의 복(福)을 함께 나눈다는 데 있습니다. 옴소리가 사회적 서비스로 이해되는 것도 하늘의 복을 나누는 과정에서 사회적 약자에 대한 돌봄이 실행되었기 때문이고, 이런 실천이 가능했던 것은 욕심내지 않는 하늘의 모습을 닮고자 한 라곰 때문이었습니다.

스웨덴이 경제 발전과 사회 보장을 동시에 융합시킨 '노르딕 모델'을 만들 수 있었던 것도 실은 이 두 가지 생각과 실천이 사람들의 일상에 뿌리내려 있었기 때문입니다. 하늘을 매개로 모두가 한 가족이고 한 형제라는 생각과 실천이 사회를 변화시키고 정치시스템으로 제도화되었던 것입니다.

인간에서
생명으로

사회적 경제를 이야기하는 마당에 굳이 스웨덴 이야기부터 꺼낸 것은 단지 그들의 잘 갖춰진 복지제도가 부러워서가 아닙니다. 그보다는 제도를 낳은 스웨덴 사람들의 생각과 실천에서 우리가 배워야 할 것이 있기 때문입니다.

우리는 보통 사회적 경제를 '자본의 경제'에 대한 '인간의 경제'로만 이해합니다. 실제로 '사회적 경제(social economy)'라는 말이 처음 등장한 19세기에는 주로 이런 의미로 많이 쓰였습니다. 당시의 사회적 경제는 인간이면서도 인간 대접 못 받는 이들의 인간이기 위한 노력이었고, 따라서 '인간의 경제'는 당시로서는 매우 혁명적이었습니다.

하지만 어느 순간부턴가 사회적 경제에서 '인간'이 지니는 혁명성은 점차 사라져버렸습니다. 사회적 경제가 성장하고 그 안의 인간이 인간으로 대접받게 되면서 다른 인간은 안중에도 없게 되었습니다. 하늘의 복을 함께 나눈다는 움소리도, 하늘을 닮아 욕심부리지 않고 살아간다는 라곰도 사라져버렸습니다. 모두를 향한 모두의 전쟁에서 사회적 경제는 비슷한 이해관계를 가진 사람들의 이익집단으로 전락해갔습니다.

사회적 경제가 100여 년 넘게 사람들의 기억 속에서 사라졌다가 21세기에 들어 재등장하게 된 것은 이런 지금까지의 과정에 대한 반성이 있었기 때문입니다. 인간과 그들의 사회적 경제는 이제 누군가의 희생을 토대로 자기들 이익을 추구해서는 결국 자기 삶마저 위협받게 된다는 것을 알게 되었습니다. 내가 행복하기 위해서는 나와 비슷한 사람들이 아니라 나와 다른 사람을 행복하게 해줘야 한다는 사실을 알게 되었습니다.

지금의 사회적 경제는 19세기 때와는 다릅니다. 19세기에는 인간들 사이의 상호행위였지만, 지금은 인간과 그 바깥의 상호행위입니다. 스스로를 인간이라 생각하는 이들만의 상호행위가 아니라, 인간 안에도 못 끼는 모든 생명을 향한 인간의 상호행위입니다. 한마디로 19세기의 사회적 경제가 '인간의 경제'였다면 지금의 사회적 경제는 '생명의 경제'이고, 이런 '생명의 경제'를 통해 진정한 '인간의 사회'를 추구하자는 것이 지금의 사회적 경제라 할 수 있습니다.

물론 여기서 말하는 생명은 추상적이거나 생태적인 개념이 아닙니다. 살아 있는 모든 존재가 생명이고, 살아가려는 생명의 모든 노력이 생명의 경제입니다. 생명이 추상적으로 물화(物化)된 것이 자본과 국가이고 생태적으로 물화된 것이 환경인데, 사회적 경제는 이렇게 물화된 생명의 지배를 넘어 살아 있는 모든 생명이 살아갈 수 있게 하자는 것입니다.

한마디로 사회적 경제는 이제 '인간의 경제'가 아니라 '생명의 경제'입니다. 스웨덴 사람들이 모두를 한 가족이고 한 형제라 생각하며 돌볼 수 있었던 것도 그들의 행위가 인간이 아닌 생명의 경제였기 때문입니다. 생명의 경제를 통해 진정한 인간의 사회를 추구해왔기 때문입니다.

사이에서
너머로

다음으로 우리가 스웨덴 사람들에게서 배워야 할 점은 자신들의 실천을 정치시스템으로 제도화해갔다는 것입니다. 기존의 정치시스템에 포획되지 않고 끊임없이 새로운 실천을 모색하고, 이를 모아 다시 제도화하는 데 앞장섰다는 것입니다. 제도화되고 나면 다시 제도로는 해결되지 않는 과제를 향해 새로운 실천을 모색했다는 것입니다. 물론 이런 실천과 제도의 선순환 구조가 가능했던 것은 그들이 끊임없이 시장과 국가 '너머'를 상상했기 때문입니다. 그들의 생각과 실천이 시장과 국가 '사이'에 갇히지 않고 그 너머를 전망했기 때문입니다.

우리나라에서는 최근 몇 년 사이에 사회적 경제가 괄목할 만한 성장을 거두고 있습니다. 2016년을 기준으로 사회적기업이 1천700여 개, 마을기업이 1천400여 개, 자활기업이 1천100여 개를 넘었고, 신규로 설립된 협동조합만도 1만여 개를 넘어섰습니다. 그리고 이를 지원하는 민관협력기관(중간지원조직)들도 80여 개가 넘게 설치돼 있습니다. 이런 추세를 반영이라도 하듯 정부에서도 양극화 해소와 일자리 창출, 공동체 복원이라는 '사회적' 가치를 기치로 각종 법규와 제도를 정비하고 있습니다.[1]

---

1   2007년 '사회적기업육성법'을 시작으로 2012년에는 '협동조합기본법'이 제정되

반갑고 고마운 일이지만 한편으로는 걱정도 듭니다. 1만여 개가 넘는 협동조합들이 새로이 설립되었다지만 그 속내를 들여다보면 실제로 사업을 하거나 사업을 해도 수익을 내는 경우는 그리 많지 않습니다.[2] 사회적기업이나 마을기업, 자활기업도 정부의 지원이 있는 동안에는 어떻게든 유지되지만 지원이 끊긴 이후에는 생존하기가 쉽지 않습니다.

혹자는 이런 상황을 정부의 물량주의[3] 탓으로 돌리기도 합니다. 숫자를 늘리는 데만 급급했지 안정적인 육성을 등한시한 때문이라고 말합니다. 하지만 정부는 본래 그 나라 국민의 생각과 실천을 넘지 않는 법입니다. 중요한 것은 사회적 경제의 생각과 실천이지 정부의 잘못된 지원 탓이 아닙니다.

정권이 바뀌면서 새 정부가 사회적 경제를 적극 지원한다고 마

었고, 2017년 출범한 문재인 정부도 '사회적경제기본법' '사회적가치실현기본법' '사회적경제기업제품판로지원법' 등의 제정을 서두르고 있습니다.

[2] 한국보건사회연구원의 『2015년 협동조합 실태조사』에 따르면, 설립 신고된 협동조합 중 법인등기와 사업자등록을 마친 협동조합은 전체의 80.9%, 사업자등록을 마친 협동조합 중 실제 사업을 운영하는 협동조합은 69.6%로서 실제 가동률이 56% 수준입니다. 그 규모도 영세해서 평균 조합원수 47.3명, 평균 취업자수 4.3명, 평균 당기순이익 1천923만 원 정도입니다.

[3] 실제로 지난 정부에서는 "2017년까지 사회적기업 3천 개 육성", "2016년까지 (협동조합) 취업자 5만 명 달성"이라는 수치적 목표에만 주로 매달려왔습니다. 하지만 안타깝게도 이런 목표는 달성되지 못했습니다. 사회적기업은 그 조직 수가 목표의 절반을 겨우 넘겼고, 협동조합은 그 고용 인원이 3만여 명에 그쳤습니다.

냥 좋아할 일만도 아닙니다.[4] 사회적 경제는 정권의 향배에 따라 그 생사가 결정되는 것이 아니라 인간이 사회를 형성하면서부터 계속 이어져온 것입니다. 그리고 이렇게 이어져올 수 있었던 것은 "일자리 창출과 복지 전달의 효율화를 통해 따뜻한 성장을 달성한다"는 정부의 구획된 역할에 포획당하지 않고 항상 그 너머를 상상했기 때문입니다.

내가 이 책을 쓰게 된 동기는 이상의 두 가지입니다. 하나는 사회적 경제를 '인간의 경제'에서 '생명의 경제'로 전환하기 위해서고, 또 하나는 시장과 국가 '사이'에서 벗어나 그 '너머'를 전망하기 위해서입니다. 그리고 이를 통해 우리 사회에서 사회적 경제가 모든 인간의 지속적이고 행복한 삶을 향해 우뚝 서주기를 염원해서입니다.

---

4   경제는 크게 수요와 공급이라는 두 가지 영역으로 나뉩니다. 정부는 주로 수요에 집중하는 반면에 일반 기업과 사회적 경제는 주로 공급에 집중합니다. 일반 기업과 사회적 경제가 경쟁하는 것은 같은 공급 영역에 있기 때문이고, 정부가 정권의 향배에 따라 때로는 일반 기업과 또 때로는 사회적 경제와 가까이 지내는 것은 그 영역이 다르기 때문입니다. 즉, 정권의 향배에 따라 정부는 언제든 일반 기업에 더 가까울 수 있고, 이런 정부에 자신의 운명을 맡기는 것은 사회적 경제를 위해서도 좋은 일이 아닙니다.

구성

이 책은 크게 다섯 장으로 구성돼 있습니다. 먼저 제1장에서 나는 사회적 경제에 대한 우리 사회의 잘 못된 시각을 지적하면서 '사회적'이 지니는 본래의 의미, 또 이를 가능하게 하는 '인간'에 대해 이야기할 것입니다.

다음으로 제2장에서는 사회적 경제의 구체적인 경제행위를 '교역'으로 보고, 교역의 세 가지 양식, 즉 호혜·재분배·상품교환이 각각 어떻게 태동했는지를 역사적으로 밝힐 것입니다. 물론 이렇게 교역의 역사를 추적하는 이유는 우리 시대 사회적 경제의 역할이 호혜와 상품교환의 결합에만 있는 것이 아니라 호혜·재분배·상품교환의 융합에 있다고 보기 때문입니다.

제3장에서는 사회적 경제를 실천하는 데 있어 필수불가결한 '자본'에 대해 언급할 것입니다. 자본주의를 넘어서는 것은 자본의 소유 주체가 자본가에서 인간으로 바뀐다고 되는 일이 아니라, 자본에 대한 새로운 이해를 바탕으로 새로운 자본을 조성해 새로운 방식으로 쓸 때나 가능하다는 것이 이번 장의 취지입니다.

제4장에서는 사회적 경제가 만들어갈 사회의 '구조'에 대해 이야기할 것입니다. 우리 사회를 생명의 사회로 만들어가기 위해서는 사회적 경제 스스로가 먼저 생명의 사회를 형성해야 하는데, 그 구조를 나는 한반도 이남에서 최초로 사회를 형성했던 마한과 소도

에 대한 상상에서 찾고자 합니다.

　마지막으로 제5장에서는 사회적 경제가 창출하는 '지역사회'에 대해 이야기할 것입니다. 사회적 경제는 시간(필요)의 엮음에서 출발하지만 이런 엮음이 지역사회라는 공간 창출로까지 이어지지 않으면 기존의 자본주의 공간에 수렴될 뿐이라는 것이 나의 생각입니다. 세계화된 자본주의가 더는 지속가능하지 않은 지금, 사회적 경제를 통한 지역사회의 창출이야말로 인류의 운명을 좌우할 매우 중요한 대안입니다.

감사

　　　　　　이 책을 쓰기까지 두 단체로부터 큰 도움을 받았습니다. 먼저 한살림 모심과 살림연구소는 내게 생명의 눈으로 사회적 경제를 볼 수 있게 끊임없이 북돋아주었습니다. 이 책의 주요 내용은 그분들과 함께한 수많은 토론이 그 씨앗이 되었습니다. 3년여에 걸친 연구와 2년여에 이른 집필은 아마도 그분들의 도움과 지도가 없이는 불가능했을 것입니다.

　또 일본의 그린코프 생협에도 감사드립니다. 사람의 인식능력에는 한계가 있어서 보지 않고는 상상하기 힘든데, 그분들은 내게 많은 것을 보여주었고, 또 보여준 것 이상을 깨닫게 해주었습니다.

이 두 단체의 도움으로 나는 지난 『깨어나라! 협동조합』에서 미진했던 많은 부분을[5] 이 책에서는 담아낼 수 있게 되었습니다. 다시한번 두 단체의 여러분들께 감사드립니다.

　새로운 사회적 경제를 상상하고 실천하는 모든 분들께 이 책이 작으나마 보탬이 되었으면 좋겠습니다.

5　　『깨어나라! 협동조합』의 마지막 장을 나는 '상상력으로 사회적 경제 기획하기'로 마감했습니다. 상상력을 매개로 ①리얼한 세계 안에 유토피아의 세계를 담아내야 하고, ②경제를 구성하는 제 요소(토지·노동·화폐를 포함해)를 생명으로 인식해야 하며, ③사회적 경제 안에 음양의 삼분화를 담아내야 한다고 제기했습니다. 물론 당시에는 아직 제기 수준에 머물렀지 구체적 내용이 없었습니다. 구체적 내용을 담아내기에는 내 공부가 미진했습니다.

차례

제2장   **교역의 역사**

제4장   **사회의 구조와 소도**

'사회적'이란 무엇인가

1. '사회적'에 대한
잘못된 이해

사회주의냐
공익이냐

　　　　　사회적 경제를 이야기할 때 가장 중요한 것이 '사회적'을 어떻게 이해하느냐입니다. 시장경제나 국가경제와 비교해 사회적 경제가 갖는 가장 큰 차이가 실은 '사회적(social)'이라는 말 안에 담겨 있기 때문입니다.

　　하지만 이런 '사회적'에 대해 우리 사회에서는 크게 두 가지로 잘못 이해하고 있습니다. 한쪽에서는 '사회적'을 '사회주의'로 이해하고 있고, 다른 한쪽에서는 '공익(公益)'으로 이해하고 있습니다.

　　2015년 국회에서 '사회적경제기본법'이 발의되었을 때 당시 여당의 대표 발의 의원을 향해 같은 당 소속 의원과 대통령은 배신자 혹은 자유민주주의를 위협하는 자로 몰아붙였습니다. 최근에도 비슷한 일이 벌어져서 2017년에 서울시와 서울시교육청이 발간한 『사회적 경제』 교과서를 두고 모 의원은 "자유시장경제를 표방하는 대한민국의 아이들에게 사회주의 경제론을 물들이고 사회주의적 경제 신봉자로 만들려 한다"며 비난했습니다.

사회적 경제를 바라보는 재계의 입장도 비슷합니다. 재계에서는 사회적 경제를 성장보다는 분배, 자유보다는 평등에 그 중심이 가 있는 사회주의적 정책이고, 따라서 이에 대한 정부의 지원은 사회적 경제에서 '경제'는 사라지고 '정치'만 남는 결과를 초래할 것이라고 비판했습니다. 그들에게 있어 '사회적'은 '사회주의'의 다른 표현이고[6], "사회적 경제는 결국 사회주의 통제경제의 변종"인 셈입니다.[7]

이들보다는 우호적이지만 여전히 '사회적'을 잘못 이해하는 것이 이를 '공익'으로 바라보는 시각입니다. '사회적경제기본법'이 발의되었을 당시에 그 법안에는 여야 가릴 것 없이 사회적 경제를 "사회서비스 확충, 복지의 증진, 일자리 창출, 지역공동체 발전, 기타

---

6   "('사회적'이란 말 안에는) 자유주의에 대한 반감이 내포되어 있어, 자유주의는 수정되어야 할 대상이다. 또한 그 속에는 수정될 정치적 방향이 들어 있다. 그 어젠다의 성격은 유대감과 나눠먹기 등 소규모집단의 윤리를 요구하는 재분배의 성격이다. 성장보다는 분배가 사회적이고 자유보다는 평등이 사회적이라는 뜻이다."(현진권)

7   "사회적 경제에서 사회적이라는 말이 수식하는 '경제'는 흔적도 없이 사라지고, 그 자리를 '정치'가 차지할 것이다. 사회적 경제에서 '경제논리'는 사라지고, 그 자리를 '정치논리'가 대신할 것이다. 역사적으로 볼 때도 사회적이라는 용어는 정치권의 권력을 강화하고 정부가 큰 정부로 가는 길을 열심히 일조해왔다."(권혁철)

공익에 대한 기여 등" "공동체 구성원의 공동이익과 사회적 가치의 실현을 위한" 경제활동으로 정의 내렸습니다. 2017년 문재인 정부 일자리위원회에서도 사회적 경제의 공익성을 강조해 "양질의 일자리를 창출하고, 양극화를 완화하는 중요한 정책"으로 부각시키고 있습니다.

　정부나 정치권에서 사회적 경제에 관심을 가져주는 것은 고마운 일이지만, 정말로 사회적 경제는 공익을 위한 경제일까요? 아니면 이런 정부나 정치권을 비판하는 자유시장주의자들의 주장처럼 사회주의경제의 변종일까요?

　결론부터 말하면 전혀 상반돼 보이는 이 두 견해가 실은 동전의 양면처럼 같은 말이라는 것이 나의 생각입니다. 이 두 견해 사이에는 시장경제의 실패를 인정하느냐 마느냐, 인정하더라도 그 실패를 국가경제가 보완하느냐 사회적 경제가 보완하느냐는 차이가 있을 뿐, 국가경제와 사회적 경제를 혼동한다는 점에서, 사회적 경제를 국가경제의 도구로 활용한다는 점에서는 공통적입니다.

레닌과 크로포트킨의
대화

먼저 사회적 경제가 과연 사회주의 경제와 같은 말인지에 대해 좀 길지만 한 편의 대화록[8]을 소개하고자 합니다. 최초로 사회주의국가를 태동시킨 레닌과, 평생을 협동조합 발전을 위해 노력한 크로포트킨 사이에 오간 대화인데, 이를 통해 우리는 사회주의국가가 사회적 경제를 어떻게 생각하는지 알 수 있게 될 것입니다.

1917년 6월, 러시아에서 볼셰비키혁명이 있은 지 4개월 후에 크로포트킨은 40여 년의 오랜 망명 생활을 접고 가족과 함께 고국으로 돌아왔습니다. 평소 크로포트킨을 존경해온 레닌은 1919년 5월에 크렘린의 자기 서재로 그를 모셔 와 긴 회담을 가졌습니다. 두 사람은 자기 입장을 양보하지 않으면서도 서로에 대한 공감과 존경만큼은 잃지 않았습니다.

크로포트킨이 말했습니다. "블라디미르 일리치(레닌), 나는 당신과 만나서 매우 기뻐요. 우리는 당신들과는 다른 관점에 서 있어요. 문제의식과 행동양식, 조직 등에서 우리는 서로 다르지만 그럼에도 우리의 목적은 같은 데 있어요. 당신과 당신의 동지들이 공산주의라는 이름으로 행하고 있는 일들은 늙은 내가 볼 때 매우 중요

---

8   今井義夫, p.323-331.

하고 기뻐할 만한 거예요. 하지만 당신들은 협동조합을 억압하고 있어요. 나는 협동조합을 지지하고 있는데 말이죠."

레닌이 말했습니다. "우리도 (당신들을) 지지합니다. 하지만 우리는 쿨라크(부농)와 지주와 상인들과 더욱이 사적 자본 일반이 그 몸을 감추고 있는 협동조합에 대해서는 반대합니다. 우리는 오직 사이비 협동조합의 가면을 벗기고 광범위한 주민 대중이 적극 참여하는 협동조합을 바랄 뿐입니다."

크로포트킨이 답했습니다. "나도 거기에는 반대하지 않아요. 그리고 그런 경우에는 전력을 다해 모든 허위나 기만과 싸울 필요가 있어요. 우리는 어떤 것도 감춰서는 안 돼요. 우리는 모든 허위를 가차 없이 폭로해야만 해요. 하지만 나는 드미트로프시에서 수많은 협동조합이 억압받는 걸 봤어요. 그곳의 상황은 지금 당신이 말한 것과는 달라요. 그리고 그 원인은 아마도 모든 권력이 그랬듯이, 지방권력이 과거에는 혁명가였겠지만 지금은 관료화되어 자기들 마음대로 공무원들을 부리기 때문이에요. 그들은 주민들을 자기들에게 복종시키려 하고 있어요."

레닌이 말했습니다. "우리는 공무원에 대해 언제 어디서든 반대해왔습니다. 우리는 관료들과 관료주의에 반대해왔습니다. 만약 그것이 우리의 새로운 체제 안에 깃들려 할 때, 우리는 그런 구습은 뿌리로부터 근절해야 합니다. 하지만 표트르 알렉세예비치(크로포트킨), 당신은 인간을 다시 만드는 일이 얼마나 어려운지를 잘 아시지 않습니까? 마르크스가 말했던 것처럼 가장 난공불락의 요새는 인간의 머리 아니겠습니까? 우리는 이 싸움의 성공을 위해 무엇이든 받아들일 생각입니다.

우리의 비문화성, 우리의 교육 수준, 우리의 후진성 같은 것들의 결과물입니다. 국가권력 기관들이 행하고 있는 과오, 다시 말해 중앙으로부터 멀리 떨어진 지방에서 부정하게 행해지고 있는 것들을 당으로서의 우리와 국가권력으로서의 우리 책임이라고 할 수 있는 사람은 아무도 없을 것입니다."

크로포트킨이 말했습니다. "물론이에요. 하지만 그런 비문화적 권력의 영향 아래 놓인 사람들이 힘들어해요. 권력 자체가 이미 권력을 넘겨받은 사람들 각자에게 최대의 독약이 된 때문이죠."

레닌이 부언했습니다. "하지만 어쩔 수 없습니다. 하얀 장갑을 끼고는 혁명을 할 수 없잖습니까? 우리는 적지 않은 과오를 범해왔고 또 앞으로도 범할 것을 잘 알고 있습니다. 고칠 수 있는 것은 모두 고칠 겁니다. 자신의 과오를, 그 일부는 정말로 어리석은 것입니다만, 인정하겠습니다. 그리고 어떤 과오가 있더라도 우리는 사회주의혁명을 최후의 승리까지 달성해갈 겁니다. 이를 위해 당신이 우리를 도와주시기 바랍니다. 당신이 목격한 모든 부정에 대해 우리에게 알려주시기 바랍니다. 그리고 우리가 이에 대해 정말로 주의 깊게 대응하리라고 믿어주시기 바랍니다."

크로포트킨이 말했습니다. "나나 내 친구들은 당신과 당신 동지들이 하는 일을 무엇이든 도울 거예요. 우리는 이미 드러나고 있는 부정에 대해, 그 부정으로 인해 생겨나는 많은 곳에서의 끊이지 않는 신음에 대해 당신들에게 알려드릴 거예요."

레닌이 말했습니다. "신음이 아니라 저항하는 반혁명분자들의 불평에 대해서는 우리는 과거에도 그래왔던 것처럼 앞으로도 용납하지 않을 겁니다."

크로포트킨이 말했습니다. "하지만 이보세요, 당신은 권력 없이는 아무 소용없다고 말하지만 나는 괜찮다고 말하고 싶어요. 당신은 무권력의 원리가 얼마나 큰 불길처럼 일어날지를 보게 될 거예요. 가령 요즘 들은 이야기지만 영국의 어느 항구도시에서는 항만 노동자들이 완전히 자유롭고 멋진 협동조합을 조직했다고 해요. 다른 모든 생산 부문의 노동자들도 그 방향으로 한 발 한 발 나가고 있어요. 협동조합운동은 거대해요. 그리고 본질적으로 가장 중요해요."

순간 레닌의 눈에서는 약간의 빈정거림이 흘렀습니다. 크로포트킨의 이야기를 주의 깊게 들으면서도 그는 10월에 있었던 거대한 혁명의 물결 속에서 오직 협동조합만 언급하는 크로포트킨을 이해할 수 없었습니다. 하지만 계속해서 크로포트킨은 영국의 다른 곳에서도 같은 종류의 협동조합이 조직되었다는 것, 스페인에서도 다양한 규모의 협동 조직이 생겨났다는 것, 그리고 프랑스에서는 생디칼리즘 운동이 활발히 전개되고 있다는 것을 이야기했습니다.

레닌이 더는 참지 못하고 중간에 이야기를 끊었습니다. "그런 것들은 대단히 해롭습니다. 삶의 정치적 측면에 대해 어떤 관심도 기울이지 않고 있고, 노동자 대중을 직접적인 투쟁으로부터 회피하게 만들기 때문에 분명 부패할 겁니다."

크로포트킨이 흥분해 답했습니다. "하지만 지금 노동운동은 몇 백만 명을 통합시키고 있어요. 이는 그 자체가 거대한 요소예요. 협동조합운동과 더불어 큰 전진이에요."

레닌이 다시 그의 말을 끊었습니다. "그건 그걸로 충분합니다. 협동조합운동이 물론 중요하긴 하지만 생디칼리즘적인 운동만으로는 해롭습니다. 진짜 긴요한 문제가 무엇일까요? 과연 협동조합운동만으로 어떤 새로운 것에 도달할 수 있을까요? 정말로 당신은 자본주의 세계가 협동조합운동에 그 자리를 내줄 거라 생각하시나요? 그들은 모든 수단과 방법으로 협동조합운동을 수중에 넣으려 할 겁니다. 영국 노동자들의 '무정부' 협동조합 그룹은 가장 가혹한 형태로 탄압받아 자본의 시녀로 전락할 겁니다. 협동조합운동 안에서의 새로운 경향, 당신이 그렇게 공감하시는 그것, 그것은 결국 자본이 동여매는 수천 가지 거미줄로 자본에 종속돼버리고 말 겁니다."

계속해서 레닌은 의자에서 일어나 명료하면서도 단호하게 말했습니다. "죄송합니다. 하지만 이런 운동은 그리 중요하지 않습니다. 모두 달걀로 바위 깨기입니다. 대중의 직접적 행동이 필요합니다. 하지만 서유럽에는 그런 행동이 없습니다. 연방주의나 공산주의나 사회혁명에 대한 어떤 행동도 없습니다. 이런 운동들은 모두가 마치 어린아이 장난감처럼 일시적인 붐은 일으키겠지만, 진정한자기 기반을 지킬 힘도 수단도 없기 때문에 우리가 지향하는 사회주의 목적으로 우리를 이끌지 못할 겁니다."

크로포트킨은 의자 깊숙이 앉아 주의 깊게 레닌의 이야기를 경청했습니다. 그리고 더는 협동조합에 대해 아무런 이야기도 하지않았습니다. 그는 말했습니다. "물론 당신이 옳아요. 한 나라에서중요한 일들은 투쟁을 통하지 않고는 해결되지 않죠. 투쟁이 없이는 아무런 변화도 없어요."

레닌이 또다시 외쳤습니다. "아니, 그 투쟁도 대중적이어야 합니다. 우리에게 개인적 투쟁은 필요 없습니다. 그것이 우리가 오래전부터 아니키스트들이 이해해주기를 바라는 바였습니다. 대중 속에서만이, 대중을 통해서만이, 대중과 함께하는 속에서만이 가능합니다. 그렇지 못한 다른 것들, 아나키스트적인 방법을 포함해서모든 다른 것들은 이미 역사의 고문서에 수장되었습니다. 이런 방법은 누구에게도 필요치 않고, 누구에게도 도움이 안 되며, 누구도끌어들이지 못합니다. 오직 케케묵고 상처투성이인 방법에 미친 사람들을 끌어들일 뿐이었습니다."

레닌이 여기서 갑자기 말을 멈췄습니다. 그리고 과장된 웃음을 띠며 말했습니다. "죄송합니다. 제가 너무 열중해서 당신을 피곤하게 해드렸습니다. 우리 볼셰비키란 것들이 원래 다 이렇습니다. 이 것이 우리의 문제이고 특기입니다. 이는 우리에게 매우 소중한 것이어서 저도 모르게 그만 평정을 잃고 말았습니다."

크로포트킨이 대답했습니다. "아니, 아니에요. 만약에 당신과 당신의 동지들이 모두 그렇게 생각하고 있다면, 만약 권력에 취하지 않고 국가의 노예가 되는 일은 단연코 없을 것이라고 느끼고 있다면, 그렇다면 당신들은 분명 많은 일을 하게 될 거예요. 그때가 되면 혁명은 혁명을 원하는 분들의 수중에 있게 될 거예요."

레닌이 진심으로 답했습니다. "노력하겠습니다. 지금 우리나라에는 계몽된 대중이 필요합니다. 그래서 당신의 저서인 『프랑스대혁명』을 될 수 있으면 많이 출판하고 싶습니다. 그렇게 되면 모든 사람에게 유익할 겁니다."

크로포트킨이 "어디서 출판할 예정이에요? 국립출판사에서라면 저는 승인할 수 없는데…"라고 이의를 제기하려 하자 레닌이 익살맞은 웃음을 지으며 선수를 쳤습니다. "물론 당연한 말씀이시죠. 국립출판사가 아니라 협동조합출판사에서 출판될 겁니다."

크로포트킨이 찬동하며 말했습니다. "뭐, 괜찮지 않겠어요? 만약 당신이 그 책에 흥미와 필요를 느껴주신다면 나는 싼 가격에 출판하는 것에 동의해요. 아마도 출판에 관심을 보이는 협동조합출판사가 있을 거예요."

"있고말고요. 저는 분명히 있을 것으로 확신합니다."

/ 제1장 : '사회적'이란 무엇인가

회담을 마치고 나오면서 레닌은 주위 사람들에게 크로포트킨을 선배 혁명가로서 합당하게 대우할 것을 명했습니다. 하지만 내전 당시의 모스크바에서 적당한 거처도 마련하지 못한 크로포트킨은 교외의 작은 마을에 있는 옛 친구 집에 의탁해 살았습니다. 거처와 식량이 부족했던 그에게 지방의 공산당 공무원들은 어떤 배려도 하지 않았을 뿐만 아니라 오히려 귀족 출신이라는 이유로 적대적으로 대우했습니다.

크로포트킨의 건강이 매우 쇠약해졌다는 소식을 들은 레닌은 급히 특별 열차를 마련해 의사와 간호사를 파견하고 생필품을 보내는 등 관심과 배려를 아끼지 않았습니다. 하지만 크로포트킨의 병세는 별로 호전되지 않았고 노혁명가는 쓸쓸히 최후를 맞이했습니다.

사회적
≠ 사회주의

크로포트킨은 레닌과의 대화에서 국가권력과 관료주의가 비대해지는 것에 대해 경고했고, 가능한 한 폭력적인 방법을 사용하지 말 것을 충고했습니다. 물론 레닌은 그의 충고를 이해는 했지만 받아들이지 않았습니다. 레닌의 뒤를 이은 스탈린은 이런 충고를 이해하지도 않았고, 결국 모든 협동조합은 집단농장(kolkhoz)으로 편입되면서 국가권력의 지배하에 놓이게 되었습니다.

협동조합에 대한 사회주의국가의 탄압은 비단 구소련에서만의 일이 아니었습니다. 북한에서는 일제강점기에서 갓 벗어난 초기에는 협동조합 발전에 힘을 쏟았지만, 사회주의국가 체제가 정비된 1960년대부터는 공식 석상에서 그 명칭이 완전히 사라졌습니다. 중국에서도 1958년 대약진운동을 계기로 한 마을을 하나의 공사(公社, commune)로 만들려는 일향일사(一鄕一社)의 공산당 정책에 의해 농촌의 모든 소규모 생산협동조합(工作社)들이 인민공사로 흡수되었습니다.

사회적 경제를 사회주의경제로 이해하는 것은 역사적 사실과는 전혀 상반된 것입니다. 모든 사회주의국가에서는 초기에는 사회적 경제를 이용했을지 몰라도 결국에는 탄압하고 없애버렸습니다. 초기 혁명 단계에서는 대중의 직접적 정치투쟁을 가로막는 소아병적인 자기만족이라고 비난했고, 혁명 후 국가를 재건하는 단계에서는 필요에 따라 조금 이용했지만 결국 적으로 간주해 모두 없애버렸습니다.

한마디로 사회적 경제의 '사회적'은 '사회주의'가 아닙니다. 이 둘의 차이를 명확히 이해했기 때문에 레닌은 사회적 경제를 비판했고, 스탈린과 김일성과 마오쩌둥은 처음에는 이용해도 결국에는 없애버렸습니다. 오히려 사회적 경제를 탄압하면서도 끝까지 활용한 것은 반공을 국시로 내건 박정희 군부독재정권과 신자유주의를 기치로 내건 이명박 정부에서였습니다. 이때에 농업협동조합과 신용협동조합이 제도화되었고, 지금의 협동조합기본법도 제정되었습니다.

성장이냐 분배냐, 자유냐 평등이냐

이런 사회적 경제를 두고 재계에서는 성장보다는 분배, 자유보다는 평등에 그 중심이 가 있다고 비판합니다. 하지만 이 역시 완전히 번지수를 잘못 짚은 것입니다. 사회적 경제는 오히려 시장주의자들의 비판과는 정반대로 분배보다는 성장에, 평등보다는 자유에 그 중심이 가 있다고 나는 생각합니다.[9]

---

9 프루동이 19세기 상 시몽 같은 사회적 경제 진영을 비판한 것과도 같은 이유에서 입니다. 프랑스혁명의 정신인 자유·평등·우애 가운데 보통의 사회적 경제 진영에서는 평등과 우애를 우선시했지만, 프루동은 자유를 우선시했습니다. 물론 그렇다고 해서 그가 평등을 완전히 무시했던 것은 아닙니다. 프루동이 반대한 것은 분배의 정의였고, 이를 향한 국가의 노력이 오히려 자유를 희생시켜 권력을 강화한다고 보았습니다. 그가 역설한 것은 이런 '분배의 정의'에 대한 '교환의 정의'였고, 부의 격차가 발생하지 않는 교환시스템, 즉 자유의 호혜성이었습니다.

다만 사회적 경제가 시장경제와 다른 점은 성장과 자유의 대상이 시장이 아니라 인간이라는 데 있고, 이런 인간의 성장과 자유를 위해서는 정의로운 분배와 평등이 전제되어야 한다는 데 있습니다.

분배와 평등의 궁극적인 목적이 인간의 성장과 자유에 있다는 내 생각이 사회적 경제 진영에서는 어색하게 들릴 수 있습니다. 보통의 사회적 경제 진영에서는 스스로를 성장보다는 분배, 자유보다는 평등에 중심이 가 있다고 생각하기 때문입니다. 하지만 이런 생각이야말로 세상 사람들이 사회적 경제를 사회주의경제로 왜곡하는 빌미가 됩니다. 너무 나간 성장 중심의 자유시장경제를 분배 중심의 평등한 경제로 보완하려는 국가의 정책적 도구로 활용되는 근거가 됩니다.

경제는 사라지고 정치만 남을 것이라는 재계의 우려가 우려를 넘어 현실이 되는 것은 이때부터입니다. 성장과 자유보다는 분배와 평등을 '사회적'으로 이해하는 사회적 경제 진영과, 이를 활용해 신자유주의 시장경제를 보완하려는 정부의 정책이 결탁하면서 결국에는 사회적 경제에서 경제는 사라지고 정치만 남게 만듭니다. 하지만 이런 정부의 정책은 국가 형성의 초기 단계에서 사회적 경제를 이용한 사회주의국가와 별반 다를 게 없습니다. 이런 정부에 끌려다녀서는 결국 국유화(정치화)의 전 단계로 소멸될 운명에 놓일 뿐입니다.

정부에 의한 사회적 경제의 육성에 대해서는 이미 19세기에 마르크스도 통렬히 비판한 적이 있었습니다. 1875년에 독일 사회주의 노동자당이 그 강령 안에 협동조합을 지원하는 정책을 내놓자 그는 "노동자가 처음에 그 협동조합적 생산의 여러 조건을 사회적인 규모로… 만들어내는 것은 현재의 생산조건들을 변화시키기 위한 노력이지 국가의 보조에 의한 협동조합 설립과는 아무런 관련이 없다. 오늘날 협동조합에 대해 말하자면, 그것은 정부로부터도 부르주아로부터도 보호받지 않고 노동자가 자주적으로 만들어낼 때 비로소 가치 있는 것이다"라고 지적했습니다.

마르크스는 협동조합이 국가에 의해 육성되는 것이 아니라 협동조합이 국가를 바꿔내야 한다고 보았습니다. 물론 이런 협동조합을 위해서는 일정 부분 국가의 지원이 필요했고, 이에 마르크스는 과도적으로 프롤레타리아가 국가권력을 잡아야 한다고 생각했습니다. 하지만 그의 생각은 잘못되었습니다. 국가를 지양하기 위해 국가권력을 장악해야 한다는 그의 생각은 오히려 국가권력의 강화만 낳을 뿐이었습니다. 강화된 국가권력에 의해 협동조합은 탄압받았고, 결국에는 국유화돼버렸습니다.

이런 점에서 사회적 경제에 대한 재계의 주장은 그들이 그토록 싫어하는 마르크스의 주장과 닮았습니다. "사회적 경제 조직들이 사회적 가치를 추구하는 경제활동을 마음대로 하도록 내버려두고 (Let it be!)", 정부는 "마치 전지전능한 신처럼 마음대로 할 수 있다는 착각에서 벗어나 손을 떼라(No Touch!)"는 주장은, "정부로부터도 부르주아로부터도 보호받지 않고 노동자가 자주적으로 만들어 낼 때 비로소 가치 있다"는 마르크스의 주장과 똑같습니다. 사회적 경제에 대한 입장에서만큼은 재계는 마르크스의 후예인 셈입니다.

공익은
누구의 몫인가

또 한 가지 사회적 경제에 대한 잘 못된 이해 가운데 하나가 '사회적'을 '공익'으로 보는 견해입니다. 우리나라 정치권에서는 특히 이런 견해가 팽배해 있어서 2007년 '사회적기업육성법'을 제정할 때 그 목적을 "충분하게 공급되지 못하는 사회서비스를 확충하고 새로운 일자리를 창출"하는 데 두었고, 2012년 '협동조합기본법'을 제정할 때도 그 목적을 "사회통합과 국민경제의 균형 있는 발전"에 두었습니다. 일자리 창출을 국정의 우선 과제로 선정한 문재인 정부 역시 "양질의 일자리를 창출하고, 양극화를 완화하는 중요한 정책"으로 사회적 경제의 공익성을 강조하고 있습니다.

하지만 공교롭게도 공익의 강조는 오히려 자유시장경제를 신봉하는 이들에게 공격의 빌미를 제공합니다. 공익은 본래 국가가 추구해야 할 일이고, 일반 기업도 '기업의 사회적 책임(CSR)' 등을 통해 이를 실천하고 있는데, 구태여 막대한 세금을 들여서까지 사회적 경제를 지원할 필요가 있느냐고 비판합니다. 그 의도가 좌파 정권의 세력 확장에 있는 것 아니냐고 의심하고, 결국에는 '관치경제의 부활'이 될 거라며 반대합니다.

물론 나는 이런 자유시장주의자들의 견해에 일부 동의합니다. 아니, 동의하는 수준을 넘어 그런 날이 실현될 때만 손꼽아 기다립니다. 국가의 목적은 본래 사익 추구를 돕는 데 있는 것이 아니라 공익을 추구하는 데 있고, 사익을 추구하는 일반 기업조차 이름이야 어떻든 당연히 공익을 실천해야 합니다. 공익의 추구를 넓게는 모든 경제주체의 당연한 의무로 보고, 좁게는 국가의 고유 영역으로 인정한다는 점에서 그들의 견해는 참으로 훌륭합니다.

우리 사회에서 최근 자주 회자하는 용어 가운데 '사회적 가치(social value)'라고 있습니다. 이는 '경제적 가치(economic value)'만을 추구해온 지금까지의 사회가 더는 지속할 수 없게 된 상황에서, 경제적이고 사회적인 양 측면의 '공통가치(shared values)'를 추구해야 한다는 문제의식에서 나온 말입니다. 물론 여기서 말하는 '사회적 가치'는 '공익'과 같은 말입니다. 기업은 이제 "경제적 가치를 창출하면서 동시에 사회적 필요에 대응"해야 하고, 국가 또한 "사회적 필요에 대응하면서 동시에 경제적 가치를 유지"해야만 합니다.

한마디로 공익의 추구는 넓게는 모든 경제주체의 당연한 의무이고, 좁게는 국가의 고유 영역입니다. 기업이 말만 번듯할 뿐 실제로는 전혀 공익을 추구하지 않는 것은 지탄받아 마땅하고, 국가가 자신의 고유 영역을 사회적 경제에 떠넘기는 것 또한 근본적 해결책이 될 수 없습니다.

굳이 국가가 공익을 추구하는 데 기업적 방식이 필요하다면 이는 공기업을 통해 해결하면 됩니다. 공기업이야말로 공익 추구로 대변되는 국가의 역할을 기업적 형태로 추구하는 곳입니다. 그런데 지금 우리나라에서는 얼마나 많은 공익을 창출했느냐보다 얼마나 많은 이익을 냈느냐로 공기업을 평가하고 있고, 이익을 내는 데 도움이 되지 않는 일에 대해서는 사회적 경제 같은 민간에 위탁하고 있습니다. 이름이 좋아 좌파 정권의 세력 확장이지 실은 국가는 물론이고 공기업조차도 꺼리는 일의 하도급 기관으로 전락해가는 것이 지금의 사회적 경제입니다.

문제는 위에서 말한 공통가치로서의 '사회적' 가치가 사회적 경제에서 말하는 '사회적'의 의미와는 다르다는 데 있습니다. 이것이 만약 같은 취지의 것이라면 굳이 사회적 경제를 시장경제나 국가경제와 구분할 필요가 없습니다. 이런 취지의 '사회적' 가치는 사회적 경제만이 아니라 모든 경제주체가 당연히 추구해야 할 것이고, 이를 사회적 경제의 전유물인 양 이야기하는 것은 너무 나간 '경제적' 가치에 대한 제어는 될 수 있어도 결국에는 정부나 기업의 당연한 책무를 회피하는 결과를 초래할 것입니다.

사회적 경제의
목적

　　　　　　　　　이미 잘 알려진 바대로 사회적 경제는 유럽에서 처음 태동한 개념입니다. 같은 유럽이어도 나라마다 역사적 전통과 상황이 다르기 때문에 사회적 경제에 관한 원칙이나 정의 또한 조금씩 다르지만,[10] 그 안에는 공통적으로 사람이 주체라는 특징이 있습니다. 사람이 주체이기 때문에 당연히 그 운영에서는 투자액과 상관없이 1인 1표로 의사결정이 이뤄져야 하고, 수익이 발생해도 투자액에 따라서가 아니라 사람의 노동량(이용액)에 따라 분배되어야 한다고 말합니다.

　　물론 이런 사회적 경제를 통해 도달하려는 궁극적인 목적은

10　　　프랑스에서는 사회적 경제가 "①노동자·농민·상인·사업주·시민에 의한 설립과 자유롭고 주체적인 참여, ②1인 1표의 평등에 기초한 사업운영, ③잉여금의 공정한 배분, ④적립금의 분할 금지 혹은 제한, ⑤조합원 간의 내부적 연대와 조합 간 외부적 연대, ⑥개인의 존엄·책임·만족·발전을 지향, ⑦국가와 공권력으로부터의 독립"의 원칙에 의해 운용된다고 말합니다. 벨기에에서는 사회적 경제가 "①구성원이나 공공을 위한 목표, ②경영의 자율성, ③민주적인 의사결정 과정, ④수익 분배에 있어 자본보다 우선하는 인간과 노동"이라는 네 가지 원칙을 따라 운영된다고 말합니다. 스웨덴은 사회적 경제를 "민주주의 가치에 기초해 공적 부문에서 독립해 사회적 목적을 위해 설립된 조직으로, 그 활동의 목표는 공익 혹은 회원에 대한 이익에 있지 이윤에 있지 않다"고 정의합니다. 유럽연합(EU)의 전신인 유럽공동체(EC)에서는 사회적 경제를 "사회적 목적을 지닌 자립적 조직으로서 연대와 1인 1표를 기초로 하는 구성원 참여를 기본적 원칙으로 하고, 일반적으로는 협동조합·공제조직·결사체라는 법적 형태를 취한다"고 정의했습니다.

인간의 자유와 성장입니다. 그리고 이때의 인간은 모든 인간이 아니라 사회적 경제의 구성원입니다. 다른 구성원과 함께해 구성원 개개인의 자유와 성장을 도모하자는 것이 사회적 경제의 목적이지, 모두를 위해 존재하는 데 사회적 경제의 목적이 있지 않습니다.

여기까지만 보면 사회적 경제는 '모두의 이익(=公益)'을 위해 존재한다기보다는 오히려 '나의 이익(=私益)'과 '우리의 이익(=共益)'을 위해 존재합니다. 우리나라 정치권에서 생각하는 것처럼 '(모든) 공동체 구성원의 공동이익과 사회적 가치의 실현'에 경제활동의 목적이 있는 것이 아니라 '회원의 이익과 회원 개개인의 발전'에 그 목적이 있다고 보는 것이 맞습니다. 사회적 경제를 공익적 경제행위로 보는 것은 기대는 될 수 있어도 본질에서는 벗어난 견해입니다.

이런 내 해석에 대해 사회적 경제를 실천하거나 육성하려는 분들이 당황해할 수도 있습니다. 하지만 나는 거꾸로 되묻고 싶습니다. '나'를 위한다는 생각 없이 어떻게 '우리'를 형성하고 나아가 '모두'를 위할 수 있겠습니까? "모두를 위한다"는 구호에 속아 우리는 또 얼마나 많은 보이지 않는 사익에 동원돼왔습니까?

우리나라에는 참 이상한 풍토가 있습니다. 실제로는 '나'를 위한 '우리'의 집합적 행위임에도 그것이 단지 집합적이라는 이유만으로 '모두'를 위한 것인 양 착각하고 있습니다. 안정적인 양질의 일자리를 마련해 가난에서 벗어나려는 나의 노력을 '사회통합과 국민경제의 균형 있는 발전'이니 '양극화 완화'니 하는 등으로 설명하고 있습니다.

하지만 이런 풍토가 제도화될 때, 사회적 경제는 동원(動員)형 경제가 되어버립니다. '나'는 없고 오직 '우리'와 '모두'만 남을 뿐입니다. 그리고 그 결과로 안으로는 "누구도 아닌 자에 의한 모두의 지배(=관료제)"를 낳고, 밖으로는 모두를 위한다는 명목하에 국가의 지배만 남게 됩니다.

다시 한번 강조하지만 사회적 경제의 목적은 모두를 위한 공익(公益)에 있는 것이 아니라 구성원의 사익(私益)과 공동이익(共益)의 추구에 있습니다. 이 점을 명확히 해야만 그 안에 비로소 주체가 등장하고, 그 연장에서 '모두'를 위한 '우리'의 노력 또한 가능해집니다.

사회적 경제의 공익성은 지향이지 목적이 아닙니다. '나'를 위한다는 목적에서 '우리'를 형성한 사회적 경제가 그 목적 달성을 위해 '우리'의 범위를 '모두'에게로 확장하는 과정에서 도달하는 것이지 그 자체가 목적이 아닙니다. 더욱이 이런 사회적 경제의 확장적 공익성이 국가나 기업의 당연한 사회적 책무마저 회피하는 것으로 이용되어서도 안 됩니다.

사회적 경제의
재등장

뒤에서 자세히 언급하겠지만 '사회적 경제'라는 용어는 19세기에 프랑스에서 처음 등장했습니다. 당시는 자본주의가 그 세력을 확장하면서 수많은 이들이 빈곤에 빠진 시기였고, 빈곤에서 벗어날 목적으로 평등하게 협동하는 것을 '사회적'이라 부르기 시작했습니다. 다시 말해 당시의 '사회적'은 '나'를 위한 '우리'의 협동이었고, 그 성과로 유럽 각지에서는 다양한 종류의 사회적 경제 조직들이 태동하게 되었습니다.

이렇게 태동한 '사회적'이라는 말이 한 세기 넘게 잊혀오다가 다시 주목을 받은 것은 1970년대 후반 들어서였습니다. 산업의 구조조정과 경기 침체로 노동과 생존이 위협받게 되자 이에 대응할 목적으로 프랑스에서는 협동조합(co-operative)과 공제조직(mutual)의 전국연합회들이 모여 협의체를 구성했습니다. 그리고 여기에 다시 복지와 의료 분야에서 새로이 등장한 결사체(association)들이 가세했습니다. 이렇게 서로 다른 '우리'들이 협의체를 구성하면서 그들 간의 공통적인 지향을 찾는 과정에서 한동안 잊혔던 '사회적 경제'라는 용어가 부활했습니다. 사회적 경제의 주요 주체로 협동조합·공제조직·결사체의 세 유형을 드는 것은 이런 역사적 배경 때문입니다.

다시 한번 강조하지만 이렇게 다양한 조직들이 협의체를 구성하고 사회적 경제를 부활시킨 것은 경제의 위기 상황에서 회원의 이익과 그 삶을 지키기 위해서였습니다. 100여 년의 역사를 통해 각종 사회적 경제 조직들이 해당 분야에서 적지 않은 성과를 거두었지만, 여기에 멈춰서는 회원의 전체적이고 통합적인 삶을 지킬 수 없다고 보았기 때문입니다. 한마디로 사회적 경제의 재등장은 '나'를 위한다는 측면에서는 과거와 동일해도 협동의 범위를 '우리'에서 '서로 다른 우리'로까지 확대했다는 점에서는 큰 차이가 있었습니다.

이런 사회적 경제에 대해 1981년부터 집권한 프랑스 사회당 정부가 다양한 지원책을 내놓았습니다. 일자리 창출과 양극화 해소를 위한 사회적 경제의 역할에 기대가 컸기 때문이었습니다. 지금의 우리나라에서처럼 당시의 프랑스에서도 전체 고용에서 사회적 경제 분야의 취업률이 몇 퍼센트냐가 중요했고, 이를 높이기 위한 정부의 유인책 또한 적지 않았습니다.

하지만 정부와 사회적 경제의 이런 밀월 관계는 고작 10여 년을 넘기는 데 그쳤습니다. 정치적으로는 진보 정당에서 보수 정당으로 정권이 바뀌고 경제적으로는 경제가 회복되고 규제 완화가 장려되면서, 사회적 경제를 통한 일자리 창출은 기업의 몫으로, 또 양극화 해소는 정부의 몫으로 수렴되었습니다.

'연대의 경제'와의
동맹

　　　　　　　만약에 이런 상황에서 사회적 경제
가 여전히 '우리'의 확대, '서로 다른 우리'와의 협동에만 머물렀다
면 아마도 '사회적 경제'라는 용어는 일시적인 유행어로 끝났을 것
입니다. 하지만 다행스럽게도 1980년대부터 활약해온 '연대의 경제
(économie solidaire)'가 사회적 경제에 새 바람을 불어넣기 시작했습
니다.

　　초창기 연대의 경제는 사회적 경제에 대해 비판적이었습니다.
사회적 경제를 중산층 회원의 이익만을 대변하는 체제 순응적이고
시장 지향적이라 비판했고, 사회적 경제가 등한시해왔던 사회로부
터 배제된 이들을 향해 다양한 사업을 전개했습니다. 지금 우리가
사회적 경제의 고유 영역이라 여기는 대부분의 사업들, 가령 노동시
장에서 배제된 이들을 위한 노동통합, 아동이나 고령자를 위한 복
지, 외국인 이주자나 제3세계 민중과의 연대, 환경 및 지역사회 재생
등과 같은 사업들은 실은 연대의 경제가 낳은 산물이었습니다.

　　한마디로 사회적 경제가 "나를 위한 우리의 형성과 그 확대"였
다면, 연대의 경제는 처음부터 "우리 밖을 향한 우리의 확장"이었
고, 사회적 경제가 시민이 필요로 하는 재화나 용역의 '협동적 생산
과 소비'에 초점을 맞췄다면, 연대의 경제는 그 생산과 소비의 '지역
사회 내 결합'에 초점을 맞췄습니다. 사회적 경제가 (자본주의 기업과

는) '다른 기업'을 통해 시민의 민주적 시장경제를 지향하는 것이었다면, 연대의 경제는 (자본주의경제와는) '다른 경제'를 통해 인간의 새로운 사회를 모색하는 것이었습니다.

이런 차이로 인해 둘 사이의 관계는 1990년대까지만 해도 대립적이거나 경쟁적이었습니다. 하지만 2000년대에 들어 여러 지역에서 두 경제의 협조체제가 생겨나 성과를 거두기 시작했고, 용어 또한 점차 '사회적 연대의 경제(économie sociale et solidaire)'라 불리기 시작했습니다. 나아가 이런 실천들이 토대가 되어 프랑스 사회당이 다시 집권하면서 2014년에 '사회적 연대의 경제를 위한 법(ESS)'[11]이라는 제도적 성과를 낳기에 이르렀습니다.

사회적 경제의 실질적인 시작은 이때부터라 해도 과언이 아닙니다. 이때부터 '우리의 협동'이 '우리 밖과의 연대'와 결합한 것이

11 　이 법에 따르면 '사회적 연대의 경제(ESS)'에 포함될 수 있는 조건은, ①그 목적이 이익 분배가 아닐 것, ②회원·종사자·이해관계자에 의해 민주적으로 운영될 것, ③이익은 주로 법인의 유지와 확대를 위해 사용될 것, ④법인의 법정준비금을 처분해 분배하지 않을 것, ⑤해산 시 원칙적으로 모든 재산을 다른 사회적 연대의 경제 법인에게 양도할 것 등으로 정하고 있습니다. 그리고 그 주체로는 ①비영리단체, ②공제조직, ③협동조합, ④재단, ⑤위의 조건에 맞으면서 이익의 처분 등에 관한 일정한 경영원칙을 지닌 회사 등으로 정하고 있습니다. 일반 회사가 '사회적 연대의 경제'가 되기 위해서는 '사회적 효용(utilité sociale)'의 활동을 펼쳐야 하는데, 이런 활동에는 ①경제적 사회적으로 또 건강상으로 불안정한 상황에 놓인 이들에 대한 지원, ②사회적 배제나 불평등에 대한 대응, ③시민교육, ④사회적 유대의 보전과 확대 혹은 지역의 일체성을 유지 확대하는 활동, ⑤이에 합당한 지속가능한 개발, 에너지 전환, 또는 국제적 연대에 대한 공헌 등을 들고 있습니다.

고, 사회적 경제의 '규모'와 연대의 경제의 '대안' 사이에 '동맹'이 시작된 것입니다. 지금 우리가 이야기하는 '사회적 경제'는 엄밀한 의미에서는 '사회적 연대의 경제'의 줄임말이었던 것입니다.

사회적 경제를 제3섹터로 이해하는 영국에서도 실제 내용에서는 연대의 경제가 갖는 특징을 그대로 담고 있습니다.[12] 우리나라 정책당국에서 사회적 경제의 범위를 기존 협동조합을 포함해 넓게 잡으면서도 '주요' 사회적 경제[13]를 강조하는 것도 연대의 경제로 향

[12]　나카시마(中島惠理)에 따르면 영국의 사회적 경제는 다음과 같은 특징, 활동분야, 조직형태를 갖고 있습니다. ①특징: 사회적 목적(고용창출, 직업훈련, 지역의 지속가능한 발전), 기업성(재화의 생산과 서비스의 제공), 지역 소유(회원이나 지역사회에 의한 소유, 이익의 지역 환원) ②활동 분야: 복지(지역보육, 고령자 돌봄, 이민자에 대한 생활 지원), 교육(커뮤니케이션 능력 배양, 컴퓨터·예술·스포츠·기업경영 교육), 환경(지역 자원순환, 지역 예술활동, 커뮤니티 정원, 유기농산물 판매), 사회 경제(지역운송 서비스, 지역 카페, 창업 지원) ③조직 형태: 커뮤니티 비즈니스(지역 주민이 소유, 지역에 필요한 재화와 서비스 제공, 이익은 지역에 환원), 협동조합(노동자가 소유 경영하는 노동자협동조합, 지역주민이 소유 경영하는 지역공동체협동조합, 안전한 식품을 적정 가격에 공급하는 식품협동조합, 조합원이 건설해 주민이 운영하는 주택협동조합 등), 개발 트러스트(지역주민·지자체·중소기업 등이 공동 참여해 건물을 소유해 비영리 목적으로 임대, 지역재생을 위한 기업의 인큐베이터 역할 담당), 사회적 작업장(장애우 일자리 제공과 고용 촉진, 사회 참여 유도), 신용협동조합(조합원의 지역 내 사회적 경제 활동을 지원하기 위해 융자), 지역화폐(지역주민 상호간의 교류와 교환 촉진).

[13]　문재인 정부 일자리위원회가 내놓은 『사회적경제 활성화 방안』에 따르면, 그 대상에 특별법에 따른 8개 개별 협동조합(농협·수협·신협·생협·새마을금고·중기협·산림조합·엽연조합)도 포함되지만, 이는 다시 영농조합법인·농업회사법인·어업회사법인·사회복지법인·자활센터 등과 같은 '일반' 사회적 경제 기업과, 사회적기업·협동조합·마을기업·자활기업 등과 같은 '주요' 사회적 경제 기업을 나누어

해 가기 위해서입니다.

사회적 경제의
고유 영역

　　　　　　　　　　내가 굳이 프랑스의 사례를 이렇게
길게 이야기한 이유는 국가나 일반 기업과는 다른 사회적 경제의
특징과 고유 영역을 명확히 하기 위해서입니다.

　시장경제는 기본적으로 '나'를 위한 '모두'의 경제행위이고, 국
가경제는 '모두'를 위한 '모두'의 경제행위입니다.[14] 이에 비해 사회
적 경제는 기본적으로는 '나'를 위한 '우리'의 경제행위입니다. 우리
나라 정부가 "구성원의 참여를 바탕으로… 하는 경제활동"으로 사
회적 경제를 정의한 것도 이런 '우리'를 강조하기 위해서이고, '결사
(association)'야말로 다른 경제와 대비되는 사회적 경제의 가장 큰
특징입니다.

　문제는 '우리의 결사'에 있는 것이 아니라 '우리 안에 머문 결사'

　　　'주요'를 강조하고 있습니다.

14　　시장경제는 모두를 향해 재화를 생산해 사익을 추구한다는 점에서, 국가경제는
　　　'모두'로부터 재화를 모아 모두에게로 그 편익을 제공한다는 점에서 그렇습니다.

에 있습니다. 우리를 범위로 결사가 이루어지는 것은 당연하지만, 그렇다고 결사의 행위마저도 우리 안에만 머물러서는 안 된다는 것입니다. 이는 결국에는 '나'를 위하지도 또 '우리'를 유지할 수도 없게 된다는 반성이 21세기에 사회적 경제가 재등장한 계기가 되었던 것입니다. 어느 연구자가 "개체의 완성은 오로지 환대에 기초한 관계 속에서 이뤄진다"고 말한 것처럼, '나'를 위한다는 목적성과 '우리'로부터 시작해 '모두'로 향한다는 확장성이야말로 사회적 경제의 특징이면서 동시에 지향입니다.

　사회적 경제의 지향이 국가의 공익과 맞닿는 부분이 있는 것은 사실입니다. 그래서 정부에서는 "사회서비스를 확충하고 새로운 일자리를 창출"하며 "사회통합과 국민경제의 균형 있는 발전"을 도모하고 "양극화를 완화"할 목적으로 사회적 경제에 많은 기대를 걸고 있습니다. 하지만 엄밀한 의미에서 이런 일들의 대부분은 국가나 정부가 할 일이지 사회적 경제 본연의 역할이 아닙니다. 한 사회의 구성원이면서 시장의 서비스를 이용하지 못하고 시장에서 일자리를 얻지 못하는 문제를 해결하는 것은 국가의 당연한 책무입니다.

　물론 사회적 경제의 도움이 필요한 국가의 처지를 이해 못 하는 것은 아닙니다. '자본⊃시장⊃국가⊃사회'인 자본주의 시장사회에서 시장의 활성화와 자본 이익의 수집을 위한 도구로만 활용돼온 것이 우리의 국가였습니다. 자신의 해야 할 일을 할라치면 곧바로 사회주의 정책이라 비난받아온 것이 우리의 현실이었습니다. 국

　　　　　/ 제1장 : '사회적'이란 무엇인가

가가 자신의 역할을 담당하기 위해 사회적 경제의 도움이 필요한 것은 1980년대 프랑스나 지금의 우리나라나 별반 차이가 없습니다.

하지만 장기적으로 볼 때 시장의 폐해를 보완하기 위해 국가가 사회적 경제를 활용하는 것은 사회적 경제만이 아니라 국가를 위해서도 바람직하지 않습니다. 이런 밀월 관계는 정권이 바뀌고 시대 상황이 변화하면 언제든 폐기될 수 있고, 정상적인 국가라면 시장의 폐해를 보완하고 시장으로부터의 소외를 구제하는 데 당연히 국가의 존재 이유가 있어야 하기 때문입니다.

이에 비해 사회적 경제가 존재하는 이유는 국가와는 기본적으로 다릅니다. 인간의 소외는 자본주의 시장사회에서만 있는 것이 아니라 인간이 사회를 형성하면서부터 항상 존재해왔습니다. 사회란 한편에서는 소외의 과정이면서 동시에 다른 한편에서는 이를 의식적으로 극복해내는 과정이기도 합니다. 물론 이런 나의 역사관은 소외를 정당화시키기 위해서가 아니라 오히려 소외의 극복을 강조하기 위해서입니다. 인간이 성장하는 과정에서 소외가 생길 수밖에 없지만, 이런 소외를 극복하는 과정에서 인간은 비로소 성숙해집니다.

사회적 경제가 존재하는 기본 이유는 사회로부터의 소외를 사회적으로 통합하자는 데 있지,[15] 시장으로부터의 소외를 구제하는

15   '사회통합'이 아니라 '사회적 통합'입니다. '사회로의 통합'이 아니라 '사회적인 통

데 있지 않습니다. 사회로부터 배제된 이들을 그 사회의 구성원들이 힘을 모아 함께 살 수 있도록 하자는 것이지, 시장으로부터의 소외를 구제하는 국가의 역할을 대신하자는 것이 아닙니다. 사회적 경제의 주체는 국가가 아니라 사회인이고, 그 대상은 시장 밖에만 있는 것이 아니라 사회 밖에 있으며, 이를 통해 달성하려는 목적은 시장에서의 구제가 아니라 '사회적 통합(social inclusion)'에 있습니다.[16]

이렇게 사회적 경제와 국가의 역할을 구분해놓고 보면 사회적 경제의 역사는 19세기 자본주의와 함께 태동한 것이 아니라 인간이 사회를 형성하면서부터 있어왔다고 보아야 옳습니다. '사회적 경제'라는 용어가 19세기에 처음 생기기는 했어도 이에 상응하는 행

합'입니다. 이 둘의 차이는 국가경제와 사회적 경제의 중요한 차이이기도 합니다. 우리나라 정부가 '사회통합'을 이야기하는 것은 당연하지만, 그렇다고 사회적 경제도 '사회적 통합'을 '사회통합'으로 이해해서는 곤란합니다.

16   유럽연합(EU)에서는 '사회적 배제(social exclusion)'에 대해 "한 인간이 빈곤, 평생교육의 기회나 기본적 능력의 결여, 사회 참여를 불가능하게 만드는 차별 등의 이유로 사회의 가장자리로 내몰려 사회나 지역공동체 활동은 물론이고 고용, 수입, 교육의 기회조차 얻을 수 없게 된 상태, 나아가 자신의 삶에 영향을 미칠 의사결정 과정에 참여할 수 없게 되는 것"이라 정의합니다. 그리고 '사회적 통합(social inclusion)'에 대해서는 "이런 사회적 배제 상태에 놓인 한 인간이 경제적 사회적 그리고 문화적 삶을 살아가고, 지역사회에서 일반적이고 표준적인 생활수준이나 복지를 누릴 기회나 자원이 제공되며, 나아가 자기 삶에 영향을 미치는 의사결정에 참여함으로써 기본적인 인권이 보장되는 것"이라 정의합니다.(The European Economic and Social Committee 2003-2005).

위는 훨씬 이전에 인간이 사회를 형성하면서부터 시작되었습니다.

마찬가지로 사회적 경제는 '자본⊇시장⊇국가⊇사회'인 자본주의 시장사회에서만 필요한 것이 아니라 '자본∈시장∈국가∈사회'인 정상사회에서도 필요합니다. 인간이 사회를 형성하는 한 사회로부터의 소외는 항상 존재하고, 이를 함께 해결하는 과정에서 인간이 인간이고 그들의 사회가 사회일 수 있게 됩니다. 사회적 경제를 '유토피아의 연쇄'이고 '끝없는 혁명'으로 표현하는 것도 이런 이유에서입니다.

이런 점에서 볼 때 사회적 경제가 행하는 '사회서비스의 확충과 일자리의 창출'은 국가의 그것과는 성격이 다르고 또 달라야 합니다. 시장의 서비스를 이용하지 못하고 시장에서 고용이 보장되지 않는 문제는 국가가 해결해야 할 당연한 책무인 데 비해, 사회의 돌봄을 받지 못하고 사회에서 노동이 무시당하는 문제는 당연히 사회적 경제가 해결해야 할 고유 영역입니다.

마찬가지로 사회적 경제가 '국민경제의 균형 있는 발전'을 위해 존재한다는 것 또한 국가의 시각이지 사회적 경제의 시각이 아닙니다. 모든 국민이 균형 있게 발전하도록 하는 것은 국가의 당연한 책무인 데 비해, 사회적 경제는 국민의 범위를 넘어선 인간의 연대를 통해 모든 인간과 그 사회가 지속가능한 생존을 향하도록 한다는 데 그 역할이 있습니다.

결론적으로 말해 사회적 경제를 시장의 실패를 보완하기 위한 국가의 보조적 기능으로 이해하는 것은 일시적으로는 필요해도 지속적이어서는 안 됩니다. 사회적 경제의 존재 이유는 인간이 주인인 세상을 인간을 포함한 일체의 생명이 주인 되게 하는 과정에서 구현한다는 데 있고, 그 과정에 인간이 주체적으로 참여한다는 데 있습니다. 사회적 경제가 공익에 도움이 되는 것은 공익을 넘어선 실천의 산물이지 그것이 목적이어서가 아닙니다.

2. '사회적'의
두 가지 의미

어원

'사회적(socialis, social)'이라는 용어가
언제부터 쓰이기 시작했는지는 확실치 않습니다.[17] 분명한 것은 그
어원이 동료나 벗을 뜻하는 라틴어 '소키우스(socius)'에서 나왔다는

---

[17] '사회적'의 유래가 확실치 않은 데 비해 '사회주의(socialisme)'의 유래는 명확한 편
입니다. 1832년에 프랑스의 철학자 르루(Pierre Leroux)는 유럽 각지에서 태동한
'사회적' 실천에 주목하면서 이런 흐름을 '개인주의'도 아니고 그렇다고 '자본주
의'도 아닌 '사회주의'라는 새로운 용어로 표현하기 시작했습니다. 이는 사회주의
를 이해하는 중요한 기원의 설명입니다. 즉, 사회주의는 자본주의·공동체주의·자
유주의·공화주의처럼 자본·공동체·자유·공화제라는 명사에서 파생된 것이 아
니라 '사회적(social)'이라는 형용사에서 파생된 것입니다. 다시 말해 이는 인간의
평등한 연대라는 사회적 과정을 중시하는 사조이지, 우리가 보통 이해하는 것처럼
그 결과로서 만들어진 사회를 중시하는 사조가 아닙니다. 사회적 행위가 정작 사
회주의국가로부터 탄압받았던 것도 실은 이런 이유에서였습니다.

것 정도입니다. 프랑스의 사상가 루소가 그의 대표작 『사회계약론 (Du contrat social)』―엄밀히 번역하면 '사회적인 계약'―을 1762년에 출간한 것으로 미뤄볼 때, 이 새로운 용어는 이미 18세기 프랑스혁명 당시에도 상당히 유포되었을 것으로 추정됩니다.

　　루소가 말한 '사회적인 계약'의 대상은 주로 국가였습니다. 자연 상태에서 보통의 인간은 혼자서는 역경을 헤쳐 나갈 수 없기에 각자가 지닌 힘과 능력을 모읍니다. 그리고 이 과정에서 자신의 역량을 전체의 공유물이 되도록 양도합니다. 물론 이때의 양도는 구성원 전체를 향한 것이지 구성원 중 누군가로 향하는 것이 아닙니다. 모든 구성원은 전체 앞에서 평등하고, 국가란 바로 이런 사회적인 계약의 실체라고 루소는 보았습니다. 국가를 평등한 인민의 결사로 이해했다는 점에서 그의 사상은 당시로서는 혁명적이었습니다.

　　'사회적'이 국가를 설명하는 용어에서 일반으로까지 확대된 것은 19세기에 들어서였습니다. 자본주의가 점차 그 세력을 확대하는 과정에서 수많은 사람이 빈곤에 빠졌지만 국가는 이를 전혀 해결하지 못했습니다. 이에 프랑스혁명을 통해 평등을 자각한 사람들 안에서 빈곤 극복을 위한 연대가 시작되었고, 이런 실천들이 하나둘 드러나면서 '사회적'이라 불리게 되었습니다. 한마디로 초창기 '사회적'이라는 말 안에는 동료나 벗의 관계에서처럼 평등에 기초한 인간의 연대라는 의미가 담겨 있었습니다.

17~18세기 프랑스 문헌을 조사 연구한 고든(Daniel Gordon)에 따르면, '사회(société)'나 '사회적(socialis)' 같은 용어가 이 시기에 자주 등장한 것은 신이나 군주가 아닌 인간의 자발적인 결속을 강조하기 위해서였다고 합니다. 즉, 당시에 이미 평등한 사람들이 만들어가는 관계를 '사회'라 불렀고, 그 관계의 성격을 '사회적'이라 불렀던 것입니다. 물론 이런 '사회'나 '사회적'이라는 용어가 확산된 데는 정치적인 이유만이 아니라 경제적인 목적이 컸습니다. 경제적 빈곤에 처한 이들이 평등한 연대를 통해 이를 극복하고자 하는 취지가 그 안에 담겨 있었습니다.

첫 번째 의미:
결사

일본의 사회철학자 이마무라(今村仁司)에 따르면 대표적인 프랑스어 사전인 로베르(Robert) 사전이 정의해온 '사회적(socialis)'의 의미 안에는 크게 다음의 두 가지가 있다고 합니다. 하나는 1352년에 처음 등장한 "결합한, 친구가 된, 그래서 하나를 이룬[18](=associé)"이고, 또 하나는 "다른 사람에 대해 친절한

---

18   일찍이 루소가 '사회적인 계약'을 이야기했을 때 그 안에는 양도의 의미가 담겨 있

(=agréable aux autres)"입니다.

먼저 "결합한, 친구가 된, 그래서 하나를 이룬(=associé)"이라는 부분에 대해서인데, 여기서 우리는 '사회적'의 명사형이 '사회(société)'가 아니라 '결사(association)'임을 알 수 있습니다. '사회(société)'의 어원인 라틴어 '소키에타스(societas)' 역시도 결사나 단체(community)를 의미하지 사회 일반을 의미하지 않았습니다. 지금 우리가 고대사회·중세사회·현대사회·한국사회·서구사회 등으로 부르는 사회 일반의 개념은 라틴어에서도 프랑스어에서도 존재하지 않았습니다.[19]

실제로 영국의 경우에서도 1844년에 설립된 최초의 근대적 협동조합인 '로치데일공정선구자조합(The Rochdale Society of Equitable Pioneers)'은 그 명칭이 '사회', 즉 결사이고 단체였습니다. 당시에는 지금과 같은 '조합(co-operative)'이라는 말이 없었고, 이에 해당하는 말이 '사회(society)'였습니다. 한마디로 처음 '사회'라는 용어가 등장했을 때 그 의미는 일종의 결사였고, 결사 안에서의 평등한 결합 관계를 의미하는 것이 바로 '사회적'이었습니다.

었고, 양도를 통해 전체를 형성한다는 것, 전체 안에서 (양도한 부분에 한해서는) 하나가 된다는 의미가 담겨 있었습니다.

19 독일어에서는 이 둘이 '사회적(sozial)'과 '사회(Gesellschaft)'로 확연히 구분됩니다. 여기서 '사회적'은 '사회'를 사회로 만드는 가족이나 친구 사이의 기초적인 관계를 의미하지 사회를 의미하지 않습니다.

한자문화권에서도 마찬가지입니다. 문헌상으로 '사회(社會)'는 12세기에 간행된 중국의 『근사록(近思錄)』에 처음 등장하는데, 이때의 의미는 사회 일반을 가리키는 것이 아니라 특정 지역사회(鄕里)에 사는 사람들(鄕民)이 "토지 수호신(社)에게 제사 지내기 위해 만든 집단(會)"을 의미했습니다. 이것이 메이지 시대 일본에서 서구로부터 들어온 '소키에테(société)' 혹은 '소사이어티(society)'를 번역하는 과정에서 부활한 것입니다. 실제로 당시 일본에서는 종교적 신념을 지닌 집단이 스스로를 '사회'라 부르기도 했습니다. 한자문화권에서의 '사회' 또한 처음에는 사람과 사람 사이의 관계와 교제를 가리키는 결사의 의미였습니다.

우리나라에서는 결사로서의 '사회'에 해당하는 말이 계(契)·도(徒)·접(接)·사(社)·두레 등이었습니다. 농계(農契)의 '계'는 같이 농사짓는 사람들이나 같은 농촌에 사는 사람들의 결사였고, 향도(鄕徒)의 '도'는 같은 마을에 사는 사람들의 결사였으며, 남접(南接)이니 북접(北接)이니 할 때의 '접'은 동학도들의 결사였습니다. 우리나라 최초의 민간협동조합이라 할 수 있는 조선농민사(朝鮮農民社)나 협동조합운동사(協同組合運動社)에서의 '사'는 조합의 다른 표현이었습니다.

삼한시대 마한에 '소도(蘇塗)'라는 '특별한 마을(別邑)'이 있었습니다. 이에 대한 자세한 내용은 제4장에서 다시 언급하겠지만 중국인들이 음차(音借)했던 이 소도를 일제강점기 국학자였던 위당 정

인보 선생은 '수리두레'라 불러야 한다고 했습니다.[20] '수리'는 산악
(山嶽)의 순우리말로 지역을 뜻하고, '두레'는 그 지역에 기거하며
관계하는 사람과 사람의 관계, 즉 결사를 뜻합니다. 소도를 공간으
로만이 아니라 관계로 이해했다는 점, 즉 삶의 '공간'과 그 안에서
의 '관계'가 있어야 비로소 하나의 사회가 성립한다는 점을 선생은
정확히 알고 있었던 것입니다.

　　우리가 보통 '사회'라 부르는 것은 이렇게 엄밀히 말해서는 '사
회적'의 명사형인 '결사'를 뜻하지 사회 일반을 가리키는 말이 아닙
니다. 그리고 우리말에서는 '사회'가 먼저 있고 그 형용사형으로 '사
회적'이라는 말이 파생된 듯 보이지만, 실은 '사회적'이 먼저 있고 그
결과로서 '사회'가 태동한 것이 인간의 역사입니다.

　　사회주의의 본래 의미 또한 '사회적'인 것, 즉 인간의 자유롭고
평등한 결사를 중시하는 사조나 실천 때문이었습니다. 마르크스가
사회주의에 비판적이었다고 하지만 이는 공산제사회로의 이행에
대한 방법론의 차이였지 결사 자체를 부정한 것이 아니었습니다.
그는 '자유로운 결사'에 의해 공산주의가 실현될 것이라고 보았고,

20　　"소도(蘇塗)의 도(塗)는 도(道)이니… 두레로 읽음이 가하니, 두레는 사(社)의 뜻
　　이다. 사(社)는 제신(祭神)하는 집회소인즉, (지금 사회(社會)라는 두 글자가 그
　　본을 구하면 춘추사제(春秋祀祭) 때 대회(大會)하고 거기서 향읍(鄕邑)의 대사
　　(大事)를 토의(討議)하던 데서 비롯함), 제허주위(祭墟周圍)가 무(巫)의 거주이던
　　것인데… 삼국지에는 마치 도적 접주 같이 쓰였으나 이는 외국인의 속 모르는 기
　　술이다."

'연합한 협동적 사회들(united co-operative societies)'이 모여 전국적으로 생산을 조정해 무정부 상태와 주기적 경제 변동을 종결시키면 이것이 바로 '가능한' 공산주의라고 이야기했습니다.

'사회적'의
무성화와 그 대응

하지만 이런 '사회적'의 의미가 19세기에 들어 급변했습니다. '사회적'에서 결사는 사라지고 이익을 추구하는 인간의 공통적 행동양식과 그 단체로 의미가 변모했습니다. 20세기 들면서는 이마저도 사라져서 고대사회·중세사회·한국사회·서구사회 등과 같이 무색무취한 인간 집단을 가리키는 언어가 되어버렸습니다. 이제 '사회적'은 단순한 인간 집단을 가리키는 무성(無性, genderless)의 언어가 되어버렸고, 이와 맞물려 인간은 사회를 만드는 주체에서 사회로 통합되어야 할 대상으로 전락했습니다.

'사회적'인 것을 추구해온 입장에서는 이런 변화가 상당한 아쉬움이 아닐 수 없습니다. 언어의 무성화는 종종 그 언어가 지니는 본래의 의미를 완전히 상실시킬 뿐 아니라 인간을 지배하기 위한 도구로 활용되기도 하기 때문입니다. 이에 사람들은 무성화되어가는 '사회적'을 대신해 새로운 언어를 찾기 시작했고, 그 과정에서 유럽의 자치도시나 농촌공동체의 상호부조 관계를 염두에 둔 '공동체(community)'라는 용어가 등장하기 시작했습니다.

우리는 보통 사회주의(socialism)와 공동체주의(communism)[21]를 다른 것으로 봅니다. 하지만 이것이 달라진 것은 구소련과 같은 사회주의국가가 태동한 이후부터의 일입니다. 사회주의와 공동체주의는 비록 그 강조하는 바가 달라도[22] '인간의 평등한 연대'를 추구한다는 점에서는 같았습니다. 아니, 오히려 공동체주의라는 신조어의 등장은 '사회적'에서 결사가 퇴색해 무성화되어가는 데 대한 일종의 대응이었습니다.

---

21   communism은 공동체(共同體)주의이지 공산(共産)주의가 아닙니다. 이를 공산(共産) 즉 공동생산으로만 이해하는 것은 생산관계가 사회관계를 지배한다는 마르크스주의자들의 입장에서 이 용어를 번역한 일본 학자들의 영향 때문입니다. 실제로 공동체주의는 "재산의 일부 혹은 전부를 공동소유해 평등한 사회를 만들자는 사상이나 운동의 하나"이고, 그 안에는 생산관계를 중시한 마르크스주의만이 아닌 '개개인의 연대'와 '직접적 통치'를 강조한 아나키공동체주의(anarchist communism), 또 초기 기독교 공동체를 모델로 한 기독교공동체주의(christian communism) 등도 있습니다. 이 책에서는 이런 포괄적 의미를 담을 때에는 '공동체주의'나 '공동체'로, 마르크스주의의 그것을 지칭하는 경우에는 '공산주의'나 '공산제'로 구분해서 사용하고자 합니다.

22   어원 면에서 볼 때 사회주의는 "동료 혹은 동료 간의 관계"를 나타내는 소키우스(socius)에서 유래했고, 공동체주의는 "공동의, 공유하는"을 나타내는 코뮤니스(comunis)에서 유래했습니다. 다시 말해 사회주의가 '관계'에 그 중심이 가 있는 반면에 공동체주의는 이런 관계가 낳은 '결과'에 중심이 가 있다는 점에서 약간의 차이가 있었습니다.

오늘날 우리는 사회적 경제의 대표 격이라 할 수 있는 협동조합을 'co-operative'로 표현합니다. 하지만 협동조합을 이렇게 부르기 시작한 것은 그리 오래전의 일이 아닙니다. 1995년 이전까지만 해도 대다수 협동조합은 자신을 'co-operative society' 즉 '협동적 사회'라 불렀고, 그 이전에는 그냥 'society' 즉 '사회'라 불렀습니다.

앞에서도 잠깐 언급했지만 '로치데일공정선구자조합(The Rochdale Society of Equitable Pioneers)'은 자신을 '사회(society)'라 불렀습니다. '사회'라는 용어가 아직 이익을 중심으로 조직된 집단으로, 또 아무런 의미를 지니지 않는 무색무취한 무성의 인간 집단으로 이해되기 이전이었기 때문에, '사회'만으로도 충분히 "자유롭고 평등한 동료 간의 결사"를 드러낼 수 있었습니다.

그리고 이는 초창기 대다수 협동조합에서도 마찬가지였습니다. 1937년에 처음으로 협동조합 원칙이 제정될 때까지만 해도 소비조합은 '소비자들의 사회(consumers' society)', 도매조합은 '협동적 도매 사회(co-operative wholesale society)', 농업협동조합은 '농업 생산적 사회(agricultural productive society)', 노동자생산협동조합은 '노동자의 생산적 사회(workers' productive society)', 신용협동조합은 '신용 사회(credit society)' 등으로 불렀습니다.

하지만 이런 '사회'의 의미가 19세기 이후에 이익집단이라는 의미로 변모하면서 협동조합 진영은 이제까지 사용해오던 '사회' 앞에 또 다른 수식어를 붙여야만 자신의 차별화된 정체성이 드러나는 상황을 맞이했습니다. 그래서 선택한 것이 이익 중심이 아닌 인간의 결사임을 강조하기 위한 '협동적(cooperative)'이라는 형용사였습니다. 실제로 1966년에 협동조합 원칙이 개정되면서부터 협동조합을 지칭하는 모든 명칭은 '사회(society)'에서 '협동적 사회(cooperative society)'로 바뀌었습니다.

엄밀한 의미에서 '협동적 사회'라는 표현은 동의 반복, 즉 같은 의미의 반복입니다. '사회'라는 말 자체가 이미 인간의 결사를 담고 있는데 거기에 다시 결사를 지칭하는 '협동적'이라는 형용사를 붙인 것입니다. 하지만 '사회'라는 말에서 결사, 즉 자유롭고 평등한 인간의 협동이 사라져가는 상황에서는 이렇게라도 해야 자신의 정체가 드러났습니다.

하지만 이런 대응에도 불구하고 '사회'는 한층 더 무색무취한 사회 일반의 의미로 변모해갔습니다. 덕분에 이제는 그 앞에 어떤 수식어를 붙여도 '사회'에 결사의 의미를 담지 못하게 되었습니다. 덕분에 협동조합 진영은 1995년부터 자신에 대한 호칭에서 '사회'를 완전히 빼버렸고, 그 대신에 지금까지 '사회'를 수식해왔던 '협동적(co-operative)'이라는 형용사를 명사화해 부르기 시작했습니다. 무성화되어가는 '사회적'에 대해 저항하면서 그 안에 담긴 '결사'의 의미를 살리려는 노력이 몇 차례에 걸친 협동조합 명칭의 변경을 낳은 것입니다.

두 번째 의미:
상호부조와 환대

　　　　　　　　　　　이마무라에 따르면 프랑스어 '사회
적(socialis)'에는 "결합한, 친구가 된, 그래서 하나를 이룬"이라는 결
사의 의미와 함께 "다른 사람에 대해 친절한"이라는 또 하나의 의
미가 있습니다. 물론 이 두 가지 의미는 시차를 두고 확장된 것입니
다. "결합한, 친구가 된, 그래서 하나를 이룬"이 먼저 생겨나고 뒤이
어 "다른 사람에 대해 친절한"이 생겨난 것입니다. 처음에는 결사만
있다가 나중에 결사의 내용을 설명하는 것으로 확대된 것입니다.

　　이런 점에서 볼 때 '사회적'의 두 번째 의미는 첫 번째 결사의
관점에서 바라봐야 정확합니다. 즉, "다른 사람에 대해 친절한"에
서 '다른 사람'은 안으로는 결사한 동료이고, 밖으로는 이방인·방
문객·여행자·손님입니다. 또 이들에 대한 '친절'은 안으로는 결사
한 동료에 대한 친절이고, 밖으로는 이방인·방문객·여행자·손님
에 대한 친절입니다. 전자의 경우를 우리는 보통 '상호부조(mutual
aid)'라 부르고, 후자의 경우를 우리는 보통 '환대(hospitality)'[23]라 부

23　　　'환대'의 순우리말이 '이바지'입니다. '이바지'는 '잔치'를 뜻하는 '이바디', '잔치하
　　　다'를 뜻하는 '이받다'에서 유래했습니다. 잔치에 쓸 음식이 '이바지음식'이고, 잔
　　　치에서 손님을 대접하는 것이 '이바지하다'였습니다. 물론 이런 의미가 지금은 많
　　　이 축소 혹은 변질되었습니다. 혼례 이후에 신랑 신부 측이 서로 주고받는 음식으
　　　로 축소되었고, "경제 발전에 이바지하다"로 변질되었습니다.

릅니다.

　동료와의 사이에서 상호부조하는 관계는 매우 중요합니다. '동료(companion)'란 본래 "빵(pan)을 함께 나눠 먹는(com) 관계"를 지칭하는 말이고, 따라서 동료에 대한 친절은 각자의 이익을 공동으로 추구하는 것만이 아니라 그 성과를 함께 나누는 것을 의미합니다. 이런 점에서 볼 때 동료와 상호부조하는 관계는 이익집단의 관계와는 본질적으로 다릅니다. 이익집단의 관계를 표현하는 말로 변질되는 '사회적'에 대해 자신을 차별성을 드러내온 것이 사회적 경제의 역사였습니다.

　하지만 이렇게 동료와 빵을 함께 나눠 먹는 것만큼, 아니 오히려 그보다 더 중요한 것이 이방인을 연회에 초대해 음식을 대접하는 것입니다. 물론 이때의 이방인은 동료의 범위를 넘어선 이들입니다. 상호부조하는 동료를 넘어선 이방인에 대한 환대야말로 '사회적'의 두 번째 의미가 갖는 핵심입니다.

**상호부조와
환대의 관계**

　　　　　　　그러면 왜 인간은 결사에도 참여하지 않는 이방인을 환대할까요? 애써 일궈놓은 성과를 왜 굳이 이방인을 향해 베풀까요?

　동료와의 상호부조는 어떤 면에서는 지극히 당연한 일입니다. 오늘날 동료의 범위가 점점 축소되고 나아가 그 유지가 한층 어려워졌더라도 그 안에서 삶에 필요한 기본적인 것을 확보해온 것이 인간의 오랜 역사였습니다.

　그런데 문제는 동료와의 상호부조만으로 동료 간의 관계가 유지되지 않는다는 데 있습니다. 동료 간의 관계는 그것이 아무리 상호부조로 잘 엮여 있어도 외부를 향해 항상 열려 있기 마련입니다. 외부와의 관계에 따라 그 내부의 관계가 영향 받을 수밖에 없는 것이 인간의 사회입니다. 이방인을 환대하지 않고 적대시했을 때, 적대적인 이방인으로 인해 동료와의 상호부조 관계가 위협받을 수밖에 없습니다.

　그래서 인류는 제사나 축제 같은 형식을 빌려 이름도 모르는 이들을 초대했고, 식사가 끝난 후에나 그가 누구이고 또 무엇 때문에 왔는지를 물었습니다. 헤어질 때는 받을 것을 염두에 두지 않고 돌아갈 여비까지 챙겨주었습니다. 물론 제사나 축제의 초대 대상은 평소에는 관계하지 않는 이방인들이었습니다. 동료는 제사와 축제의 주체였지 초대 대상이 아니었습니다. 프랑스의 인류학자 모스(Marcel Mauss)의 말처럼 "구성원 이외의 사람들을 초대할 때만 비로소 축제의 의미가 있었습니다."

　인간의 삶은 한편에서는 동료와의 상호부조 관계를 통해 생존에 필요한 기본적인 것들을 얻으면서, 다른 한편에서는 이방인을 환대해온 것이었습니다. 아니, 오히려 이방인을 환대했기 때문에 그 내부의 상호부조 관계가 유지되었고, 이방인을 환대하기 위해 동료 간의 상호부조 관계를 유지해왔다고 보는 것이 맞습니다. 인류의 모든 위대한 정신은 결국 이방인과 손님을 어떻게 바라보고 맞이해야 하는지에 대한 이야기였습니다.

그런데 지금 사회에서는 이방인에 대한 환대가 완전히 사라져버렸습니다. 아니, 이방인을 적대시하고 이방인과의 경쟁에서 이기기 위해 동료와 상호부조한다고 생각하고 있습니다. 하지만 이는 완전히 잘못된 생각입니다. 이런 상호부조는 이방인의 위협 이전에 먼저 그 내부의 관계 때문에 붕괴합니다. 이때의 상호부조는 빵을 함께 나눠 먹는 것이 아니라 단지 내가 먹을 빵을 더 많이 얻기 위함이고, 따라서 결국에는 빵을 사이에 두고 다시 경쟁할 수밖에 없게 됩니다.

요즘 우리 사회에서 동료와의 상호부조 관계가 무너지는 것에 대한 우려의 목소리가 높습니다. 덕분에 사회적 경제를 통해 동료를 재조직하고 그 안에서 상호부조 관계를 재구축해야 한다는 목소리가 높습니다. 하지만 동료 간의 상호부조 관계가 무너진 데는 실은 이방인에 대한 환대가 사라진 것이 주요한 원인입니다. 특히 지금처럼 모두가 모두에 대해 이방인일 수밖에 없는 '개인화(personalization)' 사회, 상호부조 관계가 더는 숙명이나 운명이 아닌 자유로운 선택인 '유동화(fluidization)' 사회에서는 모두에 대한 모두의 환대가 동료 간의 상호부조보다 훨씬 중요합니다.

인간은 결국 혼자 세상에 왔다가 혼자 돌아갈 수밖에 없는 존재입니다. 부처가 태어나면서 "천상천하(天上天下) 유아독존(唯我獨尊)"이라 한 것은 인간의 홀로인 삶을 말한 것이고 그 삶의 존엄함을 말한 것입니다. 그리고 이때 중요한 것이 '유아(唯我)'이지만 '독존(獨尊)'일 수 있게 하는 것, 즉 혼자인 인간의 삶이 어떤 상황에서도 존엄할 수 있게 하는 것입니다.

이런 존엄을 지키기 위해 인간은 지금까지 동료 간의 상호부조 관계를 마련해왔고, 또 이를 토대로 이방인을 환대해왔습니다. 하지만 지금은 상황이 매우 다릅니다. 지금은 모두가 모두에 대해 이방인이고, 동료와의 상호부조 역시 유동적인 상황입니다. 한마디로 지금까지가 동료와의 상호부조를 통해 이방인을 환대해왔다면, 앞으로는 이방인을 환대하기 위해 동료와의 상호부조를 강화해야 하는 때입니다. '사회적'의 두 번째 의미인 '상호부조와 환대'의 관계는 지금 이렇게 급변하고 있습니다.

프랑스혁명의
성공 요인

　　　　　　　　　'상호부조와 환대'에 대해 생각할
때, 나는 종종 자유(Liberté)·평등(Égalité)·우애(Fraternité)라는 프랑
스혁명의 3대 정신을 떠올립니다. 형이상학적으로만 이해하기 쉬운
이 세 가지 정신은 실은 매우 일상적인 인간의 요구이면서 도리였습
니다.

　　먼저 '자유'는 타자에게 해를 입히지 않는 범위 내에서 어떤 행
위도 할 수 있는 권리를 말했습니다. "자유가 아니면 죽음을 달라"
고 했을 때 그 자유는, "내가 바라지 않는 것을 내게 강요하지 말라"
는 요구이면서 동시에 "상대가 바라지 않는 것을 상대에게 행하지
않는다"는 도리의 결합이었습니다.

　　정치적 의미로만 이해하기 쉬운 '평등'도 실은 매우 평범한 요
구이면서 도리였습니다. 정치적인 측면에서 평등은 출생 신분에 따
른 어떤 차별도 없이 모든 인간에게 동일하게 법이 적용되어야 한
다는 것을 말했습니다. 하지만 이런 정치적 평등의 내면에는 실은
"극단적인 부의 편재를 용인하지 않는다"(로베스피에르)는 경제적 요
구와 동시에, "어떤 시민도 다른 시민을 돈으로 살 수 있을 정도로
부자여서는 안 되고, 또 어떤 시민도 자신을 팔지 않으면 안 될 정
도로 가난해서도 안 된다"(루소)는 지극히 당연한 경제적 도리의 의
미가 담겨 있었습니다.

프랑스혁명의 3대 정신 가운데 내가 특히 주목하는 것은 '우애'입니다. 우리는 종종 우애를 '박애(博愛)'로 번역하지만 이는 혁명 당시 시민들이 행했던 자선 행위에 주목한 일본 학자들의 잘못된 영향 탓입니다. 우애는 추상적이고 보편적인 사랑이 아닙니다. 우애는 쉽게 말해 "자신이 바라는 것을 다른 사람에게 베푼다"는 것이고, 요즘 말로 치면 같은 시민들 사이의 일상적인 상호부조에 가깝습니다.

물론 당시의 시민 개념은 지금과는 크게 달랐습니다. 엄밀히 말해 당시의 시민은 개인이라기보다는 가장(家長)에 가까웠고, 따라서 프랑스혁명의 자유·평등·우애도 아직은 개인에게까지 미치지 못했습니다. 그럼에도 3대 정신이 중요한 이유는 자유와 평등이 '사회적'의 첫 번째 의미인 '결사'의 토대가 되고, 우애가 '사회적'의 두 번째 의미인 '상호부조'를 낳았기 때문입니다. 시민의 자유롭고 평등한 결사를 통해 서로 돕는 상호부조 관계를 만들자는 혁명의 지향을 담고 있기 때문입니다.

또 한 가지 주목해야 할 점은 우애가 만약 시민들 사이의 상호부조에만 머물렀다면 아마 프랑스혁명은 성공하지 못했을 거라는 사실입니다. 프랑스혁명이 성공할 수 있었던 것은 시민들 사이의 상호부조가 자유와 평등을 위해 함께 싸우는 외국인으로까지 확대되었기 때문입니다. 동질적인 시민들 사이의 상호부조가 이질적인 이방인을 향한 환대로까지 이어졌기 때문에 이들의 참여를 이끌어낼 수 있었습니다. 혁명 초기에는 드러나지 않았던 우애의 이념이 혁명의 대중적 확산 과정에서 자유나 평등과 동일한 수준으로까지 올라가게 된 데는 이런 이유가 있었습니다.

새로운
흐름

앞에서 나는 '사회적'이 무성화되어 가는 속에서 협동조합 진영이 어떻게 자신의 명칭을 변화시켜왔는 지에 대해 설명했습니다. 이런 흐름의 연장에서 최근 협동조합 진영 에는 또 한 번의 변화가 일어나고 있습니다. 그동안 조합원 중심으 로만 협동조합을 이해했던 데서 지역사회에 관심을 두기 시작했고, 지역 내 다양한 협동조합 간의 연대가 주요한 과제로 대두하기 시 작했습니다.

이런 협동조합들 앞에는 공통적으로 '사회적(social)'이거나 '연 대(solidarity)', 혹은 '지역사회(community)'라는 수식어가 붙습니 다.[24] 어떤 수식어를 붙이든 그 안에는 조합원 이익만이 아닌 모든

---

24   이탈리아·폴란드·헝가리 그리고 우리나라에서의 '사회적 협동조합(social co-operative)', 포르투갈에서의 '사회적 연대 협동조합(social solidarity co-operative)', 스페인에서의 '사회적 활동주체의 협동조합(social initiative co-

인간의 성장과 지역사회의 통합이라는 공통의 목적이 있습니다. 즉, 동질적인 이들에 의한 상호부조의 힘으로 이질적인 이들과의 연대적 성장을 도모하자는 것이 사회적이든 연대든 지역사회든 새로운 협동조합이 담고 있는 취지입니다. 동료 간의 결사와 그 안에서의 상호부조를 넘어 이방인을 향한 환대로서 '사회적'이 부활하고 있는 것입니다.

19세기에 태동한 사회적 경제가 21세기에 다시 주목받는 것도 같은 이유에서입니다. 동료와의 결사를 토대로, 동료 사이에서는 상호부조 관계를 형성하면서 이를 이방인을 향한 환대로까지 확장하자는 것이 '사회적'의 본래 의미입니다. 그리고 이 둘 사이는 떼려야 뗄 수 없는 관계로 이어져 있습니다. 자유롭고 평등한 결사를 통해서만이 진정한 의미의 내부적인 상호부조와 외부적인 환대가 가능하도록 연결돼 있습니다. 세계 여러 나라에서 사회적 경제를 주목하면서도 그 조직 형태를 결사로 고집하는 데는 나름의 중요한 이유가 있습니다.

이에 비해 우리나라에서는 조직 형태와는 관계없이 목적만 사회적이면 사회적 경제의 범위 안에 넣는 경향이 많습니다. 아니, 오

---

operative)', 캐나다 퀘벡의 '연대의 협동조합(solidarity co-operative)', 프랑스에서의 '공동체 이익을 위한 협동조합(collective interest co-operative society), 영국에서의 '지역사회 편익 협동조합(community benefit co-operative)' 등이 그것입니다.

히려 목적이 사회적 경제의 가치와 범위를 규정하고 있습니다. '동료 간의 결사'나 '상호부조'보다 '환대'가 우위에 있다는 점에서 우리나라의 사회적 경제 논의는 유럽보다 차라리 영미의 제3섹터나 사회적기업에 가깝습니다.

　나는 이런 경향이 굳이 틀렸다고 생각지는 않습니다. 하지만 결사나 상호부조를 토대로 하지 않고 어떻게 진정한 환대가 가능할지, 또 그 환대가 얼마나 지속될 수 있을지에 대해서는 여전히 의문입니다. '결사'가 사라진 사회적 경제에는 '경제'만 남을 뿐이고, '상호부조'가 사라진 사회적 경제의 '환대'는 '정치'에 예속될 뿐입니다.

3. '사회적'
인간

왜
환대하는가

　　　　　　한 인간에게 있어 다른 모든 인간은
항상 두 가지 모습으로 다가옵니다. 어떤 때는 기쁨과 슬픔을 나누
며 살아가는 의미를 안겨주는 다정한 모습으로 다가오고, 또 어떤
때는 고통과 불행을 안겨줄지 모르는 위협적인 모습으로 다가옵니
다. 서양에서는 전자를 동료(companion) 즉 "빵을 함께 나눠 먹는
사람"이라 불렀고, 후자를 이방인(stranger) 즉 "위협이 될 수도 있는
사람"이라 불렀습니다. 우리나라에서는 전자를 벗(友人)이라 불렀
고, 후자를 손(客人)이라 불렀습니다.

　안타깝게도 현실에서는 기쁨과 슬픔을 나누며 살아가는 의미
를 안겨주는 이들이 소수인 반면에, 고통과 불행을 안겨줄지도 모
르는 이들이 다수입니다. 때문에 우리의 삶에서는 고통과 불행을

안겨줄지 모르는 관계를 최소화하고 기쁨과 슬픔을 함께 나누는 관계를 잘 유지하는 것, 아니 소중한 이들과의 관계를 유지하기 위해 위협적일 수도 있는 관계를 좋게 맺는 것이 목표가 됩니다. 이방인과 손님을 잘 접대해야 하는 것은 이렇게 동료나 벗과의 관계를 지키기 위해서입니다.

그런데 이렇게 서로 연결돼 있는 상호부조와 환대는 그 성격이 완전히 다릅니다. 동료와의 상호부조는 빵을 함께 생산해 나눠 먹는 관계인 데 비해, 이방인에 대한 환대는 함께 생산하지도 않는 빵을 나눠 먹는 관계입니다. 더욱이 이때의 나눔에는 돌아오리라는 어떤 보장도 없습니다. 그러면 어떻게 이런 환대가 가능할까요? 인간의 어떤 의식이 이방인에 대한 환대를 가능하게 할까요?

이에 대한 해답으로 나는 환대하지 않았을 때의 위협을 이야기했지만, 실은 이는 매우 단순하고 표면적인 해석입니다. 이방인을 환대하지 않으면 동료 관계가 위협받는다는 것은 징벌이 두려워 죄를 짓지 않는 것과 다를 바 없습니다. 이런 이유에서라면 법률적으로나 규범적으로 아무런 징벌이 따르지 않는 현대사회에서 이방인을 환대하지 않는 것이 어쩌면 당연한 일이 됩니다.

인간에 대한
두 가지 이해

사회적 경제가 인간의 결사인 점을
고려할 때 인간의 무엇이 이방인에 대한 환대를 가능하게 하는가,
이방인을 환대하는 인간은 대체 어떤 인간인가는 매우 중요한 대목
입니다. 하지만 불행히도 사회적 경제에서는 이런 인간에 대한 이야
기가 거의 없거나, 있어도 대부분은 시장과 국가의 인간 이해를 따
를 뿐입니다. 인간을 이기적인 대중으로 보거나 이해관계를 같이
하는 사람들로만 보는 것이 사회적 경제의 일반적인 인간 이해입니
다. 그것이 완전히 틀렸다고 할 수는 없지만 그렇게만 보아서는 사
회적 경제와 그 안의 인간이 공통의 이해관계를 추구하는 이익집
단이 될 수는 있어도 환대에 나설 수는 없습니다.

시장경제에 논리적 근거를 제공한 경제학의 아버지 아담 스미
스는 인간에 대해 이렇게 말한 적이 있습니다.

사람은 자기 안전이나 이익을 우선시하는 이기적인 대중이다. 그런
이기심이 자기 환경을 개선하려는 욕구를 낳고, 사회에 이익을 가져
다주는 원동력이 된다. 이기심은 좋은 것도 나쁜 것도 아니다. 이기
심은 다만 어떤 제도적 조건과 결합해서 사회적 해악을 초래하기도
할 뿐이다. 따라서 이기심이 이런 해악을 초래하지 않게 하려면, 내
이기심을 타인이 이해할 수 있는 공평한 관찰자의 시선으로 떨어뜨

려야 한다. 모든 사람은 결국 대중의 일원이고, 대중의 일원으로서
의 특권에 만족해야 한다. 그 이상을 바라는 것은 그야말로 오만한
이기심이다.

스미스가 말하는 '이기적'은 '자기중심주의(egoism)'가 아니라
'자기이익(selfish)'입니다. 자신을 세상의 중심에 놓는다는 것과 자
신을 위해 살아간다는 것은 엄연히 다른 이야기입니다. 모든 인간
은 당연히 자신을 위해 살아가고 따라서 이런 인간의 행위는 좋다
나쁘다, 옳다 그르다는 문제가 아닌 당연한 인간의 본성입니다.

문제는 이런 이기심이 어떤 제도적 조건과 결합해 사회적 해악
을 초래할 수도 있다는 데 있습니다. 특히 그 이기심이 대중적으로
표출되는 자본주의 시장경제에서는 더욱 그 가능성이 큽니다. 그래
서 스미스는 자기이익의 추구를 당연시하면서도 끊임없이 '공평한
관찰자(impartial spectator)'의 시선으로 자신을 떨어뜨릴 필요가 있
다고 주장했습니다. "자신이 원하는 것을 다른 사람이 해주는 것이
그들 자신에게도 이익이 된다는 사실을 보여주는" 것이 중요하다고
말했습니다.

이런 스미스의 시각은 대승불교에서 이야기하는 '자리리타(自
利利他)', 즉 "나를 이롭게 하는 것이 다른 이를 이롭게 하고, 다른 이
를 이롭게 해야 내게 이롭다"는 이야기와도 일맥상통합니다. 대승
불교에서 '자리(自利)'와 '이타(利他)'를 이어주는 것으로 '동체대비

(同體大悲)'하는 마음을 들었듯이, 스미스 또한 이기심과 관찰자적 시선을 잇는 것으로 인간의 '공감(sympathy)' 본성을 강조했습니다.

하지만 안타깝게도 이런 스미스의 우려는 우려로 끝나지 않고 현실이 되었습니다. 스미스가 시장경제에 논리적 근거를 제공했음에도 지금의 자본주의 시장경제에서는 이기심만 있지 관찰자적 시선이 없고, 따라서 이 둘을 잇는 공감도 없습니다. 인간의 자기를 위한 행위가 자본주의 시장경제라는 특수한 제도적 조건과 결합해 대중적으로 표출되기 때문에 '공감'은 사라지고 이기적 행위만 남아 수많은 사회적 해악을 초래하고 있습니다.

재밌는 것은 이런 사회적 해악을 보완할 목적으로 국가의 역할이 더욱 강화된다는 사실입니다. 국가는 인간을 동일한 이해관계의 당사자로 이해하고 있고, 상충된 이해관계를 조정 조율하는 데 자신의 역할이 있다고 생각합니다. 특히 자본주의 시장경제를 추구하는 국가에서는 이렇게 인간을 이해관계 집단으로 바라보는 것이 보통입니다.

하지만 이런 인간 이해는 자본주의와 국가의 대척점에 섰던 마르크스와 별반 차이가 없습니다. 인간을 경제적 범주의 인격화한 존재로 바라본 마르크스의 시각과 이해관계 집단으로 보는 국가의 시각에는 큰 차이가 없습니다. 마르크스는 인간에 대해 이렇게 이야기한 적이 있습니다.

나(마르크스)는 결코 자본가와 지주를 장밋빛으로 아름답게 그리지는 않았다. 여기서 개인들이 문제가 되는 것은 오직 그들이 경제적 범주의 인격화이고, 일정한 계급관계와 이해관계의 담당자인 한에서다. 나의 입장은 다른 입장과는 달리, 경제적 사회구성의 발전을 자연사적 과정으로 보는 것이지 개인이 이런 관계들에 대해 책임이 있다고 생각지 않는다. 개인은 주관적으로 아무리 이런 관계들을 초월한다 하더라도, 사회적으로는 여전히 그것들의 산물이기 때문이다.

스미스가 인간을 이기적 대중으로 이해한 데 비해, 마르크스는 경제적 범주의 인격화한 존재—계급이나 계층—로 이해했습니다. 덕분에 스미스가 인간이 다른 인간과 관계하는 이유를 자기이익의 실현에서 찾은 데 비해, 마르크스는 계급적 이해관계의 실현에서 찾았습니다. 스미스가 인간 본성과 사회 공리 사이에서 끝없이 고뇌한 데 비해, 마르크스는 오히려 자본·자연·노동이라는 경제적 제요소를 자본가·지주·노동자로 범주화해 계급투쟁을 선동했습니다.

하지만 이렇게 상반돼 보이는 두 시각 안에는 실은 엄청난 유사성이 있습니다. 표현은 다르지만 인간을 대중이나 계급과 같은 부류로 이해했다는 점에서, 또 대중의 이기심과 계급의 이해관계를 역사와 사회 발전의 동력으로 여겼다는 점에서는 동일합니다. 자본주의 시장경제와 국가는 이렇게 상반돼 보이지만 실은 인간을 부류로 이해한 점에서는 같고, 사회적 경제 역시 인간을 동일한 이해관계를 지닌 무리로 이해하는 측면에서는 이와 비슷합니다.

물론 나는 이런 인간 이해에 별로 동의하지 않습니다. 인간이 이기적이 아니거나 이해관계에서 벗어나 있어서가 아니라, 인간을 대중이나 계급의 무리로만 규정하기 때문입니다. 인간이 이기적 대중이나 계급의 이해관계 당사자일 때만 의미 있다고 보기 때문입니다.

하지만 이런 이해는 인간에 대한 다양한 설명 가운데 하나일 뿐이지 그 자체가 인간이 아닙니다. 아니, 오히려 이런 인간 이해가 자본주의 시장경제라는 특수한 제도를 인류의 보편사로 규정하고 나아가 자연사로까지 확대시킬 뿐입니다. 사회적 경제가 기업화·관료화되는 것도 실은 인간에 대한 이런 이해가 그 바탕에 깔려 있기 때문입니다.

사회적 경제의
인간 이해

인간에 대한 부류적 이해가 팽배해 있는 속에서 최근 폴라니(Karl Polanyi)가 자주 언급되는 것은 매우 반가운 일입니다. 시장과 국가만 바라보고 살아온 우리에게 '사회'를 재발견할 수 있게 해줬다는 점에서 그의 공적은 결코 가볍지 않습니다. 하지만 그가 사회를 재발견할 수 있었던 것은 인간에 대한 깊은 이해가 있기에 가능한 일이었습니다. 사회와 비교해 인간에 대한 언급이 많지 않았다고 해서 인간을 뺀 사회를 논하는 것은 그의 취지에 맞지 않습니다.

폴라니에게 있어 인간은 무리가 아니었습니다. 그가 19세기 산업혁명 당시의 사회를 '사탄의 맷돌(satanic mill)'로 비유한 것은 "인간들을 통째로 갈아서 무차별의 떼거리(무리)로 만들어버"렸기 때문이었습니다. "예전의 사회 조직들이 파괴되어버리고 또 인간과 자연을 새롭게 통합해보려는 시도들이 참담히 실패해버린" 때문이었습니다.

폴라니는 인간을 세 가지 관점에서 이해했습니다. 그에 따르면 인간은 유한한 육체적 생명을 지닌 '개체적 존재'이면서, 개인의 내면생활에서 영원히 살아가는 '인격적 존재'이고, 자신의 행위가 의도하지 않은 결과를 낳는 것에 대해 책임지는 '사회적 존재'였습니다. 이런 개체적이고 인격적이며 사회적인 존재로서의 인간 이해가 실은 그의 대표작으로 손꼽히는 『거대한 전환』의 마지막에 나오는 "서양인의 의식을 구성하는 세 가지 사실들", 즉 '죽음에 대한 깨달음'과 '자유에 대한 깨달음'과 '사회에 대한 깨달음'으로 이어지게 된 것입니다.

폴라니의 가장 큰 공적은 당연히 사회의 재발견에 있습니다. 하지만 그에게 있어 사회란 유한한 육체적 생명을 지닌 죽음의 존재가 영원히 살아가는 자유를 향한 과정입니다. 더욱이 이런 사회는 그것이 어떤 유형이든 결코 완전할 수 없습니다. 사회의 불완전함이 세계대전 같은 참사를 낳았고, 따라서 그것이 비록 자신의 의도와는 상관없이 벌어진 일일지라도 인간은 이에 대한 책임에서 벗어날 수 없습니다.

폴라니가 말한 인간의 자유는 사회적 자유입니다. "사회적 존재로서 피할 수 없는 부채를 기꺼이 받아들이는 것"이고, 자신의 의도와는 상관없이 벌어지는 사회적 해악—시장경제나 정치권력의 폭력적 행위와 그 결과를 포함해서—에 대해 책임지는 것입니다. 이런 사회적 자유를 추구하는 과정에서 그는 "사회의 발견이 자유의 종말일 수도 있고 그것의 재탄생일 수도 있지만" "자유를 파괴할 것이라고 두려워할 이유가 없(게 된)다"고 생각했습니다.

인간에 대한 폴라니의 이해는 스미스나 마르크스와 많이 다릅니다. 스미스가 개체적(=이기심)이고 사회적(=관찰자의 시선)인 존재로서의 인간을 강조한 데 비해, 폴라니는 여기에 더해 인격적 존재로서의 인간을 이야기했습니다. 인간이 사회적인 존재인 것은 영원히 살아가는 인격적 존재가 되기 위한 과정이라고 보았습니다. 또 마르크스가 사회적(=계급관계와 이해관계)인 존재로서의 인간만을 강조해 개인은 사회관계에 책임이 없다고 주장한 데 비해, 폴라니는 모든 인간은 사회적 해악의 책임을 모면할 수 없고 오히려 자유의 재탄생을 위해 사회를 발견해야 한다고 주장했습니다. 실재하는 사회를 부정하지 않으면서도 실재하는 사회를 위해 자유를 부정할 필요도 없는 '복합 사회(complex society)'는, 체념에서 벗어난 이런 인간의 행동을 통해 마련된다고 폴라니는 믿었습니다.

복합 사회와
인간

폴라니가 재발견한 '사회'는 이미 무성화되어버린 지금의 사회 일반이 아니라 무성화되기 이전의 사회, 무성화된 사회를 넘어서는 사회(=결사)입니다. 그리고 이런 사회의 주체를 그는 개체적이고 사회적이면서 동시에 인격적인 인간에서 찾았습니다. 자신에게 부여된 자유와 책임을 자각하고, 이렇게 자각한 개개인이 평등히 결사해 그 자유를 제도화함으로써, 비로소 "삶에서 그 의미와 통일을 회복하는" 인격적 삶의 목표에 도달하게 된다고 생각했습니다. 구조적으로 볼 때 이런 그의 생각은 개체적 존재로서의 인간이 인격적 존재로의 회귀를 통해 다른 인간과 사회적 관계를 형성하는, 또 이런 사회적 관계를 통해 다시 개체적 인간이 영원히 살아가는 인격적 존재가 되는, 그런 순환의 구조라 할 수 있습니다.

　중요한 것은 폴라니가 말하는 '인격(personality)'이 우리가 보통 생각하는 것처럼 인간만을 대상으로 하지 않는다는 데 있습니다. 그것이 만약 인간만을 대상으로 한다면 '영원히 살아가는' 같은 수식어가 붙을 수 없습니다. 그가 말하는 인격 안에는 인간은 물론이고 모든 자연(생명)이 포함되고, 그에게 있어 인격은 '(인간을 포함한 모든) 생명의 본래 모습'이라 할 수 있습니다.[25] 그가 모든 인간은 사회적 존재로서 피할 수 없는 부채를 안고 있다고 한 것은, 이런 생명의 도움으로 인간이 살아간다는 것의 자각을 의미합니다. 또 삶에서 그 의미와 통일을 회복해 영원히 살아가는 인격적 존재가 된다고 한 것은, 이런 생명으로의 회귀를 의미합니다.

　또 한 가지 폴라니의 사유에서 우리가 유념해야 할 점은 그가 말하는 사회나 인간이 특정 공간이 아니라 관계라는 사실입니다.

25　　'인격'에 대한 이런 해석은 폴라니만의 것이 아닙니다. 일본 협동조합운동의 아버지라 불리는 가가와(賀川豊彦)는 "인간이 인간인 이유는 모두가 하느님과 같은 '인격(person)'을 지녔기 때문"이라고 했습니다. 가가와가 말하는 'person'은 단지 인간만이 아닌 삼위일체(three persons)인 신도 포함되고, 그 모습에 따라 창조된 모든 생명(one nature)도 포함됩니다. 그리고 이 'person'은 'per(by)+son(self)=by oneself' 즉 '스스로 그러함'이고, 이를 우리는 '자연(自然)'이라 부릅니다. 이마무라 또한 소유의 유형에는 사적 소유(私有)나 공동체 소유(共有), 국가의 소유(公有)와 구별되는 '인격적' 소유가 있다고 제기했습니다. 인간이 소유하고 있다고 믿는 모든 것들은 실은 자연으로부터 일시적으로 그 사용을 양도받은 것이지 그 소유권마저 옮겨 온 것이 아니라고 했습니다.

폴라니가 지향했던 복합 사회는 시장·국가·사회라는 영역의 조합이 아니라 상품교환·재분배·호혜라는 관계의 융합입니다. 그가 아무리 사회로부터 뿌리 뽑혀 나온 경제를 다시 사회로 묻어 들어가기를 바랐다 해도, 그것은 결국 상품교환·재분배·호혜라는 경제 관계의 재설정을 통해서나 가능한 일입니다. 물론 이런 경제 관계의 재설정 역시 인간이 개체적·사회적·인격적 존재로 회복하고, 이렇게 회복해가는 통일적 인간이 관계하는 속에서 마련됩니다.

다시 한번 강조하지만 모든 사회는 상품교환·재분배·호혜라는 교역양식의 관계이고, 모든 인간은 개체적·사회적·인격적 존재양식의 관계입니다. 나아가 이렇게 형성된 하나의 사회는 또 다른 사회와 상품교환·재분배·호혜라는 교역양식을 통해 관계함으로써 더 큰 사회를 만들어가고, 이렇게 자기를 형성한 인간은 또 다른 인간과의 개체적·사회적·인격적 존재양식을 통해 관계함으로써 세상을 만들어갑니다.

이런 점에서 볼 때 사회적 경제를 재분배의 국가나 상품교환의 시장과 대비되는 호혜의 영역으로만 규정하는 것은 옳지 않습니다. 마찬가지로 사회적 경제의 인간을 개체적이거나 사회적이거나 인격적 존재로만 규정하는 것도 옳지 않습니다. 이는 마치 인간을 이기적 대중이나 계급 이해관계의 당사자로 보고, 사회를 대중의 이기심이나 계급적 이해관계의 경쟁과 타협의 장으로 이해하는 것과 다를 바 없습니다.

관계의
양방향

　　　　　　　한 사회와 인간은 이렇게 다양한 관
계를 통해 만들어지고, 이렇게 만들어진 한 사회와 인간은 또 다
른 사회와 인간과 다양하게 관계하면서 더 큰 사회와 세상을 만들
어갑니다. 독일의 철학자 하이데거는 전자를 "존재자가 존재하는
동안에 모이는 것"이라고 했고, 후자를 "존재하는 동안에 존재자
가 드러나는 것"이라고 했습니다. 그리고 한 존재자는 생물학적 환
경에서 자신을 떨어트려 존재를 향해 자신을 투사하는 '초월'을 통
해 비로소 모든 존재하는 것들을 존재자로 볼 수 있게 된다고 했습
니다.

비슷한 이야기를 5세기 초 중국 동진(東晉) 시대의 선승 승조(僧
肇)법사는 만물(萬物)과 나와의 관계로 설명했습니다. 승조법사는
우리가 잘 아는 명구(名句) "천지는 나와 같은 뿌리이고(天地與我同
根), 만물은 나와 한 몸이다(萬物與我一體)"라는 말을 남긴 분입니다.
선승들의 대화를 기록한 『벽암록(碧巖錄)』에는 이와 관련된 다음과
같은 재밌는 일화가 있습니다.

당나라 때 승조의 가르침을 열심히 공부한 제자가 그 스승인
남전(南泉)을 찾아와 말했습니다. "승조법사의 이 가르침은 참으로
훌륭하지 않습니까?" 이에 대해 스승 남전은 아무 말 없이 정원에
핀 꽃 한 송이를 가리키며 말했습니다. "요즘 사람들은 이 꽃 한 송

이를 마치 꿈인 양 보고 있다네."

승조는 불가에 귀의하기 전에 노장(老莊)에 심취했던 사람입니다. 때문에 앞서 말한 그의 "천지는 나와 같은 뿌리이고, 만물은 나와 한 몸이다"는 이야기는, 『장자(莊子)』 「제물론(齊物論)」에 나오는 "천지는 나와 더불어 살고(天地與我竝生), 만물은 나와 더불어 하나가 된다(萬物與我爲一)"는 말을 약간 변형한 것입니다. 보통은 두 이야기 사이에 큰 차이가 없는 것처럼 보이지만 실은 그렇지 않습니다.

장자가 제물론에서 이야기하려 했던 것은 다양한 현상을 차별적이고 분별적으로 바라보는 인간의 고정관념에 대한 비판이었습니다.[26] 그리고 이런 고정관념에서 인간이 벗어나면 "천지는 크고 나 또한 커서 그 큰 안에서 함께 살게 된다"는 것이 장자의 취지였습니다. 이에 비해 승조가 강조한 것은 인간의 '본성(nature)'이고 본성에로의 '회귀'였습니다. 장자의 이야기가 인식론이었다면, 승조의 이야기는 본성론이요 관계론이었던 셈입니다.

승조는 "천지는 나와 같은 뿌리이고, 만물은 나와 한 몸이다"는 법어를 이야기하기 전에 먼저 "만물이 모여 내가 되고(會萬物爲自己), 그 만물은 내가 만들지 않은 것이 없다(萬物無非我造)"라는 말을

---

26   비록 그 규모나 서술 방식에서는 차이가 있더라도 이는 루소가 감성에 휘둘리지 않는 인간의 지성을 강조한 것과 비슷합니다.

남겼습니다. 다시 말해 만물의 관계가 자기를 이루고, 이렇게 이뤄진 자기가 만물을 만들어가는 것이 인간의 본모습이라고 보았습니다. 그리고 이런 본모습으로 돌아가면 천지만물과 나는 같은 뿌리고 한 몸이라 여기게 된다고 했습니다. 이런 승조의 이야기를 두고 10세기 초 중국의 한 선승은 "그래서 '천상천하(天上天下) 유아독존(唯我獨尊)'인 것이다", 즉 "하늘 위에도 하늘 아래에도 오로지 내가 있게 되는 것이다"라고 했습니다.

천지만물과 나를 하나로 이해하는 전일적 사유는 매우 중요합니다. 특히 이를 분리해 사고한 결과로 생태적으로는 심각한 환경문제를, 또 사회적으로는 심각한 양극화를 초래한 지금은 더욱 중요합니다. 하지만 "천지와 내가 함께 산다"는 전일적 사유는 세상을 이해하는 데는 도움이 될지언정, 그런 세상을 살아가고 변화시키는 데는 큰 도움이 되지 않습니다. 사람이 살아가는 것은 세상의 도움이 내게로 미치기 때문이고, 살아가는 의미를 느끼는 것은 이런 세상을 자기가 만들어가기 때문입니다.

사회적 경제에서 '사회'가 아니라 '사회적'이 중요한 것도 같은 이유에서입니다. 한 사회 안에서 같이 살아가게 되는 것은, 그 사회의 사회적 관계의 도움으로 내가 살고 또 그 사회의 사회적 관계를 내가 만들어가기 때문입니다. 모든 인간의 도움으로 내가 존재하고 이런 내가 모든 인간을 향해 관계하는 속에서 세상이 만들어짐을 느낄 때, 인간은 비로소 결사의 주체가 되고 동료와의 상호부조와 이방인을 향한 환대를 행할 수 있게 됩니다.

　　제자를 향해 스승 남전이 아무 말 없이 꽃 한 송이를 가리킨 것도 이런 이유에서였습니다. 한 송이 국화꽃을 피우기 위해 얼마나 많은 소쩍새들이 봄부터 울어댔는지, 또 이렇게 핀 국화꽃이 얼마나 많은 소쩍새를 울게 했는지를 우리는 알아야 합니다. 중요한 것은 한 송이 국화꽃과 수많은 소쩍새의 주고받는 관계이지 그들이 하나인 세상이 아닙니다. 국화꽃과 소쩍새가 하나인 세상은 주고받는 관계의 가시적 결과일 뿐입니다.

관계의
세 가지 이유

　　　　　　　그러면 인간은 왜 천지만물, 즉 넓게는 모든 생명과 또 좁게는 다른 인간과 관계할까요? 그 이유를 노동에 관한 이마무라의 견해를 빌려 세 가지로 정리하면 다음과 같습니다.

　　먼저 인간은 그 삶에 필요한 질료를 얻기 위해 타자와 관계합니다. 자신이 필요한 것을 얻기 위해 자신이 가진 것을 타자에게 제공합니다. 비록 자본주의 시장사회에 들어 필요한 질료의 대부분이 상품화되고, 그 결과로 상품교환이 우리 사회의 지배적 관계방식으로 자리했더라도, 한 인간이 타자와 관계 맺는 첫 번째 이유는 여전히 삶에 필요한 질료를 얻기 위한 것, 즉 '신체적 생존'을 위해서입니다.

폴라니의 '개체적 존재'는 신체적 생존을 위해 관계하는 인간을 말합니다. 스미스나 마르크스도 인간관계 즉 교역의 동기를 신체적 생존에서 찾았습니다. 산다는 것은 기본적으로는 신체적 생존을 의미하고, 살기 위해 관계한다는 것은 신체적 생존을 위해 교역한다는 것의 다른 표현일 뿐입니다.

다음으로 인간이 타자와 관계하는 두 번째 이유는 인정받기 위해서입니다. 굳이 헤겔의 표현을 빌리지 않더라도 인간의 역사를 한마디로 요약하자면 자신의 존엄과 가치를 인정받기 위한 목숨을 건 투쟁이었다 할 수 있습니다. 폴라니의 사회적 존재는 이런 '사회적 승인'을 향해 가는 존재를 말하고, 스미스나 마르크스 역시 이를 역사와 사회 발전의 동력으로 보았습니다.

물론 사회적 승인은 때로는 주인에 대한 노예의 저항, 자본가에 대한 프롤레타리아의 혁명 같은 폭력적 방식으로 표출되기도 했습니다. 하지만 보통의 일상에서는 비폭력적인 호혜의 방식으로 표출됐고, 모스는 이를 가리켜 '증여(don)'라 불렀습니다. 다양한 사회에 관한 민속학적 연구를 통해 모스는 한 사회가 도덕적 규범에 의해서가 아니라 그 안에 내포된 어떤 구조에 의해 작동된다고 보았고, 그 구조의 핵심 인자를 증여에 기초한 교환이라 보았습니다.

증여는 자발적이지만 동시에 의무적입니다. 선물은 줘야 하고(=제공), 받아야 하고(=수령), 또 받았으면 반드시 갚아야(=답례) 합니다. 이런 의무를 이행하지 않을 때 개인은 위신을 상실하고, 집단은 전쟁이나 재앙을 겪습니다. 아메리카 인디언의 포틀래치(potlatch)에서 보듯 받은 것 이상으로 되돌려주는 '선의의 경쟁구조'를 통해 인간과 그 집단은 위신으로 상징되는 사회적 승인을 얻었습니다.

마지막으로 인간이 타자와 관계하는 세 번째 이유는 '채무의 변제'를 위해서입니다. 물론 여기서 말하는 채무는 경제적이고 사회적인 채무가 아닙니다. 빌린 돈이나 외상값 같은 경제적 채무는 신체적 생존을 위한 질료의 교환 과정에서 생긴 것이고, 이런 채무는 반드시 갚아야 합니다. 그렇지 않고 경제적 채무가 한쪽에 계속 쌓이면 인간의 경제적 관계는 위기(crisis) 즉 공황에 빠집니다. 마찬가지로 누군가에게 신세를 지거나 도움을 받는 사회적 채무는 사회적 승인을 위한 선의의 교환 과정에서 태동한 것이고, 받은 것만큼은 최소한 갚아야 하는 것이 도리입니다. 그렇지 않고 사회적 채무가 한쪽에 계속 쌓이면 인간의 사회적 관계는 위기 즉 노예제에 빠집니다.

인간이 인간일 수 있는 것은 인간만이 유일하게 빚에 대한 의식이 있기 때문입니다. 그 빚이 대가—물품이나 화폐 같은—에 대한 것이라면 대가로써 갚아야 하고, 인간—선의 같은—에 대한 것이라면 인간으로써 갚아야 합니다. 인간이 하나의 제도로서 경제와 사회를 유지할 수 있는 것은 빚에 대한 기억과 변제가 있기 때문입니다.

이렇게 당연히 갚아야 하는 경제적·사회적 채무와 비교해 앞에서 말한 채무는 좀 다른 것입니다. 이때의 채무는 채무에 대한 의식은 있어도 완전한 변제가 불가능한 일종의 '인격적 채무'입니다. 완전한 변제가 불가능한 이유는 이때의 채무가 대가나 인간에 대한 것이 아니기 때문입니다. 하이데거가 말하는 '존재' 자체, 장자와 승조가 말하는 '천지만물'과 같이 자신을 존재할 수 있게 한 것이기 때문입니다.

자신을 존재할 수 있게 한 채무에 대한 완전한 변제는 오직 자신을 통째로 바쳐야만 가능하고, 이는 곧 죽음을 의미합니다. 나아가 채무의 완전한 변제는 채무의 변제로 끝나는 것이 아니라 채권자에 대한 부정으로까지 이어집니다. 니체가 인격적 채무의 완전한 변제를 '환원(상환) 불가능한 것에 대한 복수'라 불렀던 것도 이런 이유에서입니다.

한마디로 인격적 채무의 완전한 변제는 성인이나 차라투스트라 정도라면 모를까 보통의 우리가 할 수 있는 일이 아닙니다. 보통의 우리가 할 수 있는 일은 비록 받은 것만큼은 아니더라도 일상에서 조금씩 갚아나가는 것밖에는 없습니다. 인간이 진정 인간일 수 있는 것은 빚에 대한 기억과 변제만이 아니라, 어떤 경우에도 그 채무가 완전히 변제될 수 없음을 안다는 데 있습니다.

네 번째
증여

위에서 나는 인간이 타자와 관계하는 두 번째 이유로 '사회적 승인'을 들었습니다. 그리고 이것이 때때로 폭력적으로 표출되기는 했어도 보통의 일상에서는 비폭력적으로 표출되는데 이를 '증여'라 부르고, 또 이런 증여에는 제공·수령·답례의 세 가지 의무가 따른다고 했습니다.

모스는 이 세 가지 의무 가운데 특히 답례를 중시했습니다. 답례가 없는 증여는 일회적으로 끝나 하나의 제도로서 사회를 작동시킬 수 없기 때문입니다. 그래서 모스는 "선물을 받고 답례하지 않으면 받은 사람의 인격이나 지위는 열등한 상태로 떨어지고, 답례할 생각 없이 받았을 때는 더욱 그러하다"고 했습니다.

하지만 좀 더 꼼꼼히 들여다보면 답례보다 더 중요한 것이 실은 제공임을 알 수 있습니다. 제공·수령·답례의 순환 구조에서 제공 없이는 어느 것도 시작이 없기 때문입니다. 그래서 모스는 포틀래치의 본질을 '주어야 하는 것'이라고 했습니다. 답례만이 아니라 제공 또한 "꽤 자발적인 형식 아래 선물·선사품으로 행해지지만,

실제로는 엄격하게 의무적이며 그것을 행하지 않을 때는 사적이거나 공적인 싸움이 일어난다"고 했습니다.

또 한 가지 재밌는 것은 이런 제공에서 보이는 인간의 두 가지 상반된 태도입니다. 포틀래치에서 제공하는 인간의 모습은 한편에서는 큰 소리로 떠벌리면서 다른 한편에서는 겸손해 마지않습니다. 모스의 표현을 빌리자면 "소라고둥 소리에 따라 엄숙하게 선물을 끌고 온 다음, 남은 것을 주는 데 불과하다고 변명하면서 ─혹은 '오늘 먹다 남은 걸 가져왔으니 받아주십시오' 하면서─ 상대방의 발밑에 선물을 내던집니다."

우리는 보통 이런 상반된 태도를 "후한 인심, 자유, 자율성, 배짱이 크다는 것을 보여주기 위한" 과시적 행위로만 생각합니다. 하지만 아무리 인심이 후하고 배짱이 커도 과시만을 위해 자기─자신의 부─를 내던지는 사람은 그리 많지 않습니다. 제공을 의무로 생각하고 나아가 그 실행 과정에서 겸손해 마지않는 데는 뭔가 다른 이유가 있어서입니다.

모스는 '제공의 의무'에 대해 다음과 같이 이야기한 적이 있습니다.

주어야 하는 것은 포틀래치의 본질이다. 추장은 자기 스스로를 위해서, 자기 아들이나 사위·딸을 위해서 포틀래치를 주지 않으면 안 된다. 추장은 그가 정령과 재산에 사로잡혀서 그것들의 비호를 받고

있으며, 또한 재산을 소유하고 있고 또 재산이 그를 소유하고 있다는 것을 증명할 때에만… 그 지위를 유지한다. 또한 그는 재산을 소비하고 분배하여 다른 사람들의 자존심을 꺾고 '그의 명성의 그림자'로 덮을 때만 그 재산을 증명할 수 있다.

모스에 따르면 인간이 선물을 제공하는 것은 '증명'을 위해서입니다. "정령—보통의 경우는 조상—과 그 재산의 비호를 받고 있다는 것", 따라서 "재산을 소유하고 있고 그 재산이 자신을 소유하고 있다는 것"을 증명하기 위해서입니다. 물론 여기서 말하는 재산은 우리가 보통 생각하는 것처럼 정령이 빠진 물질의 사적 소유물이 아닙니다.[27] 그 재산은 조상(정령)으로부터의 거대한 포틀래치가 안겨준 것이고, 따라서 정령과 동일한 것입니다. 인간은 단지 이를 일시적으로 점유하고 이용할 뿐이고, 따라서 그 비호 아래 그 소유하에 인간이 있는 것입니다. 이를 증명하기 위해, 즉 정령의 비호와 소유하에 자신이 있다는 것을 증명하기 위해 정령인 자신의 재산을 제공하는 것입니다.

---

27   재산을 정령으로 보는 사고와 소유권의 관계는 표리부동의 관계입니다. 모든 재산은 자연으로부터 일시적으로 그 사용을 양도받은 것이지 그 소유권마저 옮겨 온 것이 아니고, 인간의 삶에서 자연이 의미를 지니는 것은 소유권 이전을 통한 형질의 변화가 일어나지 않기 때문입니다. 만약에 소유권 이전을 통해 형질 변화가 일어나고 그 결과로 생명이 죽어버리면, 자연은 인간의 삶에서 그 의미를 상실할 뿐 아니라 인간마저도 죽게 됩니다.

재산을 제공한다는 것, 이를 통해 재산을 소비하고 분배한다는 것은 정령과 나를 제공하고 소비하고 분배한다는 것과 같습니다. 즉, 보이지 않는 '정령＝재산＝나'의 관계를 증명해 보이기 위해 보일 수 있게 '정령＝재산＝나'를 드러내 소비하는 것이 바로 증여의 시작인 제공입니다. 인간이 그 지위와 명성을 유지하는 것은 이렇게 보이지 않는 것을 보이게 하는 행위를 통해 얻는 결과입니다.

한 걸음 더 나아가 이런 제공이 나의 점유와 이용을 허락한 정령에 대한 감사의 의미를 담을 때, 따라서 정령이 내게 행한 행위를 닮아 나도 그 모습에 따라 행하고자 할 때, 즉 정령이 내게 대가 없이 거대한 포틀래치를 행한 것처럼 나 또한 선물을 수령자에게 대가 없이 제공하고자 할 때, 인간은 재산 즉 자기를 파괴하고(죽이고) 파괴한 자기에 대해 겸손하게 되는 것입니다. 모스는 이런 증여를 제공·수령·답례와 구분되는 네 번째 증여로서 '신들을 향한 증여'라 불렀고, 고들리에(Maurice Godelier)는 '신들과 신들을 대표하는 인간에 대한 증여'라 불렀습니다.

신들을 향한 증여는 제공·수령·답례가 순환하는 인간 사회에서의 증여와는 그 성격이 완전히 다릅니다. 제공·수령·답례의 증여가 ─개인 간이든 집단 간이든─ 인간과 인간 사이의 내부적 관계라면, 신들을 향한 증여는 인간과 인간 아닌 것들 사이의 외부적 관계입니다. 내부적 관계에서 인간이 우애나 적대 같은 대칭적 정서를 느낀다면, 외부적 관계에서 인간은 공포나 기대 같은 위계적 정서를 느낍니다. 제공·수령·답례의 증여에서 제공하는 물건이 선의의 경쟁구조를 낳는 선물이라면, 신들을 향한 증여에서 그것은 답례를 바라지 않는 비경쟁적인 공물(sacrifice)입니다.

신들을 향한 증여가 중요한 이유는, 그것이 있음으로써 비로소 인간 상호 간의 제공·수령·답례라는 증여가 제도화되기 때문입니다. 신·정령·자연 등 이름을 뭐라 붙이든 외부 세계에 대한 상상과 증여를 통해 인간과 인간 사이의 호혜적 관계가 형성되고 유지되기 때문입니다. 인격적 채무에 대한 인간의 부채의식이 신들을 향한 증여를 낳고, 이런 증여가 있고 나서야 비로소 인간과 인간 사이의 증여라는 사회적 승인과 신체적 생존이 가능하다는 점에서 이는 매우 중요한 인간의 행위입니다.

'신성'과
'영성'

물론 인류 역사에서는 신들에 대한 부채의식을 이용해 오히려 인간을 구속하고 지배하는 경우도 많았습니다. 히브리 민족의 신화였던 유대교를 세계의 기독교로 변화시키는 과정에서 바울은 예수와 그의 십자가를 끌어왔습니다. 바울은 십자가에서의 예수 죽음을 모든 인간이 안고 있는 채무의 변제 즉 대속(代贖)으로 해석했습니다. 그리고 이 과정에서 그는 모든 인간의 모든 채무를 예수 하나로 향하게 했고, 마침내 모든 인간을 죽음 이외에는 예수에 대한 채무 변제가 불가능한 죄인으로 만들어버렸습니다.

이런 기독교에 대해 니체는 "신에 대한 채무 감정은 수천 년을 걸쳐 끊임없이 성장했고, …따라서 지금까지 이른 최대의 신인 그리스도교 신의 출현은 또한 최대한의 채무 감정을 지상에 나타나게 했다"며 비판했습니다. 하지만 그의 비판은 실은 제도화된 기독교를 향한 것이지 예수의 복음 자체를 향한 것이 아니었습니다. 아니, 오히려 그는 죄의식에 쌓인 인간의 구제 가능성을 예수의 복음에 토대를 둔 그리스도성(性), 즉 예수의 사랑 속에서 발견하고 싶어 했습니다. 예수의 사랑으로 인간이 구원받는 것을 인간의 '개인화'라고 생각했고, 종(種)적인 부류로서의 인간이 원죄라는 특징을 갖는 데 비해 개인화한 인간은 이런 특징을 갖지 않게 된다고 했습니다.

이마무라는 그리스도교(敎)와 그리스도성(性)의 차이를 신성(神性)과 영성(靈性)으로 표현했습니다. 그에 따르면 신성(divinity)은 사물과 인간 안에 내재한 '성스런 것(le sacré)'이지만, 실은 이는 '성스럽지 않은 것'에서 나온 결과입니다. 세속의 삶에서 느끼는 인간의 죄의식이 성스런 것의 실체로서 신성을 태동시킨 것입니다. 이에 비해 그는 영성(spirituality)을 성과 속이 분리되기 이전의 상태라고 했습니다. 아니 정확히 말하면, 성의 관념도 속의 관념도 출현하지 않은 상태가 영성의 상태라고 했습니다. 성스럽지 않은 것이 존재하지 않기 때문에 성스러운 것도 존재하지 않고, 따라서 신성이 형성되기 이전의 인간 본성이 바로 영성이라고 했습니다.

이마무라에 따르면 니체의 '동일한 것의 영원회귀'의 세계는 '살아 있는 자연'이고, 정령(anima)[28] 즉 생명을 지닌 자연입니다. 물론 이런 자연을 '물질(material)'이라 불러도 마찬가지입니다. 물질은 본래 살아 있는 것이고, 죽은 물질 혹은 생명이 없는 물질이라는 개념은 근대가 낳은 산물이기 때문입니다. 자연·물질·육체는 생명의 기운 즉 생기(生氣)를 가진 동일한 부류에 속하는 것들입니다.

니체(차라투스트라)가 "나는 육체이고 그 이외의 다른 것이 아니다"라고 했을 때도 마찬가지입니다. 이때의 육체는 살아 있는 신체이고, 따라서 살아 있는 자연과 하나인 살아 있는 육체입니다. 니체의 '육체가 지닌 큰 이성'도 마찬가지입니다. 이때의 이성은 기독교 신학과 여전히 그 영향 아래 놓인 서구 철학에서 말하는 '자아'의 이성이 아니라 '육체를 지닌 자기'의 큰 이성입니다. '의식을 지닌

---

28   아니마(anima)는 보통 '영혼, 정신, 생명' 등으로 번역되는데, 나는 이 가운데 생명이 가장 적합하다고 생각합니다. 영혼이나 정신도 아니마의 한 표상인 것은 틀림없지만 영혼은 영성이 일정한 그릇에 담겼을 때 이야기고, 정신은 육체와 나뉘었을 때 이야기지 성과 속이 분리되기 이전의 상태가 아니기 때문입니다. 더욱이 아니마의 활동이 '생기 넘치는(animate)' '활기찬(animated)' '활기차게(con anima)' 등의 파생어를 낳는 것을 보면 아니마는 생명으로 표현되는 것이 가장 적절합니다.

자아'와 구별되는 '육체를 지닌 자기'이고, '자아'보다 훨씬 원시적인 것이지만 이런 '자기'야말로 '큰 이성'입니다.

'신'이라는 개념은 이런 사고에 의인관(擬人觀, anthropomorphism)이 개입하면서 등장한 것입니다. 하지만 위에서 말한 살아 있는 자연은 의인관이 형성되기 훨씬 이전의 것입니다. 지금까지 대부분의 서구 사상은 이런 의인화의 이데올로기와 살아 있는 자연과의 차이를 무시했기 때문에 의인화된 신과 살아 있는 자연을 하나로 보고 살아 있는 자연을 부인해왔습니다. 동학을 창건한 수운 최제우 선생의 말처럼 "(서도나 서학에서 말하는) 몸에는 기화(생기)의 신령함이 없고(身無氣化之神), 그 배움에는 천주(생명)의 가르침이 없게(學無天主之敎)"되었습니다.

이런 살아 있는 자연을 우리는 생명이라 부릅니다. 생명이 객관적으로 존재하느냐 마느냐는 사실 별로 중요하지 않습니다. 객관적으로 실재하는 것은 생명의 표상이고 생명의 드러난 자취입니다. 최제우 선생의 표현을 빌리자면 "천도(天道)에는 모양이 없고 자취만 있습니다(無形而有迹)." 그 자취들이 드러나기 이전에 이를 생성시켜온 생명의 영역은 객관적으로는 관찰이 불가능합니다. 하지만 생명이 객관적·가시적 형태를 취하지 않는다 해서 생명을 환상이나 망상이라고 무시하고 부정할 수는 없습니다.

중요한 것은 오히려 생명의 객관적·가시적 실체가 아니라 생명에 대한 인간의 체험입니다. '무엇을 위해 산다'라는 도구적인 행위

이전에, '자기'로부터 '자아'가 분리되기 이전에, 따라서 성스런 것에 대한 관념이 형성되기 이전에, 대지에 발붙이고 살면서 대지를 먹이로 살아가는 원시적인 존재 체험이 도처의 인간에게서 있었다는 사실입니다.[29] 그리고 이런 체험이 자연을 '살아 있는 자연'으로 만들고, 인간을 '살아 있는 인간'으로 만들었다는 것입니다.

일체화한
개인

　　　　　　니체가 심한 두통과 우울증에 시달리면서 '영원회귀'를 체험했던 것과 마찬가지로, 온 세상이 열강의 침략과 이익 쟁탈의 아수라장에 빠져 있을 때 조선의 경상도 골짜기에서 최제우 선생은 한울의 계시를 받아 그 내용을 아래 스물한 자 주문에 담았습니다.

29　　'철학(philosophy)'의 어원이 되는 "예지(sophia)를 사랑하는 것(philein)"도 본래는 일종의 체험이었습니다. 하이데거의 지적에 따르면 그리스 헤라클레이토스나 파르메니데스 때의 '예지'는 '하나인 존재가 모든 것을 존재자로 존재할 수 있게 하는 것'이었고, 이에 대한 '사랑'은 이런 하나인 존재와의 '동조'나 '조화'를 의미했습니다. 하지만 그리스가 페르시아 전쟁에서 승리를 거둔 이후 플라톤이나 아리스토텔레스에 들어서는 '예지'의 내용이 '존재자란 무엇인가'로 바뀌었고, 이에 대한 '사랑'이 '탐구'로 바뀌었습니다.

지기금지(至氣今至) 원위대강(願爲大降) 시천주(侍天主) 조화정(造化定) 영세불망(永世不忘) 만사지(萬事知)

'지기(至氣)'는 지극한 기운, 즉 살아 있는 자연이고 생명입니다. '금지(今至)'는 자신이 이런 지기(至氣)임을 깨닫는 것입니다. 다시 말해 '지기금지'는 자기가 곧 지극한 자연의 기운 즉 생명임을 깨닫는 것입니다. 선생에게 있어 한 인간은 이기적 대중이나 경제적 범주의 인격화한 존재가 아닌, 지극한 생명의 기운이고 '더는 나눠 쪼갤 수 없는(in-dividual)'[30] 존귀한 존재였던 것입니다.

'원위대강'에서 '원위(願爲)'는 간절한 바람이고, '대강(大降)'은 이런 바람을 통해 마침내 지극한 생명의 기운과 내가 하나 되는 것입니다. 내가 곧 지극한 기운인 한울이지만 이는 간절한 바람을 통해 이루어진다는 것입니다. 선생에게 있어 한 인간의 행위는 대중의 일원이나 계급적 이해관계의 담당자가 아닌, 지극한 기운인 생명의 자기화 과정이었던 것입니다.

최제우 선생의 이야기는 다분히 종교적으로 들릴 수도 있습니다. 하지만 언어체계가 다를 뿐 마르크스 경제학자였다가 나중에

---

30   스물한 자 주문에 대한 최제우 선생의 설명 가운데 지(至)는 극대이면서 극소라는 말이 있습니다. 극소란 더는 나눌 수 없는 것(in-dividual)이고, 이는 인간의 경우에는 한 개인을 의미합니다.

폴라니를 일본에 소개하고 또 '광의(廣義)의 경제학'을 태동시킨 다마노이(玉野井芳郞)의 '일체화(identification)'와 같은 표현입니다. 다마노이는 돈 벌기·효율 존중·폭력 혁명이라는 수단 중심의 남성 원리가 아닌 목적과 수단이 하나인 생명의 세계, 앞으로 다가올 세대까지도 포함하는 생명의 흐름에 자신을 일체화하려는 노력이 지금은 필요한 때라고 주창했습니다.

일체화의 생략과
일체화만의 강조

내가 우리나라에도 널리 알려진 일본의 철학자 가라타니(柄谷行人)의 주장에 대해 일면 타당하면서도 완전히 동의하지 않는 이유가, 그의 철학에서는 '일체화'가 생략돼 있고 따라서 '인간'이 보이지 않기 때문입니다.

가라타니는 폴라니의 개체적·사회적·인격적 인간과 그들 사이의 상품교환·재분배·호혜라는 관계를 이어받아, 인간에 대해서는 감성과 오성에 더해 (칸트가 제시한)[31] '상상력(imagination)'을, 또

---

31   칸트는 감성(느끼는 것)과 오성(생각하는 것)을 확연히 구분했고, 이는 아마도 우리가 알지 못하는 하나의 뿌리로부터 나왔을 것이라 보았습니다. 이런 뿌리를 찾아 감성과 오성을 종합시키는 것이 바로 상상력이라 보았습니다.

사회에 대해서는 시민사회(자본)와 국가에 더해 '네이션(nation)'을 제시했습니다.

그가 말하는 상상력은 공상(fancy)이 아니라 감성과 오성을 매개하는 창조적 능력입니다. 또 네이션은 단순한 민족이 아니라 시민사회(자본)와 국가를 매개하는 상상의 공동체입니다. 인간의 상상력이 감성과 오성을 연결시키고 나아가 상상 속의 공동체를 시민사회(자본)·국가·네이션의 '변증법적 통일(aufheben)'을 통해 '가능한 공동체(communism)'로 만들어간다는 것이 가라타니 주장의 핵심입니다.

하지만 정작 중요한 것은 상상력이 아니라 상상력을 통해 감성과 오성을 통일시킨 인간입니다. 가능한 공동체에서 호혜에 기초해 자유로운 교환과 정의로운 분배가 가능한 것은 이런 인간과 그들의 관계가 그 안에 있기 때문입니다. 한 발 더 나아가 이런 상상력의 투사 대상은 인간이 아니라 인간을 넘어선 생명이고, 사회가 아니라 사회를 넘어선 자연입니다. 생명과 자연을 상상해 이를 인간과 사회에 자기화·일체화하는 과정에서나 인간과 그들의 공동체가 가능한 법입니다.

가라타니는 폴라니의 호혜·재분배·상품교환을 네이션·국가·자본으로 등치시키면서도 재분배를 국가에 의한 착취로, 또 상품교환을 자본에 의한 이윤 추구로 규정했습니다. 호혜에 기초해 모르는 사람과도 교역하면 국가에 의한 재분배나 시장에서의 상품교환을 넘어설 수 있고, 이렇게 '교환의 정의'를 구현하는 과정에서 국가에 의한 '분배의 정의'가 필요 없게 된다고 보았습니다.

하지만 생명과 자연을 상상하지 못하는 교환은 그것이 아무리 정의로울지라도 분배의 정의로까지 이어지지 않습니다. 이런 교환은 감성(시장)과 오성(국가) 사이에 낀 공상(민족)일 뿐이고, 결국에는 재분배의 국가권력에 대한 의존도만 높일 뿐입니다. (결사체를 포함한) 모든 사회는 상품교환·재분배·호혜의 결정체이고, 모든 인간은 감성·오성·상상력의 결정체입니다. 그리고 이런 전일적 인간과 사회는 생명과 자연을 상상해 이를 자기화·일체화하는 과정에서나 가능한 법이지, 자유로운 인간의 호혜적 교환만으로 정의로운 분배의 세상이 만들어지지 않습니다.

일체화와 비슷한 이야기를 대안적인 경제사회시스템을 모색하는 프라우트(PROUT, Progressive Utilization Theory) 경제학에서는 '탄트라(tantra)'라고 부릅니다. 탄트라는 본래 "어둠의 사슬로부터 인간을 해방시킨다"는 의미를 지닌 요가 수련법의 하나지만, 여기서는 "모든 마음과 물질이 나온 '근원적인 하나(cosmic oneness)'를 받아들이는" 행위, "모든 것을 포섭하고 주재하는 궁극의 눈으로 자신을 느끼는" 것으로 설명합니다. 프라우트 경제학에 따르면 이 세상에 살아 숨 쉬는, 아니 살아 있지 않고 숨 쉬지 않는 것들조차도 서로 연결되어 있습니다. 이렇게 서로 연결되어 있음을 알아채는 것이 '영성'이고, 이런 영성을 발현시키는 실천이 바로 '탄트라'입니다.

프라우트 경제학은 분명 인간과 그들의 관계(호혜)만으로 인간의 삶(경제)이 이뤄지지 않음을 밝혔다는 점에서 큰 의미가 있습니다. 하지만 그렇다고 해서 내가 프라우트 경제학에 대해 전적으로 동의하는 것은 아닙니다. 인간이 물질적 풍요만을 위해 살아가지 않는다는 그들의 주장은, 인간이 정신적 해방만을 위해 살아가지 않는다는 데도 똑같이 적용되어야 합니다. 이 우주가 브라만(梵)의 생각이 투영된 것이라는 그들의 주장은, 브라만 역시 아트만(我)의 생각이 투영된 것이라는 점을 간과해서는 안 됩니다. 지고한 순수의식만 의식이 아니라 평범한 의식 또한 순수의식이고, 지고한 개체여야 지고한 것이 아니라 모든 개체는 그 자체로서 지고한 법입니다. 더욱이 그것이 새로운 지도자(Sadvipra)를 정점으로 하는 사회적 역할의 구분—인도의 카스트제도와 같은—을 당연시하는 데로까지 이어진다면, 나는 이에 저항하는 것이 영성을 지닌 인간의 당연한 의무라 생각합니다.

영적인 사유,
회상의 세상

　　　　　　　　철학적으로는 생명과 자연의 눈으로 인간과 사회를 바라보는 것을 가리켜 '영적 사유'라 부릅니다. 영적 사유는 결코 추상적·초월적인 것이 아닙니다. 하이데거의 표현을 빌리자면 그것은 일종의 '회상(Andenken)'입니다. 모든 존재하는 것들 안에 이미 있는 것을 기억하고 끄집어내 자기를 느끼고 발견하자는 것이지, 결코 어떤 새로운 것을 강요하자는 것이 아닙니다. 그래서 최제우 선생은 "그 마음을 지켜 그 기운을 바르게 하고(守其心正其氣), 그 성품에 따라 그 가르침을 받아(率其性受其敎), 자연스러운 가운데 드러내는 것(化出於自然之中)"이라 했습니다.

영적이고 회상적인 사유는 철학이나 종교의 세계에만 있는 것이 아닙니다. "내가 구입한 먹거리가 내 아이나 생산자에게 혹시 어떤 해를 끼치지는 않을까", "내가 소비하는 전력의 일부가 원전에서 나온다는데 이것이 혹시 주변 생태계나 미래의 후손에게 어떤 위해를 가하지는 않을까" 하는 '미루어 생각하는 마음'[32]이 영적이고 회상적인 사유입니다. 유가에서는 이런 마음을 '추기지심(推己之心)'이라고 했고, 이는 '이기지심(利己之心)'과 더불어 인간이라면 누구나 가지고 있는 당연한 본성이라고 했습니다. 인간은 이런 당연한 본성을 한동안 잊어왔을 뿐입니다.

공자는 『예기(禮記)』 「예운(禮運)」에서 자신이 생각하는 이상사회를 '대동(大同)'으로 묘사한 적이 있습니다.

---

32   하이데거의 '회상'을 일본의 철학계에서 '추상(追想)'으로 번역하고, "존재자 안에 접어둔 벽을 펼쳐내는 것", "펼쳐내서 그 밖에서 나를 돌아보는 것"으로 해석하는 것도 같은 취지에서입니다.

큰 도가 행해지면(大道之行也)

천하가 모두를 위하고(天下爲公)

어질고 유능한 이를 뽑아(選賢與能)

신뢰를 쌓고 화목을 다진다(講信修睦).

그래서 사람들은 자기 부모만 부모로 여기지 않고(故人不獨親其親)

자기 자녀만 자녀로 여기지 않는다(不獨子其子).

노인은 다 그 삶을 잘 마감하게 하고(使老有所終)

성인은 다 그 역할이 있게 하며(壯有所用)

아이는 다 잘 자라게 하고(幼有所長)

홀아비·과부·고아·병자들을 다 돌본다(矜寡孤獨廢疾者 皆有所養).

…

재화를 (함부로) 버리지 않지만(貨惡其棄於地也)

쌓아둘 필요가 없고(不必藏於己)

일하러 나서기를 싫어하지 않지만(力惡其不出於身也)

그렇다고 나를 위해 일할 필요가 없다(不必爲己).

…

이를 대동이라 한다(是謂大同).

공자의 '대동'은 일종의 회상입니다. 지금은 사라졌지만 기억의 한편에 여전히 남아 있는 고대 오제삼황 때의 그립고 안타까운 모습입니다. 그리고 이런 공자의 회상을 이해하는 데 있어 우리는 다음의 두 가지 점을 주의해야 합니다.

먼저 공자가 말하는 '대동'은 '큰 하나'이지 그냥 '하나'가 아닙니다. 공자는 하나 되는 것을 과히 좋아하지 않아서 "군자는 화이부동(和而不同)이고 소인은 동이불화(同而不和)"라 했습니다. 또 한 가지는 공자가 말하는 '공(公)'이 '자연(nature)'이지 '공공(public)'이 아니라는 사실입니다. 「예운」에 나오는 공(公)은 대순(大順) 즉 '큰 따름'의 결과이고, 이때의 큰 따름은 자연의 모습에 따라 살아가는 삶을 말합니다. 공(公)이 '공공(public)'이 된 것은 '자연(nature)'의 자리를 '국가(state)'가 차고앉아 자연과 인간을 지배하면서부터입니다.

공자의 '대동'은 누가 봐도 부러운 세상입니다. 모든 노인이 편안히 노후를 맞이하고, 모든 성인에게 일자리가 주어지며, 모든 아이가 다 잘 자라는 세상. 재화의 사적 축적과 노동의 사유화가 없는 세상. 그런 세상을 부러워하지 않을 이는 아무도 없습니다. 하지만 공자는 이런 대동의 세상이 실은 어질고 유능한 이를 뽑아 신뢰를 쌓고 화목을 다져온 결과라고 말합니다. 신뢰와 화목을 다져 자기 부모만 부모로 여기지 않고, 자기 자녀만 자녀로 여기지 않은 행위의 결과라고 말합니다.

'큰 도(大道)'가 행해지는 세상에서 지도자의 역할은 사실 그리 중요하지 않습니다. 자연의 순리에 따라 사람들이 스스로 신뢰와 화목을 쌓아가도록 하는 것이 그 역할입니다. 그리고 이때의 신뢰와 화목은 단지 인간과 인간 사이의 '신뢰'와 '화목'만이 아니라 자연과 인간 사이의 '계약'과 '겸손'을 이야기합니다. 아니, 오히려 '대동'의 고대사회에서는 모든 인간관계가 자연과의 관계를 매개로 이루어졌습니다.

이렇게 자연과 관계 맺게 되면 인간 상호 간에는 자연스럽게 "자기 부모만 부모로 여기지 않고, 자기 자녀만을 자녀로 여기지 않게" 됩니다. 자연의 눈으로 사회를 보면 그 안의 모든 사람은 사람 아니게 된 이(=노인), 아직 사람이 아닌 이(=아이)를 포함해 모두가 같은 뿌리에서 나온 내 부모이고 내 자식이 됩니다.

기독교에서 말하는 '형제애(brotherhood)'[33]나 대승불교에서 말하는 '동체대비(同體大悲)'는 모두 이런 사유의 다른 표현입니다. "이웃을 사랑하는 것이 하느님을 사랑하는 것이고, 하느님을 사랑하는 것이 이웃을 사랑하는 것"이라는 형제애는 하느님의 눈으로 하느님을 통해 이웃과 관계하기에 가능한 일입니다. "나를 이롭게 하는 것이 다른 이를 이롭게 하고, 다른 이를 이롭게 해야 내게 이롭다"는 '자리리타(自利利他)'는 '동체(同體)'인 이들에 대한 '대비(大悲)' 하는 마음이 있기에 가능한 일입니다. 영적이고 회상적인 사유를 가진 이들의 실천이 '대동'이라는 사회를 만들어냈던 것입니다.

33 가가와는 모든 인간이 하느님의 모습대로 창조된 형제(brother)이고 이런 인간에 대한 사랑을 '형제애(brotherhood)'라 했습니다. 그의 『Brotherhood Economics』 라는 영문 책을 한국에서는 '우애의 경제학', 일본에서는 '우애의 정치경제학'으로

사회적 경제에서도 마찬가지입니다. 사회적 경제는 우리가 보통 사회적이라 생각하는 범위를 넘어선 사유와 실천입니다. 나와 우리가 주인인 세상은 사람 아닌 이를 주인으로 섬기는 데서나 비로소 가능하고, 나와 우리가 행복한 세상은 사람대접 못 받는 이들을 행복하게 할 때나 비로소 가능하다는 것이 21세기 사회적 경제의 핵심입니다. 나는 이런 인간을 생명의 사회적 인간이라 부르고, 이런 인간이 될 수 있게 도와주고 지켜주는 것이 바로 생명의 사회적 경제라 생각합니다.

번역하지만, 실은 '우애'가 아닌 '형제애', 즉 '친구 간의 사랑'이 아니라 '(같은 뿌리에서 나온) 형제간의 사랑'으로 보는 것이 맞습니다.

제2장

교역의
역사

1. 교역의
구조

왜
교역인가

　　　　　　　　언젠가 생명운동에 관한 한 연구모
임에서 '대화(dialogue)'가 화제로 오른 적이 있었습니다. 생명은 하
나하나로 보면 개별 존재이지만 동시에 이들 간의 관계이기도 하
고, 따라서 지금처럼 생명과 생명의 관계가 단절된 상황에서는 이
를 회복하기 위한 대화가 필요하다는 것이 이날의 주제였습니다.

　자연과학과 철학 연구자들이 대부분이었던 이날 모임에서 경
제의 관점에서 생명의 대화에 해당하는 말이 무엇이냐는 질문을
받았습니다. 나는 잠시의 망설임도 없이 경제의 관점에서 생명의
대화는 '교역(trade)'이라고 답했습니다. '교역' 하면 단지 상품의 교
환만을 떠올리는 지금, 나의 이런 답변은 오해받기 십상이었을지
모릅니다. 하지만 나는 생명의 대화에 상응하는 경제적 개념을 교

역이라 생각하고, 따라서 생명의 관계를 복원하기 위해서는 교역이 복원되어야 한다고 생각합니다.

　'사회적 경제'에서 '경제'의 다른 표현이 '교역'입니다. '경제' 하면 보통은 미시경제니 거시경제니, 시장경제니 국가경제니 하는 등의 어떤 '제도(system)'를 떠올리지만 이런 제도를 태동시킨 것은 결국 인간의 교역입니다. 인간과 인간 사이에 주고받는 행위가 있고, 이런 행위가 반복되면서 하나의 제도를 만들어내며, 이런 제도에 의해 다시 인간의 주고받는 행위가 영향을 받습니다. 보통의 '경제'라면 당연히 정해진 제도 안에서 어떻게 하면 효과적인 교역을 행할까에 중심이 가 있겠지만, 새로운 사회와 제도를 열어가는 사회적 경제에서는 어떤 교역을 통해 어떤 제도를 만들어낼까에 중심이 가 있어야 마땅합니다.

교역의
층위

　　교역을 '주고받는 행위'라 했을 때, 폴라니는 이런 행위의 유형으로 '호혜'[34] · '재분배' · '상품교환'을 들

34　폴라니의 『거대한 전환』 한국어 번역에서는 이를 '상호성'으로 표현하고 있습니다.

었고, 이런 행위를 통해 만들어진 제도를 '경제'와 '사회'라 불렀습니다. 물론 그가 말하는 경제와 사회는 동일선상에 있는 것이 아닙니다. 경제가 사회 안에 '내포'돼 있던 경제가 시장사회에 들어 사회로부터 '돌출'돼 나왔다 했을 때의 경제와 사회는 동일선상에 있는 평면적인 것이 아니라 층위가 다른 입체적인 것입니다. 한마디로 그에게 있어 호혜·재분배·상품교환은 '교역의 유형'에 해당한다고, 다양한 교역 유형들이 관계해 만들어내는 경제와 사회는 '교역의 층위'에 해당한다고 할 수 있습니다.

우리는 보통 교역을 경제적이고 사회적인 것으로만 알고 있습니다. 무인도에 혼자 남은 로빈슨 크루소라면 모를까 모든 인간은 자신이 생산한 것을 타자가 생산한 것과 교환하면서, 또 이 과정에서 단지 물품만이 아니라 자신과 타자가 관계하면서 살아갑니다. 전자가 '생산물과 생산물의 교환'이라면 후자는 '인간과 인간의 교류'이고, 이 두 과정만을 교역으로 보는 것이 일반적인 시각입니다.

하지만 실제로는 '생산물과 생산물의 교환', '인간과 인간의 교류' 이외에 또 하나의 교역으로서 '자연과 인간의 대사'가 있습니다. 아니, 어떤 면에서는 자연과의 '(물질)대사'가 있은 다음에야 비로소 이에 참여하는 인간 상호 간의 '교류'가 있고, 이런 인간의 교류가 있은 다음에야 비로소 그들 생산물의 '교환'이 가능했던 것이 인류의 역사입니다.

이런 면에서 볼 때 인간의 삶을 구성하는 교역의 층위에는 경제나 사회만이 아닌 '자연'이 있습니다. 생산물과 생산물의 교환 공간이 '경제'라면, 인간과 인간의 교류 공간이 '사회'이고, 자연과 인간의 대사 공간이 '자연'입니다. 폴라니가 '경제'[35]나 '사회'에 비해 '자연'에 관한 이야기가 적었던 것은 사회에서 '뿌리 뽑혀 나온(=돌출한)' 경제에 대한 문제의식 때문이지 결코 자연을 무시해서가 아니었습니다.

내포도
돌출도 아닌

미국의 미래학자 헨더슨(Hazel Henderson)은 자연·사회·경제라는 서로 다른 층위의 관계를 자연의 토대 위에 사회가 있고, 이런 사회의 토대 위에 다시 경제가 있다고 했습니다. 물론 여기서 말하는 '토대(rest on)'는 폴라니의 '내포(embeddedness)'와는 다른 개념입니다. 폴라니의 '내포'도 본래는 과거 상태를 서술한 개념이지 미래 지향을 담은 개념이 아닙니다. 과거에는 경제가 사회에 내포돼 있었다는 것이지, 그렇다고 해서 사회에서

---

35   물론 폴라니가 이야기한 경제는 주로 상품교환의 시장경제였지 일반적인 생산물
      교환을 의미하는 것이 아니었습니다.

'돌출(disembeddedness)'한 지금의 경제를 다시 사회로 내포시키자
는 것이 아닙니다.

경제가 사회에서 돌출해 나왔다고 해서 이를 다시 사회로 내
포시켜야 한다는 것으로 이해한다면 이는 사회와 자연의 관계에서
도 마찬가지로 적용되어야 합니다. 즉, 사회에 의한 경제의 내포는
자연에 의한 사회의 내포로까지 이어져야 하는데, 이런 경우는 존
재하지 않습니다. 자연에 사회가 내포돼 있어서는 사회가 생겨날
수 없고, 나아가 자연과 사회에 대한 인간의 의식 또한 생겨날 리
없습니다. 마찬가지로 경제가 사회에 내포돼 있어서는 경제가 생겨
날 수 없고, 나아가 사회와 경제에 대한 인간의 의식 또한 생겨날
리 없습니다.[36]

물론 나의 이런 생각은 폴라니가 비판했던 돌출된 상황, 즉 경
제에 대한 사회의 지배를 기정사실로 받아들이기 위해서가 아닙니
다. 아니, 오히려 자연에 대해 인간이 의식하기 시작한 것이 자연에
서 떨어져 나오면서부터이고, 자연과의 대사에 인간이 주체적으로
참여하게 된 것이 자연에서 떨어져 나와 사회를 형성하면서부터였
던 것과 마찬가지로, 인간이 사회를 의식하는 것은 사회에서 떨어
져 나오면서부터이고, 이런 사회에 인간이 주체적으로 참여하는 것

36   이는 스미스의 '이기심'과 '공감'의 관계에서도 마찬가지입니다. 스미스의 '공감'은
      '이기심'이 긍정되는 시장경제에서 비로소 출현한 것이었습니다. 즉, '이기심'을 긍
      정하면서 부정해야 하는 인간의 마음이 '공감'을 발견하게 된 것입니다.

은 사회에서 떨어져 나와 경제를 형성하면서부터임을 강조하기 위해서입니다. 그리고 그 경제가 바로 사회적 경제이기 때문입니다.

처음 인간이 사회를 형성했을 때 자연에 대한 인간의 의식은 자연이 있음으로써 비로소 사회가 존재한다는 것이었습니다. 처음 인간이 경제를 태동시켰을 때도 경제에 대한 인간의 의식 또한 사회가 있음으로써 비로소 경제가 존재한다는 것이었습니다. 즉, 인간이 처음 사회와 경제를 형성했을 때 사회는 자연에서, 또 경제는 사회에서 완전히 돌출해 있지 않았습니다. 아니, 오히려 사회와 경제의 운영원리를 자연의 흐름에 맞추는 데서 찾았습니다. 그들에게 있어 모든 자연의 흐름 즉 시간의 관리자는 자연 자신이었고, 자연으로부터 떨어져 나왔지만 자연으로 회귀하려는 인간의 노력이 인간으로 하여금 영원한 가역적(可逆的) 삶을 가능하게 한다고 믿었습니다. 윤회(輪回)라는 개념이 태동한 것은 이런 인간의 의식 덕분이었습니다.

하지만 이렇게 완전히 내포해 있지도 또 완전히 돌출해 있지도 않게 살아온 인간의 삶이 시장사회로 접어들면서 크게 변화했습니다. 시장경제를 정점으로 그것이 경제를 지배하고, 그 경제가 다시 사회를 지배하며, 그 사회가 또 자연을 지배하는 위계적 구조가 생겨났습니다. 그리고 이런 위계적 구조가 제도화되면서 인간은 경제의 상대적 노예로 전락했고, 이런 인간에 의해 자연은 절대적 노예로 전락했습니다. 아낌없는 증여라는 자연의 속성은 끝없는 착취의 근거가 되었고, 자연을 착취하는 인간은 자본의 지배를 받게 되었습니다. 사회와 경제를 태동시킨 초창기 가역적 시간의 관리자는 자연에서 자본으로 바뀌었고, 영원히 살아가는 것은 자연인 인간이 아니라 자본이 되었습니다. 생명의 윤회가 자본의 증식으로 탈바꿈한 것입니다.

소외의
진화적 이해

　　　　　　　　자연으로부터 사회가 돌출하고, 사회로부터 경제가 돌출하는 과정은 일종의 '소외' 과정이었습니다. 그리고 이런 소외가 결국은 자연을 소외시킨 사회가 경제에 의해 소외되는 '자기소외'를 낳았습니다. 자기소외를 당해서야 인간은 비로소 사회에 의해 소외된 자연을 의식하기 시작했고, 자본에 의해 소외당하면서 비로소 자신이 소외시켜온 생명이 눈에 들어오기 시작한 것입니다.

　일본의 철학자 요시모토(吉本隆明)는 소외에 대한 이런 두 가지 측면, 즉 자신을 소외시킨 것에 대한 이해와 자신이 소외시켜온 것에 대한 이해, 자신을 소외시킨 것을 부정하면서 동시에 자신이 소외시켜온 것을 긍정할 수밖에 없는 상황, 따라서 소외가 태동하기 이전으로 돌아가려는 충동과 함께 그럼에도 지금을 살아갈 수밖에 없는 과정에서 생명이 '마음'을 갖는다고 말했습니다. 경제에 의한 사회의 지배가 그 폐해를 드러내면서 인간은 비로소 사회에 의한 자연의 폐해를 의식하기 시작했고, 소외된 자아를 자각하면서 비로소 자신이 소외시켜온 타자가 눈에 들어오기 시작한 것입니다.

중요한 것은 이런 인간의 마음입니다. 사회로부터 돌출한 경제를 사회에 내포시킨다고 해서 자본을 정점으로 위계화·서열화돼 있는 '경제⊒사회⊒자연'의 구조를 바로잡을 수 없습니다. 자본을 대체하는 또 다른 신—과거에는 국가였고 최근까지는 자본이었으며 앞으로는 정보일 가능성이 큰—에 의해 이런 구조가 바로잡힐 리도 없습니다. 이를 바로잡는 것은 오직 소외를 부정하면서도 긍정할 수밖에 없는 인간의 마음이고, 이런 마음을 가진 인간과 인간의 연대입니다.

**교역의
유형**

다음으로 교역의 유형에 대해서입니다. 교역의 층위가 '자연'에서의 자연과 인간의 대사, '사회'에서의 인간과 인간의 교류, '경제'에서의 생산물과 생산물의 교환이라는 세 가지 층위로 이루어져 있다면, 이런 세 가지 층위에서 행하는 인간의 교역 유형으로는 다시 호혜·재분배·상품교환이라는 세 가지가 있습니다.

먼저 '호혜(reciprocity)'는 가족·혈연관계·지역공동체 내에서 우애·사랑·협동을 목적으로 행하는 교역의 방식을 말합니다. 호혜는 보통 대가를 바라지 않는 선물에서 시작되고, 선물에 대한 답례를 통해 순환됩니다. 모스가 말한 '증여'는 이런 호혜의 다른 표현입니다.

선물을 주고받는 것은 예의나 규범을 공유하기 때문입니다. 한 집단이나 사회 안에서 인간은 선물을 받았으면 당연히 답례하는 것이 상식이고 도리입니다. 다시 말해 호혜는 예의나 규범을 공유하는 관계에서나 가능하고, 따라서 인간이 호혜라는 교역 유형을 갖게 된 것은 자연의 일부에서 벗어나 사회를 형성하면서부터라 할 수 있습니다.

두 번째 교역 유형으로 '재분배(redistribution)'가 있습니다. 재분배는 국가가 세금을 걷고 이를 다시 국민에게 나누는 것처럼, 어느 중심에 모았다가 다시 나누는 행위를 말합니다. 물론 이렇게 모았다가 나누는 행위의 목적은 불평등을 해소하기 위해서입니다. 능력 있는 사람과 없는 사람, 열심히 일하는 사람과 그렇지 못한 사람 사이의 불평등이 개인 간은 물론이고 집단 간으로 확대되는 것을 막아, 한 사회 안에서나 다른 사회와의 관계에서 평화와 안녕을 유지하기 위해서입니다.

이런 재분배가 작동하기 위해서는 그 중심에 정신적이거나 물리적인 강제력이 필요합니다. 재분배는 호혜에서처럼 예의나 규범에 의해 작동하는 것이 아니고, 그렇다고 뒤에 이야기할 상품교환에서처럼 더 많은 이익에 대한 기대 때문에 작동하는 것도 아닙니다. 받았으면 당연히 갚아야 한다는 의식도 없고, 나중에 더 큰 이익이 되어 돌아올 거라는 보증도 없는 속에서도 재분배가 유지되는 것은 비폭력적인 제도든 폭력적인 강압이든 우리가 보통 '경제외적 강제'라 부르는 권력이 따르기 때문입니다.

세 번째 교역 유형으로 '상품교환(exchange)'이 있습니다. 이는 영리 혹은 이윤을 목적으로 화폐를 매개로 시장에서 상품을 사고파는 것을 말합니다. 호혜가 의례나 관습에 의해 유지되고 재분배가 경제외적 강제에 의해 유지된다면, 상품교환은 익명의 시장 시스템에 의해 유지됩니다. 호혜가 우애·사랑·협동을 목적으로 하고 재분배가 평등을 목적으로 한다면, 상품교환은 이윤 추구를 목적으로 합니다. 돈 벌 목적으로 선물을 주거나 세금을 내지 않는 데 비해, 돈 벌 목적이 아닌 다른 이유로 시장에 상품을 내다 파는 경우는 없습니다.

이런 점에서 볼 때 호혜나 재분배가 자발적이든 강제적이든 한 사회 내에서 상호 선의로 반대급부가 따르지 않을 수 있는 '사회적 교역'이라면, 상품교환은 화폐 척도로 반대급부가 따라야만 이루어지는 '경제적 교역'입니다. 지금이 사회로부터 돌출한 경제에 의해 사회가 지배당하고 있다는 것은, 상품교환이 호혜와 재분배를 지배하고 나아가 상품교환의 유지와 활성화를 위해 호혜와 재분배가 수단으로 이용되고 있음을 의미합니다.

폴라니는 이런 세 가지 교역 유형을 '사회'와 '경제'라는 교역의 두 층위에서만 주로 이야기했습니다. 상품교환의 시장경제가 호혜의 사회를 지배하고, 이를 재분배의 국가가 보조하는 것으로 보았습니다. 하지만 내 생각은 조금 다릅니다. 호혜·재분배·상품교환이라는 세 가지 교역 유형은 '사회'와 '경제'에서만 작동되는 것이 아니라 '자연'에서도 작동됩니다. 아니, 오히려 자연과 인간의 대사 관계에서 호혜든 재분배든 상품교환이든 태동하고 발전해온 것이 인류의 역사였습니다. 자세한 내용은 뒤에서 다시 이야기하겠지만, '사회적 경제'가 '생명의 사회적 경제'가 되기 위해서는 반드시 이런 인식의 전환이 따라야 한다는 것이 나의 생각입니다.

교역의
가치

위에서 나는 호혜나 재분배가 반대급부가 따르지 않을 수 있는 '사회적 교역'인 데 비해, 상품교환은 반대급부가 따르는 '경제적 교역'이라 했습니다. 교역의 당사자가 교역에 참여하고 그 교역이 지속적으로 이뤄지기 위해서는 어떤 형태로든 반대급부가 따라야 하는데 호혜나 재분배에서는 이것이 보장되지 않는다 했습니다. 하지만 정말로 그럴까요? 호혜나 재분배에서는 정말로 아무런 반대급부가 따르지 않을까요? 그렇다면 왜 인간은 이런 반대급부가 보장되지 않는 호혜나 재분배에 계속 참여할까요? 호혜나 재분배를 통해 인간은 어떤 가치를 얻고자 할까요?

상품교환을 통해 인간이 얻고 싶어 하는 가치는 두말할 필요도 없이 화폐로 환산 가능한 '교환가치'입니다. 인간이 상품교환을 지속하는 이유는 더 많은 교환가치가 자신에게 돌아오리라는 기대 때문입니다.

이에 비해 호혜의 경우는 조금 복잡합니다. 선물의 제공과 답례에는 교환가치로 평가하기 힘든 요소들이 많습니다. 호혜에서는 얼마짜리 선물을 줬고 또 얼마짜리 답례가 돌아왔느냐가 그다지 중요하지 않습니다. 아니, 오히려 얼마짜리를 줬는지가 중요한 호혜는 선물이 아니라 뇌물이 되고, 얼마짜리가 돌아왔는지를 따지는 호혜는 선물이 아니라 투자가 됩니다.

호혜는 수령자의 필요를 고려한 제공자의 호의로부터 시작됩니다. 물론 이는 수령자를 배려하는 제공자의 마음이 있기에 가능한 일입니다. 그리고 이런 호혜를 통해 제공자는 자신의 위신을 높이게 되고, 수령자는 자신의 필요를 얻게 됩니다. 마음이 담기지 않은 선물은 선물이 아니고,[37] 상대방의 필요를 고려하지 않은 선물은 선물로서의 가치가 없습니다.

물론 이렇게 수령한 선물에 대해 답례하는 경우도 마찬가지입니다. 답례하지 않고 수령만 하면 이번에는 수령자의 위신이 떨어지고, 이런 답례에서 수령자는 또 제공자의 필요를 고려해야 합니다. 마음이 담긴 '선심의 경쟁구조'가 '화폐의 증식'으로 표현되는 교환가치와는 다른 '사용가치'의 증식과 확장을 낳는 것이 호혜입니다.

재분배의 경우는 이런 호혜보다 훨씬 복잡합니다. 재분배에서는 상품교환이나 호혜에서와 같은 증식이 아니라 오히려 감소가 일어납니다. 중심에 모았다가 다시 나누는 과정에서는 중심에서 나온 것의 총량이 중심으로 모인 총량보다 항상 적을 수밖에 없습니다. 중심을 유지하는 데 비용이 들고, 그런데도 지출이 수입보다 높아서는 재정위기를 초래합니다.

재분배에 참여하는 당사자의 입장에서도 마찬가지입니다. 한 인간이 중심에 납부한 가치의 총량은 그것이 교환가치든 사용가치

---

37   동학의 2대 교주였던 해월 최시형 선생은 1888년 무자년 대기근 때 같은 동학도들끼리 서로 도와야 한다는 취지에서 '무자통문'이라는 편지를 띄웠습니다. 여기서 선생은 서로가 서로를 향해 내주는 비율을 '반비(半臂)' 분량만큼이라 표현했습니다. '반비'는 상의의 맨 위에 입는 소매가 없거나 아주 짧은 겉옷을 말합니다. 이런 겉옷을 형제들에게 벗어주었다고 해서 얼어 죽지 않지만 그 겉옷은 자신을 드러내는 가장 중요한 옷이고, 이를 내준다는 것은 자신을 내준다는 것과 같은 의미입니다.

든 상관없이 중심으로부터 수령한 가치와 같을 수 없습니다. 더 납부한 사람은 덜 받게 되고, 덜 납부한 사람이 오히려 더 받는 것이 재분배의 특성입니다.

마르크스주의자들은 이런 불공정한 특성 때문에 재분배를 유지하기 위해서는 경제외적 강제가 필수적이었다고 말합니다. 한 발 더 나아가 가라타니 같은 이들은 권력을 유지하기 위한 착취로 규정하고 재분배가 필요 없는 공동체를 구상했습니다. 하지만 이는 잘못된 시각입니다. 현대사회에서 인간은 그 어떤 강제도 쉽사리 용납하지 않지만 그럼에도 재분배는 용인합니다. 재분배가 필요 없는 공동체 역시 허구여서 공동체성이 강한 사회일수록 오히려 재분배 기능은 활성화돼 있습니다. 그렇다면 인간은 왜 이런 불공정한 재분배에 참여할까요? 재분배를 통해 인간은 대체 어떤 반대급부나 가치를 얻게 될까요?

자세한 내용은 뒤에서 서술하겠지만 재분배의 기원은 본래 자연과 인간의 대사에서 나왔습니다. 자연과 인간의 대사에서 자연은 인간을 향해 돌아올 것을 기대하지 않는 순수증여를 행하고, 인간은 이런 자연을 향해 답례하며 살아갔습니다. 인간이 살아 있는 생명일 수 있는 것은 생명인 자연으로부터의 증여 덕분이고, 인간이 생명으로서 가치를 지니는 것은 생명인 자연을 향해 답례해서였습니다. 재분배는 이 과정에서, 즉 생명인 인간이 생명인 자연을 향해 답례하는 과정에서 태동했습니다. 자연의 순수증여에 대한 인간의 답례라는 '인격적 교역'이 혼자서는 살기 힘든 인간을 살리는 재분배라는 '사회적 교역'을 낳았습니다.

여기서 중요한 것이 자연을 향한 답례를 통해 인간이 얻게 될 가치입니다. 제공자의 입장에서 자연을 향한 답례는 자신이 자연임을 증명하기 위해서입니다. 반대로 수령자의 입장에서 자연을 대신해 이를 수령하는 것은 수령한 자신이 자연이 되기 위해서입니다. 즉, 재분배를 통해 인간이 얻게 되는 가치는 '자연의 가치'이고 '인격적인 생명의 가치'이며, 한마디로 '생명가치'입니다. 전통사회에서 부자의 기부 행위를 '덕행(德行)'으로 표현하고, 지금도 부자 증세나 기업의 누진세를 자연스럽게 받아들이는 것도 그 안에 생명가치가 담겨 있기 때문입니다.

물론 지금의 재분배에서는 이런 '생명가치'를 찾아보기 힘듭니다. 제공자는 강제로 빼앗겼다 생각하고, 수령자는 당연히 받을 것을 받았다 생각합니다. 자연임을 증명하지도, 또 자연이 되게 하지도 못합니다. 덕분에 재분배에는 더더욱 국가에 의한 강제적 착취와 시혜만 남고, 지배를 위한 수단으로 전락해갑니다.

하지만 이렇게 재분배가 세속화되었다 해서 재분배를 없애는 것이 능사는 아닙니다. 재분배를 없애는 것은 자연과의 관계를 배제하고 사회와 경제를 이야기하는 것과 같고, 이는 결국 자연을 지배하는 사회가 경제에 의해 지배당하는 구조를 낳습니다. 자연과 인간의 대사를 무시한 인간과 인간의 교류는 필연적으로 상품과 상품의 교환에 종속될 뿐입니다.

교역의
대상

　　　　　　　　호혜·재분배·상품교환에서 또 한 가지 중요하게 다루어야 할 문제가 교역의 대상 즉 교역품에 관한 것입니다. 우리는 보통 교역의 대상을 상품 즉 재화나 용역으로만 한정합니다. 아니, 한 발 더 나아가 상품이 아닌 것들마저도 상품으로 여겨 교역의 대상에 포함시킵니다. 폴라니는 이를 '허구 상품 (fictitious commodity)'이라 불렀고, 그 대표적인 사례로 노동·토지·화폐를 들었습니다.

> 노동·토지·화폐는 분명 상품이 아니다. 매매되는 것들은 모두 판매를 위해 생산된 것일 수밖에 없다는 가정은 이 세 가지에 관한 한 결코 적용될 수 없다.… 노동이란 인간 활동의 다른 이름일 뿐이다. 인간 활동은 인간의 생명과 함께 붙어 있는 것이며, 판매를 위해서가 아니라 전혀 다른 이유에서 생산되는 것이다. 게다가 그 활동은 생명의 다른 영역과 분리할 수 없으며, 비축할 수도, 사람 자신과 분리하여 동원할 수도 없다. 그리고 토지란 단지 자연의 다른 이름일 뿐

인데, 자연은 인간이 생산할 수 있는 것이 아니다. 마지막으로 현실의 화폐는 그저 구매력의 징표일 뿐이며, 구매력은 은행업이나 국가 금융의 메커니즘에서 생겨나는 것이지 생산되는 것이 아니다. 이들 어떤 것도 판매를 위해 생산되는 것이 아니다. 그러므로 노동·토지·화폐를 상품으로 묘사하는 것은 전적으로 허구이다.

상품교환에서 교환되는 것은 당연히 상품입니다. 그리고 이때의 상품은 팔기 위해 생산한 것입니다. 이에 비해 인간 활동의 다른 이름인 노동, 자연의 다른 이름인 토지, 구매력의 상징인 화폐는 시장에 팔기 위해 생산한 것이 아니고 따라서 상품이 될 수 없습니다. 그런데도 지금은 상품 아닌 상품들의 교환이 오히려 상품의 교환보다 우위를 차지합니다. 실물경제보다 노동시장·부동산시장·자본시장의 동향이 사회에 훨씬 큰 영향을 미칩니다. 사회적 경제의 주요 전략으로 허구 상품의 탈상품화가 주창되는 것도 이들의 폐해가 너무 크기 때문입니다.

　하지만 문제는 그리 간단치 않습니다. 허구 상품을 상품으로 여겨 교환하는 것은 잘못이지만, 그렇다고 그 대안이 이들의 교역을 막는 것이어서는 안 됩니다. 노동(인간)·토지(자연)·화폐(구매력)의 교역을 막는 것은 인간과 인간의 교류, 자연과 인간의 대사, 생산물과 생산물의 교역을 막는 것과 같습니다. 중요한 것은 교역하지만 교환되지 않게 하는 것, 즉 일체의 교역품 안에 교역하지만 교환될 수 없는 것이 있음을 알고 실천하는 데 있지, 교환될 수 있는 것과 교환되어서는 안 되는 것을 단순 구분하는 데 있지 않습니다.

위에서 나는 호혜를 수령자의 필요를 고려한 제공자의 '마음'에서 시작된다고 했습니다. 호혜에서 주고받는 것은 물건만이 아니라 마음입니다. 마음이 전달되지 않으면 호혜는 호혜로서의 의미를 상실합니다. 재분배의 경우도 마찬가지입니다. 재분배에서 모았다 나누는 것은 구매력의 상징인 화폐만이 아니라 그 안에 담긴 '생명'입니다. 재분배는 자연의 순수증여 가운데 일부를 자연에게 되돌리는 것이고, 이렇게 되돌리는 자연에서 생명이 빠지면 답례로서의 의미를 상실하게 됩니다.

모든 교역에는 반드시 질적 전환과 장소적 이동이 따릅니다. 하나의 교역품은 인간노동이 자연을 질적으로 전환시켜 생산한 결과이고, 이것이 다른 이의 다른 장소로 옮겨가 그들의 노동에 의해 다시 질적으로 전환합니다. 하지만 이런 질적 전환과 장소적 이동에도 불구하고 그 교역품 안에는 여전히 '마음'과 '생명'이 남아 있습니다. 자연이 질적으로 전환해도 그 안에는 생명이 남고, 질적으로 전환한 자연이 다른 이의 다른 장소로 옮겨 가도 그 안에는 마음이 남습니다. 생명이 담기지 않은 교역품은 오히려 인간에게 해를 끼칠 뿐이고, 마음이 담기지 않은 교역품은 오히려 인간관계에 해할 뿐입니다.

이런 점에서 볼 때 교역은 '소유권의 양도'가 아니라 '사용권의

허가'에 가깝습니다. 교역품에 대한 지배적 권한을 양도하는 것이 아니라 그 용익(用益)을 허락하는 것이 교역입니다. 하나의 교역품 안에는 양도할 수 있는 것과 양도해서는 안 되는 것이 있고, 용익은 양도하지만 소유마저 양도하지는 않습니다. 모스의 표현을 빌리자면 교역은 '일시적 대여'이지 결코 '전적인 양도'가 아닙니다. 타자에게 그 사용을 일시적으로 위임하거나 그 점유를 일시적으로 인정하는 것이 교역입니다.

물론 이렇게 일시적으로 대여하는 이유는 양도하는 과정에서 양도해서는 안 되는 것을 지키기 위해서입니다. 마음과 생명이 담긴 것을 양도함으로써 마음과 생명을 지키기 위해서입니다. 다시 말해 인간은 '교역을 위해' 교역해온 것이 아니라 '지키기 위해' 교역해왔습니다. 그리고 교역을 통해 지키려 한 것은 '마음'이고 '생명'이었습니다. 교역품 안에 마음과 생명을 담아 교역함으로써 전쟁과 약탈을 종식시키려 했던 것이 교역의 본래 취지였습니다.

폴라니의 '허구 상품'은 인간이 생산한 것이 아님에도 생산한 것처럼 교환되는 시장사회에 대한 비판입니다. 이런 시장사회는 당연히 극복되어야 하지만, 그렇다고 해서 그 대안이 노동(인간)·토지(자연)·화폐(구매력)의 교역 자체를 거부하는 것으로 이해되어서는 안 됩니다. 나아가 인간이 생산한 것이면 무엇이든 교환할 수 있다고 이해되어서도 안 됩니다. 중요한 것은 인간이 생산한 것이든 아니든 모든 교역품 안에 교역하지만 교환될 수 없는 것이 있음을 아는 것이고, 교환될 수 없는 것을 지키기 위해 상품교환이 아닌 다른 방식으로 활발히 교역하는 것입니다.

무엇을
지킬 것인가

사회적 경제에서 이는 특히 중요한 대목입니다. 사회적 경제의 경제 전략은 상품교환의 시장경제와 비시장적 사회를 구분하는 '이중적 운동(double movement)'에 있지 않습니다. 폴라니의 말처럼 "진짜배기 상품에 대해서는 시장적인 조직 방식을 확장해가고, 허구 상품에 대해서는 시장적 조직 방식을 제한하는 과정이 서로 나란히 나타나는", 즉 경제적으로는 상품교환·경제적 자유주의·자기조정 시장에 의존하면서 사회적으로는 노동자 계급을 보호하는 것이 아닙니다. 그런 '상품의 노동자 소유권 확보'와 '허구 상품의 탈상품화'만으로는 결국 시장경제에 포섭당할 뿐입니다.

내가 생협에서 민중교역—보통은 '공정무역(fare trade)'이라 불리는—을 처음 시작했을 때 내부적으로 많은 논란이 있었습니다. 국경을 넘어 농산물을 교역하면 국내 농업을 지키자는 취지가 훼손될 것이라고 걱정했습니다. 생협에서 민중교역은 "사느냐 죽느냐

(to be or not to be)"의 문제였습니다.

나는 이런 우려에 대해 전혀 이의를 달지 않습니다. 아니, 오히려 생협은 지금보다 더 열심히 국내 농업을 지켜야 한다고 이야기했습니다. 하지만 동시에 우리가 정말로 지키고 싶어 하는 것이 무엇인지에 대해서도 이야기했습니다. 생명을 지키기 위해 생산자의 마음이 담긴 농산물을 주고받아온 것이 생협의 취지 아니었냐고 이야기했습니다.

민중교역은 이런 구조의 연장선에 있는 것이었습니다. 생명을 지키기 위해 국내 생산자의 마음이 담긴 농산물을 주고받는 것이 직거래였다면, 마찬가지로 국내를 넘어 이방인들과도 생명을 지키기 위해 생명을 주고받는 것이 민중교역이라고 말했습니다.

나의 이런 말은 다른 식으로 표현하면 "지키기 위해 줘야 한다(giving for keeping)"는 이야기와도 같습니다. 한 발 더 나아가 "주기 위해(줄 수 있기 위해) 지켜야 한다(keeping for giving)"는 이야기로도 이어집니다. 물론 상대방 또한 마찬가지입니다. 상대방도 지키기 위해 줘야 하고, 또 주기 위해 지켜야 합니다. 그래서 둘 사이의 관계가 "주고받는 과정에서 지켜야 할 것을 지킬 수 있어야 합니다(keeping with give-and-take)."

물론 여기서 지켜야 할 것은 당연히 생명입니다. 생명을 지킨다는 것은 추상적인 의미가 아니라 한 사람이나 그가 속한 조직이 자기 모습대로 스스로 결정해 자기 삶을 살아간다는 것을 말합니다.

그리고 이를 위해 한 사람이든 그들의 조직이든 지켜야 할 것과 주고받을 것을 구분해 지켜야 할 것을 지키기 위해 자기 생명의 일부를 타자가 사용하도록 허락해야 합니다.

우리나라의 대표적 생활협동조합이라 할 수 있는 한살림이 태동했을 당시에 그 취지를 담은 문건으로『한살림선언』이란 것이 채택되었습니다. 그리고 그 안에는 다음과 같은 의미심장한 이야기가 담겨 있습니다.

> **생활이란 문자 그대로 살아 활동하는 것이다. 생활은 인간이 살아 활동하기 위해 자신을 포함한 뭇 생명에게 '밥'이라는 생명에너지를 먹여 키우는 일이다.**

이 말은 단지 윤리나 도덕의 이야기가 아닌 실제 삶의 이야기입니다. 생활을 생명으로 대체해도 아무런 문제가 없습니다. 생명은 살아 활동하는 것이고, 이런 생명은 자신의 생명을 제공하는 과정에서 생명을 지킬 수 있게 됩니다. 지켜야 할 것은 생명이고, 생명을 지키기 위해 인간은 교역해야 합니다. 교역의 본래 취지는 바로 여기에 있습니다.

2. 교역의
태동과 공양

교역의

시작

　　　　　　　교역이 언제부터 시작되었는지는 확실치 않습니다. 아마 인간이 무리를 지어 수렵과 채집을 하며 생활하던 시기에도 교역은 있었을 것입니다. 먹이를 찾아 사냥하고 수집하는 과정에서 다른 무리와의 접촉은 당연히 있었을 것이고, 이 과정에서 무언가를 주고받는 행위 또한 당연히 함께했을 것입니다.

　하지만 이때의 주고받음은 지금의 교역과는 다르게 일종의 가로채기에 가까웠습니다. 한 무리가 사냥하고 수집한 먹이를 다른 무리가 빼앗고 빼앗기는 일종의 약탈행위였습니다. 그리고 이런 약탈행위는 종종 무리 간의 싸움으로까지 이어졌습니다. 어떤 면에서 볼 때 전쟁은 교역보다 앞선 교역의 한 방식이었고, 전쟁에서 벗어나기 위해 인간은 아마도 교역을 시작하지 않았을까 짐작됩니다.

본격적인 교역의 시작은 아마도 기원전 7천년경 인간의 무리가 공동체—씨족이나 부족 같은—로 진화하고, 이런 공동체에 의해 농경과 목축이 행해지면서부터라고 추정됩니다. 왜냐하면 이때부터 인간은 자연의 일부에서 벗어나 공동체를 형성하기 시작했고, 이런 공동체 형성을 통한 생산력 발달이 교역의 조건을 향상시켰으며, 서로 다른 공동체 간의 평화적인 관계를 위해 교역이 생겨났기 때문입니다.

공동체와 농경(목축)의 태동은 자연으로부터의 외화를 의미합니다. 물론 이때의 외화는 '특수한 외화' '자립한 외화'를 뜻하는 소외와는 다른 것입니다. 자연을 대상화하기 시작했기에 농경이나 목축이 가능했지만, 그렇다고 당시의 인간이 스스로를 자연에서 완전히 벗어났다고 생각지는 않았습니다. 아니, 오히려 자연에서 벗어난 실체로서 공동체와 농경(목축)이 태동했지만, 이런 공동체와 농경(목축)은 자연을 닮아 자연 안으로 들어가려는 데 그 목적이 있었습니다. 전자가 교역을 가능하게 만든 조건이라면, 후자는 교역을 통해 이루고자 했던 목적에 해당합니다. 즉, 자연에서 벗어난 실체로서 공동체와 농경(목축)이 태동했고, 자연의 일부임을 증명하는 행위로서 교역이 태동했던 것입니다.

침묵교역과
박달나무

초창기 교역은 필요한 것을 얻기 위해 가진 것을 내놓는 경제적 목적보다는 오히려 모르는 이들 간에 혹시 있을지도 모를 갈등과 싸움을 방지하기 위한 안전상의 목적이 컸습니다. 따라서 그 형식은 평상시에는 별로 대면할 일이 없는, 아니 대면한다는 것 자체가 침략으로 오해받을 수 있는 두 공동체 사이에서 대면 없이 이루어지는 '침묵교역(silent trade)'의 형태를 띠었습니다. 물론 이때의 교역이 '침묵'인 이유는 서로 말이 통하지 않아서가 아니라 지리적 접근 즉 관계를 기피했기 때문입니다. 양도하고 싶지 않은 것을 양도해야만 하는 아픔에도 불구하고 양도를 통해 동맹을 성사시키려는 무언의 계약이 말 없는 교역을 성립시킨 것입니다.

폴라니는 이런 침묵교역을 약탈에 의한 획득과 무역항에 의한 평화적 교역의 중간에 위치한 제도라고 보았습니다. 교역을 사회적 관계의 제도화 과정으로 이해하고, 이런 제도화 과정의 역사 속에서 침묵교역의 위치를 밝혔다는 점에서 일면 타당한 주장입니다. 하지만 사회적 관계의 제도화 과정에서 우리가 정말로 유념해야 할 것은 이런 제도화를 만들어낸 인간의 의식, 신화 속에 침잠돼 있고 따라서 무의식이라고도 불리는 인간의 심층의식입니다.

침묵교역은 보통 공동체와 공동체의 경계 부근에서 행해졌습니다. 미리 일정한 장소를 정해놓고 그곳에 한 공동체가 자신의 생산물을 가져다 놓으면 다른 날 상대 공동체가 그 답례로 자신의 생산물을 가져다 놓는 방식이었습니다. 그리고 이런 교역의 장소로서 보통은 공동체의 경계, 즉 한 공동체와 다른 공동체가 만나는 접점에 위치한 큰 나무가 이용되었습니다.

　　동북아시아에서는 이런 큰 나무가 대부분 박달나무(檀木)였습니다. 박달나무 아래에 한 공동체가 자신의 선의를 드러내기 위해 그 수확물을 가져다 놓으면, 다른 날 상대 공동체가 답례로서 자신의 수확물을 가져다 놓았습니다. 박달나무 아래는 이렇게 공동체 간의 관계를 평화와 안녕으로 유지하기 위한 매우 중요한 장소였고, 때문에 당시 사람들은 이를 성스럽게 여겨 '붉다' 즉 '밝다'의 의미를 지닌 박달나무로 이름 붙였습니다. 우리나라 건국신화에 나오는 '단군(檀君)'이 바로 '박달나무 아이'를 뜻하고, 그의 소임은 공동체와 공동체 사이의 관계를 평화와 안녕으로 주재하는 것이었습니다.

샤크럼의
비극

　　　　　박달나무가 위치한 장소, 즉 공동
체와 공동체의 경계지역은 어느 공동체에도 속하지 않은 중립지였
고, 누구도 침범해서는 안 되는 성스런 곳이었습니다. 다시 말해 이
곳은 개인은 물론이고 그들의 공동체도 소유할 수 없는 공간, 즉 현
대적 소유 개념으로 이야기하면 개인의 사유지(私有地)도 아니고 공
동체의 공유지(共有地)도 아닌 성스런 공유지(公有地)였음을 의미합
니다.

　공동체가 공유하는 공유지(共有地)를 영어로는 커먼즈(com-
mons)라 부릅니다. 공동체에 해당하는 영어 커뮤니티(community)
는 본래 커먼즈(commons)의 라틴어인 코뮤니스(communis)에서 나
왔습니다. 한마디로 공동체란 공유지(共有地) 즉 커먼즈(commons)
를 공유하는 관계였던 것입니다.

　공동체 안의 공유지(共有地)가 커먼즈라면, 공동체 바깥의 공
유지(公有地)는 샤크럼(sacrum)입니다. 지금은 그 의미가 선골(仙骨)
로 축소돼 있지만, 샤크럼의 본래 의미는 성스런 목적을 가진 성스
런 행위의 장소였습니다. 라틴어에서 샤크럼은 신들을 모신 성스런
공간이었고, 그 안에서 행하는 제사나 축제를 일컫는 말이었습니
다.[38]

　박달나무가 위치한 공동체와 공동체의 경계지역이 바로 샤크

럼이었습니다. 지금은 이런 공간이 모두 국유지나 공유지로 흡수되고, 그 안에서의 행위 또한 종교로 대부분 수렴돼버렸지만, 처음 교역이 시작되었을 때만 해도 이곳은 신들의 성스런 공간이었고, 그 안에서 행하는 성스런 행위였습니다.

'커먼즈의 비극(the tragedy of the commons)'이라는 말이 있습니다. 미국의 생물학자 하딘(Garrett Hardin)의 논문에서 유래한 것으로, 사적 소유권이 설정되어 있지 않은 공유지(共有地)에서는 그 자원이 이기적인 이익을 위해 자기 마음대로 이용되기 때문에 결국 고갈될 수밖에 없다는 것입니다.

하지만 커먼즈의 비극은 실은 샤크럼의 붕괴가 낳은 결과입니다. 샤크럼이 국유지화되면서 공동체와 공동체를 매개하는 역할이 국가로 이관된 것이고, 이것이 다시 인간과 인간을 매개하는 역할로까지 이어져 공동체의 붕괴와 커먼즈의 비극을 초래하게 된 것입니다. 성스런 샤크럼 안에서의 공동체 간 제사·축제·교역이 사라지면서 공동체 안의 개인 간 관계가 세속적이게 된 것이지 그 반대의 경우가 아닙니다.[39] 이 점을 명확히 해야만 사회적 경제는 커먼즈

---

38   이런 본래의 뜻은 제사나 제물에 해당하는 영어 sacrifice에 아직 그 흔적이 남아 있습니다. 선골을 sacrum으로 표현하는 것도 아마 이곳을 인체의 가장 중요하고 성스런 곳으로 여겼기 때문이 아닐까 싶습니다.

39   일본의 재정학자 진노는 '커먼즈의 양의성'을 이야기한 적이 있습니다. 커먼즈 안에는 신이 모든 생명에게 평등하게 제공한 자연과, 이를 기반으로 형성된 인간의 공동사회라는 두 가지가 있다고 구분했습니다. 이런 그의 주장은 커먼즈가 있게

의 비극을 초래하게 된 원인과 그 해결을 도모할 수 있습니다.

방문교역과
신시

　　　　　　　　침묵교역을 통해 상호 신뢰 관계를
쌓게 되자 인류는 차츰 '방문교역(visiting trade)'을 행하기 시작했습
니다. 대면 없이 생산물만 주고받는 교역에서 다른 공동체 구성원
을 초대해 교역하는 것으로 교역의 형태가 바뀌었습니다. 물론 처
음에 방문교역은 공동체를 번갈아 방문하는 쿨라원정 형태나 낮은
지위의 공동체가 힘 있는 공동체를 방문하는 공물(貢物) 헌납 형태
를 띠었습니다. 하지만 이런 비정기적이고 양자적인 교역은 곧 정해
진 날짜에 특정한 장소에서 다양한 공동체들이 만나 교역하는 랑
데부 형태로 발전해갔습니다.

　　우리 역사에서 랑데부 형태의 전형적인 방문교역 사례가 바로
'신시(神市)'입니다. 우리는 보통 신시를 천제(天帝) 환인의 아들 환
웅이 하늘에서 내려와 태백산에 세웠다는 장소로만 알고 있습니

한 샤크럼을 발견했다는 점에서 큰 진전이라 할 수 있습니다. 하지만 안타깝게도
그는 그 이상으로 나아가지 못했습니다. 샤크럼과 커먼즈의 관계에 대해, 또 커먼
즈의 비극을 초래한 샤크럼의 몰락에 대해 정확히 파악하지 못했습니다.

다. 나아가 이를 마치 국가를 세우고, 도읍지를 마련한 것으로 이해하고 있습니다. 하지만 신시는 한 나라의 도읍지가 아니라 다양한 공동체와 공동체가 만나는 특정 장소였고, 이곳에서 행해진 제사·축제·교역 같은 성스런 행위였습니다.

　신시에서의 행위를 한마디로 요약하자면 천제(天祭) 즉 하늘에 대한 제사였습니다. 그리고 모든 제사에는 반드시 연회와 선물의 교환이 따르듯이, 신시에서도 먹고 마시고 춤추고 노래하는 일과 각자가 준비한 물품을 나누는 일이 함께 진행되었습니다. 신시의 기능은 이렇게 다양한 공동체들이 갈등과 전쟁을 종식시키고 평화롭게 관계하도록 하는 데 있었고, 이를 위해 신시라는 성스런 공간과 그 안에서의 성스런 교역행위가 필요했던 것입니다.

　환웅이 신시를 선포—B.C.3897년의 신시개천(神市開天)—하기 전까지 인간은 아직 '무리'로만 존재했지 '공동체'로 나아가지 못했고, 따라서 공동체 간의 평화로운 관계는 인간의 의식에 별로 존재하지 않았습니다. 필요한 것이 있으면 다른 무리에게서 빼앗아오면 됐습니다. 또 단군이 조선을 개국[40]—B.C.2333년의 단군개천(檀君開

40　엄밀한 의미에서 이때의 '개국(開國)'은 '국가'가 아니라 '사회'를 열었다고 보아야 옳습니다. 자세한 내용은 제4장에서 다시 언급하겠지만, 공동체와 공동체 사이에서 '사회'가 태동하고, 그런 '사회'들 사이에서 다시 '국가'가 태동했기 때문입니다. 한마디로 당시의 '조선(朝鮮)'은 '사회'였지 '국가'가 아니었습니다. 사회＝국가로 보는 지금의 사고가 조선을 국가로 이해하게 만든 것입니다.

天)—한 이후부터는 '공동체'가 '사회'로 나아갔기 때문에 공동체 간의 평화적 관계가 점차 사회의 규범에 의존하게 되었습니다. 교역이 하나의 제도가 되어 더는 빼앗지 않고도 필요한 것을 얻게 된 것입니다.

신시는 이런 전혀 다른 두 단계로의 전환 사이의 중간기에서 태동한 것입니다. 다시 말해 환웅의 신시 선포로부터 단군의 조선 개국 이전에 이르는 1500여 년 동안이 우리 역사에서는 무리 간의 약탈이 공동체 간의 교역으로 전환하는 과정이었고, 이를 위한 정례적인 만남의 공간으로서 성스런 신시가 존재했던 것입니다.

공동체 간 평화적 관계를 위한 신시의 설립 목적은 신시를 세운 환웅의 뜻인 '홍익인간(弘益人間)'에서도 잘 나타나 있습니다. '홍익인간'의 인간(人間)은 지금의 사람이 아니라 사람(人)과 사람(人)의 사이(間) 즉 관계입니다. 그리고 이때에는 아직 사람이 개인으로 형성되기 이전이었기 때문에 그 사람은 개인이 아니라 사람의 무리 즉 공동체였습니다. 따라서 홍익인간은 "널리 사람을 이롭게 한다"가 아니라 "공동체(人)와 공동체(人) 사이(間)를 널리(弘) 이롭게 한다(益)"로 보는 것이 맞습니다. 한마디로 신시는 그 주체가 개인이 아니라 공동체였고, 그 목적이 공동체와 공동체의 성스런 관계 형성에 있었으며, 이를 위해 성스런 제사와 축제 아래서 성스런 교역이 행해졌던 것입니다.

호혜의
등장

환웅이 하늘에서 내려와 신시를 세웠다 함은, 인간이 자연의 일부에서 벗어나 서서히 사회를 형성하기 시작했음을 상징합니다. 환웅이 풍백·우사·운사를 거느리고 인간의 360여 가지 일을 관장했다 함은, 공동체와 공동체의 사이에서 서로 다른 공동체들이 공유하는 사회의 규범을 세웠음을 상징합니다.

앞에서 나는 교역의 세 가지 유형으로 호혜·재분배·상품교환을 들었는데, 그 가운데 호혜는 인간이 자연의 일부에서 벗어나 선물을 주고받는 사회적 규범을 공유하면서부터라고 했습니다. 이런 호혜의 형성 과정에 비춰볼 때 신시야말로 우리 역사에서 최초로 호혜의 교역이 이루어진 장소이고 행위였다 할 수 있습니다. 인간이 자연으로부터 일정 부분 벗어나 사회를 형성하고, 그 사회가 공유하는 규범을 갖추게 되는 신시 시대에 이르러 비로소 제도화된 교역 유형으로 호혜가 생겨났다 할 수 있습니다.

인류학자 살린스(Mashall Sahlins)는 "호혜는 가족이나 공동체 내부가 아니라 그 외부와의 관계에서 봐야 한다"고 했습니다. 한 공동체 안에서는 모든 생산과 소비가 공동으로 이루어지기 때문에 교역이 필요 없습니다. 교역이 필요한 것은 공동으로 생산하고 소비하지 않는 다른 공동체와의 관계에서이고, 따라서 이런 교역의 장소는 당연히 공동체 바깥의 공동체와 공동체 사이 공간입니다. 공동체 바깥의 성스런 공간에서 성스런 교역이 이루어진 덕분에 공동체 바깥과의 평화적 관계는 물론이고, 그 내부의 공동생산과 소비 관계도 유지될 수 있었던 것입니다.

우리는 보통 원시공동체사회가 공동생산·공동소비할 수 있었던 원인을 공동소유 때문이라고 생각합니다. 하지만 이런 생각은 지금의 소유관 중심으로 당시를 바라본 데서 나온 잘못된 이해입니다. 당시 사람들이 공동생산한 것은 분명하지만 그렇다고 그들이 생산의 주체를 자기들로 본 것은 아닙니다. 작물을 기르고 가축을 키우는 것은 자신들의 노동 때문이 아니라 자연의 증여 때문이라고 여겼습니다. 나아가 이렇게 해서 생산된 것들은 자기들 소유가 아닌 자연의 소유이고, 자기들은 단지 그 일부를 빌려 일시적으로 이용할 뿐이라고 생각했습니다. 다시 말해 당시의 소유 형태는 공동체적이거나 사회적이 아닌 인격적이었고, 이 덕분에 공동체 내부의 공동생산과 공동소비가 가능했던 것입니다.

공양적
살해

　　　　　　　또 한 가지 중요한 점은 이렇게 공동체 바깥에서 태동한 교역에서 교역되는 물품에 대한 당시 사람들의 생각입니다. 당시의 사람들은 자연을 물질(material)로만 이해한 것이 아니라 정령(animal)이 깃든 살아 있는 생명으로 보았고, 공동체의 생산물 또한 이런 생명의 분신으로 여겼습니다. 지금의 우리는 물질과 정령을 완전히 분리해 정령이 없는 물질로만 자연을 이해하지만 당시의 사람들은 그렇지 않았습니다. 인간이 공동체를 형성하기 이전부터, 자연의 정령을 신으로 의인화하기 훨씬 이전부터, 모든 생명은 살아 있는 정령이고 그 정령(靈)을 담은 그릇(魂)이라고 여겼습니다. 인간의 노동에서 가장 중요한 것은 이런 생명의 정령을 보존하면서 기르는 데 있다고 생각했습니다.

　　물론 자연으로부터 증여받은 살아 있는 생명을 인간의 삶에 필요한 것으로 전환시키는 과정에는 반드시 인간의 노동이 필요합니다. 하지만 이런 노동에 대해 당시 사람들은 지금처럼 절대우위적 가치, 즉 생산물에 대한 지배적 권한으로 여기지 않았습니다. 아니, 오히려 자연의 정령을 손상시키는 행위라 여겼고, 자연의 정령을 죽여 자기에게로 육화되는 과정이라 여겼습니다. 한마디로 당시 사람들은 인간의 노동을 '공양(供養)적 살해' 행위로 여겼고,[41] 이를 통해 생명이 자기에게로 전이된다고 여겼습니다.

시장사회를 살아가는 우리에게 자연은 이제 더 이상 정령이 아닌 물질일 뿐입니다. 경제학자 베버(Max Weber)의 말처럼 영적인 것, 주술적인 힘에서 인간은 완전히 해방되었습니다. 하지만 해방은 소외의 다른 표현이기도 합니다. 자연으로부터 해방된 덕분에 인간은 자연으로부터 소외당하게 되었고, 그 결과로 생명의 전이는 사라지고 물질 이동만 남게 되었습니다.

공양의
두 측면

인간의 노동을 공양적 살해라 했을 때 그 '공양(sacrifice)'에는 두 가지 측면이 있습니다. 하나는 자연의 정령을 손상시켜 자기 생명으로 육화하는 행위이고, 다른 하나는

---

41   여기서 한 가지 주의해야 할 점은 자연의 '정령'과 인간의 '공양적 살해'와의 관계입니다. 우리는 보통 자연에 정령이 있다고 여겼기 때문에 당연히 인간노동을 공양적 살해로 보았을 거라고만 생각하지만 실은 그 반대의 경우가 훨씬 중요합니다. 인간의 공양적 살해가 있기 때문에, 인간이 자신의 노동을 공양적 살해로 여기고 행하기 때문에, 자연에 정령이 담기는 법이기도 합니다. 인간이 자기 노동에 무엇을 담느냐가 실은 자연에 무엇을 담느냐로 이어지는 것이고, 이것이 결국은 인간을 무엇으로 만드냐로 귀결되는 법입니다.

이렇게 손상된 자연을 향해 자기 생명을 제물로 바치는 행위[42]입니다. 불가에서 말하는 '발우(鉢盂)공양' 즉 생명인 밥을 먹는 행위는 전자에 해당하고, '소신(燒身)공양' 즉 자기 생명을 제물로 바쳐 밥을 먹이는 행위는 후자에 해당합니다. 주의해야 할 점은 여기서 말하는 '밥(food)'은 단지 '밥(rice)'이 아니고, 여기서 말하는 '먹는다(feed)'는 단지 '먹는다(eat)'가 아니라는 사실입니다.

자연과 인간의 교역에서 모든 존재와 그의 행위는 유형에 관계없이 모두 '밥'과 '먹는다'로 표현됩니다. 모스는 비자본주의적 교역에 관한 수많은 연구를 통해 "만사는 밥(food)으로 수렴되고, 내구재 또한 밥으로 취급된다"는 결론에 도달했습니다. 우리가 제사 때 음복(飮福)하는 것은 조상이 먹다 남은 술을 마시기 위해서가 아니라 조상으로 상징되는 자연의 정령을 받아들이기 위해서입니다. 예수가 "나는 밥이다" "나를 먹어라" 한 것도 같은 취지입니다. 동학의 2대 교주였던 해월 최시형 선생은 이를 좀 더 명료하게 "한울은 사람에 의지하고 사람은 먹는 데 의지하니(天依人 人依食), 만사를 안다는 것은 밥 한 그릇을 먹는 이치를 아는 데 있다(萬事知 食一碗)"고

---

42   '자기 생명을 제물로 바치는 행위'를 폴라니는 '자기희생(self-sacrifice)'이라 했습니다. 물론 이런 그의 표현은 시장사회에서 상품을 구입하기 위해 자기 노동력의 일부를 상품으로 내놔야 하는 부정적 의미로 쓰인 것입니다. 반면에 나는 이를 일종의 채권과 채무 관계에서 채무의 변제를 위한 행위로서 긍정적 의미로 사용합니다.

표현했습니다.

자연과의 교역에서 인간이 일방적으로 받기만 하는 것은 도리에 어긋날 뿐 아니라 교역의 단절을 낳습니다. 비록 자연의 증여에는 못 미쳐도 그 일부는 답례해야 하는 것이 인간의 도리이고, 이런 답례를 통해 자연과 인간의 교역이 지속됩니다. 최시형 선생은 이를 두고 '반포의 이치(反哺之理)' 즉 먹은(feed) 생명에 대한 되먹임(feedback)이고, '은덕을 갚는 도리(報恩之道)' 즉 자연으로부터 생명을 얻은 은혜에 대한 보답이라 표현했습니다.

'고시레'[43]라는 순우리말이 있습니다. 단군시대에 '고시'라는 신하가 불을 얻는 방법과 농사짓는 방법을 가르쳐준 덕분에 인간이 밥 지을 때마다 음식의 일부를 고시에게 바쳤다는 데서 유래한 말입니다. 물론 이때의 고시레 물품은 밥에만 한정되지 않고, 고시레의 대상 또한 고시에만 한정되지 않습니다. 모든 생산물이 다 자연이고 자연의 증여이기 때문에, 고시레의 물품과 대상은 모든 생산물이고 모든 자연입니다. 인간이 인간일 수 있는 것은 이런 자연에 대해 고마움을 느끼고, 나아가 자신의 일부를 자연에게 답례하

---

43   천도교의 잡지인 『개벽』 제1호(1920년6월25일)에 일웅(一熊)이 단군신화를 논설한 글에는 "단군시대에 신하(侍臣)로 고시례(高矢禮)가 있었다. 그는 실로 현신(賢臣)이었다. 그는 단군의 명교(命敎)를 받아 황무지(荒蕪)를 개척하고 오곡(五穀)의 농사일(農作)을 일으켰음으로 그 남긴 혜택(餘澤)이 만세에 흘러 지금까지 조선 풍습에 새 음식(新飮食)을 대하든지 농민이 논밭(田圃)에서 밥을 먹을(露食) 때는 '고시레' 하고 주문을 외는(呪呼) 풍습이 있다"고 했습니다.

기 때문입니다.

계약으로서의
공양

　　　　　　그러면 신시와 그 뒤를 이은 모든 제
천의식에서는 왜 공양의 두 가지 측면 가운데 소신공양이 강조될까
요? 왜 생명인 밥을 먹는 것보다 자기 생명을 제물로 바치는 제사가
중요할까요?

　　그 이유가 단지 자연을 희생시킨 것에 대한 미안함과 고마움의
표시였다면 굳이 공들여 쌓아온 그 많은 재물을 자연에 바칠 필요
까지는 없습니다. 진정성을 가진 약간의 성의 표시만으로도 마음
은 충분히 전달됩니다. 그럼에도 그 많은 재물을 써가며 자신을 공
양했던 이유는 마음을 전달하기 위해서만이 아니라 더 큰 도전을
위해서였습니다. 자신의 일부를 아낌없이 내놓음으로써 더 많은 자
연의 정령을 취할 수 있도록 허락해주기를 바라는 계약을 위해서였
습니다.

　　모든 교역은 다 내놓는 것으로부터 시작됩니다. 호혜는 위신을
사기 위해 소중한 자기를 내놓는 것에서 시작되고, 상품교환은 상
품을 사기 위해 자기를 상품으로 내놓는 것에서 시작됩니다. 호혜

(주고받기)든 상품교환(사고팔기)이든 모든 교역은 다 '받기(take)'와 '팔기(sell)'가 아닌 '주기(give)'와 '사기(buy)'로부터 시작됩니다. 우리 말에 '주고받기'는 있어도 '받고주기'는 없고, '사고팔기'는 있어도 '팔고사기'는 없습니다. 상대로부터 무언가를 받고 또 상대로 하여 금 무언가를 팔게 하기 위해 먼저 자기가 가진 것을 내놓는 것이 바로 교역의 시작입니다.

자연과 인간의 교역에서도 마찬가지입니다. 인간은 자연으로 부터 무언가를 얻기 위해 먼저 자기가 가진 것을 내놓습니다. 인간 이 자연에게 제물을 바치는 것은 자연에 대한 미안함과 고마움의 표시만이 아니라 자연으로부터 무언가를 사기 위해서입니다. 그리 고 그 무언가는 바로 자연이고 자연의 소유권입니다. 즉, 자연과 자 연이 소유한 것을 사기 위한 계약으로 먼저 자기를 내놓는 것이 바 로 하늘에 대한 제사였던 것입니다. 한마디로 자연을 향한 인간의 공양은 소극적으로는 자연의 증여에 대한 미안함과 고마움의 표현 이지만, 보다 적극적으로는 자연으로부터 더 많은 증여를 얻기 위 한 일종의 계약이었던 셈입니다.

물론 여기서 자연과 그 소유권을 산다는 것은 사용의 권리를 사들이는 것이지 소유권마저 사들이는 것을 의미하지 않습니다. 인 간은 자연으로부터 소유권을 사들일 권리가 없습니다. 모든 자연 은 소유권이 자연 자신에게 있고, 자연에게서 소유권을 사들인다 는 것은 자연으로 하여금 자연임을 포기시키는 것과 다름없습니다. 앞에서도 이야기했지만 모든 교역품 안에는 양도할 수 있는 것과 양도할 수 없는 것이 있고, 사용에 따른 효용은 양도할 수 있어도 생명 자체를 양도할 수는 없습니다. 생명마저 양도해서는 생명을 잃어버리고, 자연과 인간의 지속적인 교역이 무너져버립니다. 이런 인간에 대해 자연은 더 이상 그 어떤 계약 요청도 받아들이지 않습니다.

공양을 위한
기도

이를 미리 방지하기 위해서라도 인간은 자연과의 계약에서 소유권은 여전히 자연에 남아 있음을, 즉 생명마저 양도하는 것이 아님을 제시해야 합니다. 그리고 그 방법 가운데 가장 좋은 것은 인간이 자연에게 바치는 것 안에 생명이 남아 있음을 보여주는 것입니다. 인간이 사들여 이용하지만 이렇게 이용한 것 안에 여전히 생명이 살아 있고, 따라서 그 소유권 또한 여전히 자연에 남아 있음을 보여주는 것입니다. 자연을 향한 인간의 답례를 '제물'이라 부르는 것도 이런 이유에서입니다. 제물은 인간노동의 결과물이나 자기증식 목적의 상품이 아니라 생명이고 자연입니다.

제사의 클라이맥스에 항상 기도가 따르는 이유도 여기에 있습니다. 기도의 가장 큰 목적은 밥과 빵을 질료에서 생명으로 전환시키는 데 있습니다. 즉, 질료 안에 생명을 불어넣고 그 생명이 여전히 남아 있게 하는 것이 바로 기도입니다. 밥을 먹을 때 단지 질료로서의 영양소만이 아니라 생명이 되어 자기를 살리게 하고, 밥을 바칠 때 그 밥이 단지 인간노동의 결과물이 아니라 생명이 되게 하는 것이 바로 기도입니다. 한마디로 제사 때 반드시 기도가 따르는 것은, 질료를 생명으로 전환시키고 인간노동의 결과물 안에 생명을 불어넣기 위해서입니다.

우리나라 각지에서는 얼마 전까지만 해도 수확물을 자연에 바치는 '천신(薦新)'이라는 제사가 있었습니다. 이런 천신 때 바치는 제사물품을 '올개심이'라 불렀습니다. '올개'는 일찍 수확한 벼를 의미하고, '심이'는 심례(心禮) 즉 마음으로부터의 의례를 의미합니다. 중요한 것은 천신이 수확 이전에 거행되었다는 사실입니다. 수확 이후에 거행된 추석이 자연의 증여에 대한 감사의 성격이 짙은 데 비해, 천신은 수확 이전에 수확할 생산물에 생명을 불어넣는 일종의 기도와도 같은 것이었습니다.

모든 기도에는 반드시 언어가 필요합니다. 더욱이 그것이 미안함과 고마움의 표시를 넘어 계약을 위한 것일 때는 더욱 그렇습니다. 물론 이때의 언어는 인간의 언어가 아닌 자연의 언어여야 합니다. 인간은 자연과의 교역에서 자연이 아쉬워서가 아니라 인간이 아쉬워서 계약하는 항상적인 을이고, 따라서 모든 기도가 자신의 언어가 아닌 조상으로부터 물려받은 신화적 언어로 거행되어야 합니다. 조상으로부터 물려받았기에 그 안에는 자연과 인간에 대한 '기원의 설명'이 담겨 있고, 의인화된 정령이 살아 있기 때문입니다. 한마디로 조상을 빌린 자연의 언어로 자연과의 계약을 위해 질료에 생명을 불어넣는 행위가 바로 기도였던 것입니다.

그럼에도 중요한 것은 역시 사람입니다. 자연의 증여를 수령하고 답례하는 이, 즉 살아 있는 생명을 살해하고 자신의 일부를 제물로 바치는 행위의 주체는 역시 사람입니다. 그리고 이런 두 행위를 물질의 이동에 그치지 않고 생명의 전이로 전환시키는 주체도 역시 사람입니다. 나아가 뒤에서 자세히 언급하겠지만 생명의 전이를 단순한 순환 반복에서 증식으로 만들어가는 주체 또한 사람입니다. 때문에 최시형 선생은 "사람은 한울을 떠날 수 없고, 한울은 사람을 떠날 수 없으며(人不離天 天不離人)" "한울과 사람의 서로 주고받는 관계(天人相與之機)" 속에서 생명의 세계가 진화한다고 보았습니다.

비경쟁적
교역

자연과 인간의 교역은 인간과 인간의 교역과는 질적으로 다릅니다. 인간과 인간의 교역에서는 최소한 빚진 만큼은 돌려주거나 아니면 그 이상으로 돌려줘야 하는 것이 보통입니다. 이윤을 남기기 위한 상품교환에서는 말할 것도 없고 호혜의 경우에서도 마찬가지입니다. 우리는 보통 호혜를 좋게만 생각하지만 실은 이는 위신을 두고 벌어지는 경쟁입니다. 호혜는 "상대로부터 일체 아무것도 받지 않는다", "받은 경우에는 최소한 그만큼을 돌려줘서 부채를 제로로 하든지 그 이상으로 돌려준다", "이를 통해 자신의 명예·명성·위신을 떨어트리지 않는다"는 목숨을 건 경쟁입니다. 그렇지 않고 받기만 하거나 받은 것만큼 돌려주지 못하면 수령자는 제공자의 노예가 되어버립니다.

이와 비교해 자연과 인간의 교역에서는 "상대로부터 일체 무엇도 받지 않는다"는 '수령의 거부'가 있을 수 없습니다. 수령의 거부는 자연과의 교역 단절 즉 죽음을 의미합니다. "받은 경우에는 최소한 그만큼을 돌려주든지 그 이상으로 돌려준다"도 있을 수 없습니다. 자기를 있게 한 만큼 되돌려준다는 것은 곧 자살을 의미할 뿐입니다. 명예·명성·위신을 두고 인간이 자연과 경쟁하지도 않습니다. 자연이 위신을 두고 인간과 경쟁하지 않음을, 또 인간의 작은 답례보다 더 큰 증여를 자연이 항상 제공함을 인간은 알고 있습니다. 한마디로 인간과 인간의 교역이 경쟁적이라면 자연과 인간의 교역은 비경쟁적이고, 이런 비경쟁적인 교역에서 인간은 항상 영원한 채무자로 남습니다.

이를 두고 프랑스의 인도학자 마라무(Charles Malamoud)는 다음과 같이 말했다고 합니다.

생명은 자기 것이 아닌 것을 맡아 살아가는 것이다. 이것이 빚이고, 따라서 인간은 태어나면서부터 그 존재를 빚지고 있다. 언젠가는 모두를 갚아야 하고, 또 매일 조금씩 갚아나간다. 인간의 삶은 아직은 오지 않았지만 곧 올 죽음을 맡아 살아가는 것이다. 죽음은 삶의 구조다.

인간의 삶에서 자연에 대한 부채의 완전한 변제란 있을 수 없고, 그 이상의 상환 또한 절대 불가능합니다. 인간이 인간인 이유는 부채를 상환하지 못해서가 아니라 오히려 완전히 상환할 수 없는 자신을 알아서입니다. 그런 자신을 알게 될 때 인간은 비로소 인간이 되고, 이런 인간의 의식이 인간과 인간의 교역에 투영될 때 호혜나 재분배 같은 사회적 교역이 비로소 태동하게 됩니다.

3. 재분배의
등장과 변화

계약으로서의
세금

　　　　재분배를 이야기하기 전에 이렇게
길게 공양에 대해 언급한 이유는, 인간과 인간의 사회적 교역인 재
분배가 실은 자연의 증여에 대한 인간의 답례에서 기원했기 때문입
니다. 자연에 대한 인간의 부채의식과 답례행위가 자연의 환유(換
喩, metonymy)인 이방인과 가난한 이웃에 대한 환대를 낳았기 때문
입니다.

　　'재분배' 하면 우리는 보통 세금을 떠올립니다. 그리고 세금의
납부와 급부 즉 징세 체제가 유지되는 것은 경제외적 강제 때문이
라고 생각합니다. 물론 이런 생각이 완전히 잘못됐다고는 할 수 없
습니다. 본인의 의사와는 관계없이 국가권력이 강제적으로 세금을
부과하고, 이렇게 거둬들인 세금을 제멋대로 써버리는 상황에서는

더욱 그렇습니다. 덕분에 지금의 세금에서는 재화의 이전은 있어도 생명의 전이는 없습니다. 재화가 납부자에게서 급부자에게 흘러가기는 해도, 그들 사이에서는 오직 경제외적 강제의 실체인 국가만 있을 뿐입니다.

하지만 지금의 세금에 문제가 있다고 해서 재분배 자체를 부정해서는 안 됩니다. 아니, 재분배의 대표적 유형인 세금도 본래는 지금의 모습이 아니었습니다. 경제외적 강제가 없었던 것은 아니지만 경제외적 강제만으로 세금을 이해해서는 왜 수천 년 동안 백성들이 세금을 의무로 이해했는지, 세금의 미납을 왜 부채로 인식했는지, 또 과도한 세금에 대해서는 감면을 요구하면서도 세금 자체의 폐지를 요구하지 않았는지를 설명할 길이 없습니다. 이를 단지 민중의 계급의식 부족 탓으로 돌리는 것은 프롤레타리아혁명을 끌어내기 위한 마르크스주의자들의 의도적인 해석일 뿐입니다.

세금은 국가가 태동하기 이전인 원시공동체사회에도 있었습니다. 물론 이때의 세금은 자연의 증여에 대한 답례 즉 공양을 목적으로 하는 것이었습니다. 당시 사람들은 자연에 대한 답례를 위해 공동체가 생산한 것 가운데 일부를 공동체 단위로 모았고, 이렇게 모은 것을 공동체의 수장에게 맡겼습니다. 물론 당시의 수장은 한참 후에나 등장하는 국가의 국왕과는 달랐습니다. 국왕이 인간의 신격화된 존재였다면, 수장은 자연의 인격화한 존재였습니다. 자연을 대변하는 존재로서 수장의 가장 큰 역할은 토지를 비롯한 모든 자연의 소유권을 대변하면서 여기서 나온 수확물에 생명을 불어넣는 것이었습니다. 이런 이유로 수장에게는 토지를 빌려 쓰는 데 따른 답례와 토지에서 생산된 수확물의 일부가 자연에게 바치는 공물로 모였습니다. 살린스의 말대로 "우리들이 교역이나 공납(貢納)으로 부르는 거의 모든 것들이 당시에는 모두 공양"이었습니다.

물론 세금이 지닌 이런 공양적 성격은 국가의 영향력이 강화되면서 상당 부분 약화되었습니다. 토지를 빌려 쓰는 데 따른 답례는 조(租)로, 토지에서 생산된 첫 수확물을 제물로 바치는 공물은 용(庸)이나 조(調)로 제도화되었습니다. 하지만 이런 변화에도 불구하고 세금에 경제외적 강제만 남게 된 것은 아닙니다.

일본의 중세사회를 연구한 아미노(網野善彦)에 따르면, 중세시대 공납은 '영주와 백성 사이에 체결된 일종의 계약'이었습니다. 종자를 보급하고 퇴비를 투여하는 영주의 권농(勸農)은 백성의 공납과 대차관계에 있었습니다. 백성의 공납은 영주의 권농에 대한 일종의 채무 변제였고,[44] 따라서 공납 자체의 폐지라는 발상은 생겨나지 않았습니다. 자연의 증여에 대한 인간의 답례가 국왕의 권농에

---

44   가츠마타(勝俣鎭夫)에 따르면 "백성을 보호하고 편안히 농사지을 수 있는 조건을 정비하는 것이 영주의 의무였고, 이런 의무에 대해 백성이 납입한 것이 공납"이었습니다. 조선시대에 세금의 징수기관을 '선혜청(宣惠廳)' 즉 '은혜를 베푸는 곳'이라고 부른 것도 같은 맥락입니다. '임금과 백성 사이에 체결된 일종의 계약' 관계에서 세금을 걷기 위해서는 먼저 권농(勸農)하는 임금의 은혜가 널리 퍼져야 했기 때문입니다.

대한 백성의 공납으로 바뀌었을 뿐, 계약에 따른 채무의 대차관계였다는 점에서는 마찬가지였던 것입니다.

재분배의
기원과 기능

재분배의 기원은 국가가 태동하기 훨씬 이전으로 거슬러 올라갑니다. 자연으로부터 증여받았다는 인간의 부채의식, 증여받은 것 가운데 일부를 내놓아 더 큰 증여를 구하려는 답례행위가 재분배라는 교역 형태를 낳았습니다. 여기에 굳이 경제외적 강제가 있었다면 이는 국가의 권력이 아니라 인간의 부채의식이었고, 굳이 경제적 목적이 있었다면 이윤이나 영리가 아닌 더 큰 증여에 대한 기대였습니다. 이런 사유와 행위의 제도화된 의식이 바로 제사였고, 재분배의 태동은 제사의 재원을 마련하기 위한 목적에서 시작되었습니다.

제사의 재원 마련은 당연히 공동체 차원에서 이루어졌습니다. 당시에는 아직 개인이나 사적 소유 개념이 없었기 때문에 공동체가 생산하고 소유한 것 가운데 일부가 재원으로 충당되었습니다. 그리고 그 충당액은 기껏해야 공동체가 생산 소유한 것의 10%를 넘지 않았을 것으로 추정됩니다.[45] 자연의 증여와 비교하면 턱없이 적은 분량이지만 공동체는 그들이 소비하고 난 나머지에서가 아니라 소비하기 전에서 미리 답례할 것을 마련했습니다.[46] 이렇게 마련된 재원을 공동체는 자연의 아낌없는 증여를 모방해 완전히 '탕진'했습니다.[47]

앞에서 나는 재분배의 특징이 중심에 모았다 나누는 것이고, 그 목적이 한 사회 안에서나 다른 사회와의 관계에서 불평등을 해소해 평화와 안녕을 유지하는 데 있다고 했습니다. 재분배가 태동했을 당시에 공동체 안에는 불평등이 없었습니다. 모든 공동체는 공동생산·공동소비했기 때문에 그 안에 불평등이 생길 리 없었고, 제사를 위해 모으기는 했어도 불평등 해소를 위해 나누는 일은 없었습니다. 한마디로 자연에 대한 답례는 있어도 사회적 교역으로 재분배가 등장하지는 않았습니다.

재분배의 등장은 한 공동체 안에서가 아니라 공동체와 공동체

---

45   우리나라 속담에 "열의 한 술 밥이 한 그릇 푼푼(넉넉)하다"는 말은 재분배의 일
      반적인 비율을 설명한 것입니다.

46   요즘도 부가가치세나 소득세 같은 대부분의 세금은 재화·소득에 대해 원천징수하
      지 비용(소비)을 제한 나머지에 부과하지 않습니다. 그렇지 않은 경우는 오직 법
      인세뿐인데 이는 기업이 국가나 사회 위에 있다는, 즉 자본의 이익이 공동체의 재
      분배보다 우선한다는 자본주의 시장경제체제를 상징적으로 설명한 것이라 생각
      합니다.

47   실제로 프랑스어에서는 '증여(donner)'와 '탕진(dépence)'의 어원이 같고, 우리의
      고시레에서도 준비해 간 음식을 사방에 버리는 것이 관행이었습니다.

사이에서입니다. 공동생산·공동소비하는 공동체들이 모여 사회를 형성하면서부터는 자연재해나 외침 등의 이유로 열악한 공동체가 나올 수밖에 없었습니다. 지금 같으면 이런 문제를 국가나 시장이 해결한다 하겠지만, 당시에는 국가도 시장도 없이 오직 사회만 있었습니다. 여러 공동체가 모여 하늘에 제사 지내는 사회만 있었고, 제사와 사회를 통해 인간(공동체) 사이의 불평등을 해소해야만 했습니다.

공동체와 공동체가 만나 형성된 사회에서는 공동체 내에서 행해왔던 제사의 재원 마련 방식이 그대로 연장 적용되었습니다. 각각의 공동체는 하늘을 향한 제사를 위해 충당한 것의 10%를 사회로 재충당했고, 이렇게 마련된 재원으로 사회는 하늘에 제사 지냈습니다. 그리고 제사가 끝난 후에는 그 재원을 하늘의 아낌없는 증여를 모방해 열악한 공동체의 구성원과 이방인을 향해 완전히 탕진했습니다.

이는 다른 말로 하면 특정인을 하늘의 표상으로 이해했다는 것이 됩니다. 하늘을 향한 제사와 답례가 열악한 공동체의 구성원과 이방인을 향해 쓰였다는 것은 그들이야말로 하늘의 의인화된 표상이기에 가능한 일이었습니다. 아니, 오히려 이런 이들을 하늘로 여기고 이들을 향해 자기 일부를 제물로 바침으로써 자신들이 하늘이 될 수 있다고 여겼습니다.

일본 속담에 "버리는 신(神) 있으면 줍는 신 있다(捨てる神あれ

ば拾う神あり)"는 말이 있습니다. 인간이 신이 되려면 자연의 증여를 닮아 버려야 하고, 그 인간을 신이 되게 하는 것은 이런 행위를 받아주는 이가 있기 때문입니다. 버리는 이에게 있어 그들이야말로 자신을 신으로 만들어주는 진정한 신인 셈입니다.

성역의
구축

　　　　　　　　호혜와 재분배는 비슷한 듯 보이지만 많이 다릅니다. 호혜의 상대는 인간(공동체)이고, 재분배의 상대는 자연입니다. 호혜는 인간(공동체)과 인간(공동체)의 교역이고, 재분배는 인간(공동체)과 자연의 교역입니다. 호혜에는 상호의무가 있는 반면에, 재분배에는 순수증여와 탕진만 있습니다. 호혜가 개인이나 집단 간의 평화로운 관계를 목적으로 한다면, 재분배는 이를 포함한 온 세상—우리가 보통 '천지'나 '우주'로 표현하는 것—의 평화에 그 목적이 있습니다.

　　하지만 이런 차이는 드러나는 양상의 차이일 뿐, 내용적 구조 면에서는 똑같습니다. 호혜든 재분배든 모든 '사회적 교역'은 실은 '인간 아닌 것'의 개입으로 비로소 가능하다는 점에서는 같습니다. 호혜를 유지시키는 예의와 규범은 같은 신 즉 자연을 모시고 따르는 이들 간의 예의와 규범입니다. 재분배가 사회적 약자나 이방인을 향해 베푸는 공리적 기능[48]으로 이어졌던 것은 그들을 하늘 즉 자연의 표상으로 여겼기 때문입니다. 다시 말해 '인간 아닌 것'이 개입해서 처음으로, 혹은 그것이 매개가 되어 동시에, 자신을 인간이라 부르는 존재들 간의 관계(=호혜)와 이를 넘어선 이들과의 관계(=재분배)가 형성되었던 것입니다.

모스가 이야기했던 '(인간 사이의) 증여'와 '신들을 향한 증여'의 구조 역시도 마찬가지입니다. 인간과 인간 사이에 제공·수령·답례가 순환되는 것은 실은 '신들을 향한 증여'라는 또 다른 증여가 있기에 가능한 일입니다. '신들을 향한 증여'를 시작으로 혹은 이것이 매개가 되어 인간의 '증여→수령→답례'라는 순환 구조가 제도화되는 것입니다.

자연에 대한 의식이 사라졌다고 해서 이런 구조마저 없어진 것은 아닙니다. 인간이 영적이고 주술적인 것에서 벗어나기는 했어도,

48   모스는 이런 공리적 기능을 'aumône'라 했습니다. 이는 보통 '동냥·자선·보시' 등을 뜻하는 말인데, 일본에서나 우리말 번역에서는 '희사(喜捨)'라 씁니다. 희사는 본래 "기쁘게(喜) 버린다(捨)"는 불교 용어인데, 이를 번역어로 쓴 것은 매우 적절합니다. 실제로 모스는 'aumône'를 '증여 및 재산의 도덕적 관념'과 '공희(供犧) 관념'의 결합이라고 했고, "행복과 부를 지나치게 갖고 있으면서도 가난한 사람과 신을 위해 베풀지 않는 사람들에게 네메시스는 복수한다", "신과 정령들은 자신들을 위해 남겨놓은 몫과 쓸데없는 공희 때 파괴되는 몫이 가난한 사람들과 아이들에게 주어지는 데 동의한다", "아이들과 가난한 사람들에 대한 이러한 증여는 죽은 사람들을 흡족하게 한다"고 했습니다.

인간의 모든 관계는 여전히 비인간적인 것들이 매개하고 있습니다. 자연이 사라진 빈자리를 국가나 자본이 대체하고 있고, 이를 매개하지 않으면 인간 사이의 어떤 관계도 형성할 수 없는 것이 지금의 현실입니다.

문제는 이런 국가나 자본이 비인간적이라는 데 있는 것이 아니라 비자연적이라는 데 있습니다. 자연을 대신해 그 자리를 차지했지만 자연의 본래 모습을 전혀 닮지 않았다는 데 있습니다. 인간을 향한 순수증여는 고사하고 오히려 권력과 부의 자기증식을 위해 세속화한 성역(聖域)을 구축하고 있다는 데 있습니다. 이런 상황에서 인간이 '인간 아닌 것'의 개입을 바라지 않게 된 것은 어쩌면 당연한 일인지도 모릅니다.

국가와 자본이 세속화한 성역이 되어 인간의 모든 관계를 지배하는 구조는 당연히 극복되어야 합니다. 하지만 그 방향이 성역 자체를 무너트리는 것일 수는 없습니다. 문제의 본질은 세속화한 성역에 있지 성역 자체에 있지 않고, 세속화한 성역을 극복하기 위해서는 본래의 성역을 다시 세워야 합니다. 성역 없이 인간의 관계는 단 하루도 유지될 수 없고, 이런 성역이 자기 목적을 위해 존재해서는 인간의 관계가 단 하루도 편안할 리 없습니다.

재분배의
세속화

　　　　　　　　　자연의 증여에 대한 인간의 답례가
인간(공동체) 사이의 불평등을 해소하는 데로까지 확대되었던 이런
재분배에 기원전 2천년경부터 큰 변화가 일어나기 시작했습니다.
곡물의 재배와 가축의 사육에서 높은 생산성을 과시한 공동체가
이웃하는 공동체를 병합하면서 고대국가가 태동하게 되었습니다.
그리고 그 결과로 한 국가 안에는 예전에는 볼 수 없었던 사람들 간
의 위계가 생겨나기 시작했습니다. 주변 공동체를 병합한 공동체의
구성원들은 귀족이나 영주·평민으로 상승한 반면에, 병합당한 공
동체의 구성원들은 노예나 하층민으로 전락했습니다. 그리고 이런
위계질서의 정점에 국왕이 자리하게 되었습니다.

　　공동체와 공동체 사이에 형성된 사회가 무너지고 이를 국가가
대체하게 되면서 수천 년간 이어온 자연과 인간의 교역에도 큰 변화
가 일어났습니다. 자연 자체이거나 최소한 자연의 소유였던 토지와
노동력이 국왕의 소유로 이관되었고, 이를 일시적으로 양도 혹은
양해받아 관리하는 권리가 공동체의 수장에서 국가의 국왕이나
그 신하들에게 귀속되었습니다. 양도에 따른 대가로 지불되는 답례
는 자연을 향한 공물에서 국왕을 향한 세금으로 변모했고, 제사를
매개로 한 인간(공동체) 사이의 환대는 국왕에 의한 시혜로 전락했
습니다. 한마디로 사회가 국가로 대체되면서 재분배의 세속화가 본

170

격적으로 진행되었습니다.

여기서 말하는 '세속화'는 자기 목적화를 의미합니다. 자연과 인간의 교역에서 자연은 항상 아낌없이 증여하는 존재 즉 타기 목적의 존재였습니다. 자연의 증여에 대한 인간의 답례가 사회적 약자와 이방인을 향한 조건 없는 탕진일 수 있었던 것은 이런 자연의 타기 목적성을 닮고자 한 때문이었고, 이를 관리하는 수장 역시 타기 목적성을 지닌 자연의 의인화한 존재였습니다.

그런데 이런 자연과 수장의 자리를 국가와 국왕이 대신하면서 재분배는 자기 목적화되어 갔습니다. 재분배는 더 이상 대가를 바라지 않는 증여가 아니라 권력을 유지 강화하기 위한 수단에 지나지 않게 되었습니다. 더욱이 이를 관리하는 국왕은 더 이상 자연을 닮은 존재가 아니라 자연 자체인 신격화한 존재였습니다. 이런 점 때문에 백성들은 국가와 국왕에 대해 점차 부채의식을 느끼지 않게 되었고, 이런 백성에 대해 국가와 국왕은 더욱 강력한 경제외적 강제 수단을 동원하게 되었습니다.

세금과
전매

경제외적 강제의 대표적인 수단 가운데 하나가 세금이었습니다. 세금은 본래 자연의 증여에 대한 답례에서 출발했고, 그 대상은 사람(노동력)과 자연(토지)에만 한정돼 있었습니다. 자연 자체이거나 자연의 소유인 생산수단에만 부과되었지, 이를 양도받아 생산한 산물에 대해서는 부과되지 않았습니다. 그리고 이런 세금의 납부는 어떤 면에서는 지극히 당연한 인간의 도리였습니다. 생산수단이 자연 자체이거나 자연의 소유이기 때문에 이를 양도받아 사용하는 데 따르는 세금의 납부는 양수자인 인간의 당연한 도리였습니다. 그런데 이렇게 제한적이었던 징세의 대상이 사람과 자연을 넘어 차츰 산물로까지 확대되었습니다. 만리장성 축조에 동원된 100만 노역자의 임금을 충당할 목적으로 중국의 진시황은 소금에까지 세금을 부과하기 시작했습니다.

이는 매우 중요한 변화를 상징합니다. 징세의 대상이 토지와 노동력을 넘어 그 산물로까지 확대되었다는 것은, 생산수단 즉 자연의 관리 권한만이 아니라 자연의 모든 행위와 그 결과물에 대한 지배적 권한까지도 국가와 국왕이 갖게 되었음을 의미합니다. 자연을 대신해 자연에 대한 소유권을 대리로 행사한 것을 넘어, 자연 자체에 대한 지배적 권한을 국왕이 갖기 시작한 것입니다. 고대국가의 국왕이 원시공동체사회의 수장과 결정적으로 다른 점이 바로 여기에 있습니다. 지금까지의 수장이 자연의 대변자였다면, 국왕은 이제 자연의 지배자가 된 것입니다.

재분배의 세속화를 위한 또 하나의 경제외적 강제 수단으로 전매(專賣)가 있습니다. 우리는 보통 전매를 어떤 물품을 판매하는 데 따르는 국가의 지배적 권한으로만 이해하지만 본래는 그렇지 않습니다. 원시공동체사회에서 그것은 공유지(共有地)에서 공동생산한 물품에 대한 공동체 전체의 교역권이었습니다. 누구나 필요하지만 그렇다고 누구나 생산할 수 없는 물품을 공동생산한 것에 대한 해당 공동체의 지배적 권한이었습니다.

따라서 이런 물품은 공동체 바깥으로 쉽게 나갈 수 없었고, 나갈 때도 그 목적과 방식이 매우 제한적이었습니다. 누구나 필요하다는 보편적 필요와 한정된 곳에서나 생산된다는 지리적 편재 사이의 괴리를 해소해, 공동체와 공동체 간에 평화를 구축하는 목적으로만 외부 유출이 가능했습니다. 나아가 전매품을 교역하는 데는 항상 인간(공동체)과 인간(공동체)을 매개하는 인간 아닌 것(자연)이 있었습니다. 자연에 대한 답례로서 제사라는 형식을 빌려 각 공동체의 전매품이 교환되었습니다. 신시에서 제사와 함께 교류와 교역이 행해졌다 했을 때 그 교역의 물품이 바로 각 공동체의 전매품이었습니다.

하지만 이런 전매가 중국 한나라 때부터 크게 바뀌었습니다. 고조선과의 전쟁으로 국고를 탕진한 한나라는 세수 증대와 국권 강화를 목적으로 철의 생산·제련·제조·유통 모두 장악하기 시작했습니다. 철이 매장된 공유지(共有地)는 국유지(國有地)로 바뀌었고, 제련된 철은 공유재(共有財)에서 국유재(國有財)로 바뀌었으며, 그 유통은 국왕으로부터 위임받은 자에게만 국한되었습니다.

보편적 필요와 생산의 지리적 편재 사이의 괴리를 해소하려는 인간(공동체)의 노력이 국가의 지배하에 놓이게 되었고, 이를 통해 인간(공동체) 간의 평화를 구축하려는 인간 아닌 것(자연)의 노력이 국왕으로 대체되었습니다. 덕분에 전매품에서는 차츰 생명(생명가치)이 사라지고 효용(사용가치)과 세수 증대(교환가치)만 남게 되었고, 이런 경향은 전매의 대상이 철에서 다른 특산물로까지 확대되면서 더욱 강고해졌습니다.

주조 화폐

재분배의 세속화를 위한 세 번째 경제외적 강제로 주조 화폐가 있습니다. 화폐는 본래 곡물·가축·베와 같은 일반적 대가물 즉 물품 화폐로부터 태동했습니다. 물론 이 때의 물품 화폐는 그 목적이 교역의 지속에 있지 축장이나 증식에 있지 않았습니다. 당시의 물품 화폐는 누구나 필요하고 언제든 원하는 것과 바꿀 수 있지만, 저장과 이동에 제약이 따르기 때문에 쌓거나 늘릴 수 없는 것이었습니다.

하지만 국가가 태동하고 국가에 의해 주조 화폐가 발행되면서부터 이런 화폐의 성격에 큰 변화가 일어났습니다. 국가는 처음에는 문자와 도량형을 통일해 결승(結繩)·계(契)·탤리(tally) 같은 대칭적이고 쌍무적인 '의미 공유 시스템(meaning share system)'을 통제했고, 이어서 주조 화폐를 발행해 곡물·가축·베 같은 다양한 일반적 대가물을 일반적 등가물로 통일시켰습니다. 그리고 이런 통일된 화폐 안에 일반적 대가물과는 다르게 지불수단이나 교환수단으로서의 기능보다 오히려 가치척도나 저장수단으로서의 기능을 강화시켰습니다.[49]

---

49 우리는 보통 화폐의 기능을 ①지불수단, ②가치척도, ③저장(축장)수단, ④교환(유통)수단의 네 가지로 설명합니다. 물품 화폐는 당연히 지불수단과 가치척도의 기능은 가졌어도 저장수단과 교환수단으로서의 기능은 갖지 않았습니다. 이 네 가지 기능을 다 가진 것은 국가의 주조 화폐였습니다. 하지만 여기서 우리는 한 가지 점을 분명히 해야 합니다. 주조 화폐가 네 기능을 다 가진 것은 맞지만, 그렇다고 주조 화폐로 인해 네 기능이 생겨난 것은 아닙니다. ①지불수단으로서의 화폐는 공물·구혼·사면 등과 같은 비경제적인 채무의 상환 과정에서 생겨났습니다. 그리고 이때의 화폐는 노래나 춤, 연회·애도·자살 등과 같은 인간의 육체와 관련된 것이거나, 사냥감·음식·장식품 등과 같이 그 육체를 대신하는 것이었습니다. ②가치척도로서의 화폐는 고대사회가 제사를 포함해 그 재분배 제도를 수행할 목적으로 징수한 공물을 관리할 필요에서 생겨났고, 지불수단으로서의 화폐와 마찬가지로 채권과 채무의 쌍무적 관계에서 발달했습니다. ③저장수단으로서의 화폐는 미래의 기근에 대비하거나, 식량을 분배해 노동력과 방위력을 확보하는 과정에서 생겨났습니다. ④교환수단으로서의 화폐는 개별적인 물물교환 행위에서가 아

문자나 도량형의 통일과 주조 화폐의 발행은 전혀 다른 것처럼 보이지만 실은 같은 선상에 있습니다. 인간과 인간의 교류를 통제하기 위해 국가가 제정한 언어가 문자와 도량형이라면, 생산물과 생산물의 교역을 통제하기 위해 국가가 발행한 언어가 주조 화폐였습니다. 문자나 도량형의 통일로 인간이 자신의 언어를 잃어버린 것과 마찬가지로, 주조 화폐의 발행으로 인간은 교역의 자유를 빼앗겼습니다. 주조 화폐의 발행과 그 강제적 통용은 비록 실제 시행에는 수천 년이 걸렸을지라도 인간의 자유로운 교역을 국가로 수렴시킨 상징적 사건이었습니다.

노자는 이런 국가의 행태에 대해 매우 부정적이었습니다. 『도덕경(道德經)』에서 그는 '복결승(復結繩)', 즉 새끼를 꼬아 약속의 증표로 삼는 사회로 돌아가자고 주창했는데, 이는 다른 말로 하면 국가의 주조 화폐는 물론이고 물품 화폐가 태동하기 이전의 상태, 즉 결승·계·탤리 같은 의미 공유 시스템으로 돌아가자는 것이었습니다. 어떤 매개재도 통하지 않고 인간(공동체)과 인간(공동체) 사이의 교류와 교역을 자신들의 언어로 진행하자는 것이었습니다. 그렇게 되면 인간의 삶이 즐겁고 행복해진다는 것이 노자의 주장이었습

니라 신시에서와 같이 조직된 대외적 시장에서 발달했습니다. 한마디로 화폐의 모든 기능은 고대에 인간이 사회를 형성하면서부터 이미 존재했습니다. 기능의 형식이 주조 화폐로 새로이 생겨났다고 해서 없는 기능마저 새로이 생겨난 것이 아닙니다.

/ 제2장 : 교역의 역사

니다.

하지만 안타깝게도 현실은 노자의 주장과는 정반대 방향으로 흘러갔습니다. 인간과 인간, 공동체와 공동체 사이의 모든 교류와 교역은 자신들의 언어를 통해서가 아니라 언어의 상징물(물품 화폐)에 의해 매개되었고, 이는 다시 국가의 언어(주조 화폐)로 수렴되었습니다. 그리고 그 결과로 인간은 노자가 우려했던 것처럼 '떠돌이(遠徙)'로 전락했습니다.

유가의
비판

공자의 입장에서도 국가의 강화와 재분배의 세속화는 매우 우려스러운 일이었습니다. 공자는 "무릇 백성의 숫자가 적다고 우려할 일이 아니라 백성 간 균등하지 못함을 우려할 일이고(不患寡而患不均), 백성이 가난하다고 근심할 일이 아니라 백성이 안심하지 못함을 근심할 일이다(不患貧而患不安)"고 했습니다. 국가의 목적이 규모를 키우는 데 있는 것이 아니라 불평등을 해소하는 데 있다는 점, 나아가 이를 위한 재분배의 목적이 가난에서 벗어나는 데 있는 것이 아니라 안심하고 살 수 있게 하는 데 있다는 점을 강조한 공자의 우려였지만, 이런 우려에도 불구하고 국가는 더욱 제국의 길로 나아갔습니다.

중국 역사에서 최초로 제국이 태동한 것은 한나라 때부터였습니다. 한나라 초기에 상앙(商鞅)의 뒤를 이은 법가(法家) 관료들과 공자의 뒤를 이은 유자(儒者)들 사이에는 국가의 경제 방향을 놓고 격렬한 토론이 벌어졌습니다. 지금도 그 내용이 『염철론(鹽鐵論)』을 통해 전해지는데, 이 자리에서 유자들은 징세·전매·화폐 발행 같은 국가의 세속화한 재분배에 대해 통렬히 비판했습니다.

유자들의 입장에서 볼 때 징세는 생산하지도 않은 물건에 세금을 부과하고 생산한 물건에 대해서는 턱없이 싼 값에 거둬들임으로써 백성들에게 몇 배의 고통을 안기는 부당한 정책이었습니다. 전매에 대해서도 그들은 조정이 그 이익을 독점하고 제품을 획일화시킴으로써 백성들의 생산성을 저하시키고 소박한 기풍을 소멸시킨다고 보았습니다. 주조 화폐에 대해서는 화폐 안에 담긴 물품적 가치와 화폐가 강요하는 표시 가치 사이의 차이로 인해 가짜 화폐가 기승을 부리게 될 것이라고 경고했습니다.

유자들의 비판은 단지 비판에만 머물지 않고 구체적 대안으로까지 이어졌습니다. 징세에 대해서는 자원의 지리적 편재를 해소하기 위해 특산품에 한해서만 부과해야 하고, 전매에 대해서는 이를 폐지해 소금이나 철 등의 생산을 지역 상황에 맞게 백성들이 공동으로 생산 관리할 수 있도록 해야 한다고 주창했습니다. 화폐에 대해서도 그들은 백성들이 자유롭게 제조하고 유통하게 함으로써 상호 신뢰를 구축할 수 있게 해야 한다고 했습니다.

　우리는 보통 고대국가의 이념적 기틀을 유학이 제공했다고 여기고 있습니다. 하지만 이는 유학이 제도권 안으로 포섭된 이후의 일입니다. 공자와 그 뒤를 이은 초기 유학은 사유의 중심이 국가가 아닌 사회에 있었습니다. 국가의 역할은 단지 백성의 자율적 경제 행위를 조장하고 보호하는 데 있다고 보았습니다. 이런 국가가 자신의 사리사욕을 탐할 때, 백성의 삶은 오히려 곤궁에 빠질 뿐이라는 것이 공자를 비롯한 초기 유자들의 일관된 주장이었습니다. 오늘날 그 어떤 사회적 경제에서도 쉽게 말하지 못하는 것들을 당시의 유자들은 목숨을 걸고 주창했던 것입니다.

4. 시장의 역사와
시장 시스템의 융합

시전과
장시의 등장

위에서 나는 호혜가 공동체와 공동체 사이의 교역에서 등장했고, 그 장소로서 공동체 바깥에 신시가 세워졌다고 이야기했습니다. 하지만 이런 신시 안에서의 공동체 간 대외적 교역은 국가가 등장하면서 점차 국가와 그로부터 자격을 부여받은 상인들에 의한 원격지 무역으로 대체되어갔습니다.

고대국가에서 상인은 일종의 '자격'이었습니다. 아무나 상인이 될 수 있는 것이 아니라 국가가 그 자격을 부여해야 가능했고, 한번 부여된 자격은 세습이 가능했습니다. 물론 상인들에게 부여된 자격은 일종의 보상이면서 동시에 통제이기도 했습니다. 국가를 대신해 필요로 하는 물품을 취합하거나 세금을 거둬들이는 행위에 대한 보상이면서, 동시에 이런 상행위가 국가 전체로 파급되는 것을 막기 위한 통제이기도 했습니다.[50] 이런 상인들을 우리나라에서는 '상단(商團)'이라 불렀고, 그들의 상행위 장소를 '시전(市廛)'이라 불렀습니다.

한편 원시공동체사회의 해체와 국가의 등장으로 한 국가 안에는 국왕·귀족·관료 같은 중심부와 일반인·하층민·노예 같은 주변부로 그 구성원들이 이원화되었습니다. 중심부 사람들은 자신이 필요한 것을 국가의 통제하에 있는 시전에서 얻을 수 있었지만 주변부 사람들은 이를 이용할 수 없었습니다. 더욱이 생산력의 향상과 분업의 증대로 교역의 필요성이 한층 높아지면서 중심부 사람들조차 자신의 필요한 물품을 시전에서 모두 얻을 수 없는 상황이 도래했습니다. 이런 이유로 사람들은 국가가 지배하는 시장이 아닌 그들만의 자생적 시장이 필요하게 되었고, 그 결과로 태동한 것이 바로 '국지적 시장(local market)'이었습니다.

새롭게 태동한 국지적 시장은 신시 같은 이전의 '대외적 시장

---

50 폴라니는 이에 대해 "시장의 존재가 가져온 가장 중대한 결과인 도시 문화의 탄생은 사실 역설적인 결과물이었다. 왜냐하면 시장이 낳은 자식인 읍과 도시는 시장을 보호하는 장치이기도 하지만, 시장이 농촌 지역으로 뻗어나가면서 사회 전체의 지배적 경제 조직들까지 침범해 들어오는 것을 예방하는 수단이기도 했던 것이다"라고 설명하면서, 그 상징으로 'contain'—물건을 담으면서 동시에 그 물건이 밖으로 나오지 않게 통제하는 양면성을 지닌—을 예시했습니다.

실제로 이런 통제는 상업행위만이 아닌 주거지로까지 이어졌습니다. 상인들의 주거지는 무역항을 뜻하는 포르투스(portus), 성(bourg) 밖 변두리를 뜻하는 포부르(faubourg), 성 아래 마을을 뜻하는 조카마치(城下町) 등으로 제한되었습니다.

(external market)'과는 많이 달랐습니다. 대외적 시장이 기본적으로는 제사의 형식을 띠면서 그 아래에서 교역이 이루어진 데 비해, 국지적 시장에서는 교역이 중심이었습니다. 대외적 시장이 자연의 증여에 대한 답례라는 종교적 형식을 빌렸던 데 비해, 국지적 시장은 기본적으로 '가진 것'을 '필요한 것'과 교환하는 경제적 행위였습니다. 필요한 것을 얻기 위해 대가를 지불한다는 의미에서의 시장은 아마 이때부터 시작되었다 할 수 있을 것입니다.

물론 그렇다고 해서 국지적 시장을 지금의 시장과 동일하게 봐서는 곤란합니다. 지금의 시장이 영리를 목적으로 '보이지 않는 손'에 의해 작동되는 무기적 시장이라면, 국지적 시장은 반나절이면 오갈 수 있는 대면 관계의 사람들이 모여 정보를 나누고, 유희를 즐기며. 민의를 형성하는 유기적인 시장이었습니다. 비록 대외적 시장의 교역 측면이 표면화되기는 했어도 이를 둘러싼 수많은 복합적이고 유기적인 요소들이 뒤섞여 있었던 것이 국지적 시장이었습니다. 때문에 우리나라에서는 이런 국지적 시장을 국가에 의해 엄격히 통제된 '시전'과 구분해 '혼돈의 시장'이라는 의미에서 '난전(亂廛)'이라 불렀고, 또 '만남의 장'이라는 의미에서 '장시(場市)'라고 불렀습니다.

장시(場市)는 지금의 시장(市場)과는 다른 것이었습니다. 이 둘 사이에는 단지 그 말이 뒤바뀐 정도를 넘어선 큰 차이가 있었습니다. 시장이 '상품교환'의 공간이고 그 안에서의 행위라면, 장시는

'인간관계'의 공간이고 그 안에서의 행위였습니다. 우리말에는 본래 '시장'이라는 단어 자체가 없었습니다. '시장'은 일제강점기 때 상품교환을 통해 조선을 수탈하러 들어온 일본 상인들에 의해 수입된 언어였습니다. 그 이전까지 우리나라에는 시장이 아닌 장시만 있었고, 이런 장시는 18세기까지 무려 1천여 개에 이르렀습니다.

정리하자면, 장시는 과거의 신시는 물론이고 지금의 시장과도 다른 것이었습니다. 신시가 자연과의 교역(=제사)을 전면에 내걸면서 그 아래에서 물품을 교역하던 곳이었던 데 비해, 장시는 자연과의 교역은 오히려 수면 아래로 사라지고 물품 교역이 전면에 드러난 곳이었습니다. 지금의 시장이 물품 교역만 있고 인간 교류가 없는 데 비해, 장시는 인간 교류의 토대 위에서 물품 교환이 이루어진 곳이었습니다. 한마디로 장시는 과거의 '신시(神市)'는 물론이고 지금의 '물시(物市)'와도 구분되는 일종의 '인시(人市)'였던 셈입니다.

**장시에 대한
주역의 설명**

장시의 태동과 성격에 대해 공자는 「계사전(繫辭傳)」에서 괘(掛)에 비유해 다음과 같이 개념화했습니다.

인류의 역사를 하루의 시간대로 표현하면 그 시작은 64괘 중

하나인 '중화리(重火離: ䷝)'로부터입니다. 수렵과 채집의 오랜 기간을 거치면서 인류는 서서히 "하늘을 우러러 그 모양을 관찰하고(仰則觀象於天), 땅으로 구부려 그 이치를 관찰하며(俯則觀法於地)", 나아가 "주변 동물의 생김새를 관찰(觀鳥獸之文)"하기 시작했습니다. 이 시기에 인류는 아직 자연으로부터 완전히 분리되지는 않았지만, 그렇다고 완전히 자연 안에 묻혀 있지도 않았습니다. 수만 년의 시간을 거치면서 인류는 서서히 자연을 대상화해 관찰하기 시작했고, 이렇게 자연으로부터 '떨어져 나온(離)' 덕에 인류가 태동하고 농경과 목축을 발명할 수 있게 되었습니다.

하루의 다음 시간대인 '풍뢰익(風雷益: ䷩)'은 이렇게 자연으로부터 떨어져 나온 인류가 농경시대로 접어들었음을 상징합니다. 이때에 이르러 인류는 "나무를 깎아 보습을 만들고(斲木爲耜), 나무를 구부려 쟁기를 만들며(揉木爲耒)", 이 "쟁기로써 김매는 데 성공(耒耨之利)"했습니다. 그리고 이런 농업혁명의 결과로 인류는 "여러 가지 이로움을 얻을 수 있게 되었고(蓋取諸益)", 이런 농업을 통한 이로움—경제적 여분(餘分)— 덕분에 교역의 조건을 갖출 수 있게 되었습니다.

하루의 한낮에 해당하는 '화뢰서합(火雷噬嗑: ䷔)'에 이르러 인류는 비로소 교역의 시대를 열었습니다. '서(噬)'와 '합(嗑)'은 '시(市)'와 '합(合)'의 음을 따와 가차(假借)한 것으로서 천둥(雷)과 번개(電)라는 서로 다른 이들이 합(合)하여 장(場=市)을 이루었다는 것을 상징합니다. 이 시기에 이르러 인류 역사에서는 처음으로 "한낮에 장이 서니(日中爲市), 천하의 사람들이 이곳에 오고(致天下之民), 또 천하의 물자가 이곳에 모였습니다(聚天下之貨)." 그리고 이런 시장[51]에서 "교역하고 돌아가니(交易而退), 그 결과로서 각자가 그 쓰임을 얻게 되었습니다(各得其所)."

공자의 이런 상징적 해설은 우리에게 많은 것들을 시사해줍니다. 먼저 천둥과 번개가 합해 시장을 이루었다 함은, 그 장시가 서로 다른 이질적인 이들 간의 만남이었음을 상징합니다. 장시는 동질적인 사람들로 구성된 공동체 안에서 태동한 것이 아니라, 신시에서와 마찬가지로 이질적인 공동체의 서로 다른 사람들이 만나는 과정에서 태동했습니다. 신시와 비교해 장시가 갖는 특징은 그 범위가 훨씬 작아졌다는 데 있을 뿐입니다.

다음으로 장시가 한낮에 서고 사람과 물자가 모였다 함은, 그것이 기본적으로 국지적이고 호혜적인 시장이었음을 상징합니다. 반나절 만에 오갈 수 있는 지리적으로 인접한 곳에서, 서로 다르지만 그렇다고 아주 모르는 이도 아닌 사람들이 모여, 각자가 가져온

---

51   여기서 말하는 시장은 신시가 아니라 장시를 의미하고, 따라서 그 안에서의 교역은 인간과 자연의 교역이 아니라 물품과 물품의 교역을 의미합니다. 공자의 시대에는 이미 신시에서의 제사가 천제(天祭)로, 또 그 안에서의 교역이 시전으로 국가에 수렴돼가는 과정에 있었고, 일반 백성들 사이에서는 이를 대체하는 장시가 새로이 태동하고 있었습니다.

것으로 각자가 필요한 것을 주고받는 인시(人市)였음을 상징합니다.

마지막으로 장시에서의 교역 덕분에 각자가 그 쓰임을 얻었다 함은, 교역의 목적이 영리가 아닌 쓰임 즉 효용에 있었음을 상징합니다. 장시는 지금의 시장처럼 생산한 것을 팔기 위한 장소가 아니라 필요한 것을 얻기 위한 장소였습니다. 필요한 것을 얻기 위해 가진 것을 내놓는 행위였고, 따라서 장시에서 사람들이 얻으려 한 것은 필요이고 얻은 것은 효용이었습니다. 즉, 장시의 목적은 사용가치에 있었지 지금처럼 교환가치에 있지 않았습니다. 교환가치를 목적으로 교역이 이뤄진 것은 이로부터 한참의 시간이 흐른 뒤의 일이었습니다.

시장의
연결

우리는 보통 시장의 역사를 '국지적 시장(local market)'이 '국내 시장(national market)'을 낳고, 이것이 다시 '세계 시장(global market)'으로 확대되었다고 생각합니다. 하지만 이런 생각은 결과를 가지고 과정을 이해하는 잘못된 역사관입니다. 아니, 백 보 양보해 세계의 모든 시장들이 지금 세계 시장의 지배를 받고 있다는 데 동의하더라도. 이는 '세계 시장'이라는 단일한 시장이 세계적으로 확대된 것이 아니라 '시장경제'라는 독특한 시스템이 세계적으로 확산된 것입니다.

앞서 언급했듯이 시장은 먼저 공동체와 공동체 사이의 대외적 시장에서 태동했습니다. 인류 역사에서 최초의 시장은 우리나라의 '신시'에서처럼 자신들이 세계라 생각하는 범위 전체를 대상으로 했습니다. 국지적 시장이 국내 시장을 낳고 이것이 다시 세계 시장으로 확대된 것이 아니라, 처음부터 세계 시장이 먼저 있었던 것입니다.

이렇게 생겨난 대외적 시장이 생산력이 발달하고 국가의 영향력이 확대되면서 국내적으로는 각지에 국지적 시장을 낳았고, 국외적으로는 원격지 무역을 낳았습니다. 우리나라에서는 전자를 '장시'라 불렀고 후자를 '시전'이라 불렀는데, 이 둘은 처음에는 엄격히 구분돼 있었습니다. 단지 행위만 국가의 통제와 인간의 자율로 구분돼 있었던 것이 아니라, 공간적으로도 도시와 농촌으로 완전히 구획돼 있었습니다.

하지만 원격지 무역과 도시를 지배했던 국가가 그 지배력을 농촌으로까지 확대하면서 각지에 흩어져 있던 국지적 시장이 국내 시장으로 연결되기 시작했습니다. 나아가 이런 국가가 다시 자본으로 대체되고 자본의 지배력이 세계로 확대되면서 각지에 흩어져 있던 국내 시장이 다시 세계 시장으로 연결되기 시작했습니다.

시장의 역사에 대한 이런 나의 해석은 일반적인 해석과는 조금 다릅니다. 시장은 국지적 시장에서 국내 시장을 거쳐 세계 시장으로 '확대'된 것이 아니라, 대외적 시장에서 국지적 시장을 거쳐 다시 국내 시장과 세계 시장으로 '연결'된 것입니다. 즉, 작은 시장이 큰 시장으로 확대되거나 큰 시장이 작은 시장을 포섭한 것이 아니라, 애초에 세계적 차원에서 태동했던 시장이 국가와 자본에 의해 국내적이고 국제적으로 다시 연결된 것입니다.

'확대'와 '연결'은 엄연히 다릅니다. 확대가 동질인 것의 원심적 확산을 의미한다면, 연결은 서로 다른 것 간의 상호관계를 의미합니다. 우리는 시장의 역사를 확대와 동질화의 시각으로만 보지만 실은 그렇지 않습니다. 이런 우리의 시각이 역설적이게도 자본에 의한 세계 시장의 획일적 지배를 당연한 것으로 바라보게 할 뿐입니다. 실제로 세계 각지에는 자본주의 첨단을 걷는 서구에서조차도 다양한 시장들이 공존해 있습니다. 단지 그것이 예전과 다른 점이 있다면 이런 시장들이 폐쇄적이지 않고 세계적 차원에서 서로 연결되어 있다는 사실입니다.

그럼에도 이런 연결로 인해 세계 각지의 다양한 시장들이 세계 시장의 '성격'을 닮아가고 있음은 부인할 수 없습니다. 인간과 인간의 만남보다는 상품의 매매에 초점이 맞춰져 있고, 정보를 나누고 유희를 즐기며 민의를 형성해온 유기적 시장은 '보이지 않는 손'에 의해 작동되는 무기적 시장으로 변모하고 있습니다. 세계 시장이 모든 국내 시장과 국지적 시장을 포섭해버린 것은 아니지만, 세계 시장의 시스템이 국내 시장과 국지적 시장으로까지 스며들고 있는 것만은 분명한 사실입니다.

시장 시스템의
재융합

모든 시장은 자기 나름의 성격과 시스템을 갖고 있습니다. 신시·장시·시전으로 대변될 수 있는 대외적 시장·국지적 시장·국내 혹은 세계 시장은 모두 그 나름의 목적·대상·가치를 갖고 있습니다.

먼저 대외적 시장은 자연을 향한 답례와 그 아래 숨겨진 이방인이나 소외된 이웃에 대한 환대를 통해 생명의 인격적 가치를 세워왔습니다. 여기에서 교환되는 물품은 모두가 필요하지만 그 생산이 지리적으로 편재된 것이었고, 이를 가져와 건네는 그 물품 안에는 그곳 사람들의 인격이 담겨 있었습니다. 한마디로 신시 시스템으로 대변되는 대외적 시장은 증여와 답례, 선물(공물)의 제공, 생명 가치의 추구가 지배하는 시장입니다.

다음으로 국지적 시장은 분업과 생산력의 발달로 물물 교역의 필요성이 증대하면서 가진 것으로 필요한 것을 얻기 위해 생겨났습니다. 덕분에 그 물품 안에는 효용 즉 사용가치를 추구하는 인간의 필요가 있었고, 필요한 것을 얻기 위한 대가로 상대의 필요를 제공하는 배려가 있었습니다. 한마디로 장시 시스템으로 대변되는 국지적 시장은 인간과 인간의 교류, 노동생산물의 교환, 사용가치의 추구가 지배하는 시장입니다.

이와 비교해 국내 시장과 그 뒤를 이은 세계 시장은 영리를 추구하는 데 그 목적이 있고, 이곳에서는 팔기 위해 생산한 상품을 구입하기 위해 자기 노동의 일부를 상품으로 내놓는 행위가 있습니다. 한마디로 시전 시스템으로 대변되는 국내 시장과 세계 시장은 상업적 매매, 상품의 교환, 교환가치의 추구가 지배하는 시장입니다.

물론 이런 세 가지 시장 가운데 대외적 시장은 이제 더는 존재하지 않습니다. 하지만 신시라는 시장 유형이 소멸했다고 해서 그 시스템마저도 없어졌다고 볼 수는 없습니다. 대외적 시장의 신시 시스템은 그 모습을 달리해 여전히 세계 시장 안에 남아 있습니다. 신들의 증여가 자본의 증식으로, 생명의 인격적 가치가 자본의 잉여가치로, 신들을 향한 인간의 공물이 자본을 향한 노동력상품(자기희생)으로 바뀌었을 뿐, 인간 아닌 것을 시작으로 혹은 이것이 매개가 되어 비로소 인간 상호 간의 교류와 교역이 가능한 것이 인간의 삶이기 때문입니다.

국지적 시장을 포섭해가는 국내 시장, 또 이런 국내 시장을 포섭해가는 세계 시장은 분명 우리가 넘어서야 할 대상입니다. 하지만 그 방향이 인간 아닌 것을 무너트리는 데로 향해서는 인간 상호 간의 교류와 교역마저 무너져버립니다. 문제의 본질은 그것의 세속화, 즉 인간 아닌 것이 자신의 목적을 위해 존재하는 데 있지 그 자체에 있지 않습니다. 확대하고 포섭해간다는 데 있지 연결에 있지 않습니다. 인간이 인간일 수 있는 것, 그리고 인간 상호 간의 교류와 교역이 인간적일 수 있는 것은 세속화된 성역을 본래의 성역으로 복구하는 과정에서나 가능한 일이고, 이런 본래의 성역을 매개로 각지의 국지적 시장을 연결하는 과정에서나 가능한 일입니다.

다시 한번 강조하지만 지금의 교역이 직면한 문제의 핵심은 세계 시장의 확대에 있는 것이 아니라 다양한 시장 시스템의 획일화에 있습니다. 대외적 시장이 사라지고 국지적 시장이 와해된 데 문제의 본질이 있는 것이 아니라, 대외적 시장의 증여와 답례·선물(공물)의 제공·생명가치의 추구라는 성격이 세계 시장의 상업적 매매·상품의 교환·교환가치의 추구로 대체되고, 이것이 다시 국지적 시장의 인간과 인간의 교류·노동생산물의 교환·사용가치의 추구를 뒤흔든다는 데 있습니다.

이런 상황에서 인간과 인간의 관계가 자유로운 연대가 되게 하려면 먼저 잃어버린 신시 시스템, 즉 증여와 답례·선물(공물)의 제공·생명가치의 추구가 다시 복원되어야 합니다. 그 토대 위에 인간과 인간의 교류·노동생산물의 교환·사용가치의 추구라는 장시 시스템을 재구축해야 합니다. 그리고 이런 신시의 복원과 장시의 재구축 아래서 상업적 매매·상품의 교환·교환가치의 추구라는 시전 시스템이 작동되게 해야 합니다.

이런 나의 생각은 상품교환의 고도화가 효율적인 분배를 낳고 따라서 재분배의 필요성을 상쇄시킨다는 시장주의자들은 물론이고, 호혜에 기초한 '교환의 정의'가 '분배의 정의'를 필요 없게 한다는 프루동이나 가라타니의 주장과도 다릅니다. 교역의 유형에 빗대어 표현하자면 그것은 재분배를 매개로 호혜를 세우고, 그 토대 위에서 상품교환이 행해지도록 하는 것과 같습니다.

물론 이런 새로운 교역은 당연히 사회적 경제로부터 시작되어야 합니다. 사회적 경제는 현실적 처방만이 아니라 근본적 대안을 모색하는 경제주체이기 때문입니다. 그리고 이를 위해서는 사회적 경제 안에 증여와 답례·선물(공물)의 제공·생명가치를 추구하는 신시 시스템, 인간과 인간의 교류·노동생산물의 교환·사용가치를 추구하는 장시 시스템, 상업적 매매·상품의 교환·교환가치를 추구하는 시전 시스템이 융합되어야 합니다. 프랑스의 한 연구자(Laville, J. L.)가 말했듯이 사회적 경제는 "호혜·상품교환·재분배의 세 원리가 결합한 경제"입니다.

폴리스·아고라·
피레우스

시장에 대해 생각할 때 나는 종종 고대 도시국가 아테네를 떠올립니다. 현대의 도시가 상업 중심지인데 비해, 아테네 같은 고대도시들은 정치 중심지였습니다. 그리고 그 한가운데 시민 남성으로 구성된 '폴리스(polis)'라는 정치 공간이 있었습니다.

물론 고대 도시국가가 정치 중심지였다고 해서 그 안에 경제행위가 없었던 것은 아닙니다. 아무리 정치가 중심이더라도 그 안의 사람들 또한 먹고살아야 했습니다. 아테네에서는 이런 경제행위의 공간을 '아고라(agora)'라 불렀고, 그 중심에는 여성이 있었습니다. 남성 시민은 여기에 끼지 못하도록 엄격히 규제받았고, 이를 어기면 거세의 형벌이 가해지기도 했습니다.

이런 면에서 볼 때 고대도시는 표면적으로는 정치 공간으로 보일지라도 실제로는 정치와 경제가 공존하는 공간이었습니다. 아테네에서는 폴리스와 아고라가 공존했고, 폴리스가 정치적 토론 즉 '말하기'의 권한을 지닌 시민 남성의 공간이었다면 아고라는 경제적 교역 즉 '사기'의 권한을 지닌 시민 여성의 공간이었습니다.

아고라에서의 교역은 상품교환이라기보다는 물물 교역에 가까웠습니다. 화폐가 있기는 했지만 이를 매개로 상품을 매매하는 행위는 그 대상과 장소가 매우 제한적이었습니다. 상품 매매는 무역항에서나 가능하도록 엄격히 통제되었고, 아고라에서의 교역은 각자가 필요한 것을 얻기 위해 가진 것을 내놓는 일종의 '서로 사기' 행위에 가까웠습니다.

물론 이런 아고라에서의 교역이 아고라만으로 가능했던 것은 아닙니다. 도시국가는 기본적으로 대외 의존이 강하고, 따라서 대외무역이 없으면 아고라는 물론이고 폴리스의 유지도 불가능했습니다. 이런 대외무역을 위해 고대 그리스에서는 '피레우스(piraeus)' 같은 무역항이 존재했습니다. 대외무역을 비롯한 모든 상업적 매매 행위는 무역항에서만 가능하도록 엄격히 규제되었고, 이에 종사하는 사람들은 도시국가의 시민이 아닌 외국인(metoikos)이나 여행자(emporos)들이었습니다. 아테네 같은 대부분의 도시국가는 이렇게 폴리스(정치)·아고라(경제)·피레우스(상품교환)라는 세 공간이 구획된 구조를 띠고 있었습니다.

민주주의를
다시 생각한다

어떤 분들은 이런 도시국가의 구획된 구조에 대해 긍정적으로 평가합니다. 특히 시장·경제·사회의 구분이 명확해야 하고, 나아가 시장이 경제 안에, 또 그 경제가 사회 안에 내포되어야 한다고 생각하는 경우에는 더욱 그렇습니다. 하지만 나는 이런 생각에 별로 동의하지 않습니다. 폴리스·아고라·피레우스의 구분은 단지 공간의 구획에만 그치지 않고 신분상 서열로까지 확대되어 있었기 때문입니다.

고대 도시국가에는 참정권을 지닌 시민, 참정권이 없는 시민, 외국에서 이주해 온 이방인, 가축이나 다름없는 노예라는 네 가지 신분이 있었습니다. 참정권을 지닌 시민은 오직 성인 남성뿐이었고, 그들에게만 유일하게 '말하기'의 권한이 부여되었습니다. 여성과 아이들은 시민이기는 해도 참정권이 없었고, '사기'의 권한이 주어지기는 해도 '말하기' 권한은 없었습니다. 이방인의 경우는 이보다 심해서 세금 납부와 병역의 의무는 지면서도 '말하기'와 '사기', 즉 참정권과 소유권 모두를 인정받지 못했습니다. 노예는 단지 가축이나 다름없는 소유의 대상일 뿐이었습니다.

물론 '말하기' 권한이 없었다 해서 실제로 아무 말도 못 하고 산 것은 아닙니다. 아테네에서의 '말하기'는 일종의 논리(nomos) 즉 논리적으로 말하는 것을 의미했지만, 논리적으로 말하지 못하는 여성이나 이방인 또한 말하기를 즐겼고, 그 장소로 아고라가 자주 활용되었습니다. 아고라에서의 말하기를 사람들은 '이소노미아(isonomia)'라고 불렀는데, 이는 폴리스에서의 말하기인 '데모크라시(democracy)'와는 비교되는 것이었습니다. 데모크라시가 지배자의 정연한 논리였다면 이소노미아는 피지배자의 자유로운 잡담이었고, 데모크라시가 삶에서 떨어진 추상의 언어였다면 이소노미아는 삶의 일상을 반영한 생활의 언어였습니다.

우리는 종종 민주주의의 기원을 그리스의 고대 도시국가에서 찾습니다. 또 민주주의가 제대로 구현되기 위해서는 정신적으로나 물질적으로 특정 계급과 계층에 얽매이지 않는 자유로운 시민의 평등한 말하기 권한이 전제되어야 한다고 생각합니다. 맞는 이야기입니다. 폴리스의 시민 남성은 경제적 행위에서 벗어나 있었고, 따라서 특정 계급이나 계층에 얽매이지 않았습니다. 아니, 정확히는 얽매이지 않는 것처럼 보여야 시민 남성으로 대접받았고, 이렇게 얽매이지 않는 한에서 모든 시민 남성은 평등했습니다.

하지만 좀 더 자세히 들여다보면 시민 남성들의 경제에 얽매이지 않는 듯 보이는 정치적 토론은 실은 자신이 지배하는 대가족의 경제적 이해관계를 대변하는 것이었습니다. 대가족의 주재자(despotes)인 시민 남성의 말하기는 그의 지배 아래 있는 대가족(oikos)의 경제적 이해관계에 논리(nomos)를 부여하는 것에 지나지 않는 경우가 대부분이었습니다.[52] 요즘 대학에서는 '경제학(economics)'이 대세이지만 그 어원이 실은 자기 가족의 경제적 이해관계를 대변하는 시민 남성의 논리에서 나왔다는 사실을 기억할 필요가 있습니

52　이를 두고 가라타니는 "아테네의 민주주의는 지배자 공동체(=시민)의 원리"이고, 그 안에서는 "부족적 공동체의 평등주의가 관철되고 있었다"고 했습니다.

다. 예나 지금이나 경제학을 말하는 사람치고 경제를 하는 사람이 없듯이, 당시의 시민 남성들 또한 아고라의 일상에는 전혀 나서지 않으면서 아고라를 지배해왔습니다.

이런 면에서 볼 때 폴리스 남성들의 민주주의는 사실 아고라 여성과 피레우스 이방인의 희생의 대가였습니다. 당시의 여성과 아이들은 입이 있어도 말을 못 하는 반쪽짜리 인간이었고, 이방인들은 의무는 있어도 권리가 없는 비인간이었으며, 노예는 집에서 기르는 가축이나 다를 바 없는 소유물이었습니다. 노예와 이방인의 희생 덕에 고대 도시국가가 있었고, 이런 도시국가의 민주주의는 다시 여성과 아이들의 희생 덕이었습니다.[53]

내가 경제민주주의와 인간 중심의 경제, 그리고 조합주의(cor-poratism)에 동의하면서도 그것이 전부여서는 안 된다고 생각하는 이유가 여기에 있습니다. 진정한 민주주의는 말 없는 이들의 소리에

---

[53] 이는 비단 고대 도시국가에서만이 아니라 현재도 마찬가지입니다. 민주주의의 수호자임을 자처하는 미국도 남북전쟁 이전까지는 절대적 노예인 흑인의 희생 위에, 또 남북전쟁 이후에는 상대적 노예인 유색인들의 희생 위에 그들만의 민주주의를 구가해왔습니다. 자국 내 노예가 점차 사라지자 이번에는 민주주의를 지킨다는 명목으로 세계 각지에서 전쟁을 일으켰는데, 그 대표적인 사례가 바로 베트남전쟁이었습니다.
하지만 미국을 상대로 싸운 베트콩은 사실 200년 전 미국 자신이었습니다. 베트콩의 당시 헌법에는 미국 독립선언 정신이 담겨 있었고, 독립전쟁을 승리로 이끈 1분 대기의 민병(minute-man)은 베트콩 전사들 자체였습니다. 일본을 대표하는 진보적 지식인으로 '베트남에 평화를' 운동을 이끌었던 츠루미(鶴見俊輔)는 베트남 전쟁을 "미국이 미국과의 싸움에서 패한 전쟁이다"고 평했습니다.

귀 기울이는 것이고, 진정한 인간의 경제는 인간이기를 거부당한 이들의 삶을 보살피는 것입니다. 우리 사회에서 사회적 경제가 주목받는 것도 실은 이런 이유에서일 것입니다. 민주주의를 넘어선 민주주의를 구현하고, 인간을 넘어선 인간의 경제를 구축하기 위해, 사회적 경제는 지금 데모크라시에 의해 죽임을 당할지라도 끊임없이 자유를 찾아 이소노미아에서 모든 살아 있는 것들과 이야기를 나눴던 소크라테스의 행동을 닮을 필요가 있습니다.

제3장

자본과
그 소진

1. 소득과 소비,
소비와 행복

빗나간
예측

근대경제학의 거두라 불리는 케인
즈는 1928년에 발표한 짧은 에세이에서 과학이 발전하고 생산력이
향상되면 100여 년 뒤에는 인간의 경제적 과제 대부분이 해결될 것
이라고 예측했습니다. 그때가 되면 아무도 돈 버는 일에 전념할 필
요가 없게 되고, 하루 세 시간만 일하면 먹고살기에 충분하게 될 거
라 보았습니다. 케인즈보다 70여 년 앞서 마르크스도 비슷한 예측
을 내놨습니다. 그는 자본주의가 발전할수록 사람들의 이용 가능
한 자유시간은 늘어나고, 그 시간을 사람들은 개성을 살리는 데 사
용할 수 있게 될 거라 예측했습니다.

하지만 이런 그들의 예측은 대부분 빗나갔습니다. 과학기술과
생산력은 그들이 예측한 것 이상으로 발전했지만, 인간의 자유시간

은 오히려 줄어들고 먹고살기는 더욱 힘들어졌습니다. 개성을 살리는 데 쓰는 자유시간 대신에 일자리를 준비하는 대기시간만 늘어났고, 운 좋게 일자리를 얻어도 일에서의 행복은 뒷전인 채 행복하지 못한 일을 강요당하고 있습니다. 하루 세 시간만 일하면 충분히 먹고살 거란 예측은 잔업에 휴일을 반납해야만 겨우 먹고사는 현실이 되었습니다.

혹자는 그들의 예측이 빗나간 이유를 불공정한 분배에서 찾기도 합니다. 과학기술과 생산력이 발달하고 자유시간의 절대량이 늘어났지만, 이런 자유시간이 일부에만 집중돼 있기 때문에 살기 힘들어진 거라 이야기합니다. 부분적으로는 맞는 이야기지만 불공정한 분배에만 원인이 있는 것은 아닙니다. 그들의 예측이 빗나간 이유는 단지 분배의 정의가 실현되지 못해서가 아니라 인간의 노동과 행복에 대해 잘못 생각했기 때문입니다.

노동을 "생존에 필요한 것을 얻기 위한 정신적·육체적 노력"으로 볼 때, 과학기술과 생산력이 발달한 지금은 이런 노동이 하루 세 시간이면 충분합니다. 이런 노동에서 인간이 어느 정도 해방되어야 하는 것은 당연하지만, 그렇다고 해서 '노동에서의 해방'이 '노동(인간)의 해방'을 의미하지는 않습니다. 노동시간이 줄고 자유시간이 는다고 그것이 곧 인간의 행복과 직결되는 것이 아닙니다. 인간이 행복을 느끼는 것은 행복하지 못한 일에서 벗어날 뿐 아니라 행복하게 일할 때이고, 일하는 시간이 줄어든 대가로 얻은 자유시간을 사적 소비를 넘어 공적으로 소진할 때입니다. 그리고 이를 위해서는 먼저 노동을 '신체적 생존'을 위한 것으로만, 또 자유시간을 소비의 대상으로만 보는 시각에서 벗어나야 하는데 마르크스나 케인즈는 그렇지 못했습니다.

낙수효과와
분수효과

예측이 빗나간 이유에 대해 아직도 성장 탓으로 돌리는 이들이 있습니다. 그들은 한결같이 조금만 더 성장하고 발전하면 이런 문제들이 해결될 거라고 말합니다. 지금은 비록 성장의 혜택이 부자들에게 제한되지만 조금만 더 성장하면 당신들에게도 그 혜택이 미칠 거라고 이야기합니다. 일명 '낙수효과(Trickle-down effect)'라 불리는 이런 유혹은 특히 미국 레이건 행정부와 우리나라 이명박 정부 때 자주 언급되었습니다. 실제로 이명박 정부는 이를 위해 한편에서는 정부의 규제를 최소화했고, 다른 한편에서는 4대강 사업이라는 대규모 토건 사업을 펼쳤습니다.[54]

---

54   4대강 사업은 지금의 성장을 위해 ①미래의 수요를 과잉 선점했다는 점에서, ②그 수요 창출의 비용을 미래에 전가했다는 점에서 '미래로부터의 이중적 수탈'이었습니다.

하지만 이런 유혹이 입에 발린 소리임을 이제는 모르는 이가 없습니다. 한 번은 멋모르고 넘어가도 금세 돈 있는 사람들만 배 불리는 것임을 알아채게 되었습니다. 실제로 이명박 정부 때 우리나라의 거시경제지표는 매우 좋은 편이었습니다. 무역수지는 사상 최고치의 흑자를 기록했고, 경제성장률 또한 OECD 국가 가운데는 가장 높은 수치였습니다. 하지만 동시에 실업률 특히 청년 실업자 수는 사상 최대치를 기록했고, 그나마 일자리를 가진 국민의 실질임금은 오히려 줄어들었습니다.

경제가 성장함에도 인간의 삶이 여전히 팍팍해진 원인을 분배의 잘못에서 찾는 이들도 있습니다. 최근 많은 이들로부터 관심을 받는 프랑스의 피게티(Thomas Piketty) 같은 경제학자가 여기에 속하는데, 그에 따르면 자본주의가 발전하는데 우리 삶이 나아지지 않는 이유는 돈이 돈을 버는 자본수익률이 사람이 일해서 돈을 버는 경제성장률보다 높기 때문입니다. 이런 상황에서는 경제성장의 혜택이 자본의 이윤으로는 이어져도 국민의 소득 향상으로는 이어지지 않고 소득의 불평등만 확대시킬 뿐입니다.

피게티는 이런 문제를 해결할 방안으로 자산의 증여와 자본수익에 대한 증세, 서민의 일자리 창출과 가계 회생을 위한 재정 지출 등을 주장했습니다. 낙수효과에 대비되는 일종의 '분수효과(Trick-le-up effect)'와도 같은 그의 주장이 촛불혁명으로 탄생한 문재인 정부에 반영되고 있습니다. 과거 10여 년간 친기업·친시장으로 일관했던 이명박·박근혜 정부와는 다르게 지금의 정부는 사람 중심 경제·소득 주도 성장으로 그 정책 방향을 정하고 있습니다. 한마디로 지난 정부들이 낙수효과에 집중했다면, 지금의 정부는 분수효과에 치중하고 있는 셈입니다.

우리 국민은 참 대단합니다. 비슷한 시기에 미국에서도 대선이 있었는데 이때 트럼프와 힐러리 사이에 각자의 경제정책 방향을 놓고 설전이 벌어졌습니다. 트럼프의 대대적인 법인세 감면 정책에 대해 힐러리는 '날조된(trump-up) 낙수효과'라고 비판했습니다. 하지만 이런 비판에도 불구하고 미국민들은 트럼프를 당선시켰습니다. 미국민 안에는 경제가 좀 더 성장하면 자기들 삶이 나아지리라는 낙수효과에 대한 기대가 여전히 남아 있었던 것입니다.

소득과 소비의
비연관성

한 사회 안에서 지나친 소득 불평등은 해소되어야 마땅합니다. 이익을 위해서라면 물불 안 가리는 자본에 대한 규제 또한 어느 정도 필요합니다. 하지만 그렇다고 분수효과 정책이 다일 수는 없습니다. 엄밀한 의미에서 이는 너무 나간 시장을 교정하는 것일 뿐 신자유주의의 큰 틀에서 벗어나 있지 않습니다. 실제로 피게티의 주장이 조국 프랑스에서보다 신자유주의의 폐해가 극심한 미국이나 일본, 우리나라 같은 곳에서 환영받는 이유도 여기에 있습니다. 성장이 행복의 조건이기는 하지만 성장한다고 행복해지는 것이 아니듯, 분배 또한 행복의 조건이기는 해도 분배만 잘 한다고 행복해지는 것이 아닙니다. 더욱이 이런 분배가 국가 주도로만 이루어져서는 신자유주의의 폐해를 줄일 수는 있어도 인간의 행복과는 직결되지 않습니다.

낙수효과와 분수효과는 다른 듯 보이지만 실은 두 가지 공통된 전제하에서 출발합니다. 하나는 "모든 부는 반드시 쓰인다"이고, 또 하나는 "소비를 통해 경제가 성장한다"입니다. 낙수효과와 분수효과는 비록 그 대상—일부의 부자냐 다수의 국민이냐—이 다르긴 해도, "부는 언젠가는 소비되고, 그 소비가 다시 생산을 유발해 더 많은 부를 창출한다"는 동일한 가설에 기반하고 있습니다.

하지만 정말로 모든 부는 반드시 쓰일까요? 국가에 의한 소득 지원은 언젠가는 소비되고 그 소비가 다시 생산을 유발해 성장으로 이어질까요? 더구나 이런 성장이 곧 인간의 행복과 직결될까요?

결론부터 말하면 "그렇기도 하지만 반드시 그렇지는 않다"입니다. 결핍의 상황에서 소득의 증대는 소비로 이어지지만, 소비에는 한계가 있어서 일정 시점에 도달하면 더 이상 늘지 않습니다. 아니, 임계 상황에서 소비를 늘리려는 시도는 오히려 소비의 효용을 떨어트릴 뿐입니다.

경제학에 '이스털린의 역설(Easterlin's Paradox)'이라는 개념이 있습니다. 1974년에 미국 경제사학자 리처드 이스털린이 소득과 행복의 상관관계를 밝혔다 해서 붙여진 이름인데, 그에 따르면 소득의 증가가 행복의 증진으로 이어지는 것은 가난한 나라, 가난한 사람들에 한해서입니다. 가난한 사람들의 소득 증대는 소비 촉진으로 이어지고, 이것이 다시 경제성장과 행복 증진으로 이어지지만, 일정 수준에 도달한 사람들의 소득 증대가 소비 촉진·경제성장·행복 증진으로 이어지는 상관관계는 매우 낮습니다. 부자를 더 부자로 만든다고 그들의 소비가 늘어나지 않는 것과 마찬가지로, 국민의 소득 증대는 제한적으로만 소비 촉진과 경제성장으로 이어질 뿐입니다. 문재인 정부의 소득 주도 성장에 대해 단기적인 처방으로서는 박수를 보내면서도 중장기적 처방이 될 수 없다고 보는 이유가 여기에 있습니다.

물론 나의 이런 비판은 근본주의적 시각에 따른 것이 아닙니다. 소득 주도 성장이 단지 방식만 달리할 뿐 성장을 위한 분배라는 점에서 과거 정부와 같다고 생각해서가 아닙니다. 정부는 현실적 처방을 내놓는 경제주체이지 근본적 대안을 모색하는 경제주체가 아닙니다. 현실적인 처방 면에서 내가 우려하는 것은 소득 주도만으로는 고소득 고비용의 형식적 성장은 가능할지 몰라도 실제적 행복으로 이어지지는 않을 거라 판단하기 때문입니다. 소득 지원을 통한 수요 창출만이 아니라 효용 증대를 위한 공급 혁신이 따라야만 실제적 삶의 질이 향상되는데, 이에 대한 방안이 잘 안 보이기 때문입니다.

부의
권력화

우리 같은 평범한 사람이야 소득이 늘어나면 당연히 소비도 따라 늘겠지만 부자들은 그렇지 않습니다. 부자들이 더 많은 부를 얻는다고 그 부가 쓰이는 것은 아닙니다. 그런데도 부자들은 더 많은 부를 요구합니다. 아니, 부자일수록 더 많은 부를 요구합니다. 왜 그럴까요? 왜 부자들은 쓰지도 않을 거면서 더 많은 부를 요구할까요?

경제학자 베버는 금욕의 결과가 부의 축적을 낳고, 따라서 축적된 부의 양은 신앙의 진실성을 나타낸다고 말했습니다. 그에게 있어 부를 추구하는 행위는 신을 향한 일종의 소명이었고, 부자가 된다는 것은 이런 소명에 충실한 결과였습니다. 하지만 나는 인간을 그리 소명의식이 강한 존재로 보지 않습니다. 더욱이 지금은 부의 축적이 개인의 금욕으로 가능한 시대도 아닙니다.

소비로 이어지지 않을 것임을 뻔히 알면서 부자들이 더 많은 부를 추구하는 이유는 부가 곧 권력이기 때문입니다. 현대사회에서

부는 더 이상 소비를 위해서가 아니라 소유에 목적이 있습니다. 소비하기 위해서가 아니라 더 많은 권력을 갖기 위해 부자들은 더 많은 부를 요구합니다. 반대로 우리 같이 평범한 사람은 권력의 노예가 되지 않기 위해 좀 더 많은 부를 원합니다. 부자들이 더 부자가 된다고 낙수효과가 일어나지 않고, 우리 같은 평범한 이들의 분수효과 또한 제한적일 수밖에 없는 이유가 여기에 있습니다.

우리 사회는 지금 명목상으로는 '1인 1표'의 민주주의사회인 듯 보이지만 실제로는 '1달러 1표'의 자본주의사회입니다. 부가 곧 권력이 되어 인간과 그 관계를 지배하고 있고, 덕분에 지배하기 위해 혹은 지배받지 않기 위해 부를 쌓고 있습니다. 한마디로 지금은 실질적인 국가와 사회의 권력이 소유한 부의 양에 따라 결정되는, 따라서 부의 축적이 곧 권력의 강화를 의미하는 시대입니다. 따라서 이런 상황에서는 당연히 부의 생산 즉 경제성장이 인간의 행복과는 무관하게 지배와 피지배의 격차를 확대시킬 뿐입니다.

부의 축적을 통한 지배-피지배 간의 격차 확대는 단지 부자와 빈자 사이에서만 일어나지 않습니다. 대기업과 중소기업, 수출기업과 내수기업, 제조업과 서비스업, 정규직과 비정규직, 본사와 가맹점 등 사회 모든 분야에서 부를 가진 집단이 그렇지 못한 집단을 지배하고 있습니다.

문재인 정부 들어 공정거래위원회의 역할이 강화된 데는 이런 배경이 있습니다. 공정거래위원회의 설립 취지가 공정한 거래 즉

'경쟁'을 보호하는 것이지 '경쟁자'를 보호하는 것이 아님에도, 그만큼 우리 사회에서 '갑질'로 불리는 부의 권력화가 도를 넘어서 있기 때문에 '을'을 보호하려는 것입니다. 경쟁의 공정함을 이야기하기에 앞서 이미 부의 소유량에 따른 불공정한 경쟁 관계가 고착되어 있는 것이 지금의 우리 현실입니다.

대안으로서의
사회적 경제

　　　　　　　　문제는 정부에 있는 것이 아니라 오히려 우리 사회적 경제에 있습니다. 정부는 당연히 낙수효과에서 벗어나 분수효과로 향해야 하고, '경쟁'을 보호하는 데서 그치지 않고 '경쟁자'를 보호하는 데로 향해야 합니다. 그리고 그 정책은 항상 피부에 와닿는 현실적인 것이어야 합니다.

　이에 비해 사회적 경제는 현실적인 처방과 함께 근본적 대안을 모색하는 경제주체입니다. 일반 기업이 내놓는 재화나 서비스와는 다른 종류의 것들을 생산 공급함으로써 현실적 처방을 내놓기도 하지만, 이런 현실적 처방의 궁극적인 목표는 시장의 수정에 있는 것이 아니라 사회의 변화에 있습니다. 낙수효과든 분수효과든 경제 성장을 넘어 인간의 행복을 추구하는 것이 사회적 경제이고, 불평등한 갑을 관계의 시정을 넘어 뒤바뀐 을갑 관계를 모색하는 것이 사회적 경제입니다. 근본적인 대안을 모색하지 않고 현실적 처방에만 머물 때 사회적 경제는 시계추처럼 좌우를 오가는 정권의 행보에 휘둘릴 뿐입니다.

그런데 지금의 사회적 경제에서는 근본적 대안을 찾기 힘듭니다. 아니, 오히려 지난 정부와 마찬가지로 낙수효과 신화가 그 안에 팽배해 있습니다. 사업고 증대와 경영수지 흑자에만 관심이 있지 인간의 행복은 뒷전입니다. 부의 권력화 또한 남의 일이 아닙니다. 성장을 통해 부를 쌓았지만 이런 부가 권력이 되어 안팎의 격차를 확대시키고 있습니다. 특히 예전만큼 성장을 구가할 수 없게 된 상황에서는 경영자와 조합원, 정규직과 비정규직, 연합조직과 단위조직, 소비자와 생산자의 관계가 지배-피지배의 관계로 고착화되어가고 있습니다.

이런 문제를 굳이 사회적 경제의 책임으로만 돌릴 수는 없습니다. 우리 사회 전체가 부의 권력화와 이를 통한 지배-피지배 관계에 놓여 있는 상황에서는, 살아남기 위해 또 권력화한 부에 맞서기 위해 부를 쌓아야 하는 측면이 있습니다. 사회적 경제가 출자금을 모으고 투자펀드·사회성과연계채권(SIB)·크라우드펀딩 등의 투자를 유치하는 것도, 살아남기 위해 또 권력화한 부에 맞서기 위해 부를 쌓아야 하기 때문입니다.

하지만 그럼에도 나는 우리 사회를 '1달러 1표'의 자본주의사회에서 '1인 1표'의 민주주의사회로 만들어가기 위해서는, 아니 그 1인 안에도 못 드는 이들이 더 많은 표를 갖는 생명의 사회를 열어가기 위해서는, 사회적 경제의 부가 우리 사회 일반의 부와는 달라야 한다고 생각합니다. 단지 소유의 주체가 부자에서 가난한 이에게로, 또 일반 기업에서 사회적 경제로 바뀌는 정도가 아니라, 부의 성격이 인간을 지배하는 권력에서 인간을 살리는 생명으로 바뀌어야 합니다.

　이미 많은 분들이 감지하셨겠지만 지금까지 내가 말하는 '부'—특히 '쌓인 부'—는 '자본'을 의미합니다. 자본주의사회를 연 것이 자본이라면, 이를 넘어 생명의 사회를 여는 것도 자본입니다. 자본주의사회를 태동시킨 것이 '상품 집적으로서의 자본' 덕분이었다면, 이를 넘어서는 생명의 사회에서는 '생명 집적으로서의 자본'의 도움이 절대적으로 필요합니다. 권력이 되어 인간관계를 지배하는 자본에서 인간관계에 기대어 누구라도 존중받을 수 있게 하는 자본으로 그 성격과 쓰임이 바뀌어야 하고, 이런 자본의 도움이 있어야만 사회적 경제는 현실적 처방을 넘어 근본적 대안이 될 수 있습니다.

2. 자본이란
무엇인가

자본주의의
태동

　　　　　　자본주의를 한마디로 표현하자면 자본이 권력이 되어 활동하는 공간입니다. 물론 이때의 자본은 화폐와는 다른 것입니다. 빵을 사기 위한 화폐와, 화폐를 벌기 위한 자본은 다릅니다. 자본주의는 돈(화폐)이 주인인 세상이 아니라 자본이 주인인 세상이고, 자본주의경제는 자본의 증식을 핵심 가치로 삼는 경제입니다.

　　자본주의경제에서 자본의 증식이 있기 위해서는 먼저 화폐의 축장이 있어야 했습니다. 화폐가 일정량 모이면서 더 많은 화폐를 얻기 위한 자기운동이 시작되었습니다. 그리고 이런 화폐의 축장은 다시 상품교환의 필요에서 생겼습니다. 상품교환을 원활히 하기 위해 일정량의 화폐가 모였습니다. 이런 면에서 볼 때 자본주의경제에서의 자본 증식은 상품교환을 위한 화폐의 축장에서 시작되었고, 이는 다시 대항해시대 원격지 무역에서 시작되었다 할 수 있습니다.

물론 이 시기의 자본은 엄밀한 의미에서는 아직 자본이라 보기 어렵습니다. 상업자본주의의 구조를 〈화폐(G) → 상품(W) → 화폐(G′)〉로 표현하는 것처럼, 상품의 매매와 그 과정에 투입된 대가를 지불하기 위해 화폐를 축장했을 뿐, 아직 증식을 향해 가지는 않았습니다. 이런 화폐의 축장 덕분에 상품교환의 지리적이고 자연적인 제약을 넘어설 수 있게 되었지만, 이는 대가의 집적이지 아직은 자본의 집적이 아니었습니다.

마르크스도 언급했듯이 본격적인 자본주의의 시작은 산업혁명에 따른 기술 발달과 중화학공업의 성장에서 기인한다 할 수 있습니다. 이때부터 자본은 이전과는 다르게 상품 교역만이 아니라 생산까지도 담당했습니다. 생산을 통해 상품을 형질 변화시킴으로써 자본이 증식할 수 있는 구조를 갖추게 되었습니다. 마르크스는 이를 〈화폐(G) → 상품(W) → 생산(P) → 상품(W′) → 화폐(G′)〉로 표현했고, 이전의 상업자본과 다르게 산업자본이라 이름 붙였습니다.

물론 자본 자체는 상품을 직접 생산하지도 또 소비하지도 않습니다. 상품을 생산하고 소비하는 것은 오직 인간뿐입니다. 다시 말해 자본의 증식은 인간의 생산노동이 상품을 생산해주고, 인간의 소비노동이 상품을 소비해줘야만 가능합니다. 그렇지 않고 인간의 생산노동이 상품 생산에 투입되지 않거나, 인간의 소비노동이 상품을 소비해주지 않으면 자본의 증식은 가능하지 않습니다. 마르크스가 자본의 증식을 인간노동의 결과이지 자본노동의 결과가 아니라고 본 것도 이런 이유에서였습니다.

자본의 증식이 인간노동의 결과라 해서 자본이 아무런 노동도 하지 않는 것은 아닙니다. 자본은 상품을 생산하지도 또 소비하지도 않지만, 인간으로 하여금 상품을 생산하고 또 소비하도록 합니다. 한 인간의 삶을 생산과 소비로 나누고, 이렇게 나뉜 생산과 소비가 자신을 통하지 않고는 살아갈 수 없게 합니다. 즉, 인간의 생산노동이 화폐에 판매되도록 하고, 인간의 소비노동이 화폐가 생산한 상품을 구매하도록 합니다.

자본의 증식은 이런 두 과정 사이에서 이루어집니다. 인간의 생산노동이 노동력 상품으로 형질 변화해 판매되는 과정에서 시작되고, 노동력 상품이 생산한 상품을 인간의 소비노동이 그림자노동으로 형질 변화해 구매하는 과정에서 완성됩니다. 한마디로 자본 증식의 원천은 자원을 형질 변화시키는 인간의 노동에 의해서가 아니라 형질 변화한 인간의 두 노동 사이의 시간적 간극을 메우는 과정에서 나옵니다. 물론 이런 사실을 가장 빨리 알아차린 사람 역시 마르크스였습니다.

자본주의의
위기

　　　　　　　　자본의 증식을 핵심 가치로 삼는
자본주의에 대해 엥겔스는 "생산력은 기하급수적으로 증대하는
데 시장은 기껏해야 산술급수적으로 확대"되기 때문에 필연적으
로 공황(crisis)을 맞이할 수밖에 없다고 했습니다. 하지만 마르크스
는 그렇게 단순하게 생각지 않았습니다. 마르크스는 "내적으로는
독립해 있지 않은 두 과정[55]의 외적 독립화가 일정한 점에 도달하면
폭력적으로 그 내적 통일을 관철시키는 과정"에서 자본주의는 위
기를 맞는다고 보았습니다.

　　이런 그의 지적은 '경제 공황'을 '사회 위기'로 바꿔 이해하면[56]
맞는 이야기입니다. 인간은 자의든 타의든 자신의 노동을 노동력
상품과 그림자노동으로 나누어 외적으로 독립시켰어도 일정 시점
에서는 폭력적이든 평화적이든 내적 통일을 기하려 합니다. 그렇지
않고 외적으로 독립해 대립하는 관계를 계속 놔둬서는 도저히 살
수 없습니다. 마르크스가 말한 외적으로 독립해 있는 것들 역시 어

55　　"사용가치와 가치의 대립, 사적 노동이 동시에 직접적으로 사회적인 노동으로 표
　　　현되어야 한다는 모순, 특수한 구체적 노동이 동시에 추상적 일반적 노동으로서만
　　　계산된다는 모순, 물건의 인격화와 인격의 물건화 사이의 대립"(『자본론』)

56　　실제로 '공황(crisis)'의 본래 의미는 '위기'이고, 이는 단지 자본주의경제체제에서
　　　만 발생하는 것이 아니라 모든 사회에서 직면할 수 있는 일입니다.

느 시점에서는 내적 통일을 기할 수밖에 없고, 그 과정에서 사회는 한 차례 큰 위기에 직면하게 됩니다.

협동조합이 자본주의 초기 단계에서 상품을 유통했던 이유도 실은 여기에 있습니다. 협동조합은 표면적으로는 부족한 것을 충족할 목적으로 시작됐지만, 근본적으로는 형질 변화한 인간의 두 노동 사이의 시간적 간극, 내적으로는 독립해 있지 않은 두 과정의 외적 독립화를 내적으로 통일시키기 위해 시작되었습니다. 한 예로 1980년대 우리나라에서 생활협동조합이 시작되면서 상품유통의 주된 방식으로 직거래를 채용한 것도 생산노동과 소비노동이 한 협동체 안에서 유기적으로 관계함으로써[57] 이 둘 사이의 시간적 간극을 없애기 위해서였습니다.

어떻든 자본의 증식을 위해 내적으로는 독립해 있지 않은 두 과정의 끊임없는 외적 독립화를 추진하는 자본주의에 대해, 당시의 많은 사람들은 결국 파국에 이를 거라고 예측했습니다. 실제로 이런 예측은 1920년대 대공황에 이르러 현실로 드러나는 듯했습니다. 자본이 그 증식을 위해 값싼 노동력을 필요로 하지만 이런 노동자의 저임금이 상품의 구매력을 떨어뜨려 상품을 구입할 수 없게 만들었습니다. 뉴욕의 주식시장에서 주가가 폭락했고, 기업들은

---

57   대표적 생활협동조합인 한살림은 이를 보다 명료히 "생산과 소비는 하나다"라고 표현해왔습니다.

노동자를 해고하기 시작했으며, 일자리를 잃은 노동자들이 상품을 구매할 수 없게 되면서 기업의 연쇄적 도산은 더욱 빠른 속도로 번져갔습니다. 대공황을 계기로 자본주의는 절체절명의 위기에 직면한 듯 보였습니다.

대중소비사회의
도래

하지만 이런 위기를 자본주의는 너무나 유연하게 탈출했습니다. 이전까지는 시장 개입을 최소화했던 정부가 정부지출을 확대하고 통화 공급을 늘려 유효수요를 창출하기 시작했습니다. 노동자에게는 일자리와 보상이 돌아갔고, 이는 다시 상품 구매로 이어져 기업의 생산을 유발했습니다. 구매력을 지닌 명실상부한 대중소비사회의 도래가 자본주의를 파국의 위기에서 구출한 것입니다.

대중소비사회로 접어들면서 자본 증식 과정에도 큰 변화가 일어났습니다. 산업자본주의에서의 자본 증식이 〈화폐(G) → 상품(W) → 생산(P) → 상품(W′) → 화폐(G′)〉 가운데 앞부분의 상품(W) 즉 노동력 상품을 값싸게 매입하는 생산과정에서 주로 이루어졌던 데 비해, 대중소비사회로 접어들면서는 뒷부분의 상품(W′) 즉 소비과정에서 보다 활발히 이루어지게 되었습니다. 생산하면 당연히 팔리던 시대에서 소비자의 기호를 생각해 생산하는 시대로 변화했고, 자본이 인간에 대해 처음으로 관심을 갖게 된 것도 이때부터였습니다.

대중소비사회의 도래로 자본주의의 내재적 모순은 극복된 듯 보입니다. 지속적인 혁신을 통해 사람들의 필요에 맞는 새로운 상품을 계속 만들어내고 있고, 이렇게 생산한 상품을 구매력을 지닌 사람들이 계속 소비해주고 있습니다. 물론 누구의 구매력이냐에 대해서는 여전히 의견이 나뉩니다. 혹자는 부자들의 구매력을 키우는 것이 더 효과적이라고 주장하고, 혹자는 가난한 이들의 구매력을 키우는 것이 진짜 소비로 이어진다고 주장합니다. 하지만 이런 차이에도 불구하고 이 둘은 소득과 소비와 성장의 선순환 구조를 지향한다는 점에서는 같습니다. 대중소비사회로 접어들면서 생산이 아닌 소비가 자본주의를 지탱시켜주는 동력으로 변화한 것입니다.

소비자운동의
등장

　　　　　　　　　　같은 자본주의여도 산업자본주의
와 대중소비사회는 이렇게 자본의 증식 과정이 다릅니다. 산업자
본주의가 생산과정에서 주로 자본의 증식이 이루어진다면, 대중소
비사회에서는 주로 소비과정에서 이루어집니다. 산업자본주의의
문제를 파헤친 마르크스는 당연히 생산과정을 중시했지만, 같은 마
르크스주의자여도 일본의 가라타니는 소비과정을 중시하고 있습
니다. 마르크스가 노동과정의 탈상품화와 노동의 연대를 강조했지
만, 가라타니는 소비(유통)과정의 탈상품화와 소비의 연대를 강조하
고 있습니다.

　　가라타니에 따르면 자본의 증식을 위해서는 반드시 두 과정이
필요합니다. 하나는 노동자로부터 노동력을 상품으로 사는(=자본과
노동자의 관계) 것이고, 또 하나는 이렇게 해서 생산한 상품을 노동
자에게 파는(=자본과 소비자의 관계) 것입니다. 만약 이 두 과정 가운
데 어느 한쪽만 실패해도 자본은 자본일 수 없습니다. 노동력 상품
을 사지 못하거나 생산한 상품을 팔지 못하면 자본의 증식이 불가
능해집니다.

　　반대로 인간이 인간이기 위해서는 자본이 지배하는 이 두 과
정에서 벗어나야 합니다. 자신의 노동력을 자본에 팔고, 자본이 생
산한 상품을 소비해서는 자본의 지배로부터 벗어날 수 없습니다.

전자가 생산과정의 탈상품화라면 후자는 소비과정의 탈상품화이고, 전자가 "노동력을 상품으로 자본에 팔지 말자!"라면 후자는 "자본이 생산한 상품을 사지 말자!"입니다.

그런데 이 두 과정 가운데 생산과정에서의 탈상품화 운동은 대부분 실패로 끝났습니다. 생산과정에서 자본과 임노동의 관계는 이미 주인과 노예의 주종관계가 아닌 동업자 관계로 변모했습니다. 식품·환경·인권 같은 사회 문제에 대해 노동자의 이해관계는 이미 기업의 이해관계와 대부분 일치합니다.

물론 이렇게 노동자가 자본에 종속적이게 된 데는 단지 노동자의 의식이 부족하거나 노동자 계급이 자기 몫을 후하게 받아서가 아닙니다. 오히려 노동자와 자본의 관계가 판매자와 구매자의 관계이고, 노동자가 완전경쟁인 데 비해 자본은 독과점이며, 노동자는 그 이동에 제약이 따르는 반면에 자본의 이동은 자유롭기 때문입니다. 더욱이 노동자로부터 위임받은 국가권력이 일방적으로 자본의 편을 들기 때문입니다.

이유야 어떻든 이런 종속적 경향은 자본의 집중화와 세계화로 그 정도를 더해갔습니다. 초기 자본주의 단계에서는 그나마 활발했던 '생산수단의 협동화'나 '생산자(노동자)협동조합'이 자본주의의 세계화 과정에서 점차 사라졌습니다. "만국의 노동자여 단결하라!"는 구호는 이제 고문서에서나 찾아볼 수 있는 옛이야기가 되어버렸습니다.

하지만 비록 생산과정에서는 실패했어도 인간에게는 아직 소비(유통)과정이 남아 있습니다. "노동력을 상품으로 자본에게 팔지 말자!"는 후퇴했어도, "자본이 생산한 상품을 사지 말자!"는 더욱 주목받고 있습니다. 생산과정에서 자본이 노동자를 규제하고 협력시킬 수는 있어도 유통과정에서 노동자를 강제할 수는 없습니다. 가라타니는 "일하기를 강제하는 권력은 있어도 구매를 강제할 수 있는 권력은 없다"고 생각했고, "노동자는 소비자임으로써 가장 낮은 단계에서 자본을 거부할 수 있다"고 믿었습니다. 생산과정의 탈상품화에서 실패한 노동자는 소비(유통)과정에서 소비자로 등장해 다시 한번 자본과 맞설 수 있다고 주장했습니다.

그가 제시한 소비(유통)과정에서의 투쟁은 크게 세 단계로 나뉩니다. 하나는 강제된 구매를 거부하는 것이고, 둘은 구매를 강제하는 제도를 거부하는 것이며, 셋은 강제된 구매와는 전혀 다른 구매를 실천하는 것입니다. 첫 번째와 두 번째 단계에서 소비자는 구매를 강제하는 자본과 제도(국가)에 위협을 가할 수 있고, 세 번째 단계에서 소비자는 자본과 제도(국가)에 종속되지 않는 노동을 조직할 수 있습니다. 그리고 이렇게 생산과정의 탈상품화에서 실패한 노동자가 소비(유통)과정에서 재등장해 노동을 조직하는 과정에서 가라타니는 인간의 소외를 극복하고 사회를 재구축할 수 있다고 믿었습니다.

자본이
문제다?

가라타니의 이런 주장은 내가 생협을 하게 된 이유나 생협을 통해 이루려는 지향과도 대부분 일치하는 것이었습니다. 덕분에 나는 그의 주장을 내 나름의 언어로 전환해 "생산적 소비"니 "협동조합과 노동운동의 연대"니 하는 말로 설명하고 다녔습니다.

하지만 돌이켜보면 이런 내 생각은 너무 유치했습니다. 자본주의는 그리 간단하지 않습니다. 자본주의는 인간과 무관하게 생겨난 것이 아니라 실은 인간의 본성—아담 스미스가 말하는 '설득성향'과 '교환성향' 같은—이 낳은 것입니다. 자본주의를 굳이 넘어설 필요가 있는지도 의문입니다. 자본주의가 가져온 생산력의 발전은 인간이 행복하기 위해 꼭 필요한 조건 가운데 하나입니다.

그럼에도 나는 여전히 자본주의는 극복되어야 하고 또 극복될 수밖에 없다고 생각합니다. 물론 이는 자본주의의 내재적 모순 때문이 아니라 인간의 본성 때문입니다. 행복을 바라는 인간의 본성이 지금과 같은 자본주의를 더는 용납하지 않기 때문입니다. 내적으로 독립해 있지 않은 두 과정의 외적 독립화가 일정 지점에 도달하면 오히려 불행만 커지고, 이런 불행에서 벗어나 행복하기 위해 외적으로 독립해 있는 두 과정의 내적 통일을 관철시키기 때문입니다. 자본주의의 내재적 모순은 자본주의를 넘어서야 하는 여러 이유 가운데 하나일 뿐 이를 넘어서는 것은 결국 인간이고, 그 동력은 인간의 본성 즉 자기사랑에서 나옵니다.

중요한 것은, 이 과정을 인간은 혼자 힘으로 감당할 수 없다는 사실입니다. 내적으로 독립해 있지 않은 것이 이미 외적으로 독립해 있고, 더욱이 그 독립을 강고히 하려는 자본 앞에서, 성인이라면 모를까 보통의 우리가 혼자 힘으로 내적 통일을 관철시키기는 거의 불가능에 가깝습니다. 그래서 필요한 것이 바로 생명의 집적으로서의 자본이고 이런 자본으로부터의 도움입니다. 내적으로 독립해 있지 않은 것을 외적으로 독립시켜 자기증식을 꾀해온 것이 상품 집적으로서의 자본이었다면, 외적으로 독립해 있는 것의 내적 통일을 관철시켜 인간과 그 사회가 통일적 존재로 나가게 하는 데는 생명 집적으로서의 자본의 도움이 필요합니다.

모든 자본은 본래 (뒤에서 자세히 이야기하겠지만) 생명의 집적이었지 상품(상품화폐)의 집적이 아니었습니다. 생명 집적으로서의 자본이 상품의 집적으로 변모한 것은 자본주의사회로 접어들면서부터였습니다. 생명이 상품으로 유통되면서 생명 집적으로서의 자본이 상품 집적으로서의 자본으로 변모한 것입니다. 모든 교역에서 생명의 전이가 사라지고 물질의 이동만 남게 되면서 인간과 그 관계에 매개해 이를 풍요롭게 해온 자본이 자기증식을 목적으로 인간과 그 관계를 지배하게 된 것입니다.

이런 면에서 볼 때 문제의 본질은 '자본' 자체에 있는 것이 아니라 탕자(蕩子)가 되어버린 지금의 자본에 있습니다. 아버지로부터 나왔지만 아버지를 전혀 닮지 않은 그 아들이 문제입니다. 하지만 그럼에도 자식이 못났다고 해서 그 부모를 탓할 수는 없습니다. 이는 마치 성스럽지 않게 된 신성(神性)의 원인을 성과 속이 분리되기 이전의 영성(靈性) 탓으로 돌리는 것과 다를 바 없습니다. 자본의 지배로부터 벗어난다는 것은 자본으로부터 벗어나는 것과는 다른 이야기여야 합니다.

성령의
긍정과 부정

이와 관련해 마르크스는 재밌는 비유를 든 적이 있습니다.

> 성부(聖父)가 자기 자신을 성자(聖子)…와 구별하는 것과 마찬가지로 부자(父子)는 둘 다 나이가 같고 또 실제로는 둘이 한 몸이지만… 아들이 생기고 아들에 의해 아버지가 생기자마자 둘의 구별은 다시 소멸해버리고 둘은 하나가 된다.… 이런 과정 중의 가치, 과정 중의 화폐가 자본이다.

그가 말하는 성부는 화폐이고, 성자는 자본입니다. 성부(화폐)와 성자(자본)가 나이가 같고 실제로는 한 몸이라는 지적은 단지 신학적으로만이 아니라 경제학적으로도 맞는 말입니다. 생산물의 유통을 매개하는 화폐와 증식 과정에 있는 자본은 본래 그 기원이 같습니다. 문제는 이런 성부(화폐)에서 성자(자본)가 생겨나자마자 성부(화폐)와 성자(자본)의 구별은 소멸되고 둘은 하나 즉 성자(자본)가 된다는 것입니다. 화폐의 자본화 과정에 의해 그 화폐가 자본이 되었다는 것입니다.

자본주의의 심층 구조를 비판하고자 했던 그의 의도로 볼 때 자본화 과정에 대한 이런 비유는 나름 타당한 면이 있습니다. 하지만 엄밀한 의미에서 마르크스가 이야기한 자본은 사실 성자가 아닌 성령입니다. 〈화폐(G) → 상품(W) → 화폐(G′)〉라는 화폐의 증식 과정에서 앞의 화폐(G)가 성부고 뒤의 화폐(G′)가 성자라면, 이 둘을 이어 하나로 만들어가는 과정이 바로 '성령의 발출(processio)' 즉 자본화 과정이고, 이렇게 해서 자본이 된 화폐가 다시 스스로를 증식시켜가는 과정이 바로 '성령의 영발(spiratio)' 즉 자본의 자기증식 과정입니다.

다시 말해 성부와 성자 사이에, 또 성부(성자)와 모든 인간 사이에는 자본화 과정과 자기증식 과정으로서의 성령이 있습니다. 이런 성령의 활동 덕에 인간은 성자와 마찬가지로 성부와 하나가 될 수 있습니다. 즉, 성령(자본화 과정)이 있음으로써 성부(성자)와 인간의 구별이 없어지게 되고, 성령(자기증식 과정)이 있음으로써 성부(성자)와 인간이 하나가 되는 것입니다.

이런 점에서 볼 때 서구의 기독교와 자본주의는 그 심층 구조가 같습니다. 마르크스는 성령을 언급하지 않았지만, 그가 말하는 '과정 중의 가치'나 '과정 중의 화폐'는 엄밀히 말하면 성령입니다. 성령의 자본화 과정에 의해 모든 피조물은 화폐상품(자본)의 지배를 받고, 성령의 자기증식 과정에 의해 모든 피조물은 화폐상품(자본)이 되어가는 것이 삼위일체를 향한 서구 자본주의의 기본 구조입니다.

이런 서구 기독교와 비교해 이슬람 세계에서는 성령이 없습니다. 일본의 종교학자 나카자와(中沢新一)에 따르면 이슬람 세계에서는 모든 피조물이 상징적 매개자(성자)나 그 활동(성령) 없이 알라(성부)와 직접 관계합니다.[58] 아니, 최소한 그렇게 되도록 해야 한다는 것이 이슬람의 기본적인 사유체계이고, 이런 토대 위에 그들의 경제제도도 작동하고 있습니다.

이슬람이 앞선 상품유통에도 불구하고 자본주의로 나아가지 않은 것은 이런 이유 때문입니다. 이슬람 경제에서는 상품은 있어도 화폐가 없고, 상품유통을 매개하는 화폐는 있어도 이에 대한 이

---

58   이슬람 사원의 건축물에서 기독교의 십자가나 성상 같은 일체의 상징물이 배제되는 것도 이런 상징적 매개자에 의해 인간과 신의 직접적 관계가 지배당하는 것을 막기 위해서입니다.

자(화폐의 자기증식=자본의 증식)는 엄격히 금지돼왔습니다. 오늘날 세계 도처에서 벌어지는 기독교와 이슬람교의 대립은 어떤 면에서는 성령과 그 활동을 긍정하느냐 마느냐는 심층의식의 대립이라 할 수 있습니다.

하지만 나는 이런 두 유형의 사유체계와 경제제도 모두에 대해 긍정하면서 동시에 부정합니다. 자본과 자본주의에 대한 우리의 생각은 성령을 매개해야만 하는 서구의 자본주의는 물론이고, 성령의 매개를 부정하는 이슬람의 반자본주의와도 달라야 합니다. 자본주의를 넘어서는 것은 자본주의를 비판하지만 부정하지 않는 데서 시작되고, 자본을 넘어서는 것은 자본을 비판하지만 자본을 부정하지 않는 데서 시작됩니다.

아들이 탕자가 되고 이로 인해 그 아버지마저도 탕부가 되었다고 해서 아들을 부정하고 또 아버지와의 관계마저 부정할 수는 없습니다. 이는 인간이 상품임을 거부하는 것을 넘어 인간임을 거부하는 것과 같습니다. 문제의 해결은 자본의 제거를 통해서가 아니라 그 존재양식의 새로운 구상을 통해 이루어져야 하고, 이를 위해 우리는 먼저 자본의 기원부터 새로이 밝혀야 합니다.

자본의
기원

마르크스는 "화폐로서의 화폐와 자본으로서의 화폐는… 서로 다르고" "상품유통의 직접적 형태는 상품(W)-화폐(G)-상품(W)… 즉 구매를 위한 판매(인 반면에),… 화폐(G)-상품(W)-화폐(G)… 즉 판매를 위한 구매(의)… 형태로 유통하는 화폐가 자본으로 전환한다"고 말했습니다. 자본의 기원에 대한 그의 설명은 언뜻 보면 맞는 말 같습니다. 실제로 단순 매개재로서의 화폐와 증식 과정에 있는 자본은 같을 수 없고, '상품유통'에서 '상품'의 자리에 '화폐'를 앉혀야만, 즉 화폐가 상품 형태를 띠어야만 자본이 될 수 있습니다.

하지만 의도하든 의도하지 않았든 자본의 기원에 대한 이런 설명은 상품 집적으로서의 자본에 대해서는 타당할 수 있어도 자본 자체의 기원에 대한 설명은 될 수 없습니다. 상품 집적으로서의 자본은 마르크스가 이야기한 대로 판매를 위한 구매, 즉 화폐상품이 유통되는 과정에서 시작되었을지 모릅니다. 하지만 자본 자체의 기원은 이보다 훨씬 이전으로 거슬러 올라갑니다. 일본의 생협운동가 유키오카(行岡良治)의 말대로 "태초에—엄밀히 말하면 인간이 '태초'라 기억하는 시기에— 자본이 있었습니다." 이런 자본 덕분에 인간은 사회를 형성할 수 있었습니다.

인간이 사회를 형성한 것은 농경과 목축을 시작하면서부터였습니다. 그리고 이런 농경과 목축은 다시 인간의 의식 혁명 덕분에 가능했습니다. 제2장에서 공자의 이야기에 빗대어 설명했듯이 인간의 의식이 자연으로부터 떨어져 나와 "하늘을 우러러 그 모양을 관찰하고" "땅으로 구부려 그 이치를 관찰하며" "주변 동물의 생김새를 관찰"하기 시작하면서 농경과 목축이 발명되었습니다. 이를 성부와 성자에 대한 마르크스의 비유에 빗대 설명하면, 한 몸이었던 자연(성부)에서 인간(성자)이 생기고 그 인간(성자)이 다시 자연(성부)을 알아가면서 인류의 역사는 시작되었습니다.

하지만 이런 의식 혁명에도 불구하고 이를 농경과 목축이라는 현실로 구현하는 데는 무언가의 도움이 필요했습니다. 공자의 표현을 빌리자면 자연으로부터 떨어져 나온 인간이 "나무를 깎아 보습을 만들고" "나무를 구부려 쟁기를 만들며" "그 쟁기로 김매는 데 성공"해야 농경과 목축이 가능했습니다. 물론 이를 위해서는 여러 가지 것들이 필요했습니다. 보습과 쟁기를 만들 나무도 필요했고, 파종할 씨앗도 필요했습니다. 더욱이 수렵이나 채집과는 다르게 농경과 목축에서는 결과물이 나올 때까지 오래 기다려야 했고, 기다리는 동안에 먹을 충분한 식량도 필요했습니다. 나아가 이런 기다림이 더 좋은 결실로 이어지도록 자연과 계약해야 하는데, 이때에는 자연에 바칠 공물도 필요했습니다.

이 모든 것들, 즉 보습과 쟁기를 만들 나무, 파종할 씨앗, 기다리는 동안에 먹을 식량, 자연과의 계약을 위한 공물 등은 모두 자연이고 자연의 비축이었습니다. 수렵과 채집이 자연에서 얻은 먹잇감을 즉석에서 다 소비하는 것이었다면, 농경과 목축은 자연을 비축하는 데서 시작되었습니다. 다시 말해 자연의 일부를 비축한 덕분에 인간은 자신의 의식 혁명을 농업과 목축이라는 현실 가능한 것으로 만들 수 있었고, 공자가 농업혁명의 결과로 여러 가지 이로움을 얻을 수 있게 되었다 했을 때의 그 '여러 이로움(諸益)'은 이런 비축된 자연의 증식이었습니다.

실제로 중국에서는 요순(堯舜)시대가 끝나고 하(夏)나라가 세워진 B.C.2000년경에 본격적으로 농경이 시작되었는데, 하나라를 세운 우(禹)임금이 순(舜)임금으로부터 천하를 물려받기 전까지, 아니 그 이후에도 여전히 주력한 일이 자연을 비축하는 것이었습니다. 각지에서 치수 사업을 전개하고 농사법을 가르치면서 생산물의 일부를 운송 비축하는 것이었습니다. 물론 이렇게 자연을 비축한 이유는 자연의 증식을 위해서였습니다. 비축된 자연은 자연으로부터 더 많은 증여를 얻기 위한 제사에 쓰였고, 파종에서 수확까지의 시간적 간극을 메우기 위한 식량으로 쓰였으며, 자연의 생산력을 높여 보다 많은 증식을 얻기 위한 도구의 제작과 치수 사업에 쓰였습니다. 이런 일에 충실한 덕에 사마천은 "하의 우임금 시기에 이르러 비로소 공부[59]가 비축되었다(自虞夏時 貢賦備矣)"고 했습니다.

<hr />

[59]　'공부(貢賦)'는 보통 "나라에 바치는 물건이나 세금"으로 이해되지만 이는 국가적

이런 면에서 볼 때 축장과 증식의 의미를 담은 자본은 상품유통이 시작되기 훨씬 이전에 '비축된 일정량의 자연'[60]이라는 형태로 처음 등장했습니다. 이런 자연의 비축 덕분에 인간은 나무나 씨앗 같은 생산수단을 얻을 수 있었고, 파종에서 수확에 이르는 긴 시간을 버틸 수 있었으며, 자연의 증식(증여)을 위한 투자(답례)가 가능했습니다. 생산요소로서의 자본, 우회생산[61]을 위한 축장으로서의 자본, 가치증식으로서의 자본은 이렇게 상품유통이 시작되기 훨씬 이전부터 있었고, 이런 자본이 있음으로써 인간은 비로소 농경의 발명과 사회 형성이 가능하게 되었습니다.

　　시각이고, 본래는 "재화(貝)를 모아(武) 바친다(工)"는 자본 비축과 증식을 위한 투자(제사)의 의미입니다.

60　　일본의 유키오카는 자본의 기원을 '공동체에 비축된 일정량의 식량'이라 표현합니다. 식량을 비축한 덕에 인간은 씨 뿌리는 봄에서 열매 맺는 가을까지 시간을 이동할 수 있게 되었고, 서서히 원시공산제경제를 전개할 수 있게 되었다고, 따라서 이것이야말로 가장 원초적인 의미에서의 자본이라고 말합니다. 나는 이런 유키오카의 견해 덕분에 자본을 다시 생각할 수 있게 되었고, 나아가 자본을 '비축된 일정량의 자연'으로 정의할 수 있게 되었습니다. 내가 그의 주장에서 '공동체에'를 빼고 나아가 '식량' 대신에 '자연'을 넣은 것은, 씨 뿌리는 봄에서 열매 맺는 가을까지의 시간 이동을 위한 원초적 자본만이 아닌 모든 자본이 실은 자연(생명)의 비축이고 자연(생명)의 증식 과정이라 보기 때문입니다.

61　　현재의 자본을 현재의 생산과 소비(필요)에 모두 쓰지 않고 그 일부를 미래의 생산과 소비를 위해 쓰면 현재보다는 더 많은 효용과 가치를 낳는다는 개념입니다. 치수 사업이나 도로 건설 등과 같은 사회간접자본에의 투자도 실은 이런 우회생산을 위한 자본의 축장에 해당합니다.

자본의
정의와 목적

원시공동체사회에서 비축된 자연을 관리하는 것은 수장의 몫이었습니다. 그를 통해 인간은 비축된 자연의 일부를 자연의 증여에 대한 답례와 더 많은 증여를 얻기 위한 계약으로 자연에 바쳤습니다. 하지만 원시공동체사회가 국가로 대체되고 수장이 국왕으로 대체되면서, 자연을 향한 답례는 국가의 세금으로, 더 많은 증여를 얻기 위한 자연과의 계약은 더 많은 부를 쌓기 위한 상품에의 투자로 변모했습니다. 자본주의의 시작을 알리는 상업자본주의는 이렇게 국왕의 지배와 보호 아래 태동했습니다.[62]

마르크스가 자본의 태동이 자본주의의 개막을 알리고 이런 자본에 의해 한 인간의 두 노동 사이에 시간적 간극이 생겼다 했을 때의 그 자본은 실제로는 이런 상업자본주의 때부터 태동한 것입니다. 하지만 자본의 기원에 대한 이런 유의 설명은 일종의 의도된 기획입니다. 자본의 기원을 상품유통, 즉 상품의 판매를 위한 구매에서 시작됐다고 설명함으로써 자본의 정의를 화폐의 축장으로 보

---

62   일본의 역사학자 사쿠라이(桜井英治)는 "하츠호(初穗)—토지에서 생산된 첫 수확물을 제물로 바치는 공물—의 일부가 금융 활동의 자본으로 전환"되었고, 따라서 "신들에 대한 증여에서 유래하는 세금의 신성성으로부터 금융과 이자가 기원한 것"이라고 했습니다.

이게 하고, 나아가 이런 화폐의 축장 덕분에 산업자본주의 때부터 본격적인 화폐의 자기증식[63]이 가능하게 되었음을 드러내기 위함입니다.

하지만 자본의 정의를 화폐의 축장으로 본다면 이런 자본은 상품경제가 태동하기 훨씬 이전부터 존재해왔습니다. 고대 무덤을 발굴하다 보면 그 안에서 종종 다량의 조개(貝)가 나오는데 이는 먹고 남은 조개껍데기가 아니라 일종의 화폐였습니다. 실제로 중국에서는 조개 화폐가 하(夏)에서 은(殷)에 이르는 1500년간 통용되었습니다. 중세시대에도 이런 풍습은 이어져서 당시의 고분 안에서는 종종 다량의 동전이 출토되곤 합니다.

학계에서는 이런 조개 화폐와 동전을 두고 두 가지 견해로 나뉩니다. 하나는 부의 경제적 축장으로 보는 견해이고, 다른 하나는 신에 대한 종교적 증여로 보는 견해입니다. 각각의 견해를 담아 전자를 '비축전(備蓄錢)'이라 부르고 후자를 '매납전(埋納錢)'이라 부르는데, 일반적으로는 경제적 축장 즉 비축전으로 보는 견해가 우세합니다. 당시에는 그렇게 많은 돈을 신에게 바치는 관습이 없었고,

---

63   '화폐의 증식'과 '화폐의 자기증식'은 엄연히 다릅니다. 화폐가 상품의 유통과정에서 얻는 잉여는 이에 투여되는 일체의 비용에 대한 급부를 위한 것이지, 화폐가 상품이 되어 더 많은 화폐를 낳는 것과는 다릅니다. 실제로 베니스 상인처럼 이자놀이를 주업으로 삼았던 유대인들조차 자기들 사이에서는 이자 징수가 금지되었고 이방인을 향해서만 허용되었습니다. 이에 비해 지금의 자본주의는 그 주된 목적이 화폐의 자기증식에 있지 화폐의 증식에 있지 않은 경제체제입니다.

기껏해야 비축된 자산의 10%[64]를 넘지 않았다는 것이 그 근거입니다.

하지만 내 생각은 조금 다릅니다. 신에 대한 증여가 기껏해야 10%를 넘지 않은 것과 마찬가지로 전체 교역량에서 조개나 동전 화폐로 매개되는 비중 또한 10%를 넘지 않았습니다. 아니, 한 발 더 나아가 당시의 모든 교역에는 주술적이고 종교적인 증여의 성격이 최소한 10% 이상을 차지했습니다. 다시 말해 모든 대가에서 조개나 동전 화폐가 차지하는 비중은 모든 교역에서 종교적 증여가 차지하는 비중과 거의 일치했습니다.

이는 국가가 태동하고 국가에 의해 주조 화폐가 발행된 다음에도 마찬가지였습니다. 주조 화폐로 거래되는 교역량은 전체 교역량의 10%를 넘지 않았고, 이는 국가의 징세 총액과 거의 일치했습니다. 다시 말해 국가를 향한 세금 역시 매납전, 즉 신에 대한 증여를 이은 것으로서 임금의 권농에 대한 일종의 답례였습니다. 한마디로 고대로부터 인간의 모든 경제행위는 일정 부분 주술에 기대어 있었고, 그 기댄 만큼이 동전으로 축장되고 유통되었습니다.

우리는 보통은 주술을 미신으로 또 종교를 반이성적으로 생각하고, 여기서 벗어나는 것이 마치 인간해방인 양 이야기합니다. 하

---

64   고대 유대교에서도 수입의 10분의 1을 여호와에게 바칠 것을 명했고, 이것이 중세 유럽에 들어 교구민에 대한 교회의 십일조라는 세율로 제도화되었습니다.

지만 이런 근대성이야말로 자본주의를 낳은 산파입니다. 이런 근대성 덕분에 생명이 상품으로 유통되고 생명의 전이에서 물질의 이동만 남게 되었고, 인간과 그 관계는 오히려 더 큰 미신과 반이성에 지배받게 되었습니다.

고대나 중세시대의 주술이나 종교는 미신이나 반이성이 아니라 생명에 대한 사유이고, 생명인 자연의 증여에 대한 생명인 인간의 답례 행위입니다. 중요한 것은 이런 인간의 사유와 행위를 통해 인간이 살아갈 수 있었다는 데 있습니다. 인간의 답례에 대해 자연은 더 큰 증여를 주었다는 데 있습니다. 한 톨의 씨앗은 수백 배의 결실로, 어린 가축은 곧 더 많은 새끼로 인간에게 돌아왔습니다.

축장으로서의 자본은 이렇게 상품유통에서가 아니라 자연에 대한 인간의 답례에서 나왔고, 증식으로서의 자본은 이런 인간의 답례에 대한 자연의 더 많은 증여로부터 시작되었습니다. 물론 이때의 자연은 살아 있는 생명의 다른 표현입니다. 따라서 자본의 정의를 '축장'이라 한다면 그 축장은 화폐가 아니라 생명의 축장으로 보아야 옳습니다. 자연에 대한 답례를 위해 인간은 자연 즉 생명의 일부를 비축했습니다. 마찬가지로 자본의 목적을 '증식'에서 찾는다면 그 증식은 화폐가 아닌 생명의 증식으로 보아야 옳습니다. 인간의 답례보다 더 많은 증여를 자연은 항상 인간에게 제공했고, 덕분에 인간은 자연의 일부 즉 생명일 수 있었습니다.

두 자본의
차이

상품 집적으로서의 자본과 생명 집적으로서의 자본 사이에는 몇 가지 점에서 중요한 차이가 있습니다.

먼저 그 기원에서 두 자본은 확연히 다릅니다. 똑같은 '시간적 간극'에서 시작했어도 그 간극의 내용이 전혀 다릅니다. 상품 집적으로서의 자본이 인간의 두 노동 사이의 시간적 간극에서 시작되었다면, 생명 집적으로서의 자본은 자연의 생산력과 인간의 필요 사이의 시간적 간극에서 시작되었습니다.

마르크스가 지적했던 것처럼 상품 집적으로서의 자본은 실은 인간노동의 다른 표현입니다. 인간의 생산노동과 소비노동 사이의 간극에서 자본의 증식이 일어나고, 따라서 이런 자본에 의해 둘 사이의 간극은 더욱 벌어집니다. 이에 비해 생명 집적으로서의 자본은 인간을 포함한 모든 자연노동의 다른 표현입니다. 자연의 생산력과 이에 대한 인간의 기다림 사이의 간극에서 자연과 인간을 통일시켜 하나 되게 하는 것이 이때의 자본입니다.

이런 생명 집적으로서의 자본의 통일화 과정을 자본의 기원에 대한 마르크스의 비유를 변형해 설명하면 다음과 같습니다.

자연(성부)과 인간(성자)…은 둘 다 나이가 같고 또 실제로는 둘이

한 몸이지만… 인간(아들)이 생기고 인간(아들)에 의해 자연(아버지)이 생기자마자 둘의 구별은 다시 소멸해버리고 둘은 하나가 된다.… 이런 과정 중의 자연이 바로 '비축된 일정량의 자연' 즉 자본이다.

다음으로 두 자본은 그 성격이 확연히 다릅니다. 똑같은 '판매를 위한 구매', '축장'과 '증식'의 의미를 담아도 그 내용이 전혀 다릅니다. 상품 집적으로서의 자본은 '상품'의 판매를 위한 구매이고, 이를 위해 '상품(화폐)'의 축장이 필요하게 되고 이를 통해 '상품'의 증식이 이루어집니다. 이에 비해 생명 집적으로서의 자본은 '생명'의 증여를 위한 답례이고, 이를 위해 '생명'의 축장이 필요하게 되고 이를 통해 '생명'의 증식이 이루어집니다.

이런 면에서 볼 때 상품 집적으로서의 자본이 상품으로 형질 변화한 인간의 두 노동 사이에 기생해 인간에게 자기희생 즉 상품이 될 것을 강요하는 것이라면, 생명 집적으로서의 자본은 자연과 인간 사이에서 인간의 필요를 충족시켜 인간이 살아갈 수 있도록 돕는 자연의 자기희생이라 할 수 있습니다. 이런 자연의 자기희생이 없었다면 아마도 인간은 여전히 자연의 일부로 남거나 혹독한 기후 변화 속에서 도태하고 말았을 것입니다. 아니, 이런 자연의 자기희생을 알고 조금이나마 이를 닮고 보답하고자 한 인간의 사유와 실천이 인간을 인간이게 하고 생명을 풍요롭게 한 동력이었다 할 수 있습니다.

또 한 가지 중요한 차이는 자본의 전이(轉移) 문제입니다. 모든 교역은 그 과정에서 당연히 자본 또한 전이되지만, 전이되는 가운데 전이되어서는 안 되는 것이 있느냐 없느냐에 따라 생명 집적으로서의 자본과 상품 집적으로서의 자본 사이에는 매우 큰 차이가 있습니다.

앞에서 나는 옛날 고분에서 종종 다량의 동전이 출토되는 것에 대해 언급한 적이 있습니다. 이런 관습은 지금도 이어져서 죽은 이 곁에 노잣돈을 넣어주는 것이 일반적인 관례입니다. 그렇다면 왜 사람들은 무덤 안에 동전을 넣었을까요? 왜 최근까지도 죽은 이 곁에 노잣돈을 넣을까요?

그 이유는 사실 신들을 향한 답례나 저승길 노잣돈을 건네기 위해서만이 아닙니다. 신들을 향한 답례가 성사되려면 신들의 표상이 이를 먹어 없애야 하는데 이 동전은 그냥 무덤에 남아 있습니다. 죽은 이의 노잣돈이 저승길에 쓰이는 경우도 없습니다. 그런데도 이런 행위가 세계 곳곳에서 벌어졌던 것은 실은 죽은 이와 함께 그가 비축한 자본을 죽이기 위해서였습니다.

비축된 일정량의 자연은 살아 있는 생명이고, 이는 비축한 인간과 동일한 것입니다. 인간의 죽음을 자연으로의 회귀로 이해했던 당시 사람들은 그가 비축한 자연 역시 그와 함께 죽어야 영원히 산다고 생각했습니다. 그렇지 않고 비축된 자연이 비축한 당사자로부터 떨어져 나오면, 용익의 양도를 넘어 그 소유권마저 이전해버리면, 그 안에는 생명이 사라지고 오히려 생명을 파괴하는 도구로 활용된다고 보았습니다. 다시 말해 죽은 이와 함께 그가 비축한 자본을 죽인 것은, 자본을 본래의 자리로 돌려놓고 상품 집적으로서의 자본으로 활용되지 않게 하기 위해서였습니다.

우리 사회는 지금 이 점을 완전히 망각하고 있습니다. 비축된 자연을 사유화할 뿐만 아니라 부적절한 방법으로 자식들에게 전이시키고 있습니다. 어떤 수저를 가지고 태어났느냐에 따라 한 인간의 미래가 결정되고 있고, 새로운 자기자본을 축적하려는 노력 없이 물려받은 자본에만 관심을 쏟고 있습니다. 하지만 부자가 삼대를 가지 못하는 것처럼 이런 사회는 그리 오래가지 못합니다. 사회를 유지시키기 위해서라도 피게티의 말처럼 자산의 증여에 대해 높은 세금을 부과해야 하지만 이를 위해서는 먼저 우리 스스로가 자본이 왜 전이되어서는 안 되는지를 알아야 합니다.

교역의 부등가성

모든 교역은 부등가(不等價) 교환입니다. 준 것만큼 받고 받은 것만큼 주는 등가(等價) 교환은 오래가지 못합니다. 마르크스도 같은 취지에서 "만약 동일한 교환가치를 가진 상품들… 등가물들이 서로 교환된다면, 분명히 누구도 자기가 유통에 투입하는 것 이상의 가치를 유통으로부터 끌어내지 못할 것"이고, 따라서 교환 자체가 이루어지지 않는다고 말했습니다. 교역의 역사에서 등가 교환은 한 번도 일어난 적이 없고, 오히려 부등가였기 때문에 교역은 유지될 수 있었습니다.

문제는 이런 교역의 부등가성에 정(+)의 양(量) 즉 증가만 있다고 생각하는 것, 나아가 정(+)의 양을 취한 쪽이 부(-)의 양을 취한 쪽보다 우위에 놓인다는 것입니다. 성사 여부를 떠나 자신이 내놓은 것보다 더 많은 것을 얻으리라는 기대에서 교역이 시작되고, 그 결과로 이익을 보는 쪽이 손해를 보는 쪽보다 자기만족이나 사회적 지위 면에서도 우위에 놓인다는 것입니다.

하지만 정(+)의 우위성은 상품교환과 시장경제에는 적용될지 몰라도 사회나 자연에는 적용되지 않습니다. 자연과 인간의 교역에서 자연은 항상 손해고 인간이 항상 이득임에도 인간이 자연 위에 군림하지 않습니다. 인간과 인간의 교역에서도 받은 것보다 더 많은 것을 제공하는 인간이 우위에 섭니다. 한마디로 교역의 부등가성에는 정(+)만 있는 것이 아니라 부(-)가 있고, 생명의 세계에서는 오히려 후자가 권장됩니다. 인간과 그 사회가 교역을 지속할 수 있었던 것도 부(-)를 권장해왔기 때문입니다.

노자는 "성인은 좌계를 잡아(聖人執左契) 사람을 책망하지 않고

(不責於人), 따라서 계의 관장에 덕이 있지(有德司契) 사람의 과오를 따지는 데 덕이 있지 않다(無德司徹)"고 했습니다. 여기서 말하는 좌계(左契)는 채권에 해당하고, 그 대칭에 있는 것이 채무인 우계(右契)입니다. 또 여기서 말하는 성인은 자연이거나 자연을 닮은 인간입니다.

자연은 인간을 향해 항상 채권자이지만 그렇다고 인간의 부족한 채무 변제를 책망하지 않습니다. 자연의 주된 관심은 인간이 얼마나 채무를 변제하느냐에 있는 것이 아니라 인간과의 지속적인 교역에 있습니다. 자연을 닮은 인간도 마찬가지입니다. 이런 인간은 상대방에 대해 채무의 완전한 변제를 요구하는 것이 아니라 오히려 자신이 계속 채권자로 남기를 요구합니다. 그래야만 자신이 자연일 수 있고 덕(德) 있는 인간으로 남을 수 있기 때문입니다.

중세 일본에 '유덕전(有德錢)'이라는 일종의 부유세가 있었습니다. 부자 가운데 과오가 있거나 불길한 행동을 한 사람을 찾아가 액땜해주는 대가로 재산의 일부를 내놓게 하는 풍습이었습니다. 이렇게 해서 모은 돈으로 사람들은 제사를 지냈고, 제사가 끝난 후에는 가난한 이들에게 나눠 줬습니다. 신들을 향한 답례를 매개로 가난한 이들을 구휼한 것인데, 이런 행위가 가능했던 것은 내놓는 재산을 덕(德)으로 생각하는 의식이 그 기저에 있었기 때문입니다. 우리나라에서 마을제사(堂祭)를 치를 때 부자들에게 더 많은 희사를 요구한 것도 같은 이유에서입니다.

모든 교역은 부등가 교환이지만, 오히려 부(-)의 부등가성을 장려하고 정(+)의 부등가성을 제어해온 것이 그동안의 인간 사회였습니다. 정(+)만을 바라보고 부등가 교환을 권장하는 것은 100년도 안 된 최근의 일이었습니다. 부자들을 시샘하거나 욕하기는커녕 오히려 존경했던 것도 실은 이런 이유 때문이었습니다. 그들의 부(富)는 정(+)의 부등가 교환을 통해서가 아니라 금욕의 결과로 얻은 것이었고, 더욱이 이런 부가 수많은 이들을 구휼하기 위한 희사 과정에서 신앙의 진실성을 드러냈기 때문입니다.

신용과
공황

나는 자본의 기원을 자연에 대한 인간의 답례에서 나왔다고 봅니다. 이에 비해 마르크스는 상품유통, 즉 상품을 팔기 위해 사는 데서 자본이 태동했다고 말합니다. 물론 이는 생명 집적으로서의 자본과 상품 집적으로서의 자본의 차이지만, 굳이 상품 집적으로서의 자본의 기원을 밝혀야 할 것 같으면 차라리 이는 화폐(상품)에서가 아니라 신용(언어)에서 태동했다고 보아야 옳을 것입니다. 상품을 팔기 위해 사는 상인들의 행위는 국가의 주조 화폐를 통해서가 아니라 주로 그들 사이의 신용을 통해 이루어졌기 때문입니다.

초창기 상인들은 국가의 업무를 대신하면서도 국가가 발행한 주조 화폐는 거의 쓰지 않았습니다. 단지 운반상의 애로 때문만이 아니라, 주조 화폐 안에 표기된 명목가치가 실질가치에 못 미치고 따라서 그 손실을 고스란히 상인들이 떠안을 위험이 있기 때문이었습니다. 이런 이유로 초창기 상인들은 국가의 주조 화폐 대신에 주로 자신들의 신용 화폐로 교환을 매개했습니다. 중국의 '교자포(交子鋪)'나 영국의 '금장(金匠)어음', 조선의 '어음(於音)' 등이 그 대표적 사례인데, 물론 이런 신용은 일종의 언어였습니다. 언어—에 담긴 의미—를 공유하는 상인들 간의 대칭적이고 쌍무적인 관계에서만 신용이 통용되었습니다.

신용의 발달은 현물에 대한 언어의 우위성을 강화시키면서 교역의 활성화에 크게 기여했습니다. 신용이 발달하면서 교역에 따르는 지불수단은 그 차액만 지불하면 가능해지게 되었습니다. 마르크스는 이를 "B에 대한 A의 채권과 C에 대한 B의 채권, A에 대한 C의 채권 등등은 서로 대면하기만 하면 일정한 금액까지는… 상쇄할 수 있고 나머지 채무차액만 청산하면 된다"고 설명했습니다. 물론 이때의 신용은 아직 자본이 아니라 화폐였습니다. 단지 상품유통의 매개재일 뿐 화폐의 자기증식 기능은 없습니다. 가라타니의 설명에 따르면 신용이 지불수단에서 자기증식의 의미를 담기 위해서는 또 한 번의 비약이 필요했습니다.

초창기 상인들은 상품의 유통과정에서 종종 큰 위험에 직면했습니다. 구매한 상품이 팔리지 않으면 본전도 못 건졌고, 상품교환이 끝나야만 또 다른 상품을 구매할 신용이 생겨났습니다. 이런 위험과 애로사항을 해소하기 위해 상인들은 축장으로서의 신용에 증식으로서의 신용을 얹었습니다. 상품 유통과정이 끝나기를 기다릴 필요 없이 '약속어음'을 발행했고, 나중에 이자를 덧붙여 상환했습니다. 이때부터 신용이 언어를 공유하는 범위를 넘어 추상적으로 비약하기 시작했고, 나아가 하나의 상품으로 유통되기 시작했습니다. 신용이 상품이 되면서 자본이 태동했다는 마르크스의 주장과는 반대로, 실제로는 신용이 자본이 되면서 상품으로 유통되기 시작한 것입니다.

모든 신용에는 채권과 채무가 있기 마련입니다. 계(契)에는 좌계(左契)와 우계(右契)가 있고, 조선에서도 어음을 남표(男票)와 여표(女票)로 잘라 보관했습니다. 그리고 이런 신용에 대해 노자는 "항상 사람에게 주는 것(常以與人)"이어야 하고, 따라서 "준 것에 대한 소유권을 과시하지 않는 것(不爲物主)"이어야 한다고 했습니다.

그런데 이런 신용에서 사람이 빠지고 나아가 이런 추상화된 신용이 추상화된 모든 인간을 향해 일반화될 때, 준 것에 대한 반대급부는 채권자에서 채권 자체로 요구되고, 이 과정에서 신용은 자본이 됩니다. 마르크스의 표현을 빌리자면 신용의 대칭 관계인 채권자와 채무자에서 A·B·C라는 사람이 빠지고, 그 채무차액이 추상화·일반화된 것이 바로 자본입니다. 다시 말해 마르크스가 말하는 상품 집적으로서의 자본은 화폐가 아닌 신용이 추상화·일반화되면서 태동한 것이고, 이런 추상화·일반화되어가는 과정을 마르크스주의자들은 신비화 과정을 통한 '물화(物化)'로 표현했습니다.

신용의 발달이 교역의 활성화에 크게 기여하는 것만은 분명한 사실입니다. 하지만 이런 신용이 추상화·일반화될 때, 즉 신용에서 사람(생명)이 제거되고 나아가 그것이 다시 아무런 근거 없이 무한정으로 팽창할 때, 우리 사회는 공황(crisis) 즉 위기에 직면합니다. 공황은 절대로 "생산력은 기하급수적으로 증대하는데 시장은 기껏해야 산술급수적으로 확대되기 때문"(엥겔스)에 발생하는 것이 아닙니다. 그런 상품생산 위주의 사고로는 공황의 원인을 규명할 수도, 또 이에서 벗어날 수도 없습니다.

일본의 유키오카는 공황을 부채의 무한정한 발행이 "준 것은 (비록 부등가라 할지라도) 반드시 돌아온다"는 믿음의 붕괴를 낳고, 이것이 다시 광범위한 채무불이행의 연쇄적 반응을 일으켜 교역의 단절로까지 이어지는 상황이라고 말합니다. 물론 이때의 채무불이행은 그 대상이 시장에서의 교환 당사자만이 아니라 자연과 인간 모두를 포함합니다. 자연에 대해 갚아야 할 것을 갚지 않고 부채만 쌓아갈 때, 다른 인간에 대해 갚아야 할 것을 갚지 않고 오히려 이익만 추구할 때, 그 사회는 더는 사회적 관계와 경제적 교역 모두가 불가능한 위기에 봉착하게 됩니다. 이런 면에서 볼 때 공황의 진정한 의미는 단지 자본주의의 경제적 위기만이 아닌 모든 관계의 단절, 즉 생명의 죽음인 셈입니다.

3. 소비에서
소진으로

대중소비사회의
소비

        다시 한번 강조하지만 자본주의 사회를 변화시키는 것은 그것이 있게 한 자본에 대한 다른 이해와 쓰임을 통해서입니다. 자본에 대한 우리의 생각이 상품(화폐)의 축장에서 자연(생명)의 비축으로 바뀌고, 자본의 쓰임이 상품(화폐)의 자기증식에서 자연(생명)의 자기희생으로 바뀔 때나 비로소 자본주의사회의 근본적인 변화가 가능합니다.

        앞에서도 언급했지만 지금의 대중소비사회에서는 자본의 증식이 생산과정보다는 주로 소비과정에서 일어납니다. 그리고 그 소비는 이미 사용가치의 소비를 넘어선 기호와 관념의 소비입니다. 프랑스의 철학자 장 보드리야르(Jean Baudrillard)는 현대사회에서 상품은 단지 사용가치만이 아니라 기호(sign)로 드러나고, 따라서 상품을 소비한다는 것은 그 안에 담긴 관념과 의미를 흡수하는 것이라 말합니다.

10여 년마다 찾아오는 주기적인 공황에도 불구하고 자본주의가 계속 성장할 수 있는 것은, 이렇게 약간의 차이를 기호로 꾸민 새로운 상품을 사람들이 계속 소비해주기 때문입니다. 약간의 차이를 기호로 꾸민 새로운 상품을 계속 소비하는 과정에서나 겨우 "소비한다. 고로 나는 존재한다"는 존재의 의미를 발견하기 때문입니다.

이런 상황이 굳이 자본주의경제만의 일은 아닙니다. 자본주의와 다른 경제를 추구한다는 사회적 경제에서도 그 상황은 마찬가지입니다. 자본의 증식이 주로 유통과정에서 일어나기 때문에 자본주의에 맞서 새로운 유통과정을 구축하는 사회적 경제에서도 생존을 위해 사람들에게 더 많은 소비를 유도합니다.

물론 사회적 경제는 이런 자신의 행위를 자본주의의 그것과 구분하려 애씁니다. 자신이 생산한 재화나 서비스에 대해서는 '안전한'이라든지 '양질의' 같은 수식어를 붙이고, 자신이 유도하는 소비에 대해 '윤리적'이라든지 '생산적' 같은 수식어를 붙입니다. 일반 기업과는 다른 기호를 상품에 붙여 사람들로 하여금 계속 소비하도록 요구합니다.

하지만 이런 다양한 수식어나 다른 기호들이 사회적 경제를 차별화시키지는 못합니다. 이런 것들은 사회적 경제의 특징을 담아내기는커녕 오히려 과장된 자기합리화나 근거 없는 자기만족일 가능성이 큽니다. 사회적 경제가 유통과정에서 일반 기업과 다른 수요를 창출한다고 해도 이는 다른 상품의 선택을 요구하는 것일 뿐 다른 선택지를 제시하는 것이 아닙니다. 다른 상품의 선택은 소유주만 다른 같은 자본을 낳을 뿐 다른 경제나 사회를 낳을 수 없습니다.

다른 상품의 선택이 다른 경제와 사회를 낳는 것은 선택하는 상품이 달라서가 아니라 차원이 다른 선택을 통해서입니다. 자본주의를 변화시키는 소비의 힘은 자본 증식의 마지막 단계에서 다른 상품을 선택한다고 되는 것이 아니라, 실은 자본 증식의 고리를 끊는 아무짝에도 쓸모없는—쓸모없어 보이는— 차원이 다른 소비를 통해서입니다. 대중소비사회를 비판했던 보드리야르는 이런 소비를 '낭비'라 불렀고, 소비를 넘어 진정한 풍요와 사치로서의 낭비가 장려되어야 한다고 주장했습니다.

희소냐
과잉이냐

보드리야르보다 반세기 앞선 20세기 초에 조르주 바타이유(Georges Bataille)라는 프랑스 사상가도 비슷한 이야기를 했습니다. 우리나라에서는 주로 에로티시즘 소설가로만 알려져 있지만 실은 그는 누구보다 탁월한 경제학자였습니다.

바타이유 경제철학의 근원에는 '과잉(過剩, excès)'이라는 개념이 있습니다. 지구상의 모든 에너지는 그 근원이 태양으로부터 방사되는 열에서 나온 것입니다. 그리고 그 열은 태양이 누구로부터 보급받지도 또 답례를 요구하지도 않는 자기파괴 행위이고, 따라서 순환하거나 회수될 수 없는 항상적 과잉입니다. 이런 과잉인 태양열 덕분에 지구에 생명이 태동하고 번성할 수 있게 되었고, 따라서 생명의 본질 또한 기본적으로는 과잉이라 할 수 있습니다.

본질이 과잉인 생명은 그 삶을 단순한 가역적 순환으로 끝내지 않습니다. 생명은 항상 자신이 가진 과잉으로 자기 이상의 생명을 태동시켜냅니다. 식물의 번성이 초식동물을 낳았고, 초식동물의 번식이 육식동물을 낳았습니다. 생명의 진화 즉 불가역적 순환은 이렇게 생명 자체가 지닌 과잉 때문이고, 이런 과잉의 정점에 과잉의 집약체인 인간과 그 사회가 있습니다.

초창기 바타이유의 '과잉' 개념은 나중에 '부(富, richesse)'로 변화했지만 의미하는 바는 같습니다. 고대사회로부터 모든 부는 항상 과잉이었습니다. 이집트를 탈출한 유대인들에게는 하루를 살기에 충분한 만나가 내려졌고, 마고성 옛 우리 조상에게는 끊임없이 지유(地乳)가 솟아났습니다. 한자에서도 '부(富)'의 원음은 '복(畐)'이고, 이는 하늘로부터 무한히 내려오는 것을 상징합니다.

그런데 이런 과잉인 부를 지금까지의 모든 경제학에서는 희소한 것으로 인식해왔습니다. 부를 과잉으로 보면 이를 효과적으로 관리하는 데 목적이 있는 경제학의 설 자리가 없어지기 때문입니다. 하지만 경제학의 토대가 되는 희소성은 실은 인간이 이용 가능한 자원의 유한성에 관한 것이지 부 자체의 희소성에 관한 것이 아닙니다.[65] 자원의 유한성을 부의 희소성과 동일시해서 자원의 배분을 통해 부를 분배하려 한 것이 시장경제입니다. 국가의 경우도 마찬가지입니다. 국가는 이런 부의 재분배를 강조하지만 이 또한 실은 부 자체가 희소해서가 아니라 과잉인 부가 한쪽으로 쏠려서입니다. 고대로부터 모든 부는 항상 과잉 즉 남아돎이 문제였지, 희소 즉 부족함이 문제가 아니었습니다.

생명의 본질이 과잉이고 그 집약으로서 인간이 존재한다면 인간이 계속 살아가기 위해서는 과잉을 탕진해야만 합니다. 과잉을

---

65   '희소'냐 '과잉'이냐의 문제와 '유한'이냐 '무한'이냐의 문제를 혼동해서는 곤란합니다. 자본주의사회에서는 부를 희소하지만 무한한 것으로 보는 것이 일반적입니다. 부의 총량은 항상 부족하지만, 새로운 공간의 확장 과정에서 부족한 부의 양이 무한정으로 늘어날 거라 생각합니다. 그래서 새로운 공간을 창출하려는 인간의 이익 추구 노력이 부의 총량을 증가시키고 사회 전체에도 이익을 가져다준다고 봅니다. 이에 비해 자본주의 이전의 모든 사회에서는 부를 과잉이지만 유한한 것으로 보았습니다. 즉, 부의 총량은 항상 남아돌지만, 인간이 접근할 수 있는 부에는 제한이 있어서 이를 누군가가 독점하면 나머지는 굶을 수밖에 없다고 생각했습니다. 그래서 당시 사람들은 개인의 이익 추구가 타인의 이익 감소를 가져오고, 이익 추구를 위한 경제행위를 부도덕한 것으로 인식해왔습니다.

탕진하지 않고 계속 쌓아두면 인간은 점차 노쇠해지다가 결국에는 죽음에 이르게 됩니다. 사회 역시 마찬가지입니다. 사회는 한편에서는 과잉을 생산하지만 또 한편에서는 과잉을 탕진하는 과정입니다. 물론 이 두 과정에서 중요한 것은 과잉의 생산보다 오히려 과잉의 탕진입니다. 자연으로부터 제공되는 부가 애초부터 과잉인데 이를 늘리는 데만 몰두해서는 사회 전체가 과잉인 부의 노예가 되어버리기 때문입니다.[66]

두 가지
소비

바타이유에 따르면 인간의 경제활동은 크게 생산과 소비로 나뉘고, 그 소비는 다시 무엇인가로 환원할 수 있는 소비와 그 자체가 목적인 소비로 드러납니다.

인간의 활동은 생산과 보존의 과정에 전부 환원되는 것이 아니고,

---

66   이집트를 탈출한 유대인들에게 모세가 만나를 쌓아두지 말라고 한 것도 과잉의 축적이 곧 인간을 과잉의 노예로 만들기 때문이었습니다. 하지만 이런 부탁에도 불구하고 사람들은 몰래 만나를 쌓았고, 다음날이 되자 그 만나는 구더기가 꾀고 고약한 냄새가 나 못 먹게 되어버렸습니다.

에너지 소비 활동은 확연히 구분되는 다음의 두 가지로 나뉘어 드러난다. 첫 번째로는 무엇인가로 환원 가능한 것으로서 한 사회에 속한 개인이 그 생명을 보존하고 생산활동을 지속하는 데 필요한 최소한의 생산물을 사용하는 행위로 드러난다. 이는 생명의 존속과 생산활동의 유지를 위한 기본 조건이다.

두 번째로는 비생산적이라 불리는 소비로 드러난다. 우리는 사치·장례·전쟁·제사·기념관 건립·도박·구경거리·예술·(생식 목적에서 벗어난) 도착적 성행위 등과 같이… 그 자체가 목적인 행위가 상당히 많음을 알고 있다.… 위에서 열거한 다양한 형태는 서로 대립하는 것도 있지만 전체적으로는 하나의 공통된 특징을 갖는다. 즉, 어떤 경우에도 강조되는 것은 손실이고, 그 손실은 이런 활동들이 진정한 의미를 얻기 위해서는 최대한이어야 한다.

바타이유가 말하는 첫 번째 소비는 일명 '생산적 소비' 혹은 '생산을 위한 소비'라 불리는 것입니다. 이는 생명을 유지하고 생산활동을 지속하는 데 필요한 최소한의 생산물을 사용하는 것으로서, 흔히 '경제'라고 일컫는 것은 이런 생산과 생산적 소비의 순환 과정이라 할 수 있습니다. 이에 비해 두 번째 소비는 생산에 부속적인 것이 아니라 그 자체가 목적인 소비입니다. 생산으로 다시 환원되지 않기 때문에 보통은 '비생산적'이고 '아무짝에도 쓸모없는' 소비로 인식되고, 나아가 '주술'이나 '허례허식'과 같은 오명마저 붙어

온 것이 이런 소비입니다.

보통의 경제학에서는 두 번째 소비에 대해서는 안중에도 없습니다. 아니, 오히려 이를 줄이는 데 그 목적이 있습니다. 하지만 바타이유는 생산적 소비보다 오히려 비생산적 소비를 강조했습니다. 생산적 소비만을 소비로 보고 이런 소비와 생산의 연관 관계를 규명하고자 했던 기존의 모든 경제학을 '한정경제학'이라 비판하면서, 생산적 소비만이 아닌 비생산적 소비까지를 포함하는 자신의 경제학을 '일반경제학'이라 불렀습니다.

과잉의 소진과
그 점유

바타이유의 '비생산적 소비(dépense improductive)' 개념은 나중에 '소진(消盡, consommation)' 혹은 '탕진(蕩盡, consummation)'으로 변했지만 그 의미는 같습니다. 그에 따르면 생명의 본질은 과잉이고 그 집약으로서 인간과 사회가 존재합니다. 따라서 인간과 사회가 유지되기 위해서는 이런 과잉이 소진되어야 합니다. 태양이 지닌 무한한 자기파괴의 힘을 유지하고 가속시키기 위해서라도 인간과 그 사회 역시 이런 파괴에 가담해야만 합니다. 아니, 오히려 이런 파괴 행위가 인간과 그 사회를 태양과 하나

되게 한다고 바타이유는 강조했습니다.

바타이유가 과잉의 소진과 자기파괴의 사례로 제시한 여러 행위들, 즉 사치·장례·전쟁·제사·기념관 건립·도박·구경거리·예술·도착적 성행위 등에는 크게 두 가지 공통적 특징이 있습니다.

먼저 이런 행위들은 대부분 개인이 아니라 공동체 단위로 일어납니다. 개인적으로 보이는 경우도 있지만 그 안에는 실은 깊은 공동체성과 사회성이 내포돼 있습니다. 인간은 각자가 과잉을 느낄 수는 있어도 이를 소진하기 위해서는 과잉을 통합·집약시켜야 하고, 이렇게 통합·집약된 과잉을 소진하는 과정에서 인간의 공동체성과 사회성이 한층 강화됩니다.

또 하나의 특징은 이런 과잉의 소진을 통해 인간과 그 사회가 자신의 존재 가치를 드러낸다는 점입니다. 과잉의 소진 과정에서 인간은 고양된 의식을 만들어내고, 탈아(脫我, exodus) 즉 자연(생명)과 하나 됨을 체험합니다. 소진의 순간만큼은 일상적인 세속(profane)의 시간에서 벗어나 아주 특별한 성(sacré)의 시간을 체험하게 되고, 이런 성의 시간 안에서 인간과 그 사회는 자신의 지고성(至高性, souveraineté)을 드러내게 됩니다.

인류 역사를 한마디로 표현하자면 성(聖)과 속(俗)이 분리되고 이렇게 분리된 성과 속이 인간을 향해 교차해온 과정이었다 할 수 있습니다. 인간의 일상을 지배하는 대부분은 속의 시간이었지만, 이런 속에서도 때때로 성이 드러나는 시간을 체험했기에 그나마 살 수 있었다고 할 수 있습니다.

하지만 이렇게 시간적으로만 분리돼 있던 성과 속이 언제부턴가 차츰 공간적으로도 분리되기 시작했습니다. 성의 시간은 성역(聖域)으로 구획됐고, 일상은 완전한 세속의 공간이 되어버렸습니다. 그리고 그 이유는 과잉의 소진에 위험이 따르기 때문이었습니다. 바타이유의 표현을 빌리자면 "어떤 경우에도 강조되는 것은 손실"인데, 이런 손실을 감당할 인간이 그리 많지 않기 때문이었습니다. 덕분에 보통의 인간은 생산과 생산적 소비가 순환하는 세속의 시간에서만 살았고, 비생산적 소비를 행하는 성스런 시간은 국왕·영주·사제들의 전유물이 되었습니다. 그들만이 유일하게 지고한 존재가 되어버렸습니다.

바타이유는 이를 '지고성의 점유(占有)'라 불렀습니다. 그리고 이런 점유된 지고성을 모든 인간에게 되돌리는 행위가 바로 공동체적이고 사회적인 과잉의 소진이라 보았습니다. "과잉인 에너지는 최소한의 목적도 지니지 않고 따라서 어떤 의미도 지니지 않으면서 없어져야 하고, 이런 무익하고 정신 나간 손실이야말로 지고성이다"고 보았습니다.

바타이유가 니체를 높이 평가했던 이유도 여기에 있었습니다. 니체에게 있어 잃어버린 지고성을 회복하는 것은 매우 중요했고, 이를 위해 그는 기독교 안에 매몰돼버리고 따라서 사람을 그 안으로 예속시킨 지고성의 형태, 즉 이성이 자기 목적화해 주체적인 삶이

나 사상을 폐쇄시키는 것에 저항했습니다. 니체가 신이나 도덕으로부터 자신을 떨어트린 것은 '잃어버린 (한 사람 한 사람의) 지고성을 회복하기 위해' 또 '타자로부터 강요된 지고성의 일체 형식을 거부하기 위해'서였다고 바타이유는 평가했습니다.

소진의
역사

　　　　　　인간이 인간으로서, 또 그들의 사회가 사회로서 가치(=지고성)를 드러내는 것은 생산에 부속된 소비만이 아닌 과잉의 소진을 통해서입니다. 실제로 인류 역사는 생산과 생산적 소비의 단순한 순환만이 아닌 소진의 역사이기도 했습니다. 다만 차이가 있다면 각각의 사회마다 그 방식을 달리해왔을 뿐이고, 이런 방식의 차이가 그 사회를 특징짓는 기준이 되어왔습니다.

　고대사회에서 사람들은 과잉인 부를 '답례'를 위해 '제사'에서 탕진했습니다. 신들로부터 받은 과잉인 부를 신들을 향한 제사를 통해 아낌없이 탕진했습니다. 중앙아메리카에 지금은 사라진 아스테카 문명이 있었습니다. 태양을 숭배한 그들은 종종 피라미드 위에서 태양에 제사를 지냈고, 이때에는 항상 사람과 그의 피를 제물로 바쳤습니다. 태양의 증여에 대한 답례로 인간 또한 붉은 피를 흘려야 한다고, 그래야만 태양이 쇠약해지지 않는다고 믿었습니다. 바타이유는 이런 아스텍인들의 피로 점철된 문명 안에서 '과잉의 가장 순수한 탕진 형태'를 보았습니다.[67]

중세에 들어 사람들은 과잉인 부를 '신앙'을 위해 '종교'에서 소진했습니다. 이 시기에 사람들은 종교적 실천, 즉 교회 건축·호사스런 예배·수도원의 유지 등을 위해 과잉인 부를 아낌없이 소진했습니다. 우리나라에서는 사찰의 증개축이나 종탑의 건립 같은 종교에서의 소진을 위해 '계(契)'가 만들어졌고,[68] 지금도 과잉의 일반적인 소진 형태로서 세계 곳곳에서는 사원에 대한 희사나 승려에 대한 공양이 활발히 일어나고 있습니다.

물론 이런 탕진과 소진의 역사에 밝은 면만 있었던 것은 아닙니다. 제사에서의 공물을 얻기 위해 원정이나 전쟁을 치르기도 했고, 종교에서의 소진을 목적으로 인간을 죄인으로 만들기도 했습니다. 하지만 이런 어두운 역사에도 불구하고 탕진이나 소진 자체가 사라져서는 안 됩니다. 이는 마치 상품 집적으로서의 자본을 넘어

---

67   물론 이런 제사를 통한 탕진은 아스텍만이 아니라 모든 고대사회의 공통적인 모습이었습니다. 우리나라의 '신시' 또한 제사라는 형식을 빌린 가장 순수한 과잉의 탕진 형태였습니다.

68   『삼국유사(三國遺事)』에는 "신라 경덕왕 때 강주(진주)의 신도 수십 명이 뜻을 극락에 두고 미타사를 세워 만일을 기하여 계를 만들었다(景德王代, 康州善士數十人 地求西方, 於州境創彌陀寺, 萬日爲契)"는 기록이 있습니다.

서는 것을 자본 자체를 부정하는 것으로 이해하는 것과도 같습니다. 탕진이나 소진은 이제 누군가를 제물로 삼는 폭력적인 것에서 자기희생을 통한 평화로운 것으로 그 방향이 바뀌어야 하고, 이럴 때만 비로소 탕진이나 소진이 인간과 사회의 지고성을 드러내게 됩니다.

중요한 것은 이런 주술적이고 종교적인 탕진이나 소진과 병행해서, 혹은 그 아래에 숨어서 이방인에 대한 환대나 가난한 이들에 대한 구휼 같은 공리적 기능이 체계화되었다는 사실입니다.[69] 나아가 길을 닦고 공회당을 세우고 저수지를 축조하는 등과 같은 생산설비의 확충이나 사회간접자본에의 투자도 이와 병행해 함께 이루어졌다는 사실입니다. 인류의 역사가 단순한 가역적 순환을 넘어 불가역적 진화를 이룰 수 있었던 것도 실은 이런 탕진과 소진의 역사 덕분이었습니다.

그런데 근대사회로 접어들면서 사람들은 더 이상 과잉인 부를 써버리지 않고 쌓기 시작했습니다. 생산에 부속되지 않고 소진해야 할 부를 더 많은 부를 얻기 위해 다시 생산에 쏟아붓기 시작했습니

---

69   최근 영국에 본부를 둔 자선구호재단(Charities Aid Foundation)이 발표한 국가별 '기부지수' 순위에서 미얀마가 1위에 올랐습니다. 1인당 GDP 세계 159위인 가난한 나라의 사람들이 세계에서 가장 많이 기부할 수 있게 된 이유에 대해 CAF 는 "절에 기부하고 수도승에게 시주하는 문화가 확산돼 있기 때문"이라고 했습니다.

다. 부는 이제 소진이 아닌 투자의 대상이 되었고, 그 결과로 제사를 통한 탕진, 종교에서의 소진이 모두 사라진 채 오직 자본의 증식만 남게 되었습니다. 자본의 잉여를 위해 인간을 낭비할 뿐, 인간의 지고함을 위해 자본이 소진되는 일이 없게 되었습니다.

순수증여와의
차이

'소진'에 대해 이야기할 때면 나는 종종 두 가지 질문을 받습니다. 하나는 당신이 이야기하는 '소진'이 '순수증여'와 같은 것 아니냐는 것이고, 또 하나는 '소비'와는 또 어떻게 다르냐는 것입니다.

'소진'과 '순수증여'는 모두 그 안에 '준다(제공)'는 의미를 내포한다는 점에서는 유사합니다. 또 '자연과 인간의 교역'에서 나왔다는 점에서도 유사합니다. 따라서 이 둘은 모두 인간과 인간 사이에서 오가는 증여(호혜)와는 다른 것입니다. 인간과 인간의 교역에서 증여가 제공·수령·답례의 순환을 통해 위신을 두고 벌이는 경쟁적 교역이라면, 소진과 순수증여는 위신 따위와는 아무런 상관없이 답례를 조건으로 하지 않고 답례로서 돌아오는 것을 수령할 필요도 없는 비경쟁적 교역입니다. 이런 점에서 볼 때 소진과 순수증여는 매우 유사합니다.

하지만 그럼에도 이 둘 사이에는 엄청난 차이가 있습니다. 자연과 인간의 교역에서 소진은 인간의 영역이고, 순수증여는 자연의 영역입니다. 인간은 자연의 순수증여를 알고 있고, 또 그 순수증여에 대해 답례하는 자신에 대해서도 알고 있습니다. 이에 비해 자연은 자신의 순수증여에 대해, 또 인간의 답례에 대해 알지 못합니다. 한마디로 소진이 인간의 '의식이 있는' 증여라면, 순수증여는 자연의 '의식이 없는' 증여입니다.

예수는 "네가 자선을 베풀 때에는 오른손이 하는 일을 왼손이 모르게 하여라"고 말했습니다. 오른손이 하는 일을 왼손이 모르게 하는 행위는 순수증여와 유사합니다. 하지만 불행하게도 인간은 오른손이 하는 일을 오른손마저 모르게 할 수는 없습니다. 왼손이 모르게 하는 것도 모르게 하려는 인간의 의식이 있고서야 가능한 일입니다. 순수증여를 닮기는 해도 순수증여일 수 없는 것이 인간의 소진이고, 이는 마치 우리말 '자연(自然)'과 '자연스럽다'의 차이와도 같습니다. 순수증여는 자연의 행위이고, 소진은 자연이 아니지만 자연을 닮아 자연스럽게 행하는[70] 인간의 행위입니다.

---

70   자연이 아니면서도 자연스럽게 행한다는 이런 인간의 이율배반적 행위가 선물을 줄 때 "소라고둥 소리에 따라 엄숙하게 선물을 끌고 온 다음, 남은 것을 주는 데 불과하다고 변명하면서 상대방의 발밑에 선물을 내던진다"(모스)로 드러나는 것입니다.

소진이 비경쟁적인 교역인 이유는 비경쟁적일 수밖에 없음을 인간이 알기 때문이지 애초부터 비경쟁적이어서가 아닙니다. 인간은 자연과의 사이에서 위신을 두고 경쟁하지 않습니다. 아니, 경쟁하고 싶어도 경쟁할 수 없음을 아는 것이 인간입니다. 인간의 소진은 항상 자연의 순수증여와 견줄 수 없을 만큼 적고, 자신의 적은 소진에 대해 더 큰 증여가 항상적으로 자신에게 돌아옴을 인간은 알고 있습니다. 인간은 이런 사실을 아는 유일한 생명이고, 알고 행하는 인간의 증여가 바로 소진입니다.

또 한 가지 차이는 교역의 확장성에 있습니다. 소진이 자연과 인간의 교역을 매개로 인간과 인간의 교류, 생산물과 생산물의 교역으로까지 확장되는 반면에 순수증여는 확장성을 거부합니다. 자연을 향한 인간의 소진이 인간과 인간을 넘어선 것들에 대한 환대와 선물의 제공으로 이어지는 데 비해 순수증여에서는 그렇지 않습니다. 자연은 모든 인간을 포함해 일체의 존재하는 것들을 평등하고 직접적인 교역의 대상으로 삼지 누구를 매개로 하지 않습니다.

하지만 이런 자연의 확장성 거부야말로 오히려 인간의 존재 이유가 됩니다. 인간 이외의 다른 생명은 자연의 순수증여를 의식하지 못합니다. 이를 의식하는 것은 오직 인간뿐이고, 인간의 자연을 향한 소진이 인간과 인간을 넘어선 것들에 대한 환대와 선물의 제공으로 이어지면서 이들을 향한 자연의 순수증여가 눈에 보이게 되고 한층 증대하게 됩니다. 다시 말해 자연은 확장성을 거부하지만 거부한 덕분에 인간을 매개로 확장할 수 있게 되고, 이 지고의 순간만큼은 인간이 자연과 하나 되게 허락해줍니다. 예수는 이를 "(오른손이 하는 일을 왼손이 모르게 하면) 숨은 일도 보시는 네 아버지께서 너에게 갚아주실 것이다"라고 했는데, 이는 아버지로부터의 경제적 대가를 이야기한 것이 아니라 아버지와의 일체화를 이야기한 것입니다.

다시 한번 강조하지만 순수증여는 인간의 몫이 아닙니다. 간혹 증여한다는 의식 없이 증여하는 사람이 있는데 이를 우리는 성인이라 부릅니다. 하지만 성인은 인간이 아니라 '인간이 된 자연'[71]입니다. 성인 덕분에 인간이 순수증여를 체험하는 것은 사실이지만, 이를 닮은 행위를 혼자서는 할 수 없기에 공동체적이고 사회적으로 드러낼 수밖에 없는 것이 바로 우리 인간입니다. 그리고 이런 가시적 행위의 제도화된 모습이 의식으로는 축제와 제사이고, 교역으로는 재분배입니다. 이런 제도화된 가시적 행위를 통해, 즉 자연의 순수증여에 대한 자연을 닮고자 하는 인간의 공동체적이고

---

71   '인간이 된 자연(=자연의 의인화한 존재)'과는 다르게 '자연인 척하는 인간(=인간의 신격화한 존재)'도 있습니다. 실제로는 인간이거나 그보다 못한 존재임에도 마치 자연인 것처럼 과시하는 이들도 있습니다. 이들을 우리는 '불한당(=국가)'이나 '수전노(=자본)'라 부르고, 이들의 순수증여를 가장한 더 많은 답례 요구 때문에 인간과 그 사회는 아수라장이 되어버립니다.

사회적인 소진을 통해, 인간과 그 사회는 지고한 자기 존재를 유지해왔던 것입니다.

소비와의
차이

다음으로 '소진'과 '소비'의 차이에 대해서입니다.

"소진과 소비가 뭐가 다르냐?"는 질문 안에는 실은 소비에 대한 매우 부정적인 뉘앙스가 담겨 있습니다. 특히 무분별한 소비가 환경을 파괴하고, 소비를 통해서만 존재의 의미를 느끼는 대중소비사회에 들어서는 더욱 그렇습니다. 대중소비사회에서 소비는 단지 환경 파괴와 자아 상실의 주범일 뿐입니다.

물론 나 역시 이런 소비를 부추길 생각은 없습니다. 대중소비사회에서의 소비는 분명 넘어서야 할 과제지만, 그 이유는 '환경'을 살리고 '자아'를 회복하기 위해서가 아니라 '자기'를 살리기 위해서입니다. '무엇을 위해 산다'는 도구적 행위 이전에, '자기'로부터 '자아'가 분리되기 이전에, 육체적이고 살아 있는 자기를 위해 지금의 소비를 넘어서야 합니다.

소비를 넘어서는 방향이 '탈(脫)소비'나 '무(無)소비'가 아닌 것도 같은 이유에서입니다. 탈소비나 무소비는 '무엇을 위해 산다'는 또 하나의 도구적 행위이고, '자기'로부터 분리된 또 다른 '자아'의 강요입니다. 이는 생존을 위한 인간의 자연스런 욕구마저 억압하는 것이고, 인간을 또다시 집단적 의도의 수단으로 객체화시키는 행위입니다.

'소비'와 '소진'은 비슷한 듯 보이지만 전혀 다른 개념입니다. 둘 다 무언가를 '써서 없애고(使用)' 그 대신에 무언가가 '드러난다(誇示)'는 점에서는 같지만, 무엇을 써서 없애고 무엇이 드러나고 남는지는 전혀 다릅니다.

먼저 소비에서 써서 없어지는 것은 '상품'이고, 그 안에 담긴 타자의 노동입니다. 반면에 소진에서 써서 없어지는 것은 자기 자신이고, 그 안에 담긴 자신의 '생명'입니다. 즉, 소비는 '상품이 된 타자'를 소비하는 것인 반면에, 소진은 '생명인 자기'를 소진하는 것입니다. 그리고 이는 대차관계에서도 마찬가지입니다. '상품이 된 타자'를 소비하기 위해서는 '상품이 된 자기'를 대가로 제공해야 하는 반면에, '생명인 자기'를 소진하는 것은 '생명인 타자'가 소진한 것에 대한 답례입니다. 한마디로 소비에서 써서 없어지는 것은 양측 모두 '상품'이고, 소진에서 써서 없어지는 것은 양측 모두 '생명'입니다.

써서 없애버리는 것에 이런 차이가 있다면 이를 통해 드러나는 것에도 큰 차이가 있을 수밖에 없습니다. 소비를 통해 드러나는 것은 과거에는 '효용'이었지만 지금은 오히려 '기호'가 그 중심에 가 있습니다. 과거에는 얼마나 쓸모 있고 유용하냐가 소비의 가치였던 데 비해, 대중소비사회로 접어든 지금은 어떤 '기호'를 드러내느냐에 따라 소비의 가치가 정해집니다. 이에 비해 소진에서 드러나는 것은 예나 지금이나 '무용(無用)'이고 그 안에 담긴 '자기'입니다. 아무짝에도 쓸모없는 것을 통해 자기를 드러내는 것이 소진이고, 소진이 가치 있는 것은 오히려 이런 무용함의 크기에 달려 있습니다.

　마지막으로 이런 기호와 무용을 드러내는 소비와 소진을 통해 인간에게는 과연 무엇이 남게 될까요? '상품'을 써서 없애는 소비를 통해 드러나는 것은 그 안에 담긴 '기호'이고, 이런 기호를 밖으로 드러내면서 그 안에 남는 것은 '그럴싸한 사치'와 '견딜 수 없는 지루함'입니다. 이에 비해 '생명'을 써서 없애는 소진을 통해 드러나는 것은 그 안에 담긴 '자기'이고, 이런 자기를 밖으로 드러내면서 그 안에 남는 것은 오히려 자기 즉 '생명의 충만함'입니다. 한마디로 소비가 잉여를 위해 인간을 소비함으로써 인간에게 지루함을 남긴다면, 소진은 자기를 위해 그 과잉을 소진함으로써 오히려 충만함을 남기는 것이라 할 수 있습니다.

　현대사회에서 예술이 주목받는 것도 이런 이유에서입니다. 예술은 실은 '비생산적(으로 보이는)'이고 '아무짝에도 쓸모없는(없어 보이는)' 행위이지만, 그럼에도 사람들이 열광하는 것은 예술이 생산과 생산적 소비의 순환을 넘어선 압축된 강력한 에너지의 발현이기 때문이고, 그 안에 소진한 인간의 생명과 자기가 담겨 있기 때문이며, 이를 통해 소진한 주체와 객체 모두를 충만하게 해주기 때문입니다.

일본의 가가와(賀川豊彦) 역시 1930년대에 비슷한 이야기를 했습니다. 그는 협동조합을 '경제적 협동'에서 '윤리적 협동'을 거쳐 '예술적 협동'으로 나아가는 과정으로 이해했고, 이 과정에서 '분배의 도덕화'와 함께 '소비의 예술화'가 추구되어야 한다고 했습니다. 특히 소비조합은 "공동체적이고 사회적인 소비의 예술화를 통해 모든 낭비를 제어"하는 데 그 목적이 있다고 했습니다. "생명인 것이 성장해 인간의 자의식까지도 진화할 때, 우주나 인간사회의 역사는… 인류의 심리적 자의식을 통한 내재 목적의 범주를 지니면서 진행한다"고 했습니다.[72]

가가와는 현대 자본주의의 가장 큰 문제로 빈곤 문제를 지적했습니다. 그리고 이런 빈곤의 원인에 대해 그는 "물건의 부족 때문이 아니라 과잉 때문"이라고 했습니다. 많은 이들이 빈곤의 원인을 '풍요 속의 빈곤(poverty in plenty)'에 있다고 하지만 이는 잘못된 생각이고, 실은 '과잉의 빈곤(poverty of plenty)'에 원인이 있다고 했습

---

72   그 진행 과정을 가가와는 "①우주에는 목적이 있다. ②그 목적은 생명으로 향해 있다. ③생명의 목적은 마음(의식)으로 향해 있다. ④마음은 사회적 구조로 향해 있다. ⑤사회적 마음(의식)은 역사적 진화 과정과 우주의식의 각성으로 향해 있다. ⑥이는 정신의 도움을 기다리고 있다"는 여섯 단계로 표현했습니다.

니다. 빈곤을 풍요로 해결할 수 있다는 논리는 더 많은 유물적 쾌락
주의와 이를 위한 향락임금을 낳을 뿐이라고 했습니다. 자본주의
의 빈곤 문제를 해결하는 진정한 길이 소비의 예술화, 즉 과잉의 소
진을 통한 빈곤 자체의 통합에 있다는 것이 그의 생각이었습니다.

소진 사회

현대사회는 우리에게 끊임없이 부
를 쌓으라고 요구합니다. 더 많은 부를 쌓기 위해 더 열심히 일하라
고 요구합니다. 그래야만 먹고사는 데 필요한 것을 얻을 수 있고, 미
래 또한 행복해진다고 유혹합니다.

하지만 인간의 (생산적) 소비에는 일정한 한계가 있고, 따라서
일정 시점에 도달한 부는 필요의 충족과는 아무런 관련이 없게 됩
니다. 그럼에도 부를 쌓는 이유는 부가 곧 권력이기 때문입니다. 자
본주의사회에서 모든 권력은 쌓인 부(=자본)에서 나오고, 지배하기
위해 또 지배받지 않기 위해 부를 쌓아야 하기 때문입니다.

부의 축적을 종용하는 사회, 축적된 부의 증식을 위해 투자를
유혹하는 사회, 투자의 성과를 얻기 위해 위장된 기호의 소비를 장
려하는 사회, 이런 그럴싸한 사치를 위해 더 열심히 일할 것을 강요

하는 사회…. 이 모든 우리 사회의 양상이 실은 너무나 풍요로운 자본주의사회에 살면서도 너무나 팍팍해진 우리 삶의 원인 제공자입니다.

근대사회는 실은 자신의 존립기반으로서 소비를 부추기면서도 막상 소비의 극치인 소진에 대해서는 금기시해온 사회였습니다. 끊임없이 새로운 관념과 의미를 담아 소비를 부추기면서도 이를 넘어서는 생명의 소진에 대해서는 '주술'이니 '허례허식'이니 하는 등으로 낙인찍어왔습니다. 물론 그 이유는 생산에 종속되지 않는 소진이 확산되어서는 자본의 증식이 어렵기 때문이었습니다. 자연을 향한 답례 아래서 생명에 대한 환대가 벌어져서는 국가의 재분배가 필요 없게 되기 때문이었습니다.

지금 이 시점에서 다시 소진을 언급하는 것은 소비를 부추기면서도 막상 소비의 극치인 소진에 대해서는 금기시해온 근대의 이념을 해소하고, 이에 봉인된 인간을 해방시키기 위해서입니다. 생산과 연계된 '소비'를 토대로 하면서도 이런 생산-소비의 순환을 넘어서는 '소진'을 통해 인간과 그 사회의 자유와 지고성을 확보하기 위해서입니다. 대중소비사회는 생명의 소진 사회로 극복되어야 하고, 그 중심에 사회적 경제가 있습니다.

4. 사회적 경제의
사례

두레와
신협

      조선시대 때 우리나라 삼남—전라·
경상·충청— 지방에는 마을마다 다양한 두레가 있었습니다. 형님
두레나 아우 두레처럼 규모도 다양했고, 농사 두레나 길쌈 두레처
럼 그 종류도 다양했습니다. 우리는 보통 두레를 마을 주민들의 협
업조직 정도로만 이해하지만 이는 오히려 두레의 진면목을 폄훼하
는 결과를 낳습니다. 고대로부터 이어져온[73] 두레가 벼농사 지역에

---

[73]   원나라 때 발간된 『농상집요(農桑輯要)』에는 "북방 촌락에는 서사라는 것이 많이
     결성되었는데, 10농가 단위로 운영한다. 먼저 한 농가의 농토를 김매는데 그때 그
     집에서 음식을 제공한다. 나머지 농가도 다 그와 같이 한다. 열흘이면 모든 농가의
     일을 다 하게 된다. 그들 중에 병자가 있으면 서로 도와준다. 그러므로 황폐해지거
     나 수확을 하지 못하는 토지가 없다. 가을 추수 후에 서로 음식을 보내어 그간의
     수고를 위로한다. 이를 이름하여 서사라고 한다"라는 대목이 있습니다. '서사'의

서 더욱 체계화된 것은 협업조직 이상의 뭔가 다른 역할이 있어서 입니다.

두레가 삼남 지방에 확산된 데는 벼농사와 연관이 깊습니다. 벼농사에 모내기가 도입되면서 노동력을 집중적이고 효율적으로 관리할 필요가 생겼기 때문입니다. 하지만 그렇다고 해서 이 지역 주민들이 쌀을 주식으로 했던 것은 아닙니다. 각자가 먹을 식량을 확보하기 위한 협업조직으로서 두레를 만들었던 것이 아닙니다.

당시의 주식은 조선 어디를 막론하고 대부분 잡곡·감자·콩 등이었고, 쌀은 특별한 날에나 먹을 수 있는 아주 귀한 식량이었습니다. 따라서 그들이 공동생산한 쌀은 자기가 먹기 위해서가 아니라 시장에 내다 팔기 위한 것이었습니다. 길쌈 두레 또한 마찬가지여서 아낙네들이 베·모시·명주·무명 등을 공동생산한 것도 자기들 옷감을 얻기 위해서가 아니라 시장에 내다 팔기 위해서였습니다. 이런 면에서 볼 때 두레는 그냥 농사일의 협업조직이 아니라 상품을 공동생산한 협업조직이었습니다.

더욱이 예로부터 쌀과 베는 어떤 상품과도 교역 가능한 일반적 대가물이었습니다. 쌀과 베를 대가로 필요한 것들을 얻을 수 있었고, 국가에 대한 세금도 쌀이나 베로 납부가 가능했습니다. 국가

'서(鋤)'는 호미를 의미하고, '사(社)'는 모임을 의미합니다. 조선시대 두레에서도 농사가 시작되기 전에 하는 회의를 '호미모둠', 농사가 끝난 후에 하는 회의를 '호미씻이'라 불렀습니다.

가 제조한 대동전(錢)이 상인들 사이에서나 통용됐던 반면에 대동미(米)나 대동포(布)는 농민이 생산해 국가에 납부하는 대표적인 공물이었습니다. 한마디로 두레는 단지 농사일의 협업만이 아니라 상품을 공동생산하고 화폐를 공동 발행하는 조직이었고, 자본을 공동체적이고 사회적으로 비축하는 조직이었습니다. 농사일의 시작과 끝에 항상 제사와 연희가 함께한 것도 이런 자본에 생명을 불어넣기 위해서였지 결코 노동의 수고를 잊기 위함이 아니었습니다.

두레를 통한 이런 자본 조성의 역사가 있었기에 1960년대에 우리나라에서는 최초의 민간협동조합으로 신용협동조합이 태동할 수 있었습니다. 신용협동조합은 그 이름에서 보듯 자본(capital)의 협동이 아니라 신용(credit)을 협동하는 조직이었습니다. 신용에서 사람이 빠지고, 나아가 이렇게 추상화된 자본이 추상화된 모든 인간을 지배하는 속에서, 추상화된 자본에 다시 사람(생명)을 불어넣고 그 도움으로 다시 사람을 세우자는 취지에서 협동해나갔습니다.

실제로 신용협동조합에서는 모두가 가난한 처지였음에도 조합원 스스로가 출자금을 모았고(=상호금융), 이렇게 모인 출자금으로 아무런 물적 담보 없이 인적 보증만으로 동료에게 대출해줬으며(=대인신용), 대출 후 사후관리에서도 대출금 상환만이 아니라 동료의 삶이 중요했습니다(=지도금융). 초창기 신용협동조합이 행했던 금융 사업에는 이렇게 상품 집적으로서가 아닌 생명 집적으로서의 자본의 참모습이 담겨 있었습니다.

생협과
한살림

　　　　　　　　　　신용협동조합의 뒤를 이어 생활협
동조합이 등장했지만 자본에 대한 기본적인 생각은 마찬가지였습
니다. 생활협동조합에서는 처음부터 물품 유통을 매개하는 화폐와
축장으로서의 자본이 엄격히 구분되었습니다. 즉, 화폐가 축장되
고 이렇게 축장된 화폐가 다시 증식으로 나아가는 일이 결코 없었
습니다.

　　협동조합에서 화폐가 자본으로 전환한다는 것은 사실 논리적
으로도 맞지 않습니다. 자본의 증식이 유통과정에서 나오는데 인
간이 주인인 유통조직에서 자본의 증식이 일어난다는 것은 논리적
으로 있을 수 없습니다. 조직을 운영하기 위해 일정한 수입이 필요
하기는 해도, 그 수입은 비용을 충당하기 위한 대가이지 자본의 증
식이 아닙니다. 협동조합에서 자본 증식 즉 잉여를 통해 자기자본
을 형성한다는 것은 이미 그 협동조합이 조합원을 추상화된 인간
으로 일반화시켰다는 것의 반증에 지나지 않습니다.

　　물론 협동조합에서도 오늘의 비용을 충당하기 위해서가 아니
라 내일의 염원을 달성하기 위해 자본을 필요로 합니다. 하지만 중
요한 것은 이때의 자본이 화폐와 구분되어야 하고, 나아가 추상화
된 자본과도 구분되어야 한다는 점입니다. 생활협동조합에서 대가
와는 별도로 자본을 조성하고, 나아가 그 자본이 조합원의 출자금

이었던 것도 이런 이유 때문입니다. 추상화되지 않은 조합원 한 사람 한 사람에 의해, 매번 생협과 관계할 때마다 조금씩, 아무런 반대급부―출자에 대한 배당― 없이 자본을 조성해온 것이 생협의 출자금이었습니다.

얼마 전 한살림 초대 회장을 지닌 박재일 선생의 7주기 모임에서 충남 아산의 어느 생산자 분으로부터 재미난 초창기 일화를 들었습니다. 아산에 각종 생산기반시설을 조성하는 데 있어 생산자의 힘만으로는 어려워서 정부 보조를 받게 되었는데, 박재일 선생이 그 현황을 꼼꼼히 점검해 자금이 허투루 쓰이지 않도록 당부하면서 이런 이야기를 덧붙였다고 합니다. "이 돈이 누구 돈이야. 국민이 모아준 돈 아냐? 그러면 조금씩이라도 국민에게 갚아나가는 게 도리지."

이것이 계기가 되어 즉석에서 '보조 수혜 확충 적립금'이라는 새로운 회계 계정이 신설되었습니다. 정부(국민)의 보조(증여)를 수혜(수령)한 농민들이 이를 더 확충(증식)해 국민에게 답례하자는 취지에서 적립금을 모으기로 했습니다. 정부가 공시한 회계규정에도 없는 계정이라 세무사마저 황당했지만, 덕분에 이를 기반으로 한살림 생산자만이 아닌 지역사회 전체의 복지를 위한 '아산농민재단'이 태동하게 되었습니다.

협동조합에서 자본의 축적은 이렇게 자본의 증식 과정에서가 아니라 미래를 현재로 시간 이동시키려는 사람들의 염원, 자연의 증여에 대한 사람들의 답례에서 조성되는 법입니다. 어떤 이들이 이런 자본 조성으로는 속이 안 차고 자본주의를 이길 수 없다고, 때문에 자본주의 방식을 도입해서라도 자본을 늘려야 한다고 말하지만 나는 이에 별로 동의하지 않습니다.

지금은 성장률이나 이자율과 같은 자본의 증식이 거의 제로에 가까워진 상황입니다. 이런 상황에서는 굳이 자본 투자에 따르는 불안함보다 염원을 달성하고 자연에 답례하는 과정에서 느끼는 기쁨과 행복이 더 큰 법입니다. 문제는 이에 대한 구체적인 계획과 실천이 없다는 데 있지, 염원이나 답례를 통해 자본을 조성한다는 데 있지 않습니다. 아니, 자본주의 방식으로 도입된 협동조합의 자본은 협동조합을 결국 자본제 기업으로 만들 뿐입니다.

지역통화

자본과 관련된 사회적 경제의 또 한 가지 사례로 지역통화(LETS)가 있습니다. 지역통화의 기원은 사실 협동조합 역사와도 그 맥락을 같이합니다. 협동조합의 아버지라 불리는 영국의 오언(Robert Owen)은 당시의 사회 여러 문제가 본질적으로 이윤 추구와 자유경쟁을 부추기는 화폐에서 기인한다고 보았습니다. 그리고 화폐제도와 가치척도를 변경해 노동에 대한 진정한 보상이 돌아가도록 해야 한다고 믿었습니다.

이런 그의 믿음은 1832년 런던에 개설된 '국민공정노동교환소(National Equitable Labor Exchange)'를 통해 구체화되었습니다. 여기서 생산자들은 자기가 생산한 물건을 가져와 그 대가로 생산에 소요된 시간을 기재한 노동교환권(Labor Exchange Notes)을 받았고, 이를 가지고 다른 생산자가 생산한 물품을 구매할 수 있었습니다.

일본의 가라타니도 지역통화운동을 전개한 적이 있습니다. 그는 대안적 교환양식으로 결사체(association)[74]를 강조했지만 혼자서는 자본주의 세계를 극복할 수 없고 결사체와 결사체를 매개하는 또 다른 결사체가 필요하다고 보았습니다. 이런 취지에서 그는 2000년에 "(중앙집권적인 '당'이 아닌) 자본주의사회 내부에서의 운동과 그 밖을 향하는 운동을 잇는" '결사체의 결사체'로서 시민통화 'NAM(New Associationist Movement)'을 설립했습니다.

하지만 안타깝게도 두 사람의 실험은 모두 실패로 끝났습니다. 오언의 실험은 노동시간에 대한 정확한 계산과 평가의 어려움 속에서 교환소 사람들이 자기 이익만 챙기려 하면서 결국 폐쇄되었고, 시민통화 NAM은 운동체(결사체)가 없는 상태에서 NAM을 통해 운

---

74 가라타니는 결사체를 "상호부조적이지만 공동체와 달리 (모두가) 자유롭게 참여할 수 있고, 모르는 사람들끼리도 교환하지만 그렇다고 자본주의적이지 않으며, 따라서 재분배를 통해 부의 불평등을 보완할 필요도 없는 것"으로 평가했습니다.

동을 일으키려 했지만 운동이라 불릴 만한 것이 하나도 일어나지 않으면서 2년 만에 문을 닫게 되었습니다.

오언과 가라타니는 실험의 실패 원인을 주로 외부에서 찾았지만 내 생각은 조금 다릅니다. 내가 보는 실패 원인은 두 사람이 모두 교역의 매개재 즉 지불수단으로서의 화폐와 축장 및 증식으로서의 자본을 구분하지 못했다는 데 있습니다. 화폐의 인간화가 마치 자본의 인간화이고 자본주의의 대안인 양 착각했습니다. 지불수단에 대한 통제력을 시민과 그 사회가 가졌다고 해서, 인간과 그 사회가 추상화된 자본, 자본의 신비화 과정에서 벗어날 수 있는 것이 아닙니다. 왜냐하면 자본은 애초부터 지불수단으로서의 화폐에서 나온 것이 아니라 자연의 비축에서 나왔고, 이렇게 비축된 자연이 추상화되고 이것이 다시 추상화된 인간을 지배하게 되면서 자본주의가 태동했기 때문입니다.

자본주의를 넘어서는 것은 사실 화폐를 변화시키는 과정에서가 아니라 자본을 변화시키는 과정에서 가능합니다. 자연을 공동체적이고 사회적으로 비축하고[75] 소진하는 과정에서, 즉 상품 집적

75   자본을 공동체적이고 사회적으로 비축하자는 것, 즉 '자본의 사회적 비축'은 '사회적 자본의 비축'과는 다른 것입니다. 자본의 비축을 사회적으로 한다고 해서 그 자본이 '사회적' 자본이 되어서는 안 됩니다. 왜냐하면 자본은 본래 사회의 것이 아니라 자연(생명)의 것이고, 그 토대 위에 사회가 있기 때문입니다. 이 둘을 구분하지 못할 때, 즉 '자본의 사회적 비축'이 '사회적 자본의 비축'으로 오인될 때, 그런 자본(생명)은 곧 누구도 아닌 이의 명목상 공동체 소유가 되고, 언젠가는 똑같

으로서의 자본과는 다른 성격의 자본을 조성하고 다른 방식으로 사용하는 과정에서 자본주의가 극복되는 법이지 화폐를 개혁한다고 자본주의의 대안이 되는 것이 아닙니다.

지역통화는 이런 점을 오인해 화폐의 전환된 형태가 자본이라고 사고했고, 이런 사고가 생명의 집적인 자본을 형성할 리 없는 실천을 낳았습니다. 다시 말해 지역통화는 화폐의 대안이 될 수는 있어도 자본과 자본주의의 대안이 될 수는 없었습니다. 자본과 자본주의의 대안이 되기 위해서는 차원이 다른 자본을 조성해야 하는데 지역통화는 그렇지 못했습니다. 덕분에 지역통화는 인간의 특정한 사회적 관계망을 강화시키는 데는 도움이 되어도 그 관계망을 확장하고 중층화해 다른 사회를 형성하는 데까지는 이르지 못했습니다. 자본의 축장과 증식 없이 사회가 형성될 리 없었기 때문입니다.

은 상품이 됩니다.

채무의
추첨식 소각

요즘 사회적 경제 논의가 활발해지면서 '사회적 배제'에 대한 관심이 높아졌습니다. 다양한 사회적 배제의 유형 가운데 가장 심각한 것이 바로 '금융 배제(financial exclusion)'입니다. 금융 배제란 자신의 필요에 맞고 또 자신이 속한 공동체에서 일상적인 사회생활을 영위하기 위해 필요한 금융 서비스에 접근하기 어려운 상태를 말합니다. 요즘처럼 모든 인간관계가 금융을 매개로 이루어지는 상황에서 한번 금융 배제에 빠지면 단순한 금융 서비스의 이용 금지를 넘어 인간관계의 완전한 단절, 사회로부터의 완전한 배제로 이어집니다. 이런 점에서 최근 들어 정부가 각지에 '서민금융통합지원센터'를 설치하는 것은 반가운 일이 아닐 수 없습니다.

시민 차원에서도 최근 '금융 통합(financial inclusion)'을 위한 다양한 실천이 모색되고 있는데 그 가운데 대표적인 것으로 '주빌리[76] 은행'이 있습니다. 주빌리은행은 사실 은행이라기보다는 채권 소각

---

76   '주빌리'란 본래 구약성서에 등장하는 '희년(禧年, Year of Jubilee)'에서 나온 말입니다. 50년마다 한 번씩 오는 이 희년에는 모든 노예를 자유롭게 풀어주고, 모든 땅을 본래의 주인에게 되돌려주며, 경작하던 땅을 쉬게 했습니다. 이런 해방과 사면·안식의 해를 뿔로 만든 나팔을 불어 고지했다는 데서 '나팔'에 해당하는 히브리어 '요베르(Yovel)'의 해, '환호'에 해당하는 라틴어 '주빌럼(jubilum)'의 해라 부르게 되었습니다.

운동에 가깝습니다. 금융기관의 부실채권을 매입해 약간의 원금 상환을 권고하지만, 기본적으로는 상환 유무와 관계없이 소각시켜 주는 운동입니다. 새 정부 들어 이들의 활동이 주목받으면서 일반 시중은행들과 지자체들이 앞다퉈 채권 탕감 협약에 참여하는 것도 매우 고무적인 현상입니다.

우리 사회는 지금 채무에 대한 채권의 우월적 지위가 그 정도를 넘어 심각한 인권 유린을 일으키고 있습니다. 부실채권을 싼값에 사들인 대부업체들이 돈을 갚으라고 괴롭히고 안 되면 심각한 인권 침해를 가하기도 합니다. 채권과 채무 관계가 일정한 시점에 도달하면 다시 원점으로 돌아가게 하는 제도가 없고, 채무연체나 불이행을 개인의 나태함으로 질책합니다. 이런 상황에서 주빌리은행 같은 사례는 매우 의미 있는 실천임에 틀림없습니다.

하지만 동시에 나는 이런 사례에서 우리 사회운동의 현주소를 봅니다. 채권 소각운동 안에는 채권과 채무만 있지 채권자와 채무자가 없습니다. 채무를 소각받은 사람은 복권에 당첨된 것 같은 행운을 얻지만 그것으로 끝납니다. 당장의 채무 압박에서는 벗어나도 이후의 지속적인 관심이 없습니다. 제비뽑기 식으로 채무를 소각해주는 것으로 끝날 뿐, 정작 그들을 어떻게 사회로 통합시켜낼 것인가에 대해서는 대책이 없습니다. 같은 상황에 놓인 수많은 이들에 대해서는 더더욱 아무런 대책이 없습니다.

프랑스와
일본의 사례

1990년대 프랑스도 비슷한 상황이었습니다. 경제 불황이 계속되면서 생활고에 시달리는 사람들이 속출했고, 그들 가운데 상당수는 취업을 포기하고 자영업의 길로 나섰지만, 이에 필요한 생활자금이나 창업자본을 조달하기란 거의 불가능에 가까웠습니다. 직장도 담보도 없는 그들에게 은행의 문턱은 높기만 했습니다.

이런 상황에서 프랑스의 사회적 (연대의) 경제 진영은 두 가지 실천을 전개했습니다. 하나는 생활자금을 조달해주기 위한 '개인(personal)을 대상으로 하는 소액 신용(micro-credit)'이었고, 또 하나는 사업자금을 조달해주기 위한 '사업(professional)을 대상으로 하는 소액 신용'이었습니다.

전자의 사례로 2004년에 '가톨릭 구호(Secours Catholique)' 같은 시민 결사체가 생겨났습니다. 이들은 생활에 필요한 융자금의 50%를 자신들이 보증해주는 조건으로 협동조합은행에서 자금을 융자받을 수 있도록 지원했습니다. 이런 민간의 실천에 자극받아 프랑스 정부는 2005년에 '사회통합기금(FCS)'을 창설해 기존에 결사체가 보증해주던 대출금의 50%를 정부가 보증하도록 제도화했습니다.

후자의 사례로는 1989년에 '지원 결사체(Association Adie)' 같은 시민조직이 생겨났습니다. 이들은 실업자나 저소득자들이 창업하는 경우에 사업계획을 함께 수립하면서 협동조합은행에서 융자받을 수 있도록 지원했고, 나아가 창업 후에도 사업이 정상 궤도에 오를 때까지 지속적인 관심과 지원을 아끼지 않았습니다. 이런 노력 덕분에 신규 창업의 성공률은 매우 높아졌고, 이는 다시 지원 대상자의 신용을 향상시키는 결과를 낳았습니다.

일본의 그린코프 생협에도 '생활재생사업'이라는 유사한 사례가 있습니다. 처음에 이 사업은 조합원의 다중채무 문제를 해결하자는 취지에서 시작되었습니다. 장기간의 불황 여파로 조합원 가운데 물품대금을 연체하는 이들이 나왔고, 그 원인을 파악해보니 생활자금이 부족해 여러 곳에 채무를 지고 있음을 알게 되었습니다. 이에 그린코프는 조합원 출자금 가운데 일부를 조합원에게 대여해 고금리의 채무를 변제하게 하면서 생활을 자립할 수 있도록 도왔습니다.

이렇게 시작된 생활재생사업이 지금은 조합원보다 오히려 일반 주민에게로 확대되어 있습니다. 사업 내용 또한 재정적 상담만이 아니라 포괄적인 생활 전체에 대한 상담으로, 또 개별 상황에 맞는 신속하고 지속적인 다양한 지원—주거 확보·취업 지원·긴급 의식주 지원·자녀교육 지원 등과 같은—으로 이어지고 있습니다. 2015년에 일본 정부가 '생활곤궁자자립지원법'을 제정한 것도 이런 그린코프의 실천이 있기에 가능한 일이었습니다.

특징

프랑스와 일본의 사례에서 나는 세 가지 공통적 특징을 봅니다. 먼저 결사체든 생협이든 이들이 행하는 대출 사업은 일반 금융기관과는 크게 다릅니다. 단지 금액이 소액이라는 점만이 아니라 금융기관에서는 보기 어려운 '상담'이라는 특징이 있습니다. 대출 전의 서류심사만이 아닌 일대일의 대면적 상담이 있고, 그 상담이 단지 금융 문제만이 아니라 생활 전반으로 향하며, 일회적으로 끝나는 것이 아니라 지속적인 지원으로 이어집니다.

프랑스에서는 이런 지속적인 관심과 지원을 동반(同伴)과 동행 (同行)이라는 의미의 '아콩파뉴망(accompagnement)'이라 부르고, 일본에서는 마라톤 경주에서 경주자 옆에서 함께 달려준다는 의미에서 '반주(伴走)'라 부릅니다. 처음에는 비행 청소년을 위한 보호자 제도로 출발했지만, 지금은 사회 각 분야에서 소외된 이들을 사회 통합시키기 위한 기본 방식으로 확장되고 있습니다.

두 번째 특징은 이런 지속적인 관심과 지원의 주체가 정부나 그 제도가 아닌 인간과 그들의 연대라는 점입니다. 유럽의 사회적 경제에서는 지금 '결사'의 의미가 많이 퇴색해 있습니다. 협동조합은 조합원 자격과 원외 이용에 제한이 없어서 이용자수에 비해 조합원수가 적고, 이는 협동조합이 일반 기업과의 차별성을 잃어가는 원인이 되기도 합니다. 일본의 상황도 비슷해서 조합원에 의한 운영은 형식에 불과하고 실제로는 경영자 중심으로 운영되는 것이 대다수 협동조합의 현실입니다.

이런 속에서 사회적 경제 안에 결사를 되살리려는 움직임이 활발히 전개되고 있는데 그 하나가 위에서 제시한 사례들입니다. 실제로 위 사례들은 사회적 경제가 사업적으로 접근하기 전에 먼저 그 구성원들의 참여와 운동으로 펼쳐졌습니다. 이런 사업들을 이끄는 사람들은 주로 현직에서 떠난 임직원들이었고, 이들이 조직의 도움을 받기 전에 먼저 그 구성원의 지지와 후원 속에 사업들을 전개했으며, 이 과정에서 오히려 사회적 경제 조직 안에 새로운 결사의 바람을 불어넣은 것입니다.

세 번째 특징으로 각종 제도와 사회적 경제의 성과를 결집해내는 '통합적 네트워크'의 구축을 들 수 있습니다. 한 인간이 안고 있는 문제는 매우 종합적이고 구체적이어서 이를 해결하기 위해서는 정부의 제도에 대한 충분한 이해는 물론이고 지역 내 다양한 사회적 경제 조직 간의 네트워크가 필요합니다. 나아가 기존의 제도나 성과만으로 충분한 지원 방안을 찾지 못할 때, 제도를 개선하고 새로운 지원 방안을 모색하는 것 또한 '통합적 네트워크'를 통해서입니다. 실제로 프랑스의 소액대출 사업은 시민의 자발적 결사체와 기존의 협동조합이 만나 태동한 것이고, 일본 그린코프의 생활재생 사업 또한 처음에는 변호사단체의 도움을 받아 진행하다가 지금은 지자체까지 합세하고 있습니다.

통합적
네트워크

　　　　　　　사회적 경제에서 '통합적(integrated)'
은 매우 중요한 키워드입니다. 우리는 보통 이를 경쟁력 강화를 위
한 인수합병의 전 단계쯤으로 바라보지만 본래는 그렇지 않습니다.
'통합적'의 본래 의미는 생활에 어려움을 겪고 있거나 겪을 위기에
놓인 사람들을 향해 기존의 사회적 경제들이 그 역량을 모아 신속
하고도 적절하게 지원하고, 나아가 필요한 경우에는 새로운 지원책
까지도 공동으로 모색해가는 것을 말합니다.

　　'통합적'의 의미를 제대로 이해하는 데 있어 나는 원효의 '화쟁
(和諍)'으로부터 많은 도움을 받았습니다. 원효의 화쟁은 단지 상반
돼 보이는 두 가지 철학적 견해, 즉 세상을 실제로 존재하는 '실유
(實有)'로 보는 것과 실제로는 존재하지 않는 '공(空)'으로 보는 견해
의 단순한 융합이 아닙니다. 그런 단순 융합만으로는 삼국통일 전
후의 혼란한 사회를 구할 수 없다고 원효는 생각했습니다.

　　화쟁의 사상적 핵심은 '융이불일(融二不一)' 즉 "서로 다른 둘을
융융시키지만 그렇다고 하나가 되지도 않는다"이고, '이변비중(離邊

非中)' 즉 "양단으로부터 떨어져 있지만 그렇다고 가운데도 아니다"에 있습니다. 그리고 화쟁의 실천적 핵심은 '무애(無碍) 보살행(菩薩行)' 즉 "막힘없이 모두에게 이바지한다"에 있습니다. 다시 말해 서로 다른 것들이 용융해 막힘없이 모두를 향해 이바지함으로써 차원 변화한 새로운 가운데 중심을 형성하는 것이 화쟁의 생각이고 실천입니다.

사회적 경제가 추구하는 '통합적 네트워크'도 같은 말입니다. 서로 다른 사회적 경제가 용융하지만 그렇다고 하나가 되지 않는다는 것이고, 이런 용융을 통해 막힘없이 모두를 향해 이바지하자는 것이며, 이 과정에서 차원 변화한 새로운 가운데 중심을 형성하자는 것입니다.

물론 이런 통합적 네트워크에서 통합되는 것은 각각의 사회적 경제가 가진 '자본'입니다. 이를 용융해 막힘없이 모두를 향해 이바지한다는 것은 이런 자본의 '소진'입니다. 그리고 이 과정에서 차원 변화한 새로운 가운데 중심으로 형성되는 것 또한 '자본'입니다. 전자의 자본이 '비축(축장)된 자본'이라면 후자의 자본은 '증식된 자본'이고, 전자의 '비축된 자본'이 후자의 '증식된 자본'으로 향해 가는 과정에 '자본의 소진'이 있다는 말입니다.

5. 『모모』
이야기

줄거리

독일의 작가 미하엘 엔데(Michael Ende)가 쓴 『모모』라는 동화가 있습니다. '시간을 훔친 도둑과 그 시간을 찾아주는 한 소녀에 대한 이상한 이야기'라는 부제가 붙은 일종의 판타지 소설이지만, 어른들이 읽어도 많은 여운을 남길 명작입니다.

소설이 판타지 형식을 취하는 것은 단지 현실에서 도피하거나 공상을 좇기 위해서가 아닙니다. 특히 엔데처럼 사회 문제 의식이 강한 작가의 경우에는 더욱 그렇습니다. 그에게 있어 판타지는 일종의 상상입니다. 기억하지 못하는 먼 과거를 끄집어내 가늠하기 힘든 지금의 세상을 이해하기 위한 것입니다. '과거'와 '지금'의 대화 속에서[77] 우리 사회가 당면한 문제의 본질과 해결의 실마리를 제시하기 위해서입니다. 내가 자본과 소진을 이야기하는 마지막을 굳이 『모모』로 마감하는 것도 그 안에 자본과 소진의 과거와 현재와 미래가 담겨 있기 때문입니다.

먼저 그 줄거리부터 간단히 소개하면 다음과 같습니다.

한 마을에 폐허가 되다시피 한 원형극장이 있었습니다. 그곳에 언제부턴가 '모모'[78]라는 소녀가 들어와 살기 시작했습니다. 그녀는 마을 사람들의 이야기를 잘 들어주었고, 그러다 보면 사람들은 자기가 얼마나 소중한 존재인지를 깨닫게 되었습니다.

어느 날 이 마을에 회색신사들이 나타났습니다. 그들은 마을 사람들에게 시간을 저축하라 권했고, 그러면 그 시간에 이자를 붙여 여생을 여유롭게 살 수 있게 해주겠다고 유혹했습니다. 마을 사람들은 이런 그들의 유혹에 넘어가 더 열심히 일했고, 덕분에 모모에게는 더 이상 찾는 이가 없게 되었습니다.

회색신사들의 유혹은 이제 마지막 남은 모모에게까지 향했습니다. 하지만 모모는 그들의 유혹에 넘어가지 않았고, 오히려 이 과정에서 회색신사들의 정체를 알게 되었습니다. 이에 위협을 느낀 회색신사들은 모모를 제거하려 했지만 시간의 관리자인 호라 박사의

---

77   『모모』의 '모(mo)'는 이탈리아어로 '지금'이라는 뜻입니다. 과거에 있었던 이야기
      지만 현재진행형인 이야기이기도 하다는 의미입니다.

78   사실 이 이름은 마을 사람들이 붙여준 것이지 자신은 자기 이름조차 모르는 존재
      였습니다.

도움으로 위기를 모면했습니다.

원형극장에 돌아온 모모에게는 여전히 친구가 없었습니다. 회색신사들은 이런 모모에게 호라 박사가 있는 곳을 알려주면 친구들을 돌려주겠다고 위협했습니다. 마침내 회색신사들은 호라 박사의 거처를 알아내 에워쌌고, 호라 박사는 마지막 수단으로 세상의 모든 시간을 일순 정지시켰습니다.

시간이 멈추자 회색신사들은 당황했습니다. 새로이 시간을 빼앗아올 수 없기에 비축해놓은 시간으로 연명할 수밖에 없었습니다. 시간의 꽃으로 회색 시가를 만들어 피워오던 그들은 더 이상 시가를 만들 수 없어 하나둘 연기처럼 사라졌고, 서로의 시가를 빼앗으려 싸우다 마침내 마지막 남은 회색신사마저 사라졌습니다.

이때에 모모는 호라 박사에게서 받은 시간의 꽃 한 송이로 그동안 회색신사들이 마을 사람들에게서 빼앗아 쌓아둔 시간의 창고 문을 두드려 열었습니다. 그러자 그 안에 갇혀 있던 모든 시간들이 창고 밖으로 나와 마을 사람들에게로 돌아갔습니다. 모모에게는 다시 친구가 찾아왔습니다.

폐허가 된
자연

　　　　　　『모모』의 주요 무대는 폐허가 되다시피 한 원형극장입니다. 이곳에 이름도 모르고 또 어디서 와서 어디로 갈지도 모르는 한 소녀가 들어와 살았다는 데서 이야기가 시작됩니다.

　우리는 보통 이 원형극장을 공동체나 그들의 커먼즈(commons, 共有地)로 이해하기 쉽습니다. 그래서 폐허가 되다시피 한 원형극장을 '공동체의 붕괴'나 '커먼즈의 비극(the tragedy of the commons)'으로 이해하기 쉽습니다. 하지만 이렇게만 이해해서는 『모모』의 진짜 의미에 절반 밖에는 도달하지 못합니다. 『모모』의 주요 무대인 원형극장은 공동체나 커먼즈가 아니라 자연과 샤크럼(sacrum)이고, 따라서 폐허가 되다시피 한 원형극장은 '공동체의 붕괴'나 '커먼즈의 비극'이 아닌 '자연의 몰락'과 '샤크럼의 비극'으로 이해해야 합니다.

　실제로 『모모』에서는 원형극장을 "사람들이 아주 다른 말을 쓰던 아주 먼 옛날에" 세워진 도시의 일부이고, 그 주변에는 극장만이 아니라 사원·시장·광장이 함께 있었다고 이야기했습니다. 그리고 이 대목에서 나는 제2장에서 언급한 고조선의 신시(神市)를 떠올렸습니다. 서로 다른 말을 쓰는 공동체와 공동체 사이에서 제사·축제·교역을 동시에 행했던 성스런 도시가 바로 이런 모습이었을 것이라 추측했습니다.

만약 원형극장이 공동체가 소유한 땅(커먼즈)이었다면 아마도 모모는 그곳에 들어와 살 수 없었을 것입니다. 누군지도 모르는 이가 들어와 살도록 마을 사람들이 내버려두지 않았을 것입니다. 모모가 원형극장에 들어와 살 수 있었던 것은 그곳이 공동체도 소유하지 않은 땅이고, 공동체로부터도 소외된 이들의 공간이었기 때문입니다.

공동체가 붕괴된 이유는 실은 자연이 몰락한 때문입니다. 자연이 국가나 자본으로 대체되면서 공동체가 무너진 것이지 그 반대의 경우가 아닙니다. 따라서 커먼즈의 비극을 극복하는 것은 당연히 샤크림의 재구축을 통해서이거나 최소한 이와 병행해서 진행되어야 합니다. 마을 사람들이 모모를 돌봐 원형극장에서 살 수 있게 해준 것처럼 자연을 살려야 공동체가 사는 것입니다. 『모모』를 통해 말하고자 했던 작가의 숨겨진 진실이 실은 여기에 있습니다.

'모모'는
누구인가

이런 원형극장에 이름도 모르고 또 어디서 와서 어디로 갈지도 모르는 "모모라든가, 아무튼 그 비슷한 이름"의 소녀가 들어와 살기 시작했습니다. 생일이 언제냐는 질문에 그녀는 "언제나 있어왔던 것 같다"고 대답했고, 찾아갈 가족이 있느냐는 질문에는 "여기가 내 집"이라고 대답했습니다. 또 나이가 몇 살이냐는 질문에는 "백 살이나 백두 살?"이라며 머뭇거렸습니다.

이 대목은 모모가 어떤 존재인지를 암시하는 매우 중요한 부분입니다. 모모는 어느 날 갑자기 등장한 이름 모를 고아가 아니라 항상 우리 곁에 있어온 존재입니다. 나이를 묻는 질문에 당황할 수밖에 없는 것은 그녀의 나이가 곧 인류의 나이이고, 인류가 태동하면서부터 그녀는 존재해왔기 때문입니다. 따라서 이런 모모가 존재하는 곳은 당연히 샤크룸으로서의 원형극장이고, 원형극장이 바로 자신의 집입니다. 엔데가 모모의 등장 앞에 '다시'라는 부사를 넣은 것은 그녀가 어떤 존재인지를 암시하는 매우 중요한 대목입니다.

굳이 경제학적 용어를 빌리자면 모모는 '자연재(自然財)'에 해당합니다. 국유지처럼 국가에 속하는 국유재(國有財)도 아니고, 공유지처럼 공동체에 속하는 공유재(共有財)도 아닐뿐더러, 사유지처럼 개인이 소유하는 사유재(私有財)도 아닌 존재입니다. 누구로부터도 태어나지 않았기에 항상 존재하고, 어디에도 속해 있지 않기에 모두를 위한, 이름조차 알 수 없는 자연재이고, 자연이 자기 집인 자연인 존재입니다.

이런 모모를 마을 사람들은 열심히 보살펴주었습니다. 살 집을 마련해주고 먹을 것도 가져다주었습니다. 그러자 머지않아 모모는 마을 사람들에게 꼭 필요한 존재가 되었습니다. 물론 이는 모모가 지닌 큰 능력, 즉 마을 사람들의 이야기를 들어주는 능력 때문이었습니다. 무엇을 목적으로 들어주는 것이 아니라 그냥 들어주는 능력이 그녀에게는 있었고, 덕분에 이야기를 하는 과정에서 마을 사람들은 스스로 자기를 발견하고 행복을 느낄 수 있게 되었습니다.

폐허가 되다시피 한 자연을 복구하는 것은 자연인 존재에 대한 인간의 보살핌에서 시작됩니다. 신성불가침 지역으로 구획해 보존한다고 자연이 복구되는 것이 아니라, 자연인 존재에 대한 인간의 돌봄이 자연을 다시 세우게 합니다. 자연의 표상에 대한 인간의 돌봄이 자연에 대한 인간의 답례로 이어지고, 이것이 다시 인간을 살리게 만드는 것입니다.

모모가 지녔다는 듣기 능력 또한 매우 중요한 대목입니다. 듣기란 자신이 가진 시간을 소진하는 것이고, 소진한 자기를 타자에게 제공하는 것입니다. 모모가 가진 것은 시간밖에 없고, 모모가 할 수 있는 일은 시간의 소진밖에 없습니다. 하지만 덕분에 마을 사람들은 자기를 발견하고 행복을 느끼게 됩니다. 한마디로 모모의 정체는 비축된 시간이고, 모모의 행위는 이런 시간의 소진이며, 모모의 가치는 이를 통해 인간에게 충만함과 지고성을 회복시켜주는 데 있습니다.

시간은
생명이다

이런 모모와 정반대에 있는 것이 회색신사입니다. 그들은 자기 시간을 소진하는 모모와 달리 마을 사람들의 시간을 빼앗아 연명하는 존재들입니다. 하지만 엔데는 "시간은 생명이고(Zeit ist Leben), 그 생명은 자기 안에 산다(das Leben wohnt im Herzen)"고 말합니다. 즉, 시간은 자기 안에 있을 때나 생명이지 자기에게서 떨어져 나오면 죽은 생명이 된다고 말합니다. 한마디로 『모모』에서 시간은 곧 생명이고, 인간의 삶은 이런 시간의 흐름(주고받음)이며, 이런 흐름의 집적된 모습이 바로 생명인 인간입니다.

엔데가 "시간은 생명이다"라고 말하기 훨씬 전인 18세기에 미국의 프랭클린(Benjamin Franklin)은 "시간은 돈이다(Time is Money)"[79]라고 말했습니다. 회색신사들이 마을 사람들에게 했던 말과 똑같이 빈둥거리지 말고 열심히 일하고 시간을 더 벌기 위해 시간을 투자하라고 말했습니다. 미국의 100달러 지폐에 그의 얼굴이 들

---

79   "시간이 돈임을 잊지 마라. 매일 노동을 통해 10실링을 벌 수 있는 자가 반나절을 산책하거나 자기 방에서 빈둥거렸다면?… 그는 그 외에도 5실링을 더 지출한 것이다. 아니 갖다 버린 것이다.… 날마다 5실링에 해당하는 시간을 버리는 사람은 1년에 1백 파운드를 낭비하는 것이며 이는 1백 파운드를 이용하는 기회를 버리는 것이다."

어간 것은 그의 이런 말 안에 자본주의의 기본 정신이 담겨 있기 때문입니다.

회색신사들이 마을 사람들을 유혹한 것도 바로 이런 증식을 위한 시간의 축장과 투자였습니다. 사람들로부터 시간을 빼앗아 연명할 수밖에 없는 그들의 입장에서는 당연한 생존전략이었겠지만, 덕분에 마을 사람들은 더 많은 시간을 벌게 해주겠다는 유혹에 넘어가 '지금 여기'에서 소진해왔던 시간을 자기에게서 떼어내 미래의 어느 곳에 쌓기 시작했습니다. 그리고 이때부터 마을 사람들의 시간은 생명의 시간이 아닌 죽음의 시간이 되어버렸습니다. 시간을 벌기 위해 더 많은 시간을 일했지만, 정작 그들에게 돌아온 것은 죽은 시간뿐이었습니다.

비축된 시간은
자본이다

엔데는 "시간은 생명이다"고 말하지만 이 말 안에는 단지 철학적 존재 개념만 들어 있는 것이 아닙니다. 그에게 있어 시간은 자본주의경제의 핵심이라 할 수 있는 화폐와 자본의 다른 표현입니다. 일본 NHK와의 인터뷰에서 엔데는 이런 말을 남긴 적이 있습니다.

내가 말하고 싶은 것은 현재 (우리의) 선택지가 경제적 파국이냐 생 태적 파국이냐는 양자택일밖에 없다는 것입니다.… 이런 양자택일 에서 벗어나기 위해 무엇을 변화시켜야 하느냐입니다.… 그랬을 때 우리가 도달하는 지점이 바로 금융 시스템입니다.

엔데는 교환과 지불수단으로서의 화폐는 긍정했어도 축장과 증식 기능으로서의 자본에 대해서는 부정했습니다. 화폐가 자본으 로 전환되는 것, 즉 이윤 추구를 위해 자기증식하는 현재의 금융 시 스템이 우리 사회의 가장 큰 문제라고 보았습니다. 그가 지역통화 를 높이 평가했던 것은 그것이 증식과는 거리가 멀게 인간관계를 활성화하고, 나아가 인간에게 자기발견과 행복을 가져다줄 새로운 금융 시스템이라 보았기 때문입니다.

하지만 나는 여기에 한 가지 의문을 제기합니다. 그가 부정한 것은 이윤 추구를 위해 자기증식하는 자본이지 화폐가 아니었습니 다. 금융 시스템을 개혁해 새로운 통화를 만든다고 이런 자본이 변 하는 것이 결코 아닙니다. 더욱이 자본에는 이윤 추구를 위해 자기 증식하는 자본만 있는 것이 아니라 인간관계를 활성화하고 인간에 게 자기발견과 행복을 가져다주는 자본도 있습니다. 아니, 자본은 본래 이런 취지에서 생겨났고, 이런 자본을 비축하고 증식시켜온 덕분에 인간은 자연으로부터 떨어져 나왔어도 자연 안에서 살 수 있었습니다.

이런 면에서 볼 때『모모』에서의 '시간'은 '생명'만이 아닌 '자본'의 다른 표현이기도 합니다. 시간이 사람에게서 떨어져 나와 창고에 쌓였다는 것은 시간(화폐)의 축장 즉 상품 집적으로서의 자본을 의미하고, 회색신사들의 유혹에 넘어가 마을 사람들이 동분서주했다는 것은 이런 자본이 권력이 되어 모든 인간관계를 지배하게 되었다는 것을 의미합니다. 모모가 시간의 창고 문을 열어 마을 사람들에게 돌려주었다는 것도 실은 이런 자본에 다시 생명을 불어넣었다는 것을 의미합니다.

실제로 모모는 바로 생명 집적으로서의 자본의 의인화한 존재라 할 수 있습니다. 위에서 나는 모모는 자연이고, 모모의 정체는 비축된 시간이며, 모모의 행위는 이런 시간의 소진이고, 모모의 가치는 이를 통해 인간에게 충만함과 지고성을 회복시켜주는 데 있다고 했습니다. 이는 다른 말로 하면 모모의 정체는 비축된 일정량의 자연 즉 생명 집적으로서의 자본이고, 모모의 행위는 이런 자본의 소진이며, 모모의 가치는 이를 통해 인간에게 생명의 충만함과 지고성을 회복시켜주는 데 있다는 것과 같은 말이 됩니다. 자본을 부정했지만 자본의 본래 모습을 엔데는 너무나 아름답게 표현한 것입니다.

사회의 위기와
자본의 소진

　　　　　　이런 모모와 비교해 회색신사들이
마을 사람들로부터 빼앗은 시간은 이윤 추구를 위해 자기증식하
는 상품 집적으로서의 자본이었습니다. 모모는 이런 자본의 정체
를 알았고, 이 때문에 그녀는 생명을 위협당했습니다. 그리고 이 순
간에 모모는 시간(생명)의 관리자인 호라 박사의 도움으로 시간의
진정한 의미를 알게 되었습니다. "시간은 곧 생명이고, 그 생명은 내
안에 산다"는 진실을 알게 되면서 "시간은 곧 생명이어야 하고, 그
생명이 내 안에 살도록 해야 한다"는 행위가 가능하게 되었습니다.

　　이는 매우 중요한 대목입니다. 모모는 존재 자체가 자연이기 때
문에 자연의 의미를 알 리가 없고 또 알 필요도 없습니다. 하지만
자연에서 떨어져 나오면서, 떨어져 나오는 위협을 당하면서 비로소
자연의 의미를 알게 되었습니다. 성스럽지 않은 것의 위협을 받으면
서 비로소 성(聖)과 속(俗)이 분리되기 이전의, 성과 속에 대한 의식
조차 없었던 것을 알게 되었습니다. 그리고 자기 생명을 지키기 위
해서는 이런 성을 다시 회복해야 한다는 것을 알게 되었습니다.

　　회색신사들이 시간의 근원지를 둘러싸고 위협하자 호라 박사
는 마지막 선택으로 세상의 시간을 일순 멈추게 했습니다. 그러자
이제는 더 이상 빼앗을 시간이 없게 된 회색신사들이 서로의 시간
을 빼앗기 시작했습니다. 그러다 결국은 마지막 남은 회색신사마저

도 더는 빼앗을 시간이 없게 돼 죽고 말았습니다. 그리고 이때 모모
는 마지막 남은 자기 시간의 꽃 한 송이로 시간의 창고 문을 두드려
열어 마을 사람들에게 다시 돌려줬습니다. 그러자 마을 사람들은
마침내 "가능한 한 짧은 시간 내에 가능한 한 많은 일을 하는 것이
아니라, 저마다 무슨 일을 하든 자기가 필요한 만큼, 자기가 원하는
만큼의 시간을 낼 수 있게" 되었습니다.

호라 박사가 세상의 모든 시간을 멈추게 했다는 것은 경제적으
로는 공황을, 사회적으로는 위기를 의미합니다. 이때가 되면 자본
의 축적과 증식은 물론이고 인간과 인간의 모든 관계가 단절돼버립
니다. 때문에 관계에 기생해 자본을 축적하고 증식해왔던 회색신
사들은 서로의 가진 것을 빼앗기 위해 싸우고 또 죽이게 됩니다. 치
열한 경제 전쟁이 온 세상을 혼란의 도가니로 뒤덮으면서 사회는
존망의 갈림길에 빠집니다.

『모모』에서는 이렇게 죽고 죽이다가 마침내 모든 회색신사들
이 사라졌다고 말합니다. 자본 증식에 의존하는 경제가 결국에는
종지부를 찍었다는 것인데, 사실 나는 이런 엔데의 종말론적 희망
보다 이런 위기 상황에서 보여준 모모의 행위가 훨씬 중요하다고
생각합니다. 자기 생명(시간)의 마지막 꽃 한 송이를 불태워 시간의
창고 문을 열고, 그 시간을 다시 사람들에게 돌려줬다는 그녀의 행
위야말로 경제적·사회적 위기 상황에서 우리가 해야 할 몫이라고
생각합니다.

모모가 가진 마지막 생명(시간)의 꽃 한 송이는 그녀가 가진 마지막 자본이었습니다. 경제적·사회적 위기 상황에서 모모가 펼친 행위는 자기자본의 완전한 소진이었습니다. 이런 그녀의 행위 덕에 마을 사람들에게는 다시 자본이 돌아갈 수 있게 되었고, 자본의 주인이 될 수 있게 했습니다.

마을 사람들이 각자의 상황과 능력에 따라 자발적으로 시간을 낼 수 있게 되었다는 것은 그들이 자기 시간 즉 자본의 주인이 되었다는 것을 상징적으로 표현한 말입니다. 인간이라면 누구나 꿈꾸는 "능력에 따라 일하고 필요에 따라 나누는" 사회는 이렇게 인간이 자본의 주인이 될 때나 가능한 일이지, 마르크스가 주창했던 것처럼 개개의 자본가를 국가라는 유일한 자본가로 바꾼다고 될 일이 아닙니다.

소진의
주체

시간은 생명이고, 이런 생명의 집적이 바로 자본입니다. 물론 이런 자본은 사람 안에 있을 때나 생명의 자본이지, 사람에게서 떨어져 나오면 죽은 자본이 됩니다. 생명의 자본을 축적하고 증식하는 주체가 추상화된 인간의 무리가 아닌 한 사람 한 사람이고, 그들의 연대라는 것입니다. 자본주의경제를 변화시키는 주체에 대해 엔데는 이런 말을 남긴 적이 있습니다.

> 언젠가 나는 독일 사회민주당의 당수였던 한스 요헨 포겔 씨로부터 조촐한 강의를 요청받은 적이 있습니다. 강의가 끝나고 포겔 씨는 내게 말했습니다. "당신을 사민당 경제협의회 위원으로 모시고 싶습니다.… 다만 한 가지 부탁드립니다. 자본주의경제의 변혁을 우리 당의 강령으로 채택해서는 심각한 사태가 벌어집니다. 우리 당의 지지자인 노동자들조차도 당에 투표하지 않게 됩니다."
>
> 이것이 민주주의의 단점입니다. 민주주의에서는 항상 이성이 승리하는 것이 아닙니다. 아니 오히려 근시안적인 이익이 승리하는 경우가 적지 않습니다. 지중해나 알프스에서 휴가를 보낼 수 없게 된다면 누구도 표를 주지 않습니다. 그리고 이 두 가지는 서로 연결돼 있습니다. 경제시스템을 변혁하지 못하는 것은 민주주의와도 관계있습니다. 따라서 지금의 문제는 정치를 통해서는 해결되지 않습니다. 1920년대에 생각했었던 것처럼 국가가 키를 잡은 경제나 무력혁명으로는 문제를 해결할 수 없습니다.
>
> 문제의 해결은 우리 자신이 이 문제를 이해하는 것밖에는 없습니다. 나아가 윤리적인 이유에서가 아니라 이대로는 자기 무덤을 자기가 파는 것이라고 이해하는 것에서 시작해야 합니다. 어떻게 하면 자기 파멸에서 벗어날 수 있을까를 우리 스스로가 생각해야 합니다.

자본주의의 실체를 파악하고 그 너머를 기획하는 데 있어『모모』는 매우 중요한 텍스트입니다. 엔데는 이런 이야기를 여행 중에 우연히 만난 이름도 모르는 사람에게서 들었다고 그 후기에 썼습니다. 그리고 그는 이런 모든 일이 과거의 이야기인 듯 보이지만 실은 앞으로 일어날 일이라고 했습니다. 허무맹랑해 보이는 이 이야기가 아직도 세상에 떠돌아다니는 이유는 아마도 그 미래의 순간이 머지않았기 때문일 것입니다. 머지않은 그 시기를 누군가는 준비해야 하기 때문일 것입니다.

그 시기를 준비하는 이들을 향해 모모는 아마도 이런 말을 건넬 것입니다.

다르게 생각지 말고, 다른 걸 생각하세요(Think different, not think differently). 다르게 생각한다고 달라지지 않아요. 다르게만 생각하다 보면 정작 다른 걸 잃어버려요. 또 한 가지 부탁드려요. 쌓으려 하지 말고 써버리세요. 쌓으면 쌓을수록 정작 쓸 게 없어져요. 걱정하지 말아요. 하늘이 다 먹여 살릴 거예요.

사회의 구조와
소도

1. 스웨덴의
사례

'민중의 집'과
'국민의 집'

몇 해 전에 스웨덴 '민중의 집(Folkets Hus)' 관련 국제 포럼에 초대받은 적이 있었습니다. 스웨덴에서 민중의 집 연합회 회장과 전무가 직접 참석해 발제해주셨고, 나를 비롯한 몇몇 분들이 토론자로 참여했습니다. 높은 관심을 반영이라도 하듯 전국 곳곳에서 많은 분들이 참석해 열띤 토론을 펼쳤습니다.

민중의 집은 19세기 말에서 20세기 초 스웨덴을 비롯한 유럽 전역에서[80] 동시다발로 생겨난 일종의 쉼터입니다. 당시는 국가와

---

80 스웨덴만이 아니라 이탈리아의 'Casa del Popolo', 포르투갈의 'Casa do Povo', 독일의 'Gewerkschaftshaus', 스위스의 'Volkshaus', 스위스와 프랑스의 'Maison du Peuple(또는 Bourse du Travail)', 영국의 'People's Palace', 오스트리아의 'Volksbildungshaus', 네덜란드의 'Volksgebouw' 등 다양한 이름으로 전개되었습니다.

자본주의가 점차 그 지배력을 강화하던 시기였는데, 이곳에서 사람들은 노동자·농민·여성을 위한 다양한 활동을 펼쳤습니다. 지금도 스웨덴에는 전국에 500여 개가 넘는 민중의 집이 자치적으로 운영되고 있고, 이곳을 사람들은 사회통합과 다양한 진보적 활동의 거점으로 삼고 있습니다.

스웨덴 하면 우리는 보통 '복지의 천국'을 떠올립니다. 모든 아이를 모두의 아이로 키우는 공공육아, 환자이기 이전에 시민의 한 사람으로서 존엄을 유지할 수 있게 하는 무상의료, 언제든 누구라도 배움의 기회가 제공되는 무상교육 등의 정책이 모두 스웨덴에서 나왔습니다.

물론 이런 복지정책은 한손(Per Albin Hansson)이라는 위대한 정치가의 '국민의 집(folkhemmet)' 철학이 있기에 가능한 일이었습니다. 요람에서 무덤까지 모든 국민을 한 가족처럼 대하자는 복지철학이 있기에 그 제도화가 가능했습니다. 국가의 모든 제도는 이렇게 그 바탕에 제도를 만들어낸 생각과 철학이 있게 마련입니다.

하지만 동시에 한 사람의 생각과 철학이 훌륭하다고 해서 그것이 바로 제도로 만들어지는 것은 아닙니다. 정치가의 철학은 실은 국민의 집합적 사유와 실천의 산물입니다. 다시 말해 스웨덴이 '복지의 천국'일 수 있었던 것은 '국민의 집' 철학이 있었기에 가능한 일이었고, 이런 '국민의 집' 철학은 스웨덴 시민들의 '민중의 집' 실천이 있기에 가능한 일이었습니다.

한 발 더 나아가 우리는 '민중의 집'과 '국민의 집'의 차이에 대해서도 알아야 합니다. 시민적 실천과 그것의 제도화는 비록 그 취지가 같더라도 실천의 방향에서는 같지 않습니다. 실천의 방향마저 같아서는 시민적 실천이 국가정책의 대리인 역할밖에 하지 않게 됩니다. 이런 점에서 볼 때 '민중의 집'과 '국민의 집'은 같은 듯 보이지만 실은 많이 다릅니다. '민중'이 단지 '국민'으로 바뀐 정도가 아니라 두 용어 사이에는 우리가 미처 알지 못했던 시민적 실천과 그 제도화의 큰 차이가 있습니다.

사람의
공간과 관계

먼저 '민중'과 '국민'은 스웨덴어에서는 본래 같은 용어입니다. '민중의 집(Folkets[81] Hus)'과 '국민의 집(folkhemmet)'은 같은 'folk', 즉 영어로는 'people'이고 우리말로는 '사람'입니다. 이런 '사람'을 '민중'으로 번역해서는 계급적 당파성으로 오해될 소지가 있고, 이런 '사람'을 '국민'으로 번역해서는 국가의 시혜 대상으로 전락시킬 우려가 있습니다.

81   참고로 'Folkets'의 'et'는 '들'이라는 복수형이고, 's'는 '의'라는 소유격입니다.

다음으로 '민중의 집'과 '국민의 집'에서 그 '집'은 실은 서로 다른 '집'입니다. '민중의 집'에서는 'hus'인 반면에, '국민의 집'에서는 'hemmet'입니다. 전자는 영어로는 'house' 우리말로는 '가옥'인 반면에, 후자는 영어로는 'home' 우리말로는 '가정'입니다. '민중의 집'을 영어로 'People's House'로 번역하고, '국민의 집'을 'people's home'으로 번역하는 것도 이런 차이 때문입니다.

가옥과 가정의 구별은 매우 중요합니다. 가옥은 '공간'이고, 가정은 그 안에서의 '관계'입니다. "집에 초대한다"는 것은 자신의 주거 공간에 타자를 불러 접대한다는 것이고, "집안이 화목하다"는 것은 같은 공간에 사는 이들 사이의 관계가 좋다는 이야기입니다. 이런 차이를 명확히 구별하지 못하면 시민의 실천과 국가의 정책이 구별되지 않을뿐더러, 각각의 지향이 잘못 이해됩니다. 민중의 '집'을 가정으로 이해해서는 상호부조로 그 의미가 변질되고, 국민의 '집'을 가옥으로 이해해서는 잘 갖춰진 수용소에 지나지 않게 됩니다.

한마디로 '민중의 집'이든 '국민의 집'이든 그 주체와 대상은 모두 '사람'이고, 그 형태와 지향은 전자가 '가옥(공간)'인 반면에 후자는 '가정(관계)'입니다. '민중의 집'이 사람이면서도 사람대접 못 받는 이들을 초대하는 공간이라면, '국민의 집'은 한 국가 안에 든 모든 이들이 형제처럼 화목하게 지내는 관계라 할 수 있습니다.

그런데 여기서 우리는 한 가지 의문을 갖게 됩니다. 왜 사람들

/ 제4장 : 사회의 구조와 소도

은 사람이면서도 사람대접 못 받는 이들을 초대하기 위해 '민중의 집'이라는 별도의 공간을 만들었을까요? 또 이런 시민적 실천이 어떻게 해서 한 국가 안에 든 모든 이들을 형제처럼 화목하게 살 수 있게 하는 '국민의 집'이라는 관계를 만들어낼 수 있었을까요? 사회적 경제에서 이는 매우 중요한 대목이고, 이번 장에서 이야기하고자 하는 주제도 바로 여기에 있습니다.

사람의
확대와 돌봄

'민중의 집' 포럼에 토론자로 참석한 나는 스웨덴의 사례에서 우리가 무엇을 배워야 할지에 대해 이야기했습니다. 복지의 천국이라고 마냥 부러워할 것이 아니라 이를 있게 한 시민의 실천이 어떤 의미를 지니는지에 대해 이야기했습니다.

먼저 스웨덴의 시민들이 전국에 500여 개 넘게 설치한 '민중의 집'은 그 주인이 '사람'입니다. 아니, 정확히 말하면 사람이면서도 사람대접 못 받는 사람들입니다. 물론 이런 사람들은 시대에 따라 계속 변화해왔습니다. 처음에는 노동자·농민이었지만 점차 소비자나 지역 주민으로 확대되었고, 지금은 아동·청소년·이민자·부랑자 등으로 다시 확대되고 있습니다.

중요한 것은 이런 '사람들의 확대'가 인간과 그들의 연대에 의해 이루어져왔다는 사실입니다. 사람이면서도 사람대접 못 받는 사람들이 살아갈 수 있도록, 스스로를 인간이라 자각한 이들과 그들의 연대가 특별한 공간을 마련해왔다는 점입니다. 덕분에 민중의 집은 사회주의운동·노동운동·협동조합운동 등과 같은 동시대 사회운동의 도움을 받으면서도 이에 유착하거나 지배당하지 않았습니다. 아니, 오히려 이런 과정에서 시대를 뛰어넘어 사회운동이 성장할 수 있었습니다. 만약에 이런 확대가 없었다면, 또 이를 위해 인간과 그들의 연대가 나서지 않았다면, 민중의 집은 아마도 한 시대의 계급운동으로 전락했을 것입니다. 모든 이들을 가족처럼 대하자는 스웨덴식 복지정책이나 철학도 태동하지 못했을 것입니다.

　　다음으로 중요한 것은 이런 '민중의 집'에서의 행위가 주로 돌봄과 소통이었다는 사실입니다. 아니, 정확히는 돌봄을 통한 소통이었다는 것입니다. 민중의 집에 든 사람들은 돌봄이 필요한 사람들이었습니다. 국가는 물론이고 가정에서조차 사람대접 못 받는 사람들이었습니다. 이들에게 휴식과 평화를 제공하는 것이 민중의 집이 지닌 가장 큰 역할이었습니다. 그리고 그 결과로서 사람들 안에서는 소통이 이루어졌습니다. 돌봐주고 쉴 수 있게 해준 덕에 그 공간 안에 자신을 두고 그 공간 안에서 다른 이들과 소통하게 되었습니다. 민중의 집은 돌봄을 통한 소통의 공간이지 그 반대의 경우가 아니었습니다.

그런데 우리나라에서는 이를 거꾸로 이해하려는 경향이 있습니다. 다양한 사회운동의 소통 공간으로 민중의 집을 이해하고 있습니다. 하지만 정작 스웨덴 민중의 집은 돌봄의 공간이었지 소통의 공간이 아니었습니다. 소통은 이런 돌봄의 과정에서 얻는 선물이었습니다. 어떤 상황에서도 함께 살아가는 가족 같은 관계를 만들고자 했던 스웨덴의 복지정책과 철학은, 이렇게 새로운 사람들을 찾아 끊임없이 보살피고자 했던 시민적 실천 속에서 태동한 것이었습니다.

마한과
소도에 대한 상상

민중의 집 사례를 보면서 나는 100여 년을 꿋꿋이 이어온 그들의 노력이 지금의 복지 천국을 만들 수 있었음을 느끼게 되었습니다. 그리고 한편에서는 우리에게는 정녕 이런 실천이 없었나, 급격한 산업화와 도시화 속에서 우리는 정녕 내 한 몸 편히 쉴 작은 공간 하나도 만들지 못해왔나를 돌아보게 되었습니다.

그리고 이런 나의 안타까움이 삼한시대 마한(馬韓)과 소도(蘇塗)를 발견하기에 이르렀습니다. 기껏해야 백제로 발전하기 이전의 부족연맹으로만 알고 있는 마한이 실은 스웨덴처럼 복이 넘치는 나라였음을, 또 기껏해야 데모하다 수배 중인 사람을 피신시켜주는 곳으로나 알고 있는 소도가 실은 민중의 집과 같은 돌봄의 공간이었음을 알게 되었습니다. 나아가 민중의 집이 있음으로써 국민의 집이 달성된 것처럼, 소도가 있음으로써 마한이라는 사회가 복이 넘치는 사회일 수 있었음을 알게 되었습니다.

물론 이런 마한이나 소도는 지금 그 흔적조차 남아 있지 않습니다. 마한은 백제라는 국가로 흡수돼버렸고, 소도 또한 조선시대 모정(茅亭)[82]으로 왜소화되었다가 지금은 완전히 사라져버렸습니다. 그럼에도 나는 사회적 경제가 사회를 재발견하고 재구축하기 위해서는 한반도 이남에서 처음으로 사회를 형성한 마한에서 배워야 하고, 또 소도와 같은 공간을 구축해야 한다고 믿습니다. 마한과 소도에 대한 상상을 통해 무너진 사회를 재구축해야 한다고 생각합니다.

마한과 소도에 대한 지금부터의 이야기는 학계의 주장과는 조금 거리가 있습니다. 어떤 면에서 이는 역사적 논증이라기보다 차라리 유토피아적 상상에 가깝습니다. 누구도 본 적 없고 기록에도

---

82 '모정(茅亭)'은 "짚이나 억새로 지붕을 이은 정자"라는 의미로 주로 신령한 나무가 있는 마을의 중심지에 세워졌습니다. 이곳에서 사람들은 마을신에 제사 지내고, 마을의 대소사를 논의했습니다. 연희와 축제가 이곳에서 행해졌고, 아이들에 대한 교육도 이곳에서 이루어졌습니다.

거의 남아 있지 않지만, 숨겨진 과거의 일들을 들춰내 미래를 기획
하자는 것이 이번 장의 취지입니다.

2. 마한
이야기

『삼국지』

인용

　　　　　　마한과 소도에 관한 기록은 안타깝
게도 우리 역사책에는 거의 남아 있지 않습니다. 중국 진나라 때 진
수(陳壽)가 편찬한 『삼국지(三國志)』에 그나마 소략히 남아 있을 뿐
인데, 그 내용을 간단히 소개하면 다음과 같습니다.

　(마한의) 그 풍속은 기강이 흐려서(其俗少綱紀)

　국읍에 비록 주수가 있어도(國邑雖有主帥)

　읍락에 뒤섞여 살기 때문에(邑落雜居)

　제대로 다스리지 못한다(不能善相制御).

　…

　해마다 5월이면 씨 뿌리기를 마치고(常以五月下種訖)

귀신에게 제사를 지낸다(祭鬼神).

떼를 지어 모여서 노래와 춤을 즐기며(羣聚歌舞)

술 마시고 노는데 밤낮을 가리지 않는다(飮酒晝夜無休).

…

10월에 농사일을 마치고 나서도 이렇게 한다(十月農功畢 亦復如之).

귀신을 믿기 때문에(信鬼神)

국읍에 각각 한 사람씩을 세워서(國邑各立一人)

천신의 제사를 주관하게 하는데(主祭天神)

이를 천군이라 부른다(名之天君).

또 여러 나라에는 각각 별읍이 있으니(又諸國各有別邑)

이를 소도라 한다(名之爲蘇塗).

큰 나무를 세우고(立大木) 방울과 북을 매달아 놓고(縣鈴鼓)

귀신을 섬긴다(事鬼神).

그 안에 도망 온 사람은(諸亡逃至其中)

누구든 돌려보내지 아니하므로(皆不還之)

도적질하는 것을 좋아하게 된다(好作賊).

그들이 소도를 세운 뜻은(其立蘇塗之義) 부도와 같으나(有似浮屠)

행하는 바의 좋고 나쁜 점은 다르다(而所行善惡有異).

그 나라 북방의 (중국)군에 가까운 제국은(其北方近郡諸國)

그런대로 약간의 예의 풍속이 있지만(差曉禮俗)

멀리 떨어진 지역은(其遠處)

흡사 죄수와 노비가 모여 사는 곳과 같다(直如囚徒奴婢相聚).

먼 옛날이야기고 더욱이 국읍(國邑)·주수(主帥)·읍락(邑落)·천군(天君)·별읍(別邑)·소도(蘇塗) 같은 생소한 단어들도 많이 등장합니다. 이해를 돕기 위해 우선 간단하게나마 마한의 전체적인 현황과 생소한 언어들에 대한 설명을 덧붙이면 다음과 같습니다.

마한은 기원후 1세기에서 3세기에 걸쳐 지금의 경기도 북부와 충청도·전라도 일대에 있었던 50여 개의 작은 나라들이 모여 만든 '연방제 사회'[83]였습니다. 또 한 나라는 크게는 만여 가족[84]에서 작게는 수천 가족으로 이루어져 있었고, 그 크기는 반경 20킬로미터 내외였습니다. 그리고 이런 각각의 나라 안에는 다시 여러 개의 읍락이 있었는데, 그 가운데 특히 정치경제적 수도에 해당하는 '국읍'과 특별한 마을로서 '소도'가 있었습니다. '천군'은 이런 국읍에서 하늘에 대한 제사를 주관하는 일종의 제사장이었고, '주수'는 그 나라를 다스리는 일종의 정치경제적 지도자였습니다. 이런 기초적인 이해를 바탕으로 『삼국지』의 내용을 하나씩 살펴보도록 하겠습니다.

83　마한을 '연방제 사회'라 해서 그것이 '사회의 연방'을 의미하지는 않습니다. 마한에 속한 여러 나라는 마한이라는 연합체를 통해 사회를 형성했지 독자적으로 사회를 형성하지 않았습니다. 즉, '연방제 사회'란 '연방을 통한 사회의 형성'이지 '사회의 연방'이 아닙니다. 자세한 내용은 뒤에 다시 설명하겠습니다.

84　이때의 가족은 지금의 핵가족과는 매우 다릅니다. 한 가족은 남녀노소 수 명 내지는 수십 명으로 이루어진 대가족이었습니다.

귀신의
의미

먼저 "해마다 5월이면 씨 뿌리기를 마치고 귀신에게 제사를 지낸다.… 10월에 농사일을 마치고 나서도 이렇게 한다"는 대목입니다.

마한의 여러 나라에서는 매년 파종과 수확을 끝낸 이후에 반드시 귀신에게 제사 지내는 풍습이 있었습니다. 물론 여기서 말하는 귀신은 우리가 보통 생각하는 것처럼 죽은 조상의 혼령만이 아닙니다. 마한 사람들에게 있어 귀신은 지금의 용어로 치면 생명이고, 조상은 이런 생명의 의인화한 모습 가운데 하나입니다.

지금으로부터 약 20만 년 전쯤에 우리의 직접 조상인 호모 사피엔스가 출현했을 당시에 지구에는 그들 외에도 다양한 사람속(Genus Homo)들이 살고 있었습니다. 호모 사피엔스는 최소한 24종에 이르는 사람속 가운데 하나에 불과했고, 개체수나 신체조건 면에서 오히려 호모 에렉투스나 네안데르탈인보다 열등한 존재였습니다.

하지만 이런 다양한 사람속 가운데 지금까지 살아남은 것은 오직 호모 사피엔스뿐입니다. 나머지 사람속들은 주기적으로 반복되는 추위와 먹잇감 확보의 어려움 속에서 모두 멸종해버렸습니다. 대체 어떤 이유로 유독 호모 사피엔스만 살아남을 수 있었을까요? 호모 사피엔스는 다른 사람속과 비교해 어떤 특별한 능력을 지녔을까요?

혹자는 불을 피울 줄 알았기에 추위에 견딜 수 있었던 것을 생존의 비결로 듭니다. 또 혹자는 날카로운 도구를 제조해 사냥에 성공했기 때문이라고 말합니다. 수명이 길고 육아기도 길어 지식의 세대 간 전승이 가능했던 것을 원인으로 꼽기도 합니다. 다 맞는 이야기지만 실은 이는 어떤 현상에 의해 생겨난 결과이지 이것이 원인이 되어 호모 사피엔스가 유일하게 살아남은 것이 아닙니다.

일본의 종교학자 나카자와(中沢新一)는 지금으로부터 약 5만 년 전쯤에 호모 사피엔스의 대뇌 뉴런조직에 혁명적 변화가 일어났다고 말합니다. 그 결과로 호모 사피엔스는 이제까지 지구를 지배해왔던 네안데르탈인과는 다르게 대뇌의 각 부분을 연결하는 상위 회로를 만들 수 있게 되었고, 이를 통해 대뇌의 여러 영역을 횡단해 접속하는 새로운 뉴런 네트워크를 형성하면서 연상·비유·대응의 사고능력을 갖게 되었다고 말합니다.

무엇이 계기가 되어 호모 사피엔스의 대뇌에 이런 혁명적 변화가 일어났는지는 확실치 않습니다. 다만 분명한 것은 이를 통해 호모 사피엔스만이 유일하게 먹잇감과 자신을 물질적으로 구분하면서도 둘 사이를 잇는 물질적인 것 이상을 알아챘다는 사실입니다. 모든 존재하는 것들 안에서 물질적인 것 이상—보통 '마음'이나 '영혼'이라 부르는 것—을 알아챘다는 것입니다. 암벽에 사냥감을 그리고 동료를 장례 지내면서 그들의 영혼을 기린 것은 오직 호모 사피엔스뿐이었습니다. 그리고 이를 통해 호모 사피엔스는 자연을 더 깊이 이해할 수 있었고, 자연을 의인화해 자신과 다시 관계시킬 수 있었습니다. 위에서 말한 불을 관리하고, 날카로운 도구를 제작하며, 지식을 후대에 전승할 수 있는 능력은 모두 이런 혁명적 변화가 낳은 결과였습니다. 한마디로 오늘날 우리가 '자연신앙(animism)'이라 부르는 이런 혁명적 변화가 가장 늦게 출현한 호모 사피엔스를 지금까지 생존할 수 있게 했습니다.

마한 사람들이 파종과 수확을 끝내고 귀신에게 제사 지낸다 했을 때의 그 귀신이 바로 이런 파종과 수확하는 자연 안에 담긴 물질적인 것 이상의 '아니마(anima)'[85]였고, 아니마가 담긴 자연이었습니다. 호모 사피엔스가 영혼을 기리기 위해 암벽에 사냥감을 그리고 동료를 장례 지내는 것의 제도화된 의식이 바로 마한 사람들의 귀신에 대한 제사였습니다. 물론 그 안에 당연히 조상도 포함되었습니다. 조상은 죽었어도 그 영혼은 여전히 살아 있다 여겼습니다. 한마디로 마한 사람들이 제사 지낸 귀신은 요즘 말로 하면 생명(들)이고, 생명이 깃든 생명체(들)이며, 생명의 의인화한 모습(들)이었습니다.

85   아니마에 대한 자세한 설명은 주28)을 참조해주시기 바랍니다.

천신의
의미

　　　　　　　　그런데 여기서 우리는 한 가지 의문을 갖게 됩니다. 『삼국지』에는 "귀신을 믿기 때문에 국읍에 각각 한 사람씩을 세워서 천신(天神)의 제사를 주관하게 한다"는 대목이 있습니다. 귀신을 믿으면 귀신에게 제사 지내야지 왜 천신에게 제사 지낼까요? 귀신에 대해 파종과 수확이 끝난 이후에 제사 지내면서 왜 또 천신에 대한 제사를 별도로 지냈을까요? 천신은 대체 누구이고 귀신과는 또 어떻게 관계될까요?

　　　인간이 공동체를 이루어 살아가는 데는 반드시 그 안에 생명에 대한 공통의 사유와 공동의 의식(儀式)이 필요합니다. 그리고 이런 생명은 보통은 지리적이고 구체적인 생명입니다. 지리적이고 구체적이지 않으면 공동체 구성원들이 공유할 수 없습니다. 파종과 수확 이후에 거행된 제사는 이런 지리적이고 구체적인 생명에 대한 제사였습니다.

　　　하지만 동시에 이런 지리적이고 구체적인 생명은 다른 공동체와의 만남을 저해하기도 합니다. 다른 공동체와의 만남에서 그들이 믿는 생명은 다른 공동체의 지리적이고 구체적인 생명과 부딪히기도 합니다. 공동체가 각자의 지리적 특성을 반영한 귀신을 갖는 것은 당연하지만, 이런 서로 다른 귀신을 엮은 보편적이고 초월적인 귀신이 등장하지 않으면 공동체와 공동체의 관계가 평화로울 수 없습니다. 마한에서의 천신은 바로 이런 귀신이었습니다. 귀신이 지리적이고 구체적인 생명인 데 비해, 천신은 초월적이고 보편적인 생명이었습니다.

보편적·초월적 천신의 등장은 단지 마한만이 아니라 인류사에서 공통으로 벌어진 현상입니다. 나는 위에서 지금으로부터 약 5만 년 전에 호모 사피엔스에게 혁명적 변화가 일어났다고 이야기했습니다. 이런 변화 이후에 인류는 오랫동안 수렵과 채집으로 생활해왔고, 그러다 약 1만 년 전에 마지막 빙하기가 끝나면서 생긴 다량의 물과 초원을 이용해 농경과 목축을 시작하게 되었습니다.

농경과 목축은 엄청난 기술 혁신이었습니다. 생산력의 급속한 발달로 물질적으로는 풍요로워졌지만, 다른 한편에서는 삼림 고갈과 토양 침식 같은 자연 파괴 현상, 제한된 토지를 놓고 정착민과 이주민 사이의 갈등이 곳곳에서 생겨났습니다. 특히 유라시아 대륙에서 발생한 유목민족의 대규모 이동은 각지에서 토착민과 이주민 사이에 심각한 충돌을 불러왔습니다. 이대로 두면 모처럼의 기술 혁신이 오히려 인류를 파멸로 이르게 하는 순간이었습니다.

바로 이때 세계 곳곳에서는 매우 놀라운 일이 동시다발로 일어났습니다. 중국에서는 공자나 노자를 비롯한 수많은 제자백가가 등장했고, 인도에서는 우파니샤드에서 석가에 이르는 인도 철학이 태동했습니다. 팔레스타인에서는 엘리야에서 이사야에 이르는 예언자들이 나타났고, 그리스에서는 호메로스에서 플라톤에 이르는

그리스 철학이 출현했습니다. 인류 정신사를 지배하는 대부분의
사상이 놀랍게도 모두 이 시기에 출현했습니다.

　이때를 가리켜 야스퍼스(Karl Jaspers)는 인류 역사의 축이 세워
진 시기라는 의미에서 '기축시대(axial age)'라 불렀습니다. 일본의 과
학철학자 히로이(広井良典)는 5만 년 전에 있었던 혁명적 변화를 '마
음의 빅뱅'이라 표현하면서, 이때의 일을 이와 비견되는 '정신의 빅
뱅'으로 부르고 있습니다. 종교학자 나카자와는 5만 년 전의 변화를
'유동적 지성의 발생'으로, 이때의 변화를 '제1차 형이상학 혁명'[86]
으로 표현하고 있습니다.

　이름이야 어떻든 이때에 출현한 모든 사상은 지리적이고 구체
적인 생명을 넘어선 보편적이고 초월적인 생명에 대한 사유였다는
데 그 공통점이 있습니다. 이런 생명에 대한 보편적 사유 덕분에 부
족이나 씨족 같은 '무리로서의 인간'을 넘어선 '보편적인 인간 개
념'[87]이 등장하게 되었습니다. 그리고 그 결과로 인간은 부족이나

86　　"(인간은) 그 유동적 지성 깊은 곳에서 무엇으로도 한정 지을 수 없는, 어디에도
　　　영역화되지 않는, 어떤 특정한 성질로도 물들지 않는⋯ 실제 무한을 발견하게 되
　　　었고, 이를 '하나(一)'라 표현하기 시작했다."

87　　나카자와는 이를 "'하나인 신(一神)'의 직접적 표출이 다양한 존재자다.⋯ 일(一)
　　　과 다(多)는 이렇게⋯ 직접 연결된다. 모든 존재자는 모두가 일(一)을 직접 표출함
　　　으로써 평등하다. 물론 각각의 존재자는 표출 정도가 다르고, 따라서 같은 존재는
　　　이 세상에 하나도 없다. 그래서 세상은 놀랄 정도로 다양하다.⋯ 일(一)인 것과 다
　　　(多)인 것은⋯ 완전히 동일하다"고 표현했습니다.

씨족의 차이를 넘어선 사회 규범을 갖게 되었고, 이를 매개로 약탈과 전쟁 같은 폭력적 교역에서 벗어나 평화로운 교역이 가능해졌습니다.[88] 한마디로 호모 사피엔스가 '마음의 빅뱅'을 통해 '인류'와 그 '무리(공동체)'를 태동시켰다면, 이번에는 '정신의 빅뱅'을 통해 '인간'과 그 '사회'를 태동시킨 것입니다.

이런 기축시대에 동북아시아에서 출현한 것이 바로 천신(天神) 즉 단군 사상이었습니다. 지금은 비록 신화[89]로밖에는 전해지지 않지만 천신사상(단군사상)과 그 육화(肉化) 의식으로서의 제사가 있었기에 다양한 부족·씨족 간의 차이를 넘어선 보편적 생명과 인간 개념이 태동할 수 있었고, 이를 기반으로 사회가 형성될 수 있었던 것입니다.

---

88   공통의 규범과 이를 통한 평화적 교역의 압축적 결과물이 바로 '문화'입니다. 문화는 농경민(정착민)과 유목민(이주민), 씨족과 씨족, 지리적이고 구체적인 생명 간의 만남에서 태동한 것입니다. 즉, 농경과 목축의 자원적 기술적 패러다임이 그 한계에 도달했을 때, 생산을 통해 인간의 삶이 무한정 풍요로워질 거라는 믿음이 무너져갔을 때, 인류의 관심이 생산의 확대에서 인간의 삶으로 옮겨가고, 생산을 위해 삶이 있는 것이 아니라 삶을 위해 생산이 수렴 변형되는 과정에서 태동한 것이 바로 문화입니다. 그리고 똑같은 상황을 우리는 지금 자본주의의 위기 상황에서 다시 한번 맞이하고 있습니다.

89   고대 사람들에게 있어 신화는 중요한 언어였습니다. 신화는 그들의 문화를 압축적으로 표현해낸 매체였습니다. 중요한 것은 이런 신화가 죽은 이들의 언어, 아니 죽어도 죽지 않은 이들의 언어였다는 점입니다. 이런 언어를 통해 인간은 보이지 않는 이들과 관계했고, 그 관계를 자기 안에 육화시킬 수 있었습니다. 한마디로 신화는 인간을 신격화하기 위한 도구가 아니라, 생명을 의인화시켜 육화하기 위한 정보 전달 매체였습니다.

한 가지 중요한 점은 동북아에서의 이런 천신이 귀신과 대립하지 않았다는 사실입니다. 동북아시아에서 천신은 지리적이고 구체적인 생명(들)의 초월적이고 보편적인 개념이지 그들과 대립하는 개념이 아니었습니다. 천신의 실제 활동은 모두 귀신을 통해 이루어진다고 생각한 것이 동북아시아였습니다. 마한에서 "귀신을 믿었기에 천신에 대해 제사 지낸다" 한 것은 이런 사유의 특징을 드러낸 말입니다.

실제로 마한에서는 천신에 대한 제사의 주관자를 귀신을 믿고 귀신에게 제사 지내는 천군들 가운데 뽑아 거행했습니다. 마한만이 아니라 동북아 전역에서는 '제천(祭天)' 즉 "하늘에 대한 제사"는 보통 '제천사지(祭天祀地)' 즉 "하늘(천신)과 땅(귀신)에 대한 제사"의 줄임말이었습니다. 고구려에서는 항상 주몽(高登神)과 하백(夫餘神)에 대한 제사를 같이 지냈고, 백제 또한 천신(太陽神)과 수신(地母神)에 대한 제사를 같이 지냈습니다.

이는 동북아시아에서 사회가 어떻게 태동했는지를 시사해주는 매우 중요한 대목입니다. 마르크스주의자들은 보통 생산력이 발달한 씨족이나 부족이 인근 씨족이나 부족을 병합하는 과정에서 국가가 태동했다고 말하지만, 이는 국가에는 해당될지 몰라도 사회에는 해당되지 않습니다. 사회는 씨족이나 부족 사이에서, 이를 연결하는 과정에서 태동했습니다. 신화적으로 그것은 '결혼'이라는 상징으로 묘사되었고, 고조선이 태동한 것 또한 환웅(=천신)과 웅녀(=지신)의 결혼 덕분이었습니다. 다시 말해 적어도 동북아시아에서만큼은 사회가 병합이 아닌 연결의 과정에서 태동한 것이고, 따라서 그 사회 안에서는 각각의 지리적이고 구체적인 귀신과 이를 믿는 인간에 대한 어떤 차별도 없었습니다.

제사와 축제의
의미

　　　　　　　　　다음으로 그러면 왜 마한 사람들이 이런 귀신에 대한 제사를 5월 파종과 10월 수확 이후에 거행했는지, 신성한 제사 때 왜 떼를 지어 모여서 노래하고 춤추며 술 마시고 놀았는지에 대해 알아보도록 하겠습니다.

　마한은 한반도 이남에서 최초로 농경을 시작한 사회였고, 이런 농경에서 파종과 수확은 한 해의 시작과 끝을 의미하는 매우 중요한 일이었습니다. 작물을 파종하고 수확하는 것은 당연히 인간과 그 공동체의 몫입니다. 하지만 인간과 그 공동체가 파종한 작물은 자연이고, 이런 자연을 길러주는 것도 자연이며, 이렇게 해서 얻은 결과물(수확물) 또한 자연입니다. 즉, 농경에서는 모든 주체와 과정과 결과가 다 자연입니다. 인간은 단지 시작(파종)과 끝(수확)에 관여하고, 그 과정을 지킬 뿐입니다.

중요한 것은 실제로 자연이 모든 걸 진행하고 인간은 단지 거들뿐이냐 아니냐가 아니라 당시의 사람들이 그렇게 믿고 실천했다는 데 있습니다. 덕분에 마한에서는 해마다 5월이면 파종을 끝내고 앞으로 있을 자연의 모든 과정이 문제없이 진행되도록 기원하기 위해, 또 10월이면 수확을 끝내고 자연의 모든 과정이 문제없이 진행된 것에 감사하기 위해, 자연에 대한 제사를 거행했다는 데 있습니다.

이런 제사 때 음주가무가 행해졌다는 것 또한 지금의 시각으로 바라봐서는 안 됩니다. 음주가무는 요즘 우리가 이해하는 것처럼 단순한 유희나 예능[90]이 아닙니다. 제사 때 술을 마시는 것은 동서고금의 공통된 관습인데, 이때의 음주는 단순히 술을 마시는 것이 아니라 복을 마시는 행위 즉 '음복(飮福)'입니다. 생명의 증여를 기원하고 또 감사해하기 위해 인간이 바친 공물을 그 인간이 다시 공양하는 행위가 바로 음주이고 음복입니다. 그리고 이 과정에서 인간은 제사의 대상인 생명을 모시게 되고 그 생명과 하나가 됩니다. 제사 때 노래 부르고 춤추는 것도 마찬가지입니다. 제사에서의 가무는 그냥 노래나 춤이 아니라 귀신을 부르는 '초혼(招魂)'입니다. 생명을 부르는 인간의 소리와 몸짓이고, 이 과정에서도 인간은 생

---

90   '예능'에 해당하는 영어 '엔터테인먼트(entertainment)' 안에는 실은 '접대'의 의미가 담겨 있습니다.

명을 모시게 되고 생명과 하나가 됩니다.

단군의 역사를 기록한 고려 말기 유학자 이암(李嵒)의 『단군세기』에는 "신시 이래로(神市以來) 하늘에 제사 지낼 때마다(每當祭天國中大會) 나라 안의 사람들이 크게 모여 함께 노래 부르고 큰 덕을 찬양하여 서로 화목을 다졌는데(齊唱讚德諧和)" 그 노래가 '어아가(於阿歌)'[91]라고 했습니다. 또 "어아가를 부르며(於阿爲樂) 조상에 대해 고마워하고(感謝爲本) 신인이 사방을 다 화합하는 식을 올리니(神人以和四方爲式) 이것이 곧 참전의 계율이 되었다(是爲參佺戒)"고 했습니다. 여기서 말하는 참전은 귀신(생명)과 하나 됨을 의미하고, 이 것이 계율이 되었다 함은 한 사회의 공통 규범이 되었음을 의미합니다.

마한 사람들이 제사 때 췄던 춤의 모습에 대해 『삼국지』에서는 "수십 명이 일어나(數十人俱起), 앞서거니 뒤서거니 따르고(相隨), 땅을 밟고 고개를 들었다 내렸다 하며(踏地低昻), 손발을 부딪쳐 가락과 장단을 맞춘다(手足相應節奏)"고 묘사했습니다. 당시의 제사가 남

---

91   '어아가'의 가사를 내 나름으로 번역하면 이렇습니다. "어아 어아 / 우리 조상님네 큰신 은혜 높은 공덕 / 배달나라 우리 모두 영원토록 잊지 마세 // 어아 어아 / 착한 마음 큰 활 되고 나쁜 마음 과녁 되네 / 우리 한사람 한사람이 큰 활과 활줄로 착한 마음 하나 되면 / 한마음 곧은 화살로 모일지니 // 어아 어아 / 우리 한사람 한사람이 여럿을 모아 큰 활로 하나 되면 / 화살이 과녁을 뚫고 우리네 착한 마음 안의 한 덩이 악한 마음마저 녹이네 // 어아 어아 / 우리 한사람 한사람 모두가 한 마음이면 큰 활이 견고해질지니 / 배달나라 영광일세 수백 수천 년의 크신 은덕일세 // 우리 조상님 우리 조상님."

녀노소 구분 없이 모두가 함께했다는 것, 그리고 이런 제사 때의 춤에서 땅을 밟아 지신을 불러들이고 하늘에 소리쳐 천신을 불러들였다는 것, 그리고 이것이 나중에 지신밟기나 강강술래 같은 전통 춤으로 이어졌다는 것을 알 수 있는 대목입니다.

모든 예능은 실은 그 기원이 제사에 있습니다. 천신과 귀신에 감사하고 염원하는 집단적 행위가 지금의 노래와 춤을 낳았습니다. 그리고 이때에는 반드시 먹어야 하고 또 먹여야 했습니다. 감사와 염원을 담아 귀신들이 먹을 수 있도록 차려야 하고, 이렇게 차려진 것을 먹어 없애야 제사로서의 의미가 살아났습니다. 밤낮을 가리지 않고 며칠이나 음주가무가 이어진 데는 이런 이유가 있었습니다. 아메리카 인디언의 포틀래치(potlatch) 역시 그 기원이 제사에 있고, 이 말 안에는 '먹는다' '소비한다' 그래서 '탕진한다'는 의미가 동시에 담겨 있습니다.

제사의
공리적 기능

모든 제사가 그렇듯이 마한의 제사도 '떼 지어(羣聚)' 거행되었습니다. 물론 이때의 '떼'는 단지 공동체의 구성원만을 지칭하는 것이 아니었습니다. 구성원끼리만 지내는 제사는 별로 의미가 없었습니다. 마한 사람들이 일상에서 귀신을 믿었음에도 굳이 제사를 지냈던 것은, 평상시에는 잘 만나지 못하고 느끼지 못하는 이들과 만나기 위해서였습니다. 이들을 초대해 만남의 시간을 가짐으로써 평상시에는 의식하지 못하는 이들과의 관계를 체험하기 위해서였습니다.

제사에 초대되는 이들은 당연히 귀신이었습니다. 하지만 이런 귀신들은 대부분 볼 수도 또 느낄 수도 없는 존재였습니다. 볼 수 있는 귀신은 오직 이방인뿐이었고, 느낄 수 있는 귀신은 오직 돌아가신 조상들뿐이었습니다. 한마디로 이방인과 조상은 당시의 사람들에게는 귀신 즉 생명을 대표하는 생명의 환유였습니다. 생명의 공간적 환유가 이방인이라면, 시간적 환유가 조상이었습니다. 멀리 떨어진 듯 보이지만 실은 우리와 깊이 관계하고, 이미 지나간 듯 보이지만 실은 우리 안에 여전히 살아 있는 일체의 생명을 드러내는 표상이었습니다.

제사는 가시적으로는 이들을 초대하고 접대하는 자리였습니다. 조상과 이방인을 초대해 몇 날 며칠을 떼 지어 함께 노래하고 춤추고 술 마시며 대접하는 자리가 제사였습니다. 그리고 이런 취지를 살리기 위해 마한 사람들은 가지고 있는 부를 모두 소비해서 어떤 것도 남기지 않았습니다. 모스가 말했던 것처럼 이때의 소비는 '소비'보다는 오히려 '파괴'에 가까웠고, "그곳에서는 실제로 소비와 파괴의 한계가 없습니다."

물론 이때의 부는 사적인 부가 아니었습니다. 당시는 아직 '개인'이 존재하지 않았고, 따라서 부는 사적인 것이 아니었습니다. 그렇다고 해서 부 자체가 존재하지 않은 것도 아니었습니다. 농경의 시작은 부의 축장 덕분에 가능한 일이었고, 마한은 한반도 이남에서 최초로 농경을 시작한 사회였습니다. 따라서 마한에서의 부는 공동체적이고 사회적으로 형성한 부였고, 이런 부를 공동체적이고 사회적으로 탕진한 것이 제사였습니다.

중요한 점은 이런 탕진의 과정에서 그들이 오히려 부를 유지할 수 있었다는 사실입니다. 그들이 없애버린 부는 실제로는 다음 해 농사를 위해 준비해야 할 것을 뺀 나머지, 즉 필요를 제한 여분(餘分)이었습니다. 이런 여분을 그들은 제사와 축제에서 모두를 향해 탕진함으로써 사람에게서 떨어져 나와 잉여로 변질되는 것을 막았을 뿐만 아니라, 모두 안에서 생명의 증여로써 영원히 살 수 있게 만들었습니다.[92] 부의 탕진은 이렇게 소극적으로는 사적인 축장을 불가능하게 만드는 것이지만, 보다 적극적으로는 부를 죽임으로써 오히려 부가 계속 살 수 있게 한 것입니다.

또 한 가지 중요한 점은 이 과정에서 구현된 사회적 통합입니다. 사회적 경제에서 '사회통합'을 많이 언급하는데 이는 본래는 '사회적 통합(social inclusion)'이지 '사회통합'이 아닙니다. 사회통합은

---

[92] 여분·잉여·증여는 엄격히 구분되어야 합니다. 여분은 일본어에서는 여잉(餘剩),

한 사회 구성원의 통합이지 다른 사회 구성원과의 통합이 아닙니다. 제사나 축제에서 '우리'와 '이방인'은 하나가 되어서는 안 됩니다. 조상과 이방인에 대한 충분한 접대를 위해서는 접대의 주체가 접대의 대상으로부터 스스로를 구분해야 하고, 성심껏 접대하며 함께 어울려도 여전히 주체는 주체로서 또 대상은 대상으로서 남아 있어야 합니다. 모스는 이를 두고 "사람들은 형제처럼 친교를 맺지만, 동시에 이방인인 상태로 있다.… 서로 친하게 지내면서도 또한 서로 대립한다"고 했습니다.

하지만 이런 과정에서, 즉 서로 대립하면서도 친교하는 과정에서 한 사회는 비로소 그 내부적 상호성—보통 '호혜'라 부르는—을 강화시킵니다. 모스의 표현을 빌리자면 "서로 친하게 지내면서도 또한 서로 대립하는 과정에서 우리는 극도로 다양한 미적 현상으로 넘어갑니다." 생명에 대한 제사, 조상과 이방인을 향한 접대가 마한 사회 내부의 인간관계를 만들지 그 반대가 아닙니다. '사회적 통

영어에서는 redundance 혹은 excess, 프랑스어에서는 surabondance 혹은 excés에 해당하는 것으로, 필요를 제한 나머지를 가리킵니다. 이 여분이 어떻게 쓰이느냐에 따라 자본의 이익으로 수렴되면 잉여가 되고, 인간과 생명을 향한 혜택으로 쓰이면 증여가 됩니다. 잉여와 비슷한 말로 '이익(利益)'이라고 있는데 '이(利)'와 '익(益)'은 본래 같은 말이 아닙니다. '이(利)'는 공동노동의 산물인 벼(禾)에 칼(刀)을 들이대 내 것으로 만드는 것 즉 여분의 잉여화를 의미하는 데 비해, 익(益)은 빈 잔(皿)에 물(氵) 채우듯 모자란 곳에 채워주는 것 즉 여분의 증여화를 의미합니다. '홍익인간(弘益人間)'의 '홍익(弘益)' 또한 본래는 "널리 모자란 곳에 채워준다"는 의미지 단순히 "널리 이롭게 한다"가 아닙니다.

합'의 본래 의미는 이렇게 외부를 향한 공동체적이고 사회적인 부의 탕진 과정에서 한 사회와 그 안의 인간이 스스로의 지고성과 상호성을 강화시킨다는 의미입니다.

나를 향한
환대

　　　　　　인류학자 조한혜정 교수는 우리나라 전통사회의 핵심적 가치로서 '봉제사(奉祭祀)'와 '접빈객(接賓客)'을 든 적이 있습니다. 시간적으로는 조상, 공간적으로는 손님에 대한 제사와 접대야말로 우리 민족의 도덕적 탁월성이고, 이를 회복하는 것이 현대사회 여러 문제를 해결하는 단초라고 주장했습니다.

　그녀의 이런 주장은 사익 추구만을 위해 살아가는 우리 사회에 많은 시사점을 안겨줍니다. 지금의 나를 있게 한 시간의 연속성과 공간의 관계성을 이해하고 환대하지 않고는 결국 나와 우리 모두가 살아갈 수 없음을 일깨워주는 이야기입니다. 하지만 동시에 우리는 조상에 대한 제사와 이방인에 대한 접대의 의미를 좀 더 파헤칠 필요가 있습니다. 조상과 이방인으로 상징되는 타자, 제사와 접대로 상징되는 환대가 과연 타자를 향한 환대로만 머무는가 하는 점입니다. 마한에서의 제사와 축제가 실제로는 마한 사회 내부의 지고성과 상호성을 강화시켰듯이, 타자에 대한 봉접은 결국 나에게로 향하는 것이 아닐까 하는 점입니다.

제사와 접대의 대상은 상징적으로는 조상이나 이방인이어도 그것이 환유하는 바는 생명 전체입니다. 고대로부터 생명 전체를 드러내는 시간적 환유가 조상이었고, 공간적 환유가 이방인이었으며, 그들을 향한 제사와 접대는 결국 모든 생명을 향한 제사이고 접대였습니다.

조선 초기 유학자 이맥(李陌)은 "무릇 제사란 생명을 표상하는 것에서 시작해(夫祭者 必先象生) 생명에게 정성을 다하는 것(欲致如常生之誠也)"이라고 했습니다. 인간이 제사 때 "신위를 세우고 상을 차려 공양하는 것은(立主設床 以薦供者) 생명과 직접 만나기 위해서(乃欲表親見之儀也)"이고, 이렇게 인간이 "과거를 기억하고 또 그 은혜에 보답하는 것은(追遠報本者) 실은 지금의 생명을 소중히 여기고 그 뜻을 후대에 전하기 위해서(其欲重今生而續有後之訓也)"라고 했습니다.

이맥의 이런 이야기는 제사의 대상이 생명이고, 제사의 목적이 생명과의 만남에 있으며, 이를 통해 얻는 것이 결국은 현재와 미래가 생명의 세상이 되게 하기 위함임을 강조했다는 점에서 너무나 훌륭합니다. 생명에 대한 제사와 접대를 통해 궁극적으로 도달해야 할 것이 지금의 '나'와 미래의 '나'라는 점에서 이 이야기는 동학의 최시형 선생이 말한 '향아설위(向我設位)'와 그 맥락을 같이합니다. 선생은 제사 지낼 때 그 위패를 조상을 향해 두지 말고 나를 향해 두라고 했습니다. 제사가 차츰 자기 부모에 대한 형식적 의례로 변질돼가던 시기에 선생은 "천지 즉 일체의 생명이 곧 나의 부모(天地父母)"라고 했고, 따라서 부모에 대한 제사는 곧 천지에 대한 제사이고, 살아 있는 나에 대한 제사이며, 앞으로 살아갈 후대를 위한 제사라고 했습니다.

노동에 대한
평가

　　　　　　　　위에서 나는 외부를 향한 제사와 접대가 마한 사회 내부의 인간관계를 만들지 그 반대가 아니라고 했습니다. 이마무라는 이를 "상호행위가 성스런 것을 만들어내는 것이 아니라 성스런 것에 의해 상호행위가 만들어진다"고 표현했습니다. 그러면 과연 제사와 접대를 통해 실제로 마한 사회 내부적으로는 어떤 상호성이 강화되었는지를 노동에 대한 평가를 예로 들어 살펴보겠습니다.

　『삼국지』에서는 마한 사람들이 '해마다 5월에 씨 뿌리기(下種)를 마치고' 또 '10월에 농사일(農功)을 마치고' 제사를 지냈다고 했습니다. 그런데 나는 여기서 '하종(下種)'을 '씨 뿌리기'로 보는 건 맞는데 '농공(農功)'을 '농사일'로 보는 것이 과연 맞는지에 대해 의문이 듭니다. 한자어에서 '공(功)'은 보통 성과나 업적을 가리키고, 따라서 '농공(農功)'은 '농사일'이 아니라 '농사의 성과나 공로'로 보아야 맞기 때문입니다. 이런 점에서 볼 때 '농공필(農功畢)'은 '농사일을 마치고'가 아니라 '농사의 공로에 대한 평가를 마치고'로 보아야 옳습니다. 일반적으로도 10월의 감사제는 농사일은 물론이고 이에 대한 평가까지를 마친 이후에 거행되는 것이 보통입니다.

그렇다면 마한 사회에서는 과연 어떤 방식으로 농사일을 평가했을까요? 우리는 보통 원시공동체사회를 단지 공동생산·공동분배·공동소비[93]하는 사회로만 이해하지 그 공동생산이 어떤 생산이었는지에 대해서는 별로 관심이 없습니다. 생산수단의 소유만을 강조해 공동소유했으니 당연히 공동생산했다는 정도로만 이해해서는 곤란합니다. 그런 이해로는 자본의 사적 축적이 늘어나 생산수단을 각자가 소유하게 되면 당연히 공동생산도 무너지는 것으로 이해될 뿐입니다. 하지만 공동생산에서 중요한 것은 정작 생산수단

---

93   마르크스는 이런 원시공산체사회를 동경하면서 그 사회의 생산체계에만 관심을 가졌을 뿐 분배와 소비는 공동생산의 당연한 결과라 보았습니다. 덕분에 프롤레타리아독재로 생산을 공동화하면 당연히 분배의 정의와 소비의 공정이 이루어진다고 믿었습니다. 하지만 이는 완전히 잘못된 해석입니다. 원시공동체사회에서 생산은 소비에 완전히 수렴돼 있었습니다. 공동소비했기 때문에 생산을 공동화한 것이지 그 반대가 아니었습니다. 그리고 이는 지금도 마찬가지입니다. 지금도 우리는 소비를 위해 생산하지 생산을 위해 소비하지 않습니다.

의 소유 형태가 아니라 노동의 공동 형태이고, 원시공동체사회에서 이것이 공동노동일 수 있었던 것은 노동에 대한 평가가 지금과 달랐기 때문입니다.

현대사회에서는 보통 결과를 가지고 노동을 평가합니다. 과정이야 어떻든 얼마나 많은 성과를 냈느냐가 그 사람의 노동을 평가하는 중요한 기준이 됩니다. 그리고 그 성과는 대개 수치로 표시되고, 또 이에 대한 반대급부 또한 수치화된 보수로 지불됩니다. 성과가 같을 수 없기 때문에 보수 또한 당연히 다르고, 이런 보수의 차이가 사회적 신분의 차이로까지 이어집니다. 성과의 차이가 보수의 차이는 물론이고 사회적 신분을 규정하는 것이 지금의 현실입니다.

이에 비해 마한과 같은 원시공동체사회에서는 지금과는 전혀 다른 방식으로 노동을 평가했습니다. 얼마나 많은 성과를 냈느냐보다 얼마나 진실성을 가지고 일에 임했느냐가 중요했습니다. 농사일에서는 특히 이런 평가방식이 중요했습니다. 자연과 그 변화에 대한 세심한 배려, 함께 일하는 동료에 대한 따뜻한 관심, 자기 노동에 대한 정성스럽고 용의주도한 자세, 이런 노동을 통해 얻는 자기 성취감 등등이 노동을 평가하는 중요한 기준이었습니다. 한마디로 현대사회가 결과적 성과로 노동을 평가하는 데 비해, 마한 같은 원시공동체사회에서는 과정상의 태도와 심미적 성취로 노동을 평가했습니다.[94]

물론 이런 노동 평가방식이 나올 수 있었던 것은 '생산'에 대한 의식이 지금과는 크게 달랐기 때문입니다. 마한 사람들에게 있어 생산은 인간의 노동이기 이전에 자연(생명)의 과정(활동)이었습니다. 따라서 그 결과로 얻어진 생산물은 인간노동의 결과물이기 이전에 생명으로부터의 증여였습니다. 인간은 단지 이런 생명의 증여를 기원하며 도울 뿐이고, 그 결과를 일시적으로 점유할 뿐이었습니다. 마한을 비롯한 대부분의 원시공동체사회에서 개인의 생산력 차이가 사회적 승인의 차별로 이어지지 않은 것은, 이런 생명의 증여로부터 누구도 배제되어서는 안 된다고 보았기 때문입니다.

생명의
관점

"하늘은 복록(福祿) 없는 사람을 내지 않고(天不生 無祿之人), 땅은 이름 없는 풀을 기르지 않는다(地不長 無名之草)"는 말이 있습니다. 모든 사람은 하늘이 다 먹여 살리고, 모든 생명은 다 존재하는 가치가 있다는 뜻입니다. 일본의 재정학자

---

94 '과정상의 태도'를 드러내는 가장 적확한 우리말이 '알뜰살뜰'입니다. '알뜰'은 단지 경제적인 절약을 의미하는 말이 아니라 본래는 "알뜰히 챙긴다"는 말이고, '살뜰'은 그 챙기는 대상을 "살뜰히 대한다"는 것입니다. 즉, 자연과 동료와 자기 자신을 살뜰히 대하고, 이들의 상태와 변화를 알뜰히 챙긴다는 것입니다.

진노는 '(사회적) 나눔을 구성하는 세 가지 요소' 가운데 첫 번째로 '존재의 필요성에 대한 상호 승인'을 들었습니다.[95] 즉, 어떤 인간도 그 사회에서 둘도 없이 소중한 존재이고, 어느 인간도 서로 그 존재를 필요로 한다는 인식이 있어야 진정한 (사회적) 나눔이 시작된다고 말했습니다.

물론 이런 인간 사이의 상호 승인은 '하늘'과 '땅'을 매개로 합니다. 모든 사람에게 복록을 부여하고 모든 생명이 존재 가치를 드러내게 하는 것은 경제의 관점이 아닌 사회의 관점, 사회의 관점이 아닌 생명의 관점에 서 있어야 가능한 일입니다. 그러지 않고 경제의 관점에서 사람을 보고 사회의 관점에서 생명을 보아서는 복록이 불공정해지고 존재 가치에 차별이 생깁니다.

마르크스는 『고타강령비판』에서 생산력의 발전이 자본주의의 적대적 생산관계를 해결하는 조건을 만들고, 이로 인해 자본주의는 사회주의라는 과도기를 거쳐 공산주의로 이행할 거라 예측했습니다. 이때가 되면 "능력에 따라 노동하고 노동에 따라 분배(=사회주의)"하는 과정을 거쳐 "능력에 따라 노동하고 필요에 따라 분배(=

---

95   두 번째 요소로는 모든 사회구성원이 공동으로 책임지는 '공동 책임의 원칙'이 있습니다. 의무교육은 교육을 의무적으로 받아야 하는 아이들의 책임이 아니라, 모든 아이에게 교육을 받게 하는 모든 어른의 책임입니다. 세 번째 요소로 모든 사회구성원이 평등한 권리와 책임을 진다는 '평등의 원칙'이 있습니다. 물론 이때의 평등은 '공평'이 아니라 '공정', 즉 모든 인간은 소중한 존재이기 때문에 그 인간의 상황에 맞게 상이한 대접을 받아야 한다는 것입니다.

공산주의)"하게 될 것이라 보았습니다. 그리고 이를 위해서는 과도적으로 프롤레타리아독재가 필요하다고 주장했습니다.

하지만 이런 마르크스의 예측은 완전히 잘못된 생각입니다. 우리 사회는 지금 마르크스가 예상했던 것 이상으로 생산력이 발전했음에도 자본주의는 여전히 건재합니다. 필요에 따라 분배받기는커녕 노동에 따라 분배받지도 못합니다. 아니, 오히려 능력에 따라 노동하고 싶어도 노동할 곳이 없는 게 지금의 우리 사회입니다. 마르크스가 바라던 프롤레타리아독재에 성공한 나라라고 해서 예외는 아닙니다. 아니, 오히려 그런 나라들은 더욱 심해서 필요에 따라 분배한다고 하지만 실제로 분배받는 것은 참담한 핍박과 굶주림뿐입니다.

혹자는 이런 상황의 원인을 생산력이 아직 충분히 발전하지 못해서라고 이야기할지 모르지만 실은 그렇지 않습니다. 생산력은 충분히 발전했지만 그 생산력이 '사회적'이지 못하기 때문이고, 생산력이 사회적이지 못한 이유는 생산과 생산력에 대한 관점이 '탈사회적(생명적)'이지 못하기 때문입니다. 자본주의가 여전히 건재한 것은 그 생산력이 '사회적'이지 못하기 때문이고, 프롤레타리아독재가 참담한 굶주림만 낳은 것은 그 생산력이 탈사회적이지 못해서입니다. 노동의 과정과 그 성과에 대해 생명의 관점이 빠진 채로 사회와 경제의 관점만 남은 때문입니다. "능력에 따라 노동하고 필요에 따라 분배(=공산주의)"하는 사회는 생명의 관점에서 인간을 볼 때나 가능한 일이고, 이를 향해 가는 과정에서 오히려 "능력에 따라 노동하고 노동에 따라 분배(=사회주의)"하는 사회가 만들어지는 법입니다.

3. 소도
이야기

소도는
어떤 곳인가

이제 소도로 이야기를 옮겨 가도록 하겠습니다. 앞서 말했듯이 마한은 여러 나라들로 이루어진 연방제 사회였고, 각 나라는 다시 수많은 읍락으로 구성되어 있었습니다. 그리고 이런 수많은 읍락 가운데는 특별한 두 곳이 있었는데, 하나는 지금으로 치면 일종의 정치경제적 수도에 해당하는 '국읍'이고 다른 하나는 '소도'라 불리는 별읍(別邑)이었습니다.

우리는 보통 이 소도를 하늘에 제사 지내는 종교적 장소로만 이해합니다. 하지만 『삼국지』에서는 "국읍에 천군을 세워 천신에 제사 지낸다"고 했고, 소도에 대해서는 "귀신을 섬긴다" 했습니다. 즉, 하늘에 제사 지내는 장소는 소도가 아니라 국읍이었습니다. 소도는 하늘에 제사 지내는 장소가 아니라 귀신을 섬기는 장소였습니다. 귀신을 섬긴다는 것을 귀신에 대한 제사로 이해하는 것은 완전히 잘못된 해석입니다.

　마한에 대한 『삼국지』의 기술에는 '귀신'이라는 단어가 자주 등장합니다. 마한의 여러 나라들을 묘사할 때는 "귀신에게 제사 지낸다(祭鬼神)" "귀신을 믿는다(信鬼神)"했고, 소도를 묘사할 때는 "귀신을 섬긴다(事鬼神)" 했습니다. 즉, 귀신에 대한 제사는 마한 전체에 해당하는 이야기지 소도에만 한정하는 것이 아닙니다. 소도에서 행했던 것은 귀신에 대한 제사가 아니라 귀신을 섬기는 일이었습니다.

　그러면 대체 "귀신을 섬긴다"는 것은 무슨 의미일까요? "귀신을 섬긴다(事鬼神)" 했을 때의 '섬긴다(事)'는 지금의 신앙행위와는 다른 의미입니다. 당시는 지금처럼 종교와 삶이 분리되어 있지 않았습니다. 소도에서 "귀신을 섬긴다"는 것은 일상에서 귀신을 존대하고 접대했다는 말입니다. 물론 이때의 귀신은 앞에서 이야기한 대로 생명입니다. 다시 말해 소도에서 "귀신을 섬긴다" 함은 그곳이 생명을 존대하고 접대하는 공간이었음을 의미합니다.

　이런 취지에서 나는 "귀신을 섬긴다(事鬼神)"에서 '섬긴다(事)'를 '일삼는다'로 바꾸는 것이 오히려 소도를 이해하는 데 도움이 된다고 생각합니다. "귀신을 섬긴다"를 "귀신 짓을 일삼는다"로 보는 것이 맞다고 생각합니다. 실제로 '사(事)'라는 한자어에는 '섬긴다'라는 뜻보다는 오히려 '일삼는다'는 뜻이 더 많습니다. 마한의 사람들이 비록 귀신을 믿고 수시로 귀신에게 제사 지냈어도 이것만으로는 부족해서 평소에도 귀신 짓을 일삼는 하나의 공간으로서 소도를 구획했다고 보는 것이 맞습니다. 한마디로 소도는 매일 매일의 일상이 곧 생명 살리는 일인 아주 특별한 공간이었던 것입니다.

신내림과
듣기

그렇다면 왜 이렇게 귀신 짓을 일삼는 소도에 큰 나무를 세우고 방울과 북을 매달았을까요? 사학계에서는 이를 신성한 제의의 장소임을 알리기 위한 표식이라 해석하지만 내 생각은 조금 다릅니다.

'큰 나무'는 신화학적으로 일종의 우주수(宇宙樹, cosmic tree)입니다. 단군신화에 환웅이 웅녀와 화합했다고 전하는 그 신단수(神檀樹) 역시 일종의 우주수입니다. 교회의 첨탑 역시 이런 우주수가 변형된 것입니다. 큰 나무는 동서고금을 막론하고 종교적으로는 신의 강림(descend) 즉 '신내림'을 상징하고,[96] 사회적으로는 시공간

---

96   이맥의 『태백일사(太白逸史)』에는 "삼신—풍백·우사·운사—의 가르침을 받아 작성한 표식에는 '일신이 충만히 내려와(一神降衷), 그 성이 통하고 빛이 밝으니(性通光明), 제세이화이고 홍익인간(在世理化 弘益人間)이다'라고 했는데 이것이 바로

의 통합(integration) 즉 '하나 됨'을 상징합니다. 강림과 통합은 그 방향이 상하와 좌우로 다를 뿐 실은 같은 말입니다. 지금 여기로 신이 내려오게 하는 것은 지금 여기와 온 세상을 통합시키기 위함입니다.

이런 취지는 큰 나무를 세운 위치에서도 여실히 드러납니다. 소도에서는 큰 나무를 소도의 중앙이 아닌 초입(初入)에 세웠습니다. 물론 이는 소도만이 아닌 고대사회 모든 성역들의 공통된 모습이었습니다. 어떤 공간이든 그 공간의 초입은 한 공간의 끝이면서 동시에 다른 공간의 시작을 의미합니다. 즉, 서로 다른 공간은 초입을 통해 연결됩니다. 소도의 초입에 큰 나무를 세운 뜻은 이렇게 소도 안과 그 밖을 연결하기 위해서였고,[97] 소도 밖 세상을 소도 안으로 불러들이기 위해서였습니다.

소도 안 사람들의 입장에서 볼 때 성스런 공간은 소도 안이 아니라 오히려 소도 밖이었습니다. 소도 밖 세상을 소도 안으로 불러들여야만 소도가 성스런 공간이 되는 구조였습니다. 사학계에서 주

소도를 세운 뜻이다"라고 했습니다. 소도는 이렇게 신의 강림으로부터 시작되었습니다.

[97] 비슷한 취지로 일제강점기 민속학자였던 손진태(孫晉泰)는 소도의 큰 나무를 '경계 표시'로 이해했습니다. 즉, 한 읍락이 다른 읍락과 구별해 경계를 표식하기 위한 것이었고, 지금도 마을 어귀에 큰 돌을 쌓거나 장승을 세우는 것도 같은 이유에서입니다. 단순한 종교적인 차원을 넘어 사회경제적으로 소도를 이해했다는 점에서 그의 이런 시각은 당시로서는 매우 파격적이었습니다.

장하는 것처럼 성스럽지 않은 소도 밖 세상을 향해 성스런 공간임을 드러내기 위한 표식이라는 것과는 전혀 반대의 구조였습니다.

그러면 왜 이런 큰 나무에 소도 사람들은 방울과 북을 매달았을까요? 이에 대해서도 사학계에서는 제사 때 쓰는 용품을 매닮으로써 소도가 신성한 제의의 장소임을 드러내기 위해서라고 말하지만 내 의견은 전혀 다릅니다. 제사 때 쓰는 귀중한 용구를 아무렇지도 않게 마을 어귀에 내거는 그런 몰상식한 사람은 없습니다. 큰 나무를 세운 뜻이 소도 밖 세상을 소도 안으로 불러들이기 위해서였던 것과 마찬가지로, 그 나무 위에 방울과 북을 매단 뜻은 소도 밖 소리를 소도 안에서 듣기 위해서였습니다.

방울과 북은 모두 '소리'와 관련돼 있습니다. 고대사회에서 모든 관계는 소리로부터 시작되어 밥을 함께 먹음으로써 견고해졌습니다. 마한의 제사 때 사람들이 노래를 불렀던 것도 실은 귀신 즉 생명을 초대하기 위함이었습니다. 그리고 이때는 반드시 방울과 북이 쓰였습니다. 방울을 울리고 북을 두드려 소리를 냈고, 그 소리에 자신을 담아 생명에게로 보냈습니다. 이런 점에서 볼 때 제사 때 쓰는 방울과 북은 인간이 소리를 내 생명으로 하여금 듣게 하기 위해서였습니다.

이런 성스런 용구를 소도 밖 큰 나무에 매달았다고 해서 이를 소도의 신성성을 알리기 위한 표식이었다고 보는 것은 어불성설입니다. 앞에서도 이야기했듯이 소도는 제사의 장소가 아니라 귀신 짓을 일삼는 공간이었습니다. 소도 밖 큰 나무에 방울과 북을 매단 이유는 제사 때처럼 생명을 부르기 위해서가 아니었습니다.

'소리'에는 항상 두 가지 상반된 행위가 따릅니다. 고대사회에서의 모든 관계가 소리로부터 시작해 밥을 통해 견고해진다 했을 때의 '밥'에 '먹다'와 '먹이다'가 있는 것과 마찬가지로, 소리에는 '내다'와 '듣다'가 있습니다. 제사 때 방울과 북이 쓰인 것은 소리를 내기 위함이었고, 그 소리를 생명이 듣게 하기 위함이었으며, 이를 통해 생명을 초대하기 위함이었습니다. 이에 비해 소도가 그 초입에 방울과 북을 매단 이유는 소도 밖 생명의 소리를 듣기 위함이었습니다. 생명의 소리를 듣기 위해서 방울과 북을 매달았고, 이렇게 해서 만난 생명에게 밥을 먹이는 것이 소도의 일이었습니다.

자연은 말이 없고, 이방인의 말은 이해가 되지 않습니다. 이런 자연이 흔들어 소리를 내고 이런 이방인이 두드려 소리를 내는 것이 바로 방울과 북이었습니다. 방울은 마치 풍경(風磬)이나 워낭과 같았고, 북은 마치 조선시대 신문고와도 같았습니다. 모습은 있어도 그 소리를 들을 수 없는 자연은 방울을 흔들어 자신을 드러냈고, 소리는 있어도 그 의미를 알 수 없는 이방인은 북을 두드려 자신을 표현했습니다. 한마디로 소도의 입장에서 볼 때 방울은 다른 종속(種屬)에 속하는 생명의 소리를 듣기 위함이었고, 북은 같은 종속이지만 알아들을 수 없는 생명의 소리를 듣기 위함이었습니다.

광활한 시공간을 지금 여기로 통합시키는 것은 단지 큰 나무만

세운다고 될 일이 아닙니다. 눈에 보이는 관계가 일어나야 하고, 그
관계는 당연히 상대의 소리를 '듣는 것'으로부터 시작됩니다. 비록
세속화되기는 했어도 관청(官廳)의 본업 또한 이런 듣기에 있었습니
다.[98] 물론 같은 듣기여도 관청과 소도는 본질적으로 전혀 다릅니
다. 신문고의 사례에서 보듯 관청은 같은 공간에 사는 같은 이들의
소리를 듣는 곳인데 비해, 소도가 방울과 북을 그 초입에 매단 이유
는 다른 공간에 사는 다른 이들의 소리를 듣기 위함이었습니다. 소
도가 귀신 짓을 일삼는 공간일 수 있었던 것은 그 시작에 이런 듣기
가 있었기 때문입니다.

도망자의
도적질?

　　　　　　　　　　『삼국지』에서는 이런 방울을 흔들
고 북을 두드린 이들을 죄짓고 "도망 온 사람들"로 묘사했습니다.
소도는 이들을 "누구 하나 돌려보내려 하지 않고" 맞이했으니 나
중에는 "도적질을 좋아하게 되었다"고도 했습니다. 요즘도 법률 위
반으로 수배 중인 사람이 명동성당이나 조계사에 피신했을 때 이

98　'관청(官廳)'의 '청(廳)'은 "듣는(聽) 곳(广)"이라는 뜻입니다.

곳을 소도라 부르는 것도 이런 맥락에서입니다.

하지만 정말로 소도는 죄짓고 도망 온 이들의 공간이었을까요? 소도의 역할은 단지 이들을 피신시키는 데 그쳤을까요? 그래서 결국 이들은 소도 안에서 도적질밖에는 할 수 없었을까요?

보통 '도망 온'으로 해석되는 '망도(亡逃)'는 실은 '도망(逃亡) 온'이 아닙니다. '망도'는 말 그대로 "망(亡)해 피해 온다(逃)"는 의미지 "죄짓고 도망친다"는 의미가 아닙니다. 『삼국지』의 다른 대목에서도 '망도'는 군대에 끌려가 죽게 되었을 때 피할 수밖에 없는 처지로 쓰였고, 이보다 앞선 『사기(史記)』에서도 원정을 가게 되어 죽을지도 모르는 상황에서 도피하거나 자살하는 일로 묘사되었습니다. 국가의 입장에서야 이것이 죄에 해당하겠지만, 당사자로서는 사느냐 죽느냐의 절박한 문제였습니다.

나아가 '망도'는 단지 국가의 폭력에 대한 어쩔 수 없는 도피만을 의미하지 않습니다. 인간은 누구나 어쩔 수 없이 도피해야만 하는 상황을 수없이 맞습니다. 가난에 짓눌려 도저히 회복할 수 없게 되었을 때, 장애나 질병을 얻었는데 누구로부터도 도움을 받지 못할 때, 극심한 억압과 차별 속에서 누구도 내 편이 되어주지 않을 때, 인간은 그 상황에서 벗어나기 위해 어쩔 수 없이 피하게 됩니다.

특히 현대사회에서 이런 '망도'는 이제 특정인만의 문제가 아닙니다. 더 이상의 고도 경제성장이 불가능해진 상황에서 가난은 이제 모두의 현실이고[99], 고령사회를 넘어 초고령사회로 향해 가는 속에서 질병과 장애는 이제 모두의 미래입니다.[100] 더욱이 이런 암울한 현재와 미래를 우리는 무연고와 1인 가구로 혼자 헤쳐 나가야 합니다.[101] 우리나라가 수년째 OECD 최고의 자살률을 기록하는 것은[102] 이렇게 망했는데 피할 곳이 없기 때문입니다.

소도에서의 '망도'는 '도망'이 아닙니다. 마찬가지로 소도 안에 든 이들이 즐겼다는 '작적(作賊)' 또한 '도적질'이 아닙니다. '작적'은 오히려 '반역질'에 가까운 의미입니다. 실제로 『삼국지』의 다른 대목에서도 '작적'은 후한(後漢)을 멸망으로 이끈 황건적의 행위를 지칭했고, 남송 말에 왕응린이 지은 『곤학기문(困學紀聞)』에서도 반역을 일으킨 소준(蘇峻)의 행위로 묘사되었습니다. 국가의 권위를 부정하고 그 재산을 강탈했기에 국가의 입장에서는 도적질로 보였겠

---

99 '2015년 빈곤통계연보'(한국보건사회연구원)에 따르면 우리나라 전체 가구 가운데 13.3%가 절대적 빈곤에, 또 16.7%가 상대적 빈곤에 빠져 있습니다. 특히 여성가구주·노인·1인 가구의 경우는 매우 심각해서 절대적 빈곤과 상대적 빈곤 비율이 각각 27.4%와 36.8%, 51.2%와 62.1%, 41.8%와 55.4%에 이릅니다.

100 우리나라는 65세 이상의 고령인구가 2000년에 7.2%에 달하면서 고령화사회에 접어들었고, 2018년에 14.3%에 달하면서 고령사회로 접어들었습니다. 그리고 다시 2026년에 20.8%에 달해 초고령사회로 접어들 것으로 예상됩니다.

101 2045년이 되면 1인 가구가 지금의 27.2%에서 36.3%로, 또 부부 가구가 지금의 15.5%에서 21.2%로 늘어날 것으로 예측됩니다. 그리고 이와는 반대로 부부+자녀 가구는 지금의 32.3%에서 15.9%로 대폭 줄어들 것으로 예측됩니다.

102 2016년 기준으로 우리나라의 자살률은 10만 명당 25.6명으로 OECD 평균 (12.1명)의 두 배가 넘습니다.

지만, 실제로는 '조반(造反)'과 같은 의미의 반역질이었습니다.

그러면 왜 망해 피해 온 이들의 행위를 중국의 역사가는 반역질에 비유했을까요? 나아가 어떤 이유로 한번 소도에 든 이들은 다시 돌아가지 않았을까요?

만약에 소도가 망해 피해 온 이들을 치유해서 사회로 복귀시켰다면, 이런 행위는 반역질로 묘사되는 것이 아니라 오히려 칭송받았을 것입니다. 하지만 소도는 그렇게 하지 않았습니다. 망해 피해 온 이들을 치유하고 교화시켜 복귀시킬 대상으로 본 것이 아니라 새로운 사회의 주체로 보았습니다. 소도 안에서 자신들을 망하게 만든 바깥세상과는 다른 세상을 만들도록 도왔습니다. 덕분에 소도에서의 행위는 기존 체제를 뒤흔드는 반역질처럼 보였고, 최소한 기존 체제를 위협하는 불손한 행위로 묘사되었습니다.

망도에의
대응

일본 에도시대에 "인연을 끊는다"라는 의미의 '엔기리데라(緣切寺)'라는 절이 있었습니다. 여성이 이혼 청구할 수 없었던 당시에 이 절로 피신해 들어오면 약 2년간의 조정 기간을 거쳐 이혼을 성사시켜주었습니다. 절을 찾을 용기가 없는 여성은 신고 있던 신발만 안으로 던져도 보호받았습니다. 남편은 여성의 동의 없이 절 안에 들어올 수 없었고, 절에서 사는 동안 여성은 다른 승려들과 똑같은 대접을 받았습니다. 승려가 되느냐 마느냐는 그녀의 선택이지 누구로부터도 강요받지 않았습니다.

에도시대에는 이런 권한을 지닌 절이 단 두 곳뿐이었습니다. 하지만 그 이전까지만 해도 사회 통념상 모든 절에는 이런 권한이 부여되었습니다. 국가권력이 강화되기 이전까지 모든 절은 세속으로부터 떨어진 일종의 소도였고 공계(公界)[103]였습니다. 여성이 한번 이곳에 들어와 몇 년을 살면 남편과의 인연이 더는 성립되지 않는 것으로 인정했습니다. 비단 여성만이 아니었습니다. 사회로부터 버림받은 수많은 이들이 이곳에 모여 기존 사회와의 인연을 끊고 새로운 삶을 찾았습니다. 한마디로 당시의 모든 절은 절연(絶緣)과 무연(無緣)의 공간이면서, 동시에 신연(新緣)과 공연(公緣)의 공간이었습니다.

물론 이런 절은 일본에만 있었던 것이 아닙니다. 우리나라에서도 '소도'라는 명칭은 사라졌지만 각지의 사찰이 그 역할을 담당했습니다. 기존 사회로부터 버림받은 이들이 그 안으로 들어와 새로운 인연을 만들었고, 그 과정에서 예전과는 다른 새로운 생업을 찾

---

103   일본의 사학자 아미노(網野善彦)에 따르면 '공계(公界)'는 공적(public)인 공간이 아니고 오히려 국가권력은 물론 사회 일반으로부터도 떨어진 세계를 의미했습니다.

기도 했습니다. 일본에서는 주로 예능 분야로 집중되었지만, 우리나라에서는 예능만이 아니라 상공업으로까지 확대되었습니다.[104] 우리가 보통 매춘부나 광대, 백정이나 장돌뱅이로 천시하는 이들이 실은 기존 사회의 주종관계에서 벗어난 자유롭고 평등한 소도의 사람들이었습니다.

물론 소도의 뒤를 이으면서도 정반대인 사례가 있었습니다. 자본주의와 산업혁명이 시작되었던 19세기에 유럽 각지에는 '구빈원(救貧院, hospital)'이라는 일종의 보호시설이 있었습니다. 주로 국왕과 부르주아의 도움을 받아 교회가 설립한 장소였는데, 이곳에서 교회는 농촌에서 도시로 밀려든 부랑자나 걸인을 치료해 정상인으로 사회 복귀시켰습니다.

하지만 이렇듯 고마워 보이는 구빈원에서 엄청난 범죄가 자행되었습니다. 구빈원의 치료 가운데는 악령이 쓰였다는 이유로 신체를 절단하거나 장기를 들어내는 일도 있었습니다. 또 교화를 목적으로 정해진 시간표에 따라 집단노동을 강요하거나, 이에 따르지 않으면 고문과 체벌을 가하기도 했습니다. 성스러움을 점유했던 교회의 눈으로 볼 때 질병은 죄악이고, 나태함은 신성모독이며, 가난

---

104   일본에서는 이런 사람들이 춤꾼(能役者)·소리꾼(連歌師)·점쟁이(算置)·창부(傾城) 등으로 불리는 반면, 우리나라에서는 화척(禾尺)·재인(才人)·백정(白丁)·광대(廣大)·사당(社堂)·무격(巫覡)·창기(娼妓)·악공(樂工) 등으로 불렸습니다.

은 당연한 죗값이었습니다.[105] 이런 부도덕한 잠재적 범죄 위험군을 정상적인 노동자로 길들여 사회 복귀시키는 것이 교회의 당연한 소명이었습니다.

한마디로 당시의 구빈원은 자선이라는 그럴듯한 핑계로 엄청난 인권 유린이 자행된 곳이었습니다. 덕분에 부랑자나 걸인들은 거리로 나앉아 굶어 죽는 한이 있어도 이곳에 들기를 완강히 거부했고, 어쩔 수 없이 끌려 들어오면 수시로 도망갈 기회만 엿보았습니다. 수용당한 이들의 입장에서 구빈원은 고마운 구호기관이라기보다는 차라리 잔혹한 감금시설에 가까웠습니다. 병원(Hospital)의 역사는 이렇게 종교적 자선과 강제적 교정의 기묘한 만남에서 시작되었고, 교회의 이런 교정 행위 덕분에 국왕과 부르주아는 산업혁명을 성공적으로 이끌 근면한 노동자를 양성할 수 있었습니다.[106]

---

105 근대사회 이전까지만 해도 가난은 구원의 보증수표였습니다. 가난한 사람은 그 가난 때문에 영혼이 구원받는다 여겼고, 부자는 가난한 사람들에게 베풀 때만 구원받을 수 있다고 보았습니다. 하지만 이런 가난에 대한 가치관이 근대로 접어들면서 완전히 바뀌었습니다. 게으름이 가난의 원인으로 지목되었고, 노동을 통해서만 인간의 죄가 속죄될 것이라 강요받았습니다. 이제 '가난한 사람(le pauvre)'들은 '인간쓰레기(le misérable)'로 바뀌었고, 이들 가운데 영혼의 교정이 불가능한 이들은 사회로부터 완전히 배제당했습니다.

106 우리나라 사회적 경제에도 이런 비판은 일부 적용 가능합니다. 김주환은 지금의 사회적 경제를 "의도하지 않게 새로운 방식으로 작동하는 자본주의 메커니즘에 봉사하는 결과로 나아갈 가능성이 크다"고 했고, 덕분에 '포획된 저항'에 불과하게 될지 모른다고 했습니다.

구빈·방빈·활빈

이런 상반된 대응은 당연히 '망도(亡逃)'를 어떻게 보느냐의 차이에서 나옵니다. 망해 피해 온 이들의 사정을 치유와 극복으로 볼 거냐 아니면 새로운 사회의 동력으로 볼 거냐에 따라 완전히 상반된 대응방식을 낳습니다.

가령 '가난'을 예로 들어보겠습니다. 조선시대 허균의 소설 『홍길동전』에는 우리가 잘 아는 '활빈당(活貧黨)'이 나옵니다. 동학혁명에 가담했던 수많은 농민들이 일본군과 관군에게 무참히 살육당한 후에 만든 단체에도 '활빈당'이 있었습니다. 이런 '활빈당'을 우리는 보통 "가난한 사람들을 살리는 무리"로 해석하지만 실은 이런 해석은 문법적으로 맞지 않습니다.

일본의 가가와는 처음에 슬럼가에 들어가 빈민운동을 전개하다가 나중에 협동조합운동으로 그 방향을 바꾼 사람입니다. 이런 방향 전환에 대해 그는 생활이 어려운 사람을 돕는 '구빈(救貧)'이 빈민운동의 목표라면, 협동조합운동의 목표는 생활이 어려운 사람이 나오지 않는 사회를 만드는 '방빈(防貧)'에 있다고 했습니다. 이런 그의 표현에 빗대 볼 때, '구빈'이 "가난을 구한다"라면 '방빈'은 "가난을 막는다"라 할 수 있습니다.

같은 맥락에서 보면 '활빈(活貧)'은 "가난한 사람을 살린다"가 아니라 "가난을 살린다"가 됩니다. 또 '활빈당'은 "가난한 사람

을 살리는 무리"가 아니라 "가난을 살리는 무리"가 됩니다. "가난
한 사람을 살리는 무리"라는 취지를 표현하려면 '활빈당'이 아니라
'활빈자당'이어야 합니다.

가난을 살린다? 참으로 기괴한 이야기가 아닐 수 없습니다. 어
떻게 하면 가난에서 벗어날 수 있을까를 모두가 고민하는 마당에
가난을 살린다니 말이 안 됩니다. 하지만 가만히 들여다보면 실은
옳은 말입니다. 구빈과 방빈에서의 가난과 활빈에서의 가난은 전혀
다른 가난입니다. 전자의 가난이 노동의 결과에 대한 강제적 약탈
이 불러온 결과라면, 후자의 가난은 노동의 결과에 대한 자발적 희
사(喜捨)가 낳은 결과입니다. '구빈'이 강제적 약탈로부터의 탈출이
고, '방빈'이 다시는 이런 약탈이 없게 하는 것이라면, '활빈'은 자발
적 가난을 통해 전혀 다른 세상을 열어가는 것입니다.[107]

놀라운 점은 소설 속에서나 등장하는 이런 활빈당이 20세기
들어 동학교도에 의해 구현되었다는 사실입니다. 동학 연구가 박맹
수 교수에 따르면 "활빈당은 경기·충청·경상·전라도 등지에서 각
각 결성되어 연합체를 구성하여 횡적 연대를 유지하면서 독자적으

107　　같은 취지에서 예수는 "행복하여라, 가난한 사람들. 하늘나라가 너희의 것이다
(Blessed are you who are poor, for the kingdom of God is yours)"라고 말했습니
다. 여기서 말하는 '가난한 사람들(the poor)'은 영적이고 윤리적인 의미가 아니라
실제적이고 문자적인 의미입니다. 문자 그대로 가난하고 소외당한 이들이고, 이들
이 열어가는 자발적 가난의 행위 안에 하늘나라가 있다는 이야기입니다.

로 활동"했습니다. "평소 10~30명, 또는 40~50명 단위로 말을 타고 총과 칼로 무장하여 떼 지어 다니며 양반 부호가·관아·사찰 등지를 습격하여 재물을 탈취한 다음 빈민이나 영세상인 등에게 나누어 주었고", 덕분에 "이 같은 활빈당 투쟁은 민중들로부터 커다란 호응"을 받았습니다.

활빈당을 조정에서 역적의 무리로 본 것은 바로 이런 변혁성 때문이었습니다. 그들이 비록 탐관오리와 이에 결탁한 부자들의 재물을 빼앗았다고 해서 그들의 정체(正體)를 도적질로 보는 것은 빼앗긴 이들의 관점일 뿐입니다. 빼앗긴 이들의 관점에서야 당연히 도적질로 몰아가겠지만, 그 재물을 나눠 받은 이들에게는 고마운 혁명의 집단이었을 것입니다. 목숨을 걸고 취득한 노동의 성과를 아낌없이 백성들에게 나누어 주었으니 말입니다.

동학의
유무상자

주목해야 할 것은 이런 활빈당이 실은 초창기 동학의 활빈정신에서 나왔다는 사실입니다. 1860년에 동학이 태동하고 그 교세가 순식간에 확산되자 상주의 한 서원에서는 다른 서원에 통문을 보내 그 폐해를 알렸습니다. 이 통문에서 당시의 유학자들은 "(동학에서는) 귀천이 같고 등위에 차별이 없으니 백정과 술장사들이 모이고, 남녀 구분 없이 유박(帷薄)을 세우니 과부와 홀아비들이 모여든다"며 비난했습니다. 망해 갈 곳 없는 이들이 소도로 피해 온 것과 마찬가지로 수많은 차별받는 이들이 동학에 모여들었던 것입니다.

통문에서는 또 "(동학교도들은) 재물과 돈을 좋아하고, 부자와 가난한 사람이 서로 도우니(有無相資), 가난한 이들이 좋아한다"고 묘사했습니다. 재물과 돈을 좋아한다는 표현은 유학자의 사고를 반영한 것이기에 곧이곧대로 들을 필요 없고, 중요한 것은 '유무상자(有無相資)'입니다. 이를 "있는 사람(부자)과 없는 사람(가난한 사람)이 서로 돕는다"로 보는 견해도 있지만, 이런 해석은 오히려 그 취지를 떨어트리는 결과를 낳을 뿐입니다.

'유무상자'에서 '상자(相資)'는 포괄적이고 추상적인 "서로 돕는다(相助)"는 개념이 아니라 구체적이고 경제적인 "서로 주고받는다"는 행위로 보아야 옳습니다. 실제로 조선시대 여러 문건에는 '유무상자'를 '주고받는 것'으로 묘사했지 추상적인 상호부조 행위로 묘사하지 않았습니다.[108] 상호부조의 하나로 유무상자가 있기는 하지

---

108   조선시대 국경지대의 관청에서 조정에 보낸 상소문 가운데는 "물자를 교환한다는 구실로(稱以有無相資) 우리나라 변방의 백성들과 몰래 서로 왕래한다(與小邦邊民潛相往來)"는 내용이 있습니다. 또 19세기 말 조선이 일본에 파견한 국비 유학생에 대해 "각자에게 평균 1원 50전을 장학금으로 지불하면(每人每朔平均一元五十

만, 유무상자를 통해 상호부조가 확인된다고 보았습니다. 한마디로 '유무상자'는 "서로 돕는다"가 아니라 "있는 사람과 없는 사람이 서로 재물과 돈을 주고받는다"입니다.

물론 여기서 말하는 '주고받는다'는 대가가 없는 주고받음입니다. 아무런 대가를 바라지 않고 재물과 돈을 주고받는 것입니다. 그리고 이를 통해 현재의 어려움을 타개하고 미래의 위험에 대비하자는 것입니다. 평상시에는 재물과 돈을 쌓아 자본을 조성하자는 것이고, 환난시에는 있는 사람과 없는 사람이 서로 재물과 돈을 주고받자는 것입니다.[109] 상주의 유학자들에게 동학도들이 재물과 돈을 좋아하는 것처럼 비췄던 것도 이런 평상시의 유무상자 때문이었습니다.

환난시의 유무상자에 대해서는 최시형 선생의 '무자통문(戊子

通) 서로 주고받아(有無相資) 학업을 중단하는 일이 없을 것(課業無虧事)"이라 했습니다. 조선 전기 학자인 김안국(金安國)은 자신의 가훈 가운데 "네 번째로 친족 간의 화목(四曰睦宗族), 즉 평상시에는 서로 화목하고(平時則相睦) 환난시에는 서로 돕는(患難則相救) 유무상자(有無相資)여야 서로 화나고 싸우지 않는다(勿相忿爭)" 했습니다. 이런 맥락에서 볼 때도 '유무상자'는 "서로 돕는다"보다는 "서로 주고받는다"에 가깝습니다.

109 사회적 경제의 주요 주체로 결사체(association) · 협동조합(co-operative) · 공제조직(mutual)의 세 가지 유형이 있습니다. 이 가운데 세 번째 공제조직—'상호부조 조직'이라 불리기도 하는—이 행하는 일이 바로 동학의 '유무상자'라 할 수 있습니다. "다양한 위험에 맞서 상호적이고 집단적인 방식으로 기금을 조성해 이에 대비하는 행위"라는 점에서 그렇고, 이를 통해 '자본'을 형성했다는 점에서도 동일합니다.

通文)'에 잘 나와 있습니다. 1888년 무자년 대기근 때 선생은 "무릇 우리 도인은 '같은 연원에서 나왔으니(同受淵源)' 마땅히 형제와 같은데, 어찌 형이 굶고 아우가 배부를 수 있으며 어찌 아우만 따뜻하고 형이 추울 수 있겠느냐"면서, "무극대원(無極大源)을 함께 복구해 살림의 성공 사례(活之勝事)를 즐겁게 이루자"고 호소했습니다.

피 한 방울 안 섞인 인간을 형제로 볼 수 있는 것은 같은 연원에서 나왔기 때문입니다. 생명의 관점에서 타자를 보기 때문에 누구에 대해서도 차별이 없는 것입니다. 선생은 연원(뿌리)의 관점에서 모든 인간을 보고, 그 큰 연원(뿌리)을 복원하는 살림의 실천을 즐겁게 전개하자고 했습니다. 이런 역사가 있었기에 동학이 무참히 짓밟힌 후에도 활빈당과 같은 자발적 가난의 무리가 나올 수 있었던 것입니다.

소도의
존재 의미

예나 지금이나 한 사회 안에는 망한 이들이 있게 마련입니다. 최시형 선생도 '무자통문'의 첫머리에 "무릇 해마다 기근이 있는 것은 하늘의 흔한 일이고, 집안에 빈부(의 차이)가 있는 것은 사람의 흔한 일"이라고 했습니다. 문제는 망한 데 있는 것이 아니라 망해도 피할 곳이 없다는 데 있습니다. 아니, 잠시 피할 수는 있어도 곧 엄혹한 세상으로 내몰린다는 데 있습니다.

마한 사회에서도 마찬가지였을 것입니다. 아무리 생명을 믿고 생명을 향해 제사 지냈어도, 마한도 인간의 사회였던 만큼 어떤 이유에서건 당연히 망한 이들이 생겼을 것입니다. 하지만 마한 사람들은 이런 망한 이들의 피할 곳을 위해 각 나라별로 소도라는 별도의 공간을 마련했습니다. 그리고 이곳으로 피해 온 이들이 새로운 삶을 모색할 수 있도록 아낌없이 지원했습니다. 한번 소도에 든 이들이 다시는 바깥세상으로 돌아가지 않았던 것은 이렇게 망해 피해 온 이들의 삶에 대한 총체적 긍정과 그들과 '동행(accompany)'하려 했던 마한 사람들의 노력 덕분이었습니다.

이를 두고 중국 유학자는 소도를 "흡사 죄수와 노비가 모여 사는 곳과 같다"고 했고, 소도에서의 "행하는 바가 세상과는 (완전히) 다르다"며 비아냥거렸습니다. 하지만 마한 사람들이 소도를 세운 뜻은 본래 여기에 있었습니다. 자신들이 사는 세상과는 완전히 다른 세상을, 비록 특정한 공간에서라도 만들기 위함이었습니다. 아니, 이런 반역의 공간이 존재한 덕분에 마한 사람들은 끊임없이 새로운 사회를 구상할 수 있었습니다. 귀신 짓을 일삼은 소도 덕분에 마한 전체가 귀신을 믿고 귀신에게 제사를 지낼 수 있었고, 귀신들이 열어가는 새로운 세상 덕분에 마한에서는 그 내부의 모든 인간에 대해 차별을 없앨 수 있었습니다. 그래서 소도는 마한 사람들에게 있어 가장 성스런 공간이었고, 마한의 각 마을은 오히려 그 아래에 있었습니다.

소도의
쇠퇴

우리말에 '마실간다'는 말이 있습니다. 일상에 지친 우리 할머니들이 종종 찾았던 곳인데, 우리는 보통이 '마실'을 '마을'로만 이해하고 따라서 '마실간다'를 '마을에 놀러간다'로만 이해합니다. 하지만 이런 이해는 부분적으로는 맞을지몰라도 본질에서는 벗어나 있습니다. 할머니가 살았던 마을도 마을이고 마실가는 마을도 마을인 점에서는 맞지만, 사는 마을과 마실가는 마을은 엄연히 다른 마을입니다.

'마실'의 '마'는 '마을'을 뜻하는 순우리말 '몰'에서 유래했습니다. 경상도 마산(馬山)은 말(馬)이 놀던 산(山)이 아니라 언덕(山) 위마을입니다. 일제강점기 일본인들이 '몰'을 음차해 '말(馬)'로 표현했을 뿐, 마산은 예로부터 말을 기르는 것과는 아무런 관련이 없는 지역이었습니다. 또 '마실'의 '실'은 '기슭' 즉 끝자락을 뜻하는 순우리말 '슭'에서 유래했습니다. 지금도 우리는 옷기슭·산기슭·물기슭·밤기슭이란 말을 많이 쓰는데, 이는 옷·산·물·밤밭의 끄트머리를 뜻합니다. 이런 점에서 볼 때 '마실'은 우리가 사는 마을의 끝자락 마을이고, 따라서 '마실간다'는 지금의 삶과는 다른 삶의 공간에 다녀온다는 것을 말합니다.

동서고금을 막론하고 이런 끝자락 마을에는 항상 무녀·백정·상인 같은 이들이 살았습니다. 중세 이후 국가체제가 완비되면서 그들이 비록 천민으로 전락하고 그들의 마을이 비록 '부락(部落)'으로 전락했지만, 그들은 본래 마을(공동체)과 마을(공동체)을 연결해주는 성스런 이들이고 그들이 사는 곳은 성스런 마을이었습니다. 그들이 일상에서 행했던 제사·장례·도축·교환은 산 자와 죽은 자, 인간과 가축, 공동체와 다른 공동체를 이어주는 성스런 일이었습니다. 우리 할머니들이 마실간다면서 실은 시장이나 점집을 찾은 것은 이곳이 소도로부터 유래한 자유롭고 성스런 또 다른 삶의 공간이었기 때문입니다.

현대 서양어에서는 이런 소도를 아질(Asyl) 혹은 어사일럼(Asylum)이라 부릅니다. 아질은 '침범할 수 없는 성스런 장소'를 뜻하는 그리스어에서 유래했고, 이것이 영어권에서 어사일럼으로 통용되었습니다. 어사일럼을 우리는 보통 정신병원 정도로만 이해하지만, 이는 이곳의 사람들이 남성성이 지배하는 국가의 입장에서 볼 때 여성성을 지닌 불가촉천민이었기 때문입니다.

그런데 이런 자유롭고 성스런 소도나 아질이 국가의 지배력이 강화되면서 한편에서는 천민의 부락으로, 또 한편에서는 성역·자유영역·피난소·무연소(無緣所) 등과 같은 특별한 장소로 구획되었습니다. 근대화 과정에서 신분제가 폐지되고 천민의 부락이 해방되기는 했지만, 그 대가로 아질의 사람들은 성스러움을 강탈당한 평범한 인간이 되어야 했습니다. 특별한 장소로 구획된 소도마저 거의 자취를 감추어 지금은 치외법권인 재외공관 정도가 유일하게 남아 있을 뿐입니다.

시간으로의
전환

　　　　　　　　물론 공간으로서의 소도가 점차 사라지고 몇몇 장소로만 구획되었다 해서 그 안에서의 관계마저 사라진 것은 아닙니다. 공간으로서의 소도는 사라졌어도 관계 즉 시간으로서의 소도는 여전히 남아 지금도 이어지고 있습니다.

　　가라타니는 아질을 "씨족사회가 국가사회로 전환하는 시점에서 억압된 (씨족사회의) 교환양식A(=호혜)가 회귀한 것"으로 보았습니다. 그리고 이런 아질이 비록 국가로부터 억압되기는 했어도 재해나 재난의 상황에서 어느 날 갑자기 유동적으로 출현해[110] 시장에

110　　　'재해 유토피아'(Rebecca Solnit)라는 말이 있습니다. 지진이나 태풍, 테러 등과 같

의한 교환과 국가에 의한 재분배를 대체하는 새로운 교환양식을 만들어낸다고 보았습니다.

아질을 하나의 교환양식으로 봤다는 것은 그것이 국가의 확장 과정에서 '공간'이 아니라 '시간'으로 그 모습을 변화시켜갔음을 의미합니다. 그리고 이런 새로운 교환양식이 위기의 상황에서 시장에서의 상품교환이나 국가의 재분배를 대체한다는 것은 시간으로서의 아질이 지니는 변혁성을 의미합니다.

실제로 소도가 사라진 이후에도 소도 안에서의 관계는 화랑으로 이어져 신라의 삼국통일에 기여했습니다. 통일신라의 석학 최치원에 따르면 유불도(儒佛道)의 삼교를 포함한 풍류도(風流徒)의 무리가 바로 화랑(花郎)인데[111], 이런 화랑을 단재 신채호는 소도 제단(祭壇)의 무사(武士) 집단이었다고 했습니다.[112] 이런 화랑이 불교가 국

은 재해의 상황에서 사람들이 냉정하게 행동하고 서로 도와가며 일종의 유토피아 같은 세상을 만들어낸다는 데서 나온 말입니다. 이를 사회 상황에 적용하면 구체제에서 신체제로의 격변기와 그 틈새에서 일종의 유토피아가 출현해 새로운 사회를 열어가는 중요한 계기가 된다는 것으로도 이해할 수 있습니다.

111 『삼국사기』에는 "최치원은 난랑비의 서문에서 말하기를 '나라에 현묘(玄妙)한 도(道)가 있는데, (이것을) 풍류(風流)라 한다. 가르침의 근원에 대해서는 선사(仙史)에 자세하게 갖추어져 있는데, 실로 이는 삼교를 포함하고(包含三敎) 뭇 백성들과 접하여 교화한다(接化羣生)"고 전합니다. 여기서 선사는 화랑(소도)의 역사서이고, 삼교는 유불선(儒佛仙)이 아니라 유교·불교·도교이며, 접화군생은 상접용화(相接融化)하여 동근총생(同根叢生)하는 것을 말합니다.

112 신채호는 「朝鮮歷史上一千年來 第一大事件」(동아일보 1925)에서 "'낭'은 곧 신라의 화랑이니 화랑은 본래 상고 시대의 소도 제단(蘇塗祭壇)의 무사로서 그 때에

교가 된 이후에는 사찰에 부속된 계(契)나 향도(香徒)[113] 혹은 사장(社長)[114]으로 이어졌고, 이것이 다시 조선 후기 들어 각 마을의 두레나 계로 이어졌습니다. 우리나라에서 협동조합이나 사회적 경제가 빠른 속도로 정착될 수 있었던 것도 실은 이런 두레와 계의 활발한 역사 덕분이었습니다.[115]

이런 점에서 볼 때 가라타니가 공간에서 시간으로 아질이 변화했다는 것은 맞아도, 이런 시간으로서의 아질이 재해나 재난 등

'선비'라 칭하던 자인데, 고구려에서는 검은 옷(皂衣)를 입었다 하여 '조의선인(皂衣仙人)'이라 하고, 신라에서는 미모를 취하여 '화랑'으로 불렀다. 화랑을 국선, 선랑, 풍류도, 풍월도 등으로 부른다"고 했습니다.

113   조선시대 최초의 문화백과사전으로 평가받는 이수광의 『지봉유설(芝峯類說)』에는 "우리 동방의 풍습에 마을 안팎의 여러 사람들이 모두 계를 만들어 서로 도왔는데 이를 '향도'라 한다. 김유신이 15세 때 화랑이 되어 여러 무리들이 그를 따랐는데, 이를 '용화향도'라 했다. 오늘날 '향도'라 칭하는 것은 모두 여기에서 나왔다"는 말이 있습니다. 이를 통해 볼 때 조선 후기 학자 이규경의 해제나 단군세기에도 나와 있듯이 계(契)는 모임(會)을 뜻하는 보통명사이고, 우리나라에서의 고유명사는 향도이며, 그 향도의 구성원이 화랑이었다 할 수 있습니다.

114   사장(社長)은 고려시대 때 비승비속(非僧非俗)하며 불교 공동체를 이루었던 결사였습니다. 이런 사장이 조선시대 들어 숭유억불 정책으로 더는 그 기능을 유지할 수 없게 되자 한 부류는 산속에서 거사패로, 또 나머지 부류는 민간에 속화되어 놀이꾼 즉 여사당패로 나뉘게 되었습니다.

115   "협동조합의 발달이 조선에서 용이한 것은 예전부터 계라는 협동조합 같은 조직체가 있어서 민중이 이것을 이해하기가 용이한 때문이었다.… 조선의 민중은 협동조합을 일종의 계로 인식하고 계의 직능을 본받아 이것을 조직하고 발전시키는 것이 보통이다."(「社說 現代經濟와 協同組合과 契-平安協同組合事件을 機會하야-」 동아일보 1933년 5월 29일)

의 상황에서만 유동적으로 출현한다는 것은 틀린 이야기입니다. 화랑은 전쟁 때만 출현한 것이 아니라 일상에서 심신을 수양하고 제사를 받들고 노래와 춤을 즐기는 일종의 청년 결사였습니다. 계는 처음에는 불자(佛者)의 무리로부터 출발했지만 점차 생활의 다양한 영역으로 확대되어 조선 중기 이후에는 마을마다 집집마다 조직되었습니다. 협동조합 같은 사회적 경제 조직 역시 특별한 상황에서나 유동적으로 출현하는 것이 아니라 일상의 삶에 항상 뿌리내려 있습니다. 재해나 재난 등의 상황에서 역할이 두드러지는 것은 오히려 일상에서 새로운 교환양식을 추구해왔기 때문입니다.

기존의 사학계에서는 소도를 국가 형성의 초기 단계에서 국가가 아직 그 영향력을 충분히 발휘하지 못했을 때 일시적으로 출현한 것으로만 이해합니다. 그곳에서 하늘에 제사 지내고 사회적 약자를 보호하기는 했어도, 이런 소도의 기능은 국가가 체제를 갖추면서 점차 소멸했다고 보고 있습니다.

하지만 이런 사학계의 주장은 보이는 것만 존재한다는 눈먼 시각입니다. 소도는 종교행위의 장소이기 이전에 삶의 공간이었고, 그 안에 든 이들은 죄짓고 도망 온 이들이 아니라 살기 위해 피해 온 이들이었으며, 이곳에서 그들은 마한 사람들의 아낌없는 지원 속에 새로운 세상을 열었습니다. 소도가 비록 공간으로서는 차츰 사라졌어도 관계로서는 여전히 이어지고 있고, 그 실체로서 지금 협동조합이나 사회적 경제가 다시 움트고 있습니다.

4. 이원화 사회와
소도

인류 역사의

변화 과정

　　역사학계에서는 우리 고대사를 〈무
리사회→씨족(부족)사회→군장국가→고대국가〉[116]로 발전했다고
봅니다. 그리고 이런 역사발전 단계에서 마한을 비롯한 삼한을 군
장국가에 포함시킵니다. 김정배 교수는 "삼한은 인구수로 보거나
천군과 소도로 상징되는 제사 기능의 중요성으로 볼 때 군장(君長)
단계의 특징과 부합하는 점이 많다"고 주장합니다.

　하지만 이런 시대 구분은 고작 천 년도 안 되는 국가의 역사
에 수천 년 이어온 사회의 역사를 수렴시킨 것에 불과합니다. 한반

116　　이런 시각은 대체로 인류학자들의 〈무리사회(Band)→부족사회(Tribe)→족장사
　　　　회(Chiefdom)→국가(State)〉라는 국가 형성 과정을 따른 것입니다.

도에 인류가 살기 시작한 이래로 수만 년 동안 우리 조상들은 무리(band)로 살았고, 이후 수천 년 동안은 사회(community)로 살았습니다. 국가가 형성된 이후에도 내부적으로는 다양한 사회가 상당한 자율성을 가지며 존재해왔고, 전쟁이나 무역과 같은 외부와의 관계에서나 국가의 존재가 드러났습니다. 대외적으로 '코리아'라 불리기 시작한 고려시대 이전까지, 아니 최소한 조선 중기까지도 한반도에는 자신을 '코리안'이라 생각하는 이들이 별로 없었습니다.

이런 점에서 볼 때 마한을 군장국가로 보는 것은 옳지 않습니다. 마한은 '국가'가 아닌 '사회'였고, '군장(천군)'이 지배하는 국가는 더욱 아니었습니다. 초기국가의 특징[117]이 몇몇 보인다 해서 마한을 군장이 지배했던 국가로 보는 것은 옳지 않습니다. 마한에서의 천군은 세습적 신분이 아니라 선출된 역할이었고,[118] 마한의 정

---

117   헨리 클라센은 초기국가의 특징을 ①계층사회, ②많은 인구, ③항상적 잉여, ④지연에 기초한 구성원, ⑤강제력을 가진 정부, ⑥중앙정부, ⑦공동의 이데올로기의 7가지로 정리했습니다.

118   『삼국지』에서는 '천군'에 대해 "국읍에 각각 한 사람씩을 세워(立)"라고 했고, '주수'에 대해서는 "국읍에 비록 주수가 있어도(有)"라고 했습니다. '세우다(立)'는 것과 '있다(有)'는 것은 크게 다릅니다. '세우다'는 것은 선출—지금의 민주주의 방식과는 달랐겠지만—했다는 것이고, '있다'는 것은 당연히 있다는 것입니다. 즉, 천군은 세습적 신분이 아니라 선출직 역할이었고, 주수는 힘 있는 마을의 지도자가 맡는 당연직 역할이었습니다. 역사적 변천 과정에서도 천군은 제정(祭政)이 일치된 씨족(부족)의 샤먼(Shaman)과 제정이 분리된 국가의 제사장(Priest) 사이에 있었고, 주수는 샤먼의 신하 즉 신지(臣智)와 국왕 사이에 등장한 역할이었습니다.

치경제적 권력은 오히려 주수에게 있었지 천군에 있지 않았습니다. 마한이 그 이전과 확연히 구분되는 것은 '군장국가'였다는 데 있는 것이 아니라 '군장사회'였다는 데 있습니다.

고대사를 시대 구분할 때 '무리'나 '씨족(부족)' 뒤에 '사회'라는 명칭이 붙지만 이 역시 잘못된 것입니다. 마한 이전의 '무리사회'는 '사회'가 아닌 그냥 '무리(band)'였고, '씨족(부족)사회' 역시 씨족과 씨족 사이에서나 사회가 있었지 씨족은 아직 사회가 아니었습니다. 이때에는 인간의 의식이 아직 자연이나 그들의 무리로부터 소외되지 않았고, 인간과 인간의 의식적 관계인 사회는 무리 안이 아니라 오히려 그 바깥에 있었습니다.

인간이 사회를 형성하게 된 것은 자연으로부터 떨어져 나온 인간이 자연을 대상화하면서부터이고, 이런 인간의 무리가 다시 다른 인간의 무리를 대상화하면서부터입니다. 물론 떨어져 나왔다고 해서 지금 같은 완전한 외적 독립화를 의미하지는 않습니다. 자연으로부터 떨어져 나왔지만 떨어지지 않으려는 노력, 다른 무리와 구분되었지만 대립하지 않으려는 노력이 사회라는 제도를 만들어낸 것입니다.

이런 점에서 볼 때 한반도 이남에서 최초로 '사회'라 이름 붙일 수 있는 것은 마한(삼한) 때부터라 할 수 있습니다. 이때 이르러 비로소 자연과 인간(의 무리)이 구분되었고, 한 무리(씨족)와 다른 무리가 구분되었습니다. 구분된 현실 속에서 구분되지 않으려는 노력이 한 무리 안에서는 정치와 종교로 상징되는[119] 이원화된 구조를 낳았고, 이런 이원화된 구조가 다른 무리와 중층적으로 관계하는 속에서 사회를 낳았습니다. 마한을 '사회의 연방'이 아니라 '연방제 사회'라 부른 것은 이런 이원화된 것의 중층적 구조 때문입니다.

내적 통일 상태와
통일화 과정

마르크스는 자신이 갈망하는 공산주의사회의 전형을 '원시공산제사회(primitive communist society)'라 불렀습니다. 이때에는 모든 구성원이 동일한 노동—먹이를 얻기 위한 수렵과 채집—에 참여했기 때문에 지배-피지배의 계급 분화가 없었습니다. 수집된 먹이를 즉석에서 나눠 먹었기 때문에 부의 축적이나 사유재산 또한 존재하지 않았습니다. 자본주의 문제의 핵심을 노동과 계급의 분화, 부의 축적과 사적 소유로 본 마르크스의 입

---

119   여기서 말하는 정치와 종교는 지금의 그것과는 다릅니다. 일상의 삶이 곧 정치이고, 이런 일상의 삶을 비일상적인 것과 연계시키는 것이 곧 종교입니다. 물론 일상의 삶은 항상 비일상적인 것과의 관계 속에서만 형성되기 때문에 예전에는 종교 안에 정치가 있었습니다. 종교 안에 정치가 있다는 것을 권력 관계로만 이해하기 때문에 역사학들은 군장권이 왕권보다 우위에 있었던 것처럼 말하지만 이는 잘못된 해석입니다.

장에서는 이때야말로 가장 오래된 미래였습니다.

하지만 이런 인간의 삶에 큰 변화가 일어났습니다. 농경과 목축이 시작되면서 씨족(부족) 내부에 이원화된 구조가 생겨났고, 이로 인해 인간의 소외가 생겨났습니다. 수집하던 먹이는 생산하는 식량으로 바뀌었고, 먹이의 즉석 소비는 식량의 비축으로 바뀌었습니다. 모두가 함께했던 노동은 다양한 전문 노동—생산·소비·정치·종교 등과 같은—으로 분화했습니다. 소외의 원인이 되는 대부분의 요소들이 이때부터 생겨났고, 마르크스가 동경해 마지않았던 원시공산제사회는 역사에서 사라져갔습니다.

마르크스는 "내적으로는 독립해 있지 않은 두 과정의 외적 독립화가 일정한 시점에 도달하면 폭력적으로 내적 통일을 관철시키는 과정"에서 자본주의가 위기와 동시에 극복을 맞는다고 보았습니다. 마르크스가 동경해 마지않았던 원시공산제사회는 외적 독립화가 진행되지 않은 때였습니다. 우리 역사에서는 그 시기가 단군 시대라 할 수 있는데, 이때에는 정치와 종교로 상징되는 주수와 천군이 단군 하나로 통일돼 있었습니다.

이에 비해 마한은 내적으로 독립해 있지 않았던 두 과정이 외적으로 독립하기 시작한 때였습니다. 이때부터 정치와 종교로 상징되는 주수와 천군이 단군 하나에서 분리되었고, 이렇게 분리된 두 영역이 인간의 삶을 두고 교차하기 시작했습니다. 물론 이때는 아직 정치와 종교의 영역이 시간적으로만 분리되어 있었지 공간적으로는 분리되지 않았습니다. 주수와 천군은 그 역할이 나뉘기는 했어도 사람들과 뒤섞여 살거나 사람들 가운데 뽑혔습니다.

마르크스가 이야기한 원시공산제사회는 내적으로 독립해 있지 않은 때였고, 이에 대한 상상은 외적 독립화가 극에 달한 지금 매우 중요한 일입니다. 하지만 이런 상상이 상상으로 끝나지 않으려면 내적으로 독립해 있지 않았던 '상태'보다 외적으로 독립한 것의 내적 통일화 '과정'이 훨씬 중요합니다. 내가 마한에 대해 이렇게 긴 시간을 할애하는 것도 실은 그것이 우리 역사에서 처음으로 외적으로 독립해가는 것의 내적 통일화 과정이었기 때문입니다.

천군과 주수의
행동양식

중요한 것은 내적 통일의 상태가 아니라 내적 통일화 과정입니다. 내적 통일화를 향해 외적으로 독립한 것들이 어떻게 행동하고 관계하느냐가 훨씬 중요합니다. 정치와 종교로 상징되는 주수와 천군이 어떤 행동양식으로 세속의 시간과 성스런 시간을 드러냈는지, 또 이런 두 시간이 인간의 삶을 두고 어떻게 관계했는지, 이를 통해 외적으로 독립해 있는 것의 내적 통일화를 어떻게 이루어왔는지가 훨씬 중요합니다.

정치로 상징되는 주수의 행동양식은 비교적 명확합니다. 『삼국지』의 표현을 빌리자면 이는 한마디로 '제어(制御)'라 할 수 있습니다. 주수의 역할이 다스리는 제어에 있는데, 읍락에 뒤섞여 살며 제대로 다스리지 못한다고 했습니다. 우리는 보통 제어를 부정적으로만 생각하지만, 실은 이는 제어 때문이 아니라 제어만 있기 때문입니다. 제어만 있는 상황에서는 제어가 제어되지 않고 통제나 통치로 변질되기 때문입니다.

이런 주수에 비해 종교로 상징되는 천군의 행동양식은 불명확합니다. 『삼국지』에도 천군의 역할—천신의 제사를 주관하는 것—에 대한 언급은 있어도 이런 역할을 천군이 어떻게 담당했는지에 대해서는 언급이 없습니다.

단재 신채호 선생은 소도를 상고시대 아시아 전역에 퍼져 있던 자연신앙의 이름인 '수두'라 불러야 하고, 이런 수두의 임금이 바로 '단군'이라고 했습니다. 소도의 기원이 자연신앙(animism)에 있다는 것은 앞에서 귀신에게 제사 지낸다 했을 때 그 귀신을 아니마(anima) 즉 생명으로 보아야 한다는 이야기와도 통하는 부분입니다. 선생의 이야기에서 내가 특히 주목하는 점은 소도의 임금이 단군이라는 대목입니다. 마한의 천군이 바로 단군의 뒤를 이은 존재라는 사실입니다.

우리는 보통 단군을 환웅과 웅녀 사이에서 태어나 조선을 건국한 정치지도자로만 이해합니다. 하지만 이는 '왕검(王儉)'이라는

이름의 단군일 뿐 모든 단군이 다 왕검은 아닙니다. 고조선에는
B.C.2333년부터 B.C.1363년까지 약 1500년간 47명의 단군이 있었습
니다. 더욱이 왕검이 세운 것은 국가가 아니라 사회였습니다. 한마
디로 '조선'은 국가가 아닌 사회의 이름이었고, 왕검의 뒤를 이은 모
든 '단군'은 바로 이런 사회의 지도자였습니다.

중요한 것은 사회지도자로서 단군이 펼쳤던 행동양식입니다.
단군의 시작은 환웅의 아들인 왕검으로부터이고, 따라서 왕검을
비롯한 모든 단군의 역할은 그 아버지 환웅의 뜻을 잇는 데 있었습
니다. 단군신화에서는 환웅이 세상에 내려온 뜻을 '홍익인간(弘益人
間) 재세이화(在世理化)'로 요약했습니다. 실제로 환웅의 뒤를 이은
모든 단군들은 중요한 행사 때마다 끊임없이 '재세이화'와 '홍익인
간'을 강조했습니다.

재밌는 것은 환웅을 이야기할 때는 항상 '홍익인간' 다음에 '재
세이화'가 등장하는 반면에, 왕검의 뒤를 이은 모든 단군에서는 하
나같이 '재세이화' 다음에 '홍익인간'이 등장한다는 사실입니다.[120]
하늘에서 내려온 환웅의 입장에서는 당연히 '홍익인간'이라는 강
림(降臨)의 목적이 먼저 있고, 이를 구현하는 '재세이화'의 구체적

---

[120]   단군신화를 기록한 『삼국유사』와 『순암복부고(順菴覆瓿稿)』에는 '홍익인간' 다음
        에 '재세이화'가 나옵니다. 이에 비해 단군들의 역사를 기록한 『단군세기』나 『태
        백일사』에서는 순서가 뒤바뀐 '재세이화 홍익인간'이 하나의 관용어로 쓰입니다.

방법이 뒤를 따랐습니다.[121] 이에 비해 왕검의 뒤를 이은 모든 단군은 처음부터 땅에서 났기 때문에 당연히 '재세이화'의 구체적 방법이 중요했고, 이 과정에서 '홍익인간'의 목표가 이뤄진다고 믿었습니다.

'홍익인간'과 '재세이화'는 그 순서에 따라 뜻풀이가 완전히 달라집니다. (고)조선의 뒤를 이었다고 내세우는 모든 국가에서는 '홍익인간'을 "널리 인간을 이롭게 한다"로, 또 '재세이화'를 "세상을 다스려 교화한다"로 뜻풀이합니다. 이에 비해 환웅의 뒤를 이은 모든 사회의 지도자들은 '재세이화'를 "세상이 스스로 되어가도록 한다"로, 또 '홍익인간'을 "사람(공동체)과 사람(공동체) 사이의 관계를 널리 이롭게 한다"로 뜻풀이합니다.

'재세이화'에서 중요한 것은 '이화(理化)'이고, 이것이 바로 왕검의 뒤를 이은 모든 단군, 단군의 뒤를 이은 모든 천군의 행동양식이었습니다. '이화'는 국가의 '교화'와는 다른 것입니다. 이렇게 변질된 것은 환웅의 사회이념이 국왕의 국가이념으로 수렴된 결과입니다. 단군과 천군의 시기에 이(理)는 기(氣)와 상반된 도덕적 개념이 아니었습니다. 이화(理化)는 기화(氣化)와 같은 말이었고, 동학에서 이야

---

121   대부분의 정사(正史)에서도 '홍익인간' 다음에 '재세이화'가 오거나 '재세이화'를
       뺀 '홍익인간'만 등장합니다. 국가의 국왕을 환웅과 마찬가지로 하늘에서 내려온
       존재로 여겼기 때문입니다. 하지만 이 과정에서 환웅이 세운 신시(神市)의 사회이
       념인 '홍익인간 재세이화'는 국가이념 즉 국시(國是)로 전환되었습니다.

기하는 천주조화(天主造化) 또한 그 뒤를 이은 말이었습니다.

국학자 최남선 선생은 '재세이화'가 실은 농경과 관련된 것이라 했습니다. 환웅과 함께 하늘에서 내려왔다는 풍백·우사·운사는 모두 바람·비·구름과 같은 자연과 관련된 이름이고, 따라서 그들이 주관했다는 360여 가지 일 또한 모두 자연의 운행과 관련된 것이라고 했습니다.[122] 이런 이해로 보면 '이화'는 자연의 운행을 잘 이해하고 이에 맞게 살아가게 하는 것을 가리킵니다. 이런 '이화'의 행위를 통해 자연스럽게 사람을 둘러싼 모든 생명의 관계를 풍요롭게 하는 것이 바로 '홍익인간'인 셈입니다.

조선 초기 유학자 이맥은 이런 '이화'를 '무위의 자치(無爲自治)'이고 '무언의 자화(無言自化)'라 했습니다. 또 '사람이 스스로 하늘을 따르는 것(人自順天)'이고, 그 결과로 '신시의 태평세상(神市太平之世)'[123]이 열린다고 했습니다. 세상 사람들이 각자의 방식대로 자연

---

[122] 『삼국유사』에는 풍백·우사·운사의 역할이 "무릇 인간(人間)의 삼백육십여 가지의 일(三百六十餘事)을 주관"하는 데 있다고 했습니다. 여기서 말하는 '인간(人間)'은 '사람(人)'이 아니라 '사람(人) 사이(間)'입니다. 따라서 풍백·우사·운사가 주관했다는 '삼백육십여 가지의 일'은 '사람의 일'이 아니라 '사람을 둘러싼 (자연의 모든) 일'입니다.

[123] "풍속은 산천을 소중히 여기고, 침범하거나 간섭할 생각을 않으며, 스스로를 낮춤으로써 서로를 귀하게 여기고, 죽음을 무릅쓰고 어려움을 도우니, 의식(衣食)이 균등하고 권리가 평등하며, 함께 삼신(三神)에게 돌아가 기쁨을 나누고 희망을 다짐한다. 화백(和白)이 공(公)을 이루고, 허물을 규명해 신뢰를 유지하며, 품을 나누어 일을 쉽게 하고, 일을 나누고 재화를 교환하니, 남녀가 각자 직분이 있고, 노

의 조화(造化)에 맞게 살아가는 것이 '이화'고, 이를 돕는 것이 바로 단군과 그 뒤를 이은 천군의 행동양식이었던 것입니다.

관계방식

정치로 상징되는 주수의 행동양식이 '제어'라면, 종교로 상징되는 천군의 행동양식은 '이화'였습니다. 그리고 이런 서로 다른 행동양식은 인간의 삶을 두고 서로 관계했습니다. 인간의 삶이 외적으로 독립한 것의 내적 통일화를 이룰 수 있게 서로 관계했습니다.

'이화'에 대한 이맥의 설명 가운데는 '사람이 스스로 하늘을 따르는 것(人自順天)'이라는 대목이 있습니다. 유학자로서 공자의 영향을 받은 것인데, 공자는 「예운(禮運)」에서 "큰 따름(大順者)은 삶을 기름으로써 죽음을 보내는(所以養生送死) 귀신(생명)의 일상 짓거리(事鬼神之常也)"[124]라 했습니다. 자연의 이치에 따라 살아가는 인간의

소가 같이 복리를 향유하며, 사람과 사람이 서로 싸우거나 소송하는 일 없고, 나라와 나라가 서로 침략하거나 약탈하는 일 없다. 이를 신시의 태평세상이라 부른다."

124   큰 따름의 삶을 귀신의 일상 짓거리로 표현한 것은 귀신을 섬기고 귀신 짓을 일삼

삶을 공자는 '큰 따름(大順)'이라 했고, 이를 다시 이맥은 '이화'라 칭한 것입니다.

하지만 더 중요한 것은 그 다음입니다. 공자는 '큰 따름'의 도달 지점에서는 "일이 크게 쌓이면서 막힘이 없고(事大積焉而不苑), 아울러 가면서 어긋나지 않으며(竝行而不謬), 세심하면서 잃지 않고(細行而不失), 깊으면서 통하며(深而通), 무성해 빈 데가 없고(茂而不閒), 이어지면서 서로 간섭하지 않으며(連而不相及), 움직이면서 서로 해를 입히지 않는(動而不相害)" 데 있다고 했습니다. 이는 바꿔 말하면 '쌓는다'와 '막힌다', '아울러 간다'와 '어긋나지 않는다'는 등등의 상반돼 보이는 관계를 통해 비로소 재세이화의 길이 열린다는 것과 같습니다.

'아울러 간다(竝行)'[125]는 것은 마한의 예를 들자면 천군의 이화와 주수의 제어가 함께 간다는 것을 말합니다. 물리학적으로 표현하면 수렴과 동시에 확산이, 통일과 동시에 산일(散逸)이, 동질화와 동시에 이질화가 함께 진행된다는 것이고, 이를 통해 모든 생명에 음산(陰散)한 기운을 북돋게 한다는 것입니다.

는 소도에서의 삶과 맞닿는 매우 중요한 대목입니다.

125   원불교를 창건한 소태산 선생은 특히 '병행'을 강조했습니다. 선생은 "앞으로는…
영육쌍전(靈肉雙全)·이사병행(理事竝行)의 방법으로 모든 과정을 정한다"고 했습니다. 여기서 말하는 영육쌍전은 영혼과 육체의 완성을 의미하고, 이사병행은 정신개벽과 물질개벽의 병행을 의미합니다. 영혼과 정신을 천군의 영역, 육체와 물질을 주수의 영역이라 볼 때 이 둘의 병행을 이야기한 것입니다.

'어긋나지 않는다(不謬)'는 것은 이런 천군과 주수, 그리고 그들의 이화와 제어가 함께 가지만 그렇다고 서로 닮거나 해를 입히지 않는다는 것입니다. 주수에 의해 천군이 수렴·통일·동화되지 않을뿐더러, 천군에 의해 주수가 지배·억압·폄훼당하지도 않습니다. 이 둘 사이에는 오직 홍익인간이라는 더 큰 차원에서의 공동 목표만 있을 뿐입니다.

　실제로 마한에서는 이런 방식으로 두 영역과 그들의 시간이 관계했습니다. 주수의 제어가 있기는 해도 이는 홍익인간의 공동 목표 아래 천군의 이화와 아울러 갔습니다. 아니, 인간의 삶에 깊이 관여하고 영향을 미친 것은 오히려 천군의 이화였습니다. 덕분에 마한을 대표하는 것은 천군이었지만 그 천군은 보통 사람이었고, 주수 또한 사람들 사이에 뒤섞여 살아도 아무런 불편함이 없었습니다. 『삼국지』를 기술한 중국 유학자의 눈에는 도대체 기강이 없고 제어가 불가능한 사회로 보였을 테지만, 신동엽 시인이 꿈꿨던 '자전거 타는 대통령'[126]이 이 시대에는 실제로 가능했습니다.

　이에 비해 사회가 국가로 수렴되면서부터는 주수의 제어가 천

126　신동엽 「산문시 1」 "스칸디나비아라든가 뭐라구 하는 고장에서는 아름다운 석양 대통령이라고 하는 직업을 가진 아저씨가 꽃 리본 단 딸아이의 손 이끌고 백화점 거리 칫솔 사러 나오신단다.… 하늘로 가는 길가엔 황톳빛 노을 물든 석양 대통령이라고 하는 직함을 가진 신사가 자전거 꽁무니에 막걸릿병을 싣고 삼십 리 시골 길 시인의 집을 놀러 가더란다."

군의 이화를 지배하기 시작했습니다. 처음에는 주수가 천군을 임명했고,[127] 국권이 강화되면서부터는 천군의 천제(天祭)를 무당의 굿으로 폄훼했습니다.[128] 근대로 접어들어서는 주수가 국가와 자본으로 더욱 세분화되어 천군을 완전히 지배하기에 이르렀습니다.

사회적 경제의 이원화

사회적 경제가 추구하는 궁극적 목표는 이런 국가와 자본의 지배로부터 사회를 재구축하는 것입니다. 국가와 자본을 잉태하기 이전의 원시공산제사회로 되돌리는 것이 아니라, 국가와 자본을 잉태하면서도 이를 사회 안에 다시 들어오

---

127   『삼국사기(三國史記)』「신라본기」에는 "(진평왕이 579년에) 친동생인 백반을 진정갈문왕(眞正葛文王)으로, 국반을 진안갈문왕(眞安葛文王)으로 봉하였다"는 기록이 있습니다. 왕위의 부자계승을 통해 국권을 강화한 진평왕 때 마한의 천군에 해당하는 신라의 갈문왕(葛文王)을 왕위에 오른 형이 그 동생에게 봉하게 되었다는 것입니다.

128   정도전은 태조를 향한 상소에서 "전하께서 즉위한 이래로 도량(道場)을 궁궐보다 더 높게 세웠고, 법석(法席)을 늘 절에서 열었으며, 도전(道殿)의 초제(醮祭)를 아무 때나 행하고, 무당(巫堂)의 제사가 번잡하게 열린다"고 지적하면서, 이런 행위는 마치 중국 주나라를 멸망케 한 원인인 "국가가 장차 흥하려 할 때는 사람의 말을 듣고, 국가가 장차 망하려 할 때는 귀신의 말을 듣는다"는 말로 비유했습니다.

게 하는 것입니다. 외적으로 완전히 독립해 있는 자본주의사회 안에 내적으로 통일된 사회를 재구축하는 것입니다.

물론 이런 사회의 재구축을 위해서는 먼저 사회적 경제 스스로가 사회가 되어야 합니다. 그리고 이를 위해서는 다시 마한에서와 같이 영역의 이원화가 사회적 경제 안에 구현되어야 합니다. 마한이 천군과 주수, 종교와 정치, 사회와 경제로 그 영역을 이원화했던 것과 마찬가지로 사회적 경제 또한 운동과 사업으로 이원화되어야 하고, 이화로서의 운동과 제어로서의 사업이 함께 가면서도 닮지 말아야 합니다.

미국의 미래학자 헨더슨은 산업사회의 생산구조를 4단 케이크에 비유한 적이 있습니다. '어머니이신 자연(Mother Nature)'이 가장 아래에 있고, 그 위에 '사회적 협동(Social Cooperative)', 'GNP의 공적 부문(Public Sector)', 'GNP의 사적 부문(Private Sector)'의 순으로 놓여 있습니다. 물론 모든 케이크가 그렇듯이 자연의 토대 위에 사회가 있고, 또 그 토대 위에 GNP의 공적 부분과 사적 부문이 놓여 있어야 정상입니다. 그런데 지금의 산업사회는 이런 구조가 완전히 뒤바뀌어서 위층에 의해 아래층이 지배당하고 있습니다.

이런 문제를 해결하기 위해 사회적 경제가 있지만 실제로 사회적 경제가 그 역할을 담당하기 위해서는 먼저 내부에 이원화가 진행되어야 합니다. GNP의 공적이고 사적인 부문을 향하는 영역과 어머니이신 자연을 향하는 영역이 생겨야 합니다. 이렇게 이원화된 것들이 제어와 이화라는 자기 행동양식을 가져야 합니다. 나아가 둘 사이의 관계가 어머니이신 자연을 향해 함께 가면서도 닮지 말아야 합니다. 사회적 경제가 사회를 재구축하는 것은 이런 이원화된 것의 내적 통일화 과정을 통해서입니다.

그런데 지금의 사회적 경제에서는 영역은 이원화되어 있어도 행동양식에서는 구분이 없습니다. 자본주의사회에서 살아남기 위해 어쩔 수 없이 운동에서 사업을 분화시키기는 했어도 행동양식에서는 차이가 없습니다. 전문성과 노동량으로 나뉘어 비전문적이고 시간제인 일이 운동으로 구분될 뿐, 일의 방향에서는 모두 GNP의 공적이고 사적인 부문을 향하고 있고, 일의 방식에서는 모두 경제적 제어입니다. 덕분에 둘 사이의 관계는 어쩔 수 없이 같이 가기는 해도 항상 어긋나 있습니다. 운동은 사업만 바라보고 가고, 사업은 운동의 효율성만을 따집니다. 사회를 재구축한다는 궁극적 목표가 먼 세상의 남의 일이 되어버리는 것은 당연한 결과입니다.

일본의 그린코프 생협에서는 최근 "운동의 토대 위에 사업을 진행한다"는 말이 자주 회자됩니다. 이 말은 단지 구호가 아니라 실제입니다. 활발한 운동 덕에 사업 또한 잘된다는 자신감의 표현입니다. 물론 운동의 토대 위에 사업을 전개하는 것이 중국 유학자의 말처럼 도대체 기강이 없고 제어가 불가능한 것으로 보일 수도 있습니다. 무슨 일을 하더라도 꼼꼼한 설명과 지난한 토의가 필요합니다.[129] 하지만 이런 혼돈의 비평형 상태가 오히려 그 내부에 새로운 자발적 질서를 형성한다는 사실을 우리는 잊어서는 안 됩니다. 생동하는 생명의 기운은 가끔 혼돈으로 보일지 모르지만, 그 혼돈이 결국은 새로운 사회를 만들어내는 법입니다.

이원화된 것들의
중층적 결합

마한은 연방제 사회였습니다. 크고 작은 50여 개의 나라(공동체)가 모여 한 사회를 형성했습니다. 각각의 나라에는 천군과 주수로 상징되는 이원화된 영역과 그들의 관계가 있었고, 이것이 각각의 나라를 하나의 공동체로 만들었습니다. 하지만 이렇게 각각의 나라가 공동체가 되었다 해서 그 공동체가 곧바로 사회가 되는 것은 아닙니다. 사회는 항상 이원화된 공동체가 다른 공동체와 층위를 달리해 만나는 과정에서 형성되지 각각의 공동체 안에서 생겨나지 않습니다. 사회적 경제 또한 마찬가지여서 사회적 경제가 사회가 되는 것은 그 내부의 운동과 사업이 다

---

129   그린코프에서는 "회의는 설득의 장이 아니라 설명의 장이다"라고 말하고, 정치학자 아렌트는 "정치는 진리의 영역이 아니라 의견의 영역이다(Politics is not a realm of truth but of opinion)"라고 말합니다.

른 사회적 경제의 운동과 사업과 증층적으로 관계하는 과정을 통해서입니다.

사회적 경제의 중층적 관계방식에는 크게 두 가지 유형이 있습니다. 먼저 비교적 쉽고 빠르게 출현하는 유형으로 경쟁력 강화를 목적으로 하는 사업의 협동이 있습니다. 자본주의 세계화가 그 폐해를 드러내고 다국적기업과의 경쟁이 격화되는 속에서 협동조합 진영이 그 원칙 안에 '협동조합 간 협동'[130]을 넣은 것도 이런 경쟁력 강화를 목적으로 한 사업의 협동이었습니다. 마한이 연방제를 꾸리고 대표 주수를 선임해 외부와의 교역과 외교 국방을 담당하게 한 것도 이런 취지에서였습니다.

이렇게 태동한 사업의 협동은 자연스럽게 그 업무 범위를 확장해갑니다. 마한 전체의 주수가 대외적 관계만이 아니라 대내적으로도 대규모 치수 사업을 진행한 것처럼, 협동조합 간 협동 역시 "조합원에게 가장 효과적으로 봉사하고 협동조합운동을 강화하기" 위해 다양한 사업 분야로 그 범위를 넓혀갑니다.

하지만 사업의 협동은 중층적인 주수와 주수의 결합일 뿐 그 이상을 넘지 못합니다. 아니, 오히려 주수의 역할만을 강화시켜 국가에 의한 사회와 자연의 지배를 불러오기 십상입니다. 주수와 주

---

130   제6원칙: 협동조합 간 협동 ─ 협동조합은 지방적 전국적 지역적 국제적 구조를 통해 함께 일함으로써 조합원에게 가장 효과적으로 봉사하고 협동조합운동을 강화한다.

수의 결합만이 아닌 천군과 천군의 결합이 필요하고, 사업과 사업의 협동만이 아닌 운동과 운동의 연대가 필요합니다.

마한이 연방제 사회를 형성할 수 있었던 것도 실은 주수의 결합만이 아닌 천군의 결합이 있기에 가능한 일이었습니다. 마한 전체를 대표하는 천군이 각 나라의 귀신을 엮어 천신에게 제사 지냈기에 연방제 사회에 필요한 공통의 의식과 규범을 형성할 수 있었고, 나아가 소도의 임금으로서 그 사회 가장 낮은 이들과 함께했기에 연방제 사회에서 생길 수 있는 차별과 격차를 넘어설 수 있었습니다. 사회적 경제도 마찬가지여서 협동조합이 1995년에 '지역사회에 대한 관심'[131]을 그 원칙에 새로이 추가한 것도 실은 운동의 연대를 위해서였습니다. '협동조합 간 협동'이 사업과 사업의 협동을 위한 것이었다면, '지역사회의 지속가능한 발전'은 운동과 운동의 연대를 위한 것이었습니다.

사업의 협동과 운동의 연대는 그 취지와 목적, 그리고 이를 추진하는 방식에서 현저한 차이가 있습니다. 전자가 사업을 강화해 조직을 유지하기 위한 것이라면, 후자는 운동을 강화해 사회로 나

---

131   "제7원: 지역사회에 대한 관심 ― 협동조합은 조합원이 동의하는 정책을 통해 그들 지역사회의 지속가능한 발전을 위해 노력한다." 여기서 '조합원이 동의하는 정책'은 민주적 합의 과정만이 아닌 조합원의 적극적 참여와 운동으로 봐야 그 취지에 맞고, '지역사회의 지속가능한 발전'은 환경적 생태적인 의미만이 아니라 사회 자체의 유지와 발전으로 봐야 맞습니다.

아가기 위한 것입니다. 전자가 구성원에 대한 효과적 봉사에 목적이 있다면, 후자는 사회로부터 소외된 이들의 필요에 대응하는 데 목적이 있습니다. 이를 위해 전자가 구성원들의 공통적 관심(시간)을 체계적으로 관리한다면, 후자는 서로 다른 관심(시간)들을 통합해냅니다.

한 사회가 사회일 수 있는 것은 이런 이원화된 것들의 중층적 결합을 통해서입니다. 마한이 개방적이면서도 정상적인 사회일 수 있었던 것도 실은 각 나라 안에 천군과 주수로 상징되는 이원화된 영역이 있고, 이들이 각각의 행동양식을 가지며 긴밀히 관계하지만, 동시에 이런 구조가 마한 전체를 향해 다시 중층적으로 결합되어 있었기 때문입니다. 사회적 경제도 마찬가지입니다. 사회적 경제가 하나의 사회를 이루는 것은 운동과 사업이 그 안에서 구분되고, 구분된 각각이 각자의 행동양식을 가지면서 긴밀히 관계하며, 동시에 이런 구조가 다른 사회적 경제와 중층적으로 결합할 때나 비로소 가능합니다.

왜

소도가 필요한가

경제학자 하이에크(Friedrich Hayek)
는 시장사회의 인간에 대해 "인간의 정보인식능력에는 한계가 있
고, 이 한계 내에서 인간은 자기조직화한다"고 했습니다. 뉴턴적 결
정론이 자유를 빼앗는 대신에 안심할 수 있는 세계였던 데 비해, 인
간은 이제 비결정적인 세계로 내던져졌습니다. 한 사람 한 사람이
의미 있는 존재가 되고 결정할 수 있는 자유를 얻었지만, 동시에 스
스로 결정하고 책임져야 하는 불안한 세계에 놓이게 되었습니다.

아마도 지금만큼은 아니어도 마한 사람들 역시 마찬가지였을
것입니다. 이제 막 자연의 일부에서 벗어나 사회를 형성한 그들은
많은 것을 새로이 결정해야 하고, 또 이런 결정을 위해 많은 정보가
필요했을 것입니다. 물론 당시의 정보는 지금처럼 문자로 전달되지
않았습니다. 대부분의 정보는 조상의 이야기를 담은 신화로 전달되
었고, 이렇게 전달된 정보를 통해 그들은 새로운 사회의 방향을 상
상해야 했습니다.

하지만 신화를 통한 상상은 매우 어렵고 불안했습니다. 신화에
담긴 내용은 서술이라기보다는 비유에 가까웠고, 그 비유 안에서
사회를 상상하는 것은 온전히 자기들 몫이었습니다. 예나 지금이나
인간은 그리 대단한 존재가 아니어서 몇몇은 신화 속에서 보이지
않는 것을 상상했지만 대다수 사람들은 보아야만 상상이 가능했습

니다. 중요한 행사 때마다 신시(神市)의 신화를 들려줬지만 이에 머무르지 않고 상상의 실제 모습이 필요했습니다.

마한의 소도는 천군이 보여준 상상의 실제였습니다. 단군시대 소도가 제의의 장소였다면,[132] 마한에서는 삶의 공간이었습니다. 그냥 삶의 공간이 아니라 세속의 일상이 뒤바뀐 성스런 삶의 공간이었습니다. 이곳에서는 하찮게 버림받는 이들이 주인이었고, 그들의 쓸모없어 보이는 노동이 가치였습니다. 생명 살리는 일이 본업인 소도에서는 이화가 충만했고, 제어의 역할은 이런 이화의 충만함이 유지되도록 하는 데 있었습니다. 덕분에 사회로부터 소외된 이들이 소도 안에서만큼은 따뜻한 보살핌을 받았고, 부자가 아니어도 자기 방식대로 행복하게 살 수 있었습니다.

중요한 것은 이런 상상의 실제가 있었던 덕에, 이를 유지하려 사람들이 애쓴 덕에, 마한에서의 세속적 삶이 성스런 삶일 수 있었다는 사실입니다. 가장 낮은 이들을 가장 높이려는 그들의 실천 덕에 그들 사이에 격차와 차별이 사라지고 제사와 접대가 일상화되었다는 사실입니다.

물론 이런 사례는 단지 2천 년 전 소도에만 있는 것이 아닙니

---

132   이암이 지은 『단군세기(檀君世紀)』에는 '설소도(設蘇塗)' 즉 "소도를 설치하다"는 말과 함께 '재상소도(在上蘇塗)' 즉 "으뜸인 소도에 계시다"는 표현이 종종 나옵니다. 이는 단군시대에 소도가 특정 장소, 주로 제의를 위한 특별한 장소였음을, 또 그 가운데 대표가 되는 장소, 즉 천신을 모시는 장소가 있었음을 나타냅니다.

다. 스웨덴 '민중의 집'은 현대판 소도의 대표적 사례이고, 이런 '민중의 집' 덕분에 모든 국민을 요람에서 무덤까지 한 가족처럼 대하는 '국민의 집' 스웨덴이 가능했습니다. 또 단지 국가적 차원에서만 있는 것도 아닙니다. 일본의 그린코프 생협은 2010년에 '포박관(抱樸館)'[133]이라는 노숙자 자립 지원 시설을 세웠고, 이 시설이 유지될 수 있도록 생협과 조합원들이 아낌없이 지원한 덕에 생협에서의 조합원 주권이 실현되었습니다.

『삼국지』에서는 마한 사람들을 "성질은 굳세고 용감하며,… 베로 만든 도포를 입고 발에는 가죽신을 신고 다니고,… 온종일 소리 지르며 일해도 힘들다고 생각지 않는다"고 묘사했습니다. 중국 유학자의 눈에는 풍속에 기강이 없고 흡사 죄수와 노비가 모여 사는 곳 같은데 어떻게 경제적 풍요와 행복을 동시에 얻는지 의아했을 것입니다. 지금의 우리가 그렇게 많은 돈을 복지에 쓰면서도 어떻게 스웨덴이 세계 제일의 부자 나라가 되고 어떻게 생협 사업이 더 발전하는지 의아해하는 것과 똑같습니다. 하지만 세상은 본래 그런

---

133   '포박관'이라는 명칭을 소개 자료에서는 이렇게 설명합니다. "노자의 명언이다. '박(樸)'이란 다듬거나 자르지 않은 통나무를 말한다.… '포박(抱樸)'이란 이런 통나무를 품어 안는 것을 말한다.… 통나무는 다소 불편하다. 거칠고 가시가 돋아 있다. 통나무를 품어 안은 이들은 피를 흘리기도 한다. 하지만 상처를 입더라도 안아주는 이가 필요하다. 누군가가 피를 흘릴 때… 새로운 가능성을 스스로 구현한다. 나를 위해 상처 입고 피 흘리는 당신이 바로 나의 집이다.… 포박이야말로 오늘날 세상이 잃어가는 '집'을 만드는 일이다."

것입니다. 가장 낮은 곳을 향해 함께 나아갈 때 그들 사이에 진정한 행복이 찾아오는 법이고, 이런 이들을 향해 하늘은 더 큰 복을 내리는 법입니다.

지역사회를 향한
사회적 경제의 진화

1. 자본주의의
미래

저성장의
위기

　　　　　　　　　세계는 지금 심각한 저성장의 늪에
빠져 있습니다. 2000년대 들어 세계 평균 경제성장률은 2%대 아래
로 떨어졌고, 세계의 공장이라 불리는 중국마저도 6%대를 겨우 넘
는 수준입니다. 우리나라도 마찬가지여서 60년대부터 80년대까지
는 연평균 10%대를 넘어오다가 2000년대 들어서는 5%대로, 지금
은 다시 3%대 아래로 떨어져 있습니다.

　성장률 저하는 사실 오늘 내일만의 일이 아닙니다. 우리나라만
봐도 79년(석유파동)과 97년(외환위기), 그리고 2009년(금융위기) 이후
에 심각한 저성장을 경험했습니다. 하지만 앞의 두 위기와 비교해
금융위기 이후의 지금은 상황이 매우 다릅니다. 앞의 두 위기가 성
장을 위한 일종의 숨 고르기였다면, 지금의 저성장은 어떤 수단으

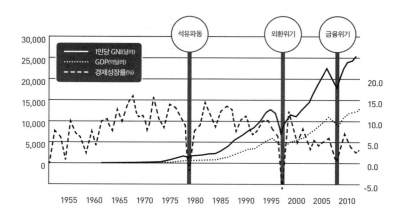

〚 한국전쟁 이후 우리나라의 경제 동향 〛

로도 좀처럼 벗어나기 힘든 구조적인 것입니다.

석유파동은 1차산업에서 2차산업으로 기간산업이 이동한 데 따른 '산업화'의 결과였습니다. 그리고 이를 우리나라는 국내에서 세계로 시장을 확장하면서 단숨에 극복했습니다. 외환위기는 국내에서 세계로 시장을 확장한 데 따른 '시장화'의 결과였습니다. 비록 힘들기는 했지만 이 또한 우리나라는 세계 자본 시장으로 편입하면서 극복 가능했습니다. 금융위기는 이런 '자본화'의 결과였습니다. 하지만 이번에는 상황이 조금 달라서 세계 여러 나라 정부들이 금융위기 이후의 저성장을 극복하려고 함께 노력하지만 별로 효과가 없습니다. 실질금리를 마이너스로 떨어트리고 각종 경기부양책을 쏟아내지만, 세계는 여전히 저성장의 늪에서 헤어나지 못하고 있습니다. 이런 점에서 볼 때 지금의 저성장은 과거의 양상과는 매우 다릅니다. 과거의 저성장이 또 한 번의 성장을 위한 일시적 변곡점(inflection point)이었다면, 지금의 저성장은 어떤 수단으로도 좀처럼 벗어나기 힘든 구조적 임계점(critical point)에 와 있는 듯한 느낌입니다.

공간의
확장

물론 지금의 저성장을 일시적 변곡점으로 볼 거냐 구조적 임계점으로 볼 거냐는 사실 공간의 크기에 달려 있습니다. 석유파동 이후에 시장을 세계로 확장하고, 외환위기 이후에 시장에서의 교역품을 자본으로 확장했던 것처럼, 새로운 공간에서 새로운 먹잇감을 찾게 되면 다시 성장이 이어질 것이기 때문입니다.

생물학에서 태동했지만 경제학 등의 분야에서도 널리 쓰이는 용어로 '로지스틱 곡선(logistic curve)'이 있습니다. 이에 따르면 모든 생명은 정해진 공간 안에서 생성과 발전을 거듭하다가 어느 시점에 도달하면 성장이 둔화되거나 오히려 축소됩니다. 생명의 개체수가

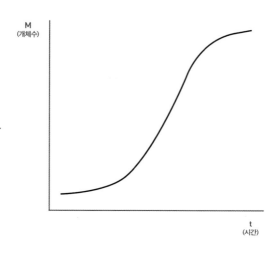

《 로지스틱 곡선 》

정해진 공간의 수용 범위에 가까워지면 그 증가 속도는 서서히 둔화하고, 수용 범위를 넘어서면 오히려 빠르게 감소합니다. 경제의 장기적 동향도 마찬가지여서 공간의 수용 범위에 근접하면 저성장하고, 이를 넘어서면 오히려 마이너스 성장을 기록합니다. 공간의 제약이 성장의 둔화나 감소를 불러오는 셈입니다.

　이런 상황에서 생명과 경제의 생존전략은 새로운 공간을 찾아 나서는 것입니다. 먹잇감이 포화 상태인 기존의 공간을 벗어나 새로운 공간에서 새로운 먹잇감을 찾아 나서는 것입니다. 자본주의의 역사 또한 마찬가지여서 이를 한마디로 정리하자면 공간 확장의 역사였습니다. 상업자본주의에서 산업자본주의로, 다시 산업자본주의에서 금융자본주의로 발전해온 자본주의의 역사는 공간의 포화와 제약이 불러온 성장의 변곡점을 지리적이고 질적이고 매개적인 공간 확장을 통해 극복해온 과정이었습니다.

상업자본주의를 한마디로 표현하자면 자국 내 시장에 한정돼 있던 상품의 활동 공간을 전 세계로 지리적으로 확장한 것이었습니다. 바다를 누비며 시장을 확장한 대항해시대를 거치면서 자본주의는 비로소 세계를 자신의 공간으로 갖게 되었고, 상품의 유통이 세계적으로 이루어지게 되었습니다.

산업자본주의는 이런 지리적 공간이 포화 상태에 이르자 이번에는 먹잇감 자체를 확장한 것이라 할 수 있습니다. 일부 상품에만 한정돼 있던 자본의 먹잇감을 인간의 모든 생산물로까지 확장한 것이 바로 산업자본주의였고, 덕분에 자본주의는 지리적 공간의 확장을 기반으로 질적 공간을 확장하면서 또 한 번의 성장을 구가할 수 있게 되었습니다.

지금의 금융자본주의는 이런 지리적이고 질적으로 확장된 공간이 다시 포화 상태에 이르자 이번에는 상품교환의 매개에만 한정돼왔던 화폐를 모든 인간관계를 매개하는 하나의 상품으로 확장한 것이라 할 수 있습니다. 지리적이고 질적인 공간 확장에 이어 매개적 공간을 확장함으로써 상품교환보다 오히려 자본교환을 통해 먹이를 얻게 된 것이 지금의 금융자본주의입니다.

물론 자본주의는 혼자의 힘만으로는 이런 확장이 불가능합니다. 자본주의의 경제적 공간 확장을 뒷받침한 것이 바로 정치적 민주주의였습니다. 그리스 이래로 대부분의 민주주의는 실은 경제적 이해관계의 조정을 위한 것이었고, 정치적 1인 1표는 경제적 1달러 1표와 떨어질 수 없는 관계에 있었습니다.[134] 아니, 보다 근본적인 차원에서 민주주의는 현재의 일부를 미래의 모두로 확장시킨다는 점에서 공간 확장을 향해 가는 자본주의와 그 취지가 크게 다르지 않았습니다. '근대'는 한마디로 경제적 자본주의와 정치적 민주주의의 기묘한 조합이었습니다.

공간의
포화

하지만 이렇게 확장에 확장을 거듭해온 자본주의가 이제 더는 확장할 공간이 없게 되었습니다. 미지

---

134   이런 구조를 넘어 진정한 민주주의 구현을 위해 일본의 유키오카는 인간이 (마르크스가 말한) '경제적 범주의 인격화'된 존재, 즉 '계급 이해관계―자본가·토지소유자·임노동자 등과 같은―의 담당자'에서 '인간(개인)으로서의 자본가'·'인간(개인)으로서의 토지소유자'·'인간(개인)으로서의 임노동자'가 해방되어야 하고, 이 둘 사이의 모순·대립이 인간적으로 해결되어야 한다고 주장합니다.

의 땅 아프리카를 포함해 자본의 세력이 미치지 않는 곳이 없습니다(=지리적 공간의 포화). 상품소비를 떠받쳐오던 중산층이 양극화와 고령화로 구매력을 상실하고 있습니다(=질적 공간의 포화). 정보통신의 획기적인 발달은 오히려 1억분의 1초 단위로 투자해야 겨우 이익을 얻는 상황을 만들고 있습니다(=매개적 공간의 포화).

한마디로 지금은 상품은 넘쳐도 마땅히 팔 곳이 없고, 자본이 넘쳐도 마땅한 투자처를 찾지 못하는 그런 자본주의 공간의 포화 상태에 놓여 있습니다. 선진국의 정책금리와 국채수익률이 제로에 가까워진 것은 어떤 면에서는 자본 증식을 목적으로 하는 자본주의가 서서히 그 끝을 향해 가고 있음을 국가 스스로가 인정한 것이라 할 수 있습니다.

물론 일각에서는 이런 공간의 포화에 대해 앞으로는 시간의 확장을 통해 자본주의가 성장할 것이라 주장합니다. 실제로 지금의 자본주의는 오히려 공간보다 시간의 확장을 통해 계속 성장하는 듯 보입니다. "미래에 이 정도의 이익을 낼 것이다"라는 투자자들의 기대가 현재의 자산가치를 형성하고, 시장은 그 미래 가격을 과다 계상함으로써 이익을 극대화하고 있습니다.

하지만 이런 이익은 사실 미래가 향유할 이익을 선점하는 것일 뿐입니다. 기대와 다르게 손실이 나면 미래에 떠넘기기까지 합니다. 평균적으로 10년마다 한 번씩 버블 청산이 일어나는 것도 더는 그 손실을 미래에 떠넘길 수 없기 때문입니다. 버블을 청산하기 위해

죄 없는 사람들을 희생시키는 지금도 문제지만, 다행히 위기를 모면하더라도 나중에 이를 떠안게 될 후손들이 걱정입니다.[135]

또 어떤 이들은 4차 산업혁명이 새로운 공간을 창출하게 될 거라고 주장합니다. 인공지능(AI)·정보통신(ICBM)·인공광합성(AP)·우주개발(SE) 등의 기술에 투자하면 공간이 확장되고 자본주의는 다시 성장할 거라 믿습니다. 나 또한 이런 기술의 실현 가능성을 굳이 부정하고 싶지 않습니다. 이런 기술들이 실현되면 인간의 삶이 좀 더 나아질 거라고도 생각합니다. 하지만 그렇다고 해서 4차 산업혁명이 자본주의 공간의 포화 상태를 해결해주는 것은 아닙니다. 아니, 설령 인간과 지구에서 생명과 우주로 그 공간을 넓힌다 해도 그것이 자본주의 몰락을 늦추지는 못합니다.

---

135   자본주의 이전의 모든 사회에서는 부의 축장이 현재와 미래를 위한 것이었지 현재와 미래를 희생시킨 결과가 아니었습니다. 조상의 희생 위에 자기가 존재함을 알기에 당연히 자기 또한 후손을 위해 희생하는 것을 생명의 전이고 진화라 여겼습니다. 이런 면에서 볼 때 시간의 확장을 통한 자본 이익의 수렴은 어떤 경우에도 일어나서는 안 되는 것입니다.

공간의
분할

자본주의가 지속적으로 성장할 수 있었던 것은 실은 공간의 확장만이 아니라 공간의 분할 덕분이었습니다. 자본주의는 한마디로 싸게 사서 비싸게 팔아 이익을 남기는 제도입니다. 다시 말해 자본주의가 성립하기 위해서는 싸게 사서 비싸게 팔 '주변'과 이를 통해 이익을 남길 '중심'으로 공간이 분할되어 있어야 합니다. 한 공간을 중심과 주변으로 분할하고, 이렇게 분할한 장벽이 허물어지면—이를 물리학에서는 '공간의 균질화'라고 표현합니다— 다시 새로운 곳에 새로운 주변을 형성하는 것이 공간 확장의 목적이었습니다. 자본주의의 공간 확장은 공간 분할을 위해 필요한 것이지 그 자체가 목적이 아니었습니다.

모든 유형의 자본주의는 공간의 분할과 주변으로부터의 이익 수집을 통해 중심의 성장을 이루어왔습니다. 초기 단계에서 자본주의는 한 국가 안에 주변을 만들어 자신의 이익을 추구해오다가 그 주변이 균질화되자 이번에는 국외에 눈을 돌려 세계 곳곳에 주변을 만들었습니다. 자본주의의 세계화는 결국 세계를 선진국과 후진국으로 나누어 후진국인 주변으로부터 선진국인 중심으로 부를 수집해온 과정이었습니다.

하지만 온 세계가 자본주의로 균질화되면서, 즉 자본주의의 세계화가 확대되면서 주변은 더 이상 존재하지 않게 되었습니다.

후진국을 두고 벌어지는 선진국의 각축전은 오히려 후진국을 향한 선진국의 분할과 수집을 점점 어렵게 만들었습니다. 그리고 이런 상황에서 자본주의가 선택한 길은 '다시' 국내였습니다. 국내로 다시 눈을 돌려 이제까지의 국내적 균질성을 소멸시키면서 한 국가 안에 새로운 주변을 만들기 시작했습니다.

노동시장의 유연화를 통한 비정규직의 양산은 자국 안에 새로운 주변을 만들기 위함이었습니다. 미국발 금융위기의 단초가 된 서브프라임 모기지론은 이런 자국 내 주변으로부터 이익을 수집하는 과정에서 파생한 것이었습니다. 지금 세계 각국이 공통으로 직면한 양극화 문제는 세계적 차원의 자본주의가 균질화되면서 후진국을 대신해 자국 내에 주변을 만들어온 결과입니다.

하지만 문제는 이런 자국 내 주변에서도 이제 더는 부의 수집이 불가능하게 되어간다는 데 있습니다. 양극화에 따른 빈곤이 오히려 먹잇감으로서의 기능을 상실시키고 있고, 대부분의 선진국에서는 지금 저출산과 고령화로 소비 자체가 정체하거나 감소하고 있습니다.

저출산에 따른 인구감소는 소비 개체수 자체의 절대적 감소를 의미하고, 인구의 고령화는 개인이 연명할 최소한의 감가상각 내에서만 소비가 이루어짐을 의미합니다. 경제성장이 감가상각의 범위를 넘어서는 소비의 확대를 통해 이루어진다는 점을 고려할 때, 이런 세계적 차원에서의 인구감소와 고령화는[136] 더 이상의 경제성장을 불가능하게 만드는 가장 큰 요인이 됩니다.

이런 상황에서 4차 산업혁명이 마치 구세주인 양 떠드는 것은 말이 안 됩니다.[137] 백 번 양보해 4차 산업혁명의 기술적 실현 가능성을 인정하더라도 이는 자본주의 공간을 생명과 우주로 확장할 뿐, 이렇게 확장된 공간을 중심과 주변으로 분할하지는 못합니다. 생명과 우주는 싸게 살 곳은 되어도 비싸게 팔 곳은 못 됩니다. 폭등하는 원자재 가격과 폐기비용을 낮출 수는 있어도 이익을 가져다주는 것은 결국 인간인데, 그 인간이 지금 양극화와 고령화로 소비를 줄이고 있습니다. 저출산과 인구감소로 소비할 개체수마저 줄

---

136   유엔인구기금(UNFPA)에 따르면 세계 인구는 2100년에 109억 명을 정점으로 점차 감소할 전망입니다. 이와는 반대로 60세 이상의 고령 인구는 현재 8억 명에서 2050년에는 20억 명으로 증가할 전망입니다. 이때가 되면 15세 이하의 아동보다 고령자가 더 많아지고, 전체 인구 가운데 고령자의 비율이 30%를 넘는 나라가 지금은 일본 한 곳인 데 비해 이때가 되면 64개국으로 늘어나게 됩니다. 우리나라는 특히 이런 변화의 속도가 매우 빨라서 2030년 5천294만 명을 정점으로 인구가 급속히 줄어들 전망입니다. 또 이때가 되면 65세 이상 노인 인구가 전체의 24.3%를 차지할 것으로 전망됩니다. 유럽에서 가장 빠르게 초고령사회로 진입한 프랑스가 150년, 세계에서 가장 빠르다는 일본이 35년 걸렸던 일을, 우리는 26년 만에 해내고 있는 셈입니다.

137   엄밀한 의미에서 산업혁명은 한 사회의 기술적 토대이지 그것이 한 사회의 문제를 해결하거나 새로운 사회를 낳는 것이 아닙니다. 신석기시대에 간석기가 있었고 농경시대에 보습이 있었던 것처럼, 산업자본주의시대에는 증기기관에 의한 기계화(1차 산업혁명)와 전기에 의한 대량생산(2차 산업혁명)이 있었고, 금융자본주의시대에는 컴퓨터에 의한 자동화(3차 산업혁명)가 있었을 뿐이지 이런 산업혁명이 한 사회나 시대를 낳은 것이 아닙니다. 이를 두고 마치 산업혁명이 새로운 사회나 시대를 낳는다고 보는 것은 결과로 원인을 설명하는 잘못된 해석입니다.

어들고 있습니다. 4차 산업혁명으로 아무리 값싼 재화가 생산되더라도 소득이 따라주지 않는데 소비할 리 없고, 소비할 사람이 없는데 소비가 늘어날 리 없습니다.

이런 문제를 해결하기 위해 세계 여러 나라에서는 각종 소비진작책과 경기부양책, 출산장려정책 등을 내놓지만 그 효과는 미지수입니다. 아니, 정부의 이런 적극적 재정정책은 자본이 국경을 초월해 자유로이 오가는 지금의 상황에서는 오히려 효과가 미쳐야 할 곳에 미치지 못한 채 자본의 이익으로 수집될 가능성이 큽니다. 자신의 성장을 위해 필요로 했던 주변의 분할이 오히려 자본주의 자체를 궁지로 몰아넣고 있는 셈입니다.

성장의
임계점

지금 세계는 저금리·저인플레이션·저성장이라는 3저의 늪에 빠져 있습니다. 금리가 낮다는 것은 쓸 돈은 많은데 쓸 데가 없다는 것이고, 인플레이션이 낮다는 것은 가치의 증식 즉 부가가치가 계속 떨어지고 있다는 것이며, 그 결과로 저성장이 계속 이어지고 있습니다. 더욱 심각한 것은 이런 문제가 더는 일시적이 아니라는 데 있습니다. 어떤 수단으로도 좀처럼 벗어나기 힘들다는 데 있습니다. 자본의 증식과 이익의 극대화를 추구해온 자본주의가 그 끝을 향해 가고 있고, 4차 산업혁명은 단지 환상일 뿐 그 대안이 될 수 없습니다. 지금의 저성장은 성장의 일시적 변곡점이 아니라 구조적 임계점에서 나타나는 현상입니다.

성장의 임계점에서 인간이 할 수 있는 일은 자기조정밖에 없습니다. 조금은 힘들어도 주어진 공간에 맞게 스스로 조정함으로써 제한된 공간 안에서 지속적인 생존을 도모하는 길밖에 없습니다. 그리고 이런 자기조정에는 다시 두 가지 선택지가 있습니다. 하나는 부드럽고 평화롭게 연착륙하는 것이고, 다른 하나는 강제적이고 폭력적으로 경착륙시키는 것입니다. 가능하면 연착륙의 길을 밟아야겠지만 이것이 제때에 이뤄지지 못할 때 우리 사회는 몰살이나 살육, 개체 생식능력의 저하[138] 같은 거친 조정 과정을 밟을 수밖에 없습니다.

연착륙은 비록 밖으로는 부드럽고 평화롭게 보일지라도 안에

---

[138]　개체 생식능력의 저하는 단지 생물학적인 불임만이 아니라 사회학적인 저출산을 의미합니다. 성장의 임계점에서 연착륙을 향한 구체적 비전이 제시되지 못할 때, 그 결과로 연착륙에 대한 기대보다 경착륙에 대한 우려가 클 때, 청년세대는 자신이 몰살이나 살육 같은 거친 조정 과정에서 살아남기 위해, 또 그의 자녀가 거친 조정 과정에 빠지지 않게 하기 위해 스스로 출산을 포기하게 됩니다. 이런 점에서 볼 때 지금의 저출산은 성장의 임계점에서 청년세대가 살아남기 위한 생존전략이고, 후세에게 희생을 물려주고 싶지 않은 자기희생이라 할 수 있습니다. 부모세대의 무분별한 성장의 찟값을 대신 치르는 이런 청년세대의 자기희생을 사회 붕괴의 원인으로 몰아가는 것은 그야말로 적반하장입니다.

서는 일종의 혁명적 전환입니다. 생명은 제한된 공간과 먹잇감 속에서 생장하다가 공간의 포화와 제약이 발생하면 그 수용 범위 안으로 회귀하려 하지만, 이때에는 반드시 내부적 자기 변화가 따릅니다. 아니, 내부적 자기 변화를 통해 공간과 먹잇감의 제약을 극복해온 생명이 바로 우리 인간입니다. 정상 상태를 향한 인간의 연착륙은 공간과 먹잇감의 제약 때문에 시작되지만, 이를 달성하는 것은 결국 생존 자체의 의미를 변화시킨 인간의 사유와 실천입니다.[139]

인류의 역사를 초장기적으로 볼 때 이런 연착륙은 지금까지 두 차례 일어났습니다. 첫 번째 연착륙은 엄혹한 빙하기였던 5만 년 전쯤에 일어났고, 이 과정에서 호모 사피엔스는 '마음의 빅뱅'을 통해 인류가 되면서 자연을 알아갔습니다. 두 번째 연착륙은 마지막 빙하기가 끝나고 농경과 목축이 시작된 1만 년 전쯤에 일어났고, 이 과정에서 인류는 '정신의 빅뱅'을 통해 인간이 되면서 사회를 태동시켰습니다. 그리고 이제 우리 인간은 이런 인류사의 경험을 토대로 '또 한 번의 빅뱅'을 통해 새로운 인간이 되고 또 무언가를 태동시켜야 할 때가 되었습니다.

'또 한 번의 빅뱅'이 어떤 내용일지, 또 이를 통해 어떤 새로운

---

139   '로지스틱 곡선'의 한계는 이런 점을 둔한시켰다는 데 있습니다. '로지스틱 곡선'이 환경과 개체를 모두 생명으로 인식하고 둘 사이의 관계 속에서 생명의 지속성을 예측했다는 점에서는 의미가 크지만, 그 안에는 생명에 대한 진화론적 이해와 생명의 차원 변화에 대한 설명이 없다는 점에 한계가 있습니다.

인간이 출현할지 나는 잘 모릅니다. 제1장의 '사회적 인간'에서 조금 언급했지만 이것으로 새로운 인간의 모습을 다 담았다 말할 수 없습니다. 다만 이런 새로운 인간이 무엇을 태동시킬지, 호모 사피엔스가 인류가 되면서 자연을 태동시키고 그런 인류가 인간이 되면서 사회를 태동시킨 것처럼, 지금의 우리가 새로운 인간이 되면서 무엇을 태동시킬지에 대해서는 확신이 있습니다. 공간의 무분별한 확장과 주변으로부터의 수집을 통해 성장해온 지금의 (자본주의) 사회를 넘어 새로운 지역사회를 구축하지 않고는 우리 인간의 삶이 더 이상 지속될 수 없습니다. 내가 생명의 사회적 경제를 이야기하는 마지막 장을 지역사회의 창출로 마감하는 것은 이런 절실한 필요와 확신이 있기 때문입니다.

2. 왜
지역사회인가

사회적 경제에 거는
기대

지금 세계 여러 나라에서는 사회적 경제에 거는 기대가 매우 높습니다. 그 내용을 몇 가지로 정리하면 대략 다음과 같습니다.

먼저 '주체의 확대'가 있습니다. 사회적 경제는 이제까지 어떤 시대나 상황에서도 항상 주변인 이들에게 관심을 기울여왔고, 그들의 인간다운 삶을 위해 노력해왔습니다. 하지만 이런 노력에도 불구하고 주변의 상황은 지금 더욱 심각합니다. 사회적 경제를 지탱시켜줬던 중산층 가정마저 주변으로 내몰릴 위험에 빠져 있습니다. 사회적 경제가 중심과 주변의 중간에 머물지 않고 주변에 더욱 관심을 가져야 하는 것은 이런 상황을 반영한 때문입니다. 내가 제1장에서 상호부조를 통한 환대를 강조한 것도 이런 이유 때문입니다.

다음으로 '영역의 확장'이 있습니다. 물론 여기서 말하는 영역의 확장은 단지 사업의 다각화만을 의미하지 않습니다. '주체의 확대'를 통해 대두된 주변과 그들의 필요에 관심을 가져야 하는 것은 물론이고, 이런 필요에 대응하는 방식이 재화의 공급에서 재분배로까지 향해야 한다는 것을 의미합니다. 내가 제2장에서 교역의 역사를 설명하면서 "사회적 경제는 호혜·상품교환·재분배의 융합이다"라고 강조한 것도 이런 이유에서입니다.

마지막으로 사회적 경제에 거는 가장 큰 기대로 '지역사회의 창출'이 있습니다. 이는 한마디로 시민과 그들의 결사를 토대로 때로는 지자체와도 협력하면서 시민은 물론 그 바깥의 모두를 향해 '시민적 공공성'을 구축하자는 것입니다. 물론 이런 기대는 어느 날 갑자기 출현한 것이 아닙니다. 자본주의의 세계화가 그 정점에 달한 1980년대에 이미 제기되었지만, 그로 인한 폐해가 날로 심각해 국가적 차원에서는 도저히 대응하기 어렵게 된 지금은 더욱 고조되고 있습니다.

유럽에서 사회적 경제를 '혁신적'이라 평가하는 이유도 실은 여기에 있습니다. 사회적 경제의 '혁신성(innovation)'은 경영 체질의 개선을 통해 시장 수요에 발 빠르게 대응하자는 것보다 오히려 사회의 근본적인 변화를 꾀하자는 데 그 취지가 있습니다. 시장 수요에 대한 발 빠른 대응은 일반 기업이 사회적 경제보다 훨씬 앞섭니다. 의사결정의 신속성, 투입 가능한 재화의 총량, 경영의 전문성 등에서 사회적 경제는 일반 기업을 따라가지 못합니다. 그런데도 사회적 경제를 혁신적이라 평가하는 이유는 선제적 대응이어서가 아니라 근본적 대응이기 때문이고, 지금이 혁신적이어서가 아니라 앞으로 혁신적이기를 기대하기 때문입니다.

자본주의 세계와의
차이

사회적 경제가 창출하는 지역사회는 자본주의 세계와 마찬가지로 하나의 공간이지만, 동시에 자본주의 세계와는 다른 공간입니다. 두 공간의 차이를 몇 가지 점에서 설명하면 다음과 같습니다.

먼저 사회적 경제가 창출하는 지역사회와 자본주의 세계는 같은 공간이어도 그 태동 과정이 다릅니다. 앞에서도 언급했지만 자본주의 세계는 하나의 공간을 중심과 주변으로 분할해 주변에서 이익을 수집하고, 이것이 균질화되면 다시 새로운 공간으로 확장해온 과정이었습니다. 이에 비해 사회적 경제가 창출하는 지역사회는 주변과 연대해 주변의 자립을 추구하고, 이런 실천들을 다시 엮어 새로운 공간을 구축하는 과정입니다. 자본주의 세계가 만들어놓은 불평등하고 불공정한 '혼돈의 가장자리(edge of Chaos)'에서 자본주의와는 다른 질서의 세계를 구축한다는 점에서 사회적 경제가 창출하려는 지역사회는 자본주의 세계와는 그 태동 과정이 다릅니다.

이런 점에서 볼 때 자본주의 세계는 사회적 경제의 태동 조건이면서 동시에 극복 대상입니다. 자본주의가 확장해놓은 지리적·질적·매개적 공간이 사회적 경제를 태동시키지만, 동시에 자본주의가 분할해놓은 중심과 주변은 사회적 경제를 통해 통합됩니다. 사회적 경제의 지향은 결코 자본주의 공간의 소규모 구획이 아닙니다. 사회적 경제가 의미를 지니는 것은 자본주의가 확장해놓은 지리적·질적·매개적 공간을 협소화시키는 데 있는 것이 아니라 세계를 향해, 인간의 모든 삶의 영역에서, 주변과 연대해 새로운 질서를 만드는 데 있습니다.

다음으로 두 공간은 태동 과정만이 아니라 태동 방식에서도 다릅니다. 자본주의 세계는 시장경제라는 특이한 제도가 지리적·질적·매개적 차원에서 평면적으로 확장된 결과입니다. 한정된 공간 안에만 있던 시장경제시스템이 동심원적으로 전 세계로 확장된 결과가 자본주의 세계입니다. 이에 비해 사회적 경제가 창출하는 지역사회는 인간의 삶이 상호작용하고, 이런 상호작용이 다시 복수로 상호작용하는 과정에서 태동합니다. 자본주의 세계가 시장경제시스템의 동심원적 확장이라면, 사회적 경제의 지역사회는 인간과 그 삶의 방사상(放射狀) 다중결합이라 할 수 있습니다.

이렇게 방사상으로 다중결합한 것을 일본의 철학자 가라타니는 '가능한 공동체'와 '세계공화국'이라고 불렀습니다. 각 나라별로 운동이 전개되고 이것이 다시 세계적 차원에서 연결되면, 전 지구적으로 새로운 교환양식에 기초한 사회가 실현된다고 보았습니다. 하지만 이런 그의 주장에는 중요한 한 가지가 빠져 있습니다. 가능한 공동체와 세계공화국을 만들어가는 것은 결국 인간과 그 삶입니다. 이 점을 명확히 하지 않으면 사회적 경제의 지역사회는 자본주의 세계의 대체는 될지언정 대안은 될 수 없습니다.

마지막으로 두 공간은 공간 형성의 목적이 다릅니다. 자본주의가 공간의 확장을 필요로 하는 것은 자본의 이익을 수집하기 위해서입니다. 자본에 의한, 자본을 위한, 자본의 '영역'을 확보하기 위해서입니다. 이에 비해 사회적 경제가 지역사회를 필요로 하는 것은 생명을 살리기 위해서입니다. 인간을 포함해 생명에 의한, 생명을 위한, 생명의 '관계'를 기르기 위해서입니다.

'영역'과 '관계'는 전혀 다른 것입니다. 영역이 먹잇감 확보를 위한 공간의 구획이라면, 관계는 서로 먹고 먹이는 공간의 범위를 말합니다. 한 영역 안에서 더는 먹잇감 확보가 어려워졌을 때 새로운 영역을 찾아 나만의 공간을 확보해가는 것이 자본주의의 세계화 과정이라면, 사회적 경제가 창출하는 지역사회는 서로 먹고 먹이는 관계의 범위를 중층적으로 확장해가는 과정입니다. 자본주의 세계가 열린 듯 보이지만 실은 폐쇄적인 공간이고, 사회적 경제의 지역사회가 닫힌 듯 보이지만 실은 개방적인 공간인 것은 이런 차이 때문입니다. 나아가 사회적 경제가 인간과 그 삶을 다면적이고 다기(多岐)적으로 조직하는 것도 실은 이런 먹고 먹이는 관계를 중층적으로 가져가기 위해서입니다.

혹자는 이런 지역사회를 '생태적'이라 표현하기도 합니다. 하지만 나는 환경 문제에 관심을 기울이고 환경에 좋은 상품을 취급하는 차원의 생태적 행위가 더는 사회적 경제의 전유물이 아니라고 생각합니다. 이는 단지 다른 종류의 상품 소비를 강요하고 다른 종류의 자본 형성에 기여할 뿐이고, 실제로 자본 이익을 위해 자본으로 수렴되는 것이 지금의 생태입니다. 사회적 경제가 관심을 가져야 할 것은 환경 문제가 아니라 생명 문제이고, 환경에 좋은 상품이 아니라 생명을 살리는 관계입니다.

정리하자면 자본주의는 공간의 분할과 주변으로부터의 이익 수집을 위해 공간을 확장하지만, 사회적 경제는 주변의 자립과 주변과의 연대를 위해 공간을 구축합니다. 자본주의 세계가 동심원의 확장 과정에서 마련된다면, 사회적 경제의 지역사회는 방사상의 다중결합 과정에서 마련됩니다. 자본주의 세계가 자본 이익의 수집을 위해 자본의 '영역'을 필요로 한다면, 사회적 경제가 지역사회를 구축하는 것은 인간을 포함한 생명을 살리기 위해 생명의 '관계'를 필요로 하기 때문입니다.

이런 점에서 볼 때 자본주의 세계가 내부적 불평등을 토대로

한 외부적 폐쇄 공간이라면, 사회적 경제가 창출하는 지역사회는 내부적으로는 비평형이면서 외부적으로는 개방적인 공간이라 할 수 있습니다. 비평형은 불평등과는 전혀 다른 것입니다. 모든 관계는 비평형일 때 오히려 활력과 에너지를 얻습니다. 문제는 비평형을 불평등으로 고착시키는 자본주의 세계에 있지 비평형 자체에 있지 않습니다. 비평형이기 때문에 오히려 차이가 존중받는 사회, 비평형이 불평등이 되지 않도록 활력과 에너지를 쏟는 사회, 그런 사회야말로 사회적 경제가 창출하는 지역사회의 참모습입니다.

지역사회의
정의와 변화

'지역사회'에 대해서는 사람마다 조금씩 그 정의하는 바가 다릅니다. 미국의 사회학자 힐러리(G. A. Hillery)에 따르면 지역사회에는 94개의 서로 다른 정의가 있고, 그 안에는 다시 16가지 서로 다른 개념이 추출될 수 있다고 합니다. 이 모두를 다 거론할 수는 없지만 대략 우리는 지역사회를 "같은 공간에 거주하면서 그 구성원이 생산·소비·노동·교육·복지·놀이·축제 등의 분야에서 일정한 연대를 형성해 어떤 귀속의식을 느끼는 집단"이라고 정의할 수 있지 않을까 싶습니다. 그리고 이런 정의 안에는 크게 세 가지 개념, 즉 "같은 공간에 거주한다"는 '공간' 개념, "일정한 연대를 형성한다"는 '관계' 개념, 그리고 이를 통해 "어떤 귀속의식을 느낀다"는 '정서' 개념을 추출할 수 있지 않을까 싶습니다.

우리는 보통 지역사회를 지리적 공간 개념으로만 이해하기 쉽습니다. 하지만 '지역사회'라는 말 안에는 '지역'이라는 공간만 있는 것이 아니라 '사회'라는 관계 개념이 들어가 있습니다. 어떤 시대와 상황에서도 지역사회 안에는 항상 공간과 관계가 공존해 있고,[140] 또 그래야만 그 안에서 인간이 살 수 있습니다. 그럼에도 우리가 지역사회를 공간으로만 이해하는 것은 이제까지 인간관계의 대부분이 공간에 의해 결정되었기 때문입니다. 어디서 태어나고 어디서 사는지에 따라 그 안에서의 관계가 의무적이었기 때문입니다.

수렵과 채집의 시대에 인류에게는 먹이를 찾아 이동하는 공간만 있을 뿐 관계는 그 안에 내포돼 있거나 공간에 의해 완전히 지배받았습니다. 아니, 엄밀히 말하면 무리를 형성해 그 무리가 자연과 관계하기는 했어도 무리와 자신과의 관계는 별로 없었습니다. 무리가 자연으로부터 서서히 분리되기는 했어도 인류는 무리의 한 구

140　일본 그린코프 생협의 초대 회장을 역임했던 다케다(武田桂一郎)는 "생명활동이 전개되는 공간적인 장이 지역이고, 시간적인 장이 생활이다"라고 말했습니다. 그가 말한 '시간'은 관심·필요·테마 등을 가리키고, '시간적인 장'은 이들의 관계를 가리킵니다.

성원이었습니다.

하지만 이렇게 분리되지 않은 상태에 있던 공간 안에서 인류는 관계를 분리해냈습니다. 그리고 이렇게 분리해낸 관계를 다시 공간과 결합시키면서 농경과 목축을 발명했습니다. 물론 같은 결합이어도 농경과 목축은 그 방식이 달랐습니다. 농경에서는 관계를 발견해 '정해진' 공간과 결합시켰고, 목축에서는 '변화하는' 공간과 결합시켰습니다. 농경에서는 정해진 공간에 맞춰 관계를 변화시켰고, 목축에서는 정해진 관계에 맞는 공간을 찾아 나섰습니다.[141] 그리고 이렇게 복수로 태동한 공간과 관계의 결합구조를 다시 복수로 결합시키는 과정에서, 즉 '공간과 관계의 중층적 결합'[142] 과정에서 사회를 태동시켰습니다.

물론 이렇게 태동한 사회는 대부분 농경이 중심이었습니다. 목축조차도 가축의 사육이라는 농업적 목축 형태를 띠었습니다. 덕

---

141   농경민들은 정해진 공간에 맞춰 관계를 변화시켜야 했기 때문에 시간(관계)의 관리자인 신을 자연신앙 같은 범신(汎神)으로 사유했습니다. 이에 비해 유목민들은 정해진 관계에 맞는 공간을 찾아 나서야 했기 때문에 그들의 신앙은 주로 야훼나 천신(天神) 같은 변하지 않는 유일신이었습니다.

142   이런 사회 태동 과정은 괘(卦)의 형성 과정과도 일치합니다. 괘는 양효(兩爻)→사상(四象)→팔괘(八卦)→육십사괘(六十四卦)의 과정을 통해 형성되었습니다. 공간에 수렴돼 있던 시간(관계)이 양효로 분리돼 나오고, 이렇게 분리된 시간(관계)이 자연의 시간과 만나면서 사계절의 사상을 낳았으며, 이것이 하늘과 땅이라는 자연의 공간과 만나면서 농경과 목축의 팔괘를 낳았고, 이런 농경과 목축이 다시 결합하면서 사회의 육십사괘가 형성되었습니다.

분에 수천 년을 이어온 인간의 삶에서 공간은 대부분 정해져 있었고, 관계는 이에 맞춰야 하는 것이었습니다. 우리가 지역사회를 공간 중심으로 사유하는 것도 실은 이런 인류의 역사에 기인한 바가 컸습니다.

가족과 직장의
붕괴

도시화와 산업화가 진행되면서 공간 중심의 지역사회가 무너진 듯 보이지만 실은 농촌에서 도시로 그 장소만 옮겨 갔을 뿐입니다. 예전과는 다르게 직업 선택과 결혼의 자유가 주어졌지만, 한번 선택한 직장과 가정은 평생을 갔고 이둘을 오가며 대부분의 시간을 보내게 되었습니다. 비록 전통적 농촌사회에서는 구분되지 않았던 생산과 소비가 직장과 가정으로 분리[143]되기는 했어도, 직장과 가정의 군건한 연계[144]가 도시라는 지역

143 엄밀히 말하면 '단순 분리'가 아니라 '분리를 통한 지배'입니다. 생산과 소비가 직장과 가정으로 단순히 분리된 것이 아니라, 생산과 소비가 직장과 가정으로 분리되면서 생산에 의해 소비가, 직장에 의해 가정이 지배받게 되었습니다.

144 직장(=생산공동체)과 가정(=소비공동체)은 경제적으로는 종신고용·각종 복지수당·사내 복지혜택 등을 통해, 또 정서적으로는 부부 동반 모임·가족 단위 야유회 등을 통해 강력히 연계되어왔습니다.

안에 또 다른 공간 중심의 지역사회를 만들어왔습니다.

물론 이런 공간 중심의 지역사회는 이제 자의든 타의든 더 이상 존재하지 않습니다. 한번 들어간 직장을 평생의 일터로 생각하는 사람은 없고, 한번 꾸린 가정이 평생 가리라 확신하는 사람도 드뭅니다. 대다수 직장에서는 종신고용과 연공서열에서 계약고용과 성과연봉으로 고용 형태가 변하고 있고, 가정의 가구원수 또한 4인 중심에서 2인이나 1인 중심으로 변하고 있습니다.

이는 지금까지 인류가 경험한 적 없는 매우 큰 변화입니다. 인류는 지구에 출현하면서부터 지금까지 한 번도 세상을 혼자서 살아본 적이 없습니다. 평생을 원숭이 연구에 몰두한 일본의 영장류학자 가와이(河合雅雄)는 인간이 다른 영장류와 비교해 지니는 특징을, 가족이라는 사회를 형성하고 이 가족을 통해 세상과 관계한 데 있다고 했습니다. 암컷이 자식을 돌보는 것은 모든 포유류의 일반적인 현상이지만, 수컷이 자식 돌보는 일에 관여하고 이를 통해 가족이라는 사회를 형성한 것은 인류가 유일하다고 했습니다.

물론 가족의 범위는 시대에 따라 조금씩 변모해왔습니다. 원시시대에는 씨족이었던 것이 고대사회에서는 부족으로, 또 봉건사회에 들어서는 대가족으로 변모했습니다. 근대사회로 들면서 그 범위가 핵가족으로 더욱 축소되자 이번에는 가족 같은 생산공동체를 만들어 그 빈자리를 보완했습니다. 인류는 이렇게 가족을 단위로 하거나 가족 같은 관계를 외부에 만들어 세상을 살아왔습니다.

하지만 이런 구조가 지금 큰 위기에 직면해 있습니다. 가족은 물론이고 직장과의 연계 또한 무너지고 있습니다. 노동의 유연성은 해고의 자유를 의미할 뿐 재교육과 재훈련, 그리고 이 과정에 필수적인 생활보호가 따르지 않습니다.[145] 가정의 선택적 구성이 보장받기는커녕 오히려 관습과 제도에 의해 편부모와 이혼가정이 차별을 받고 있습니다. 어느 한 곳 마음 편히 정착하지 못하고 쓸쓸히 유랑해야 하는 상황에서 공동체의 파괴와 지역사회의 붕괴를 우려하는 것은 어쩌면 당연한 일입니다.

사회적
안전망

하지만 어떤 면에서 유랑은 자유의 당연한 대가이고, 쓸쓸한 개인 역시 인류 역사상 최초로 가족에서 개인으로 사회의 단위가 진화해가는 과정에서 나타나는 필연적 귀

---

145   노동의 '유연성(flexibility)'은 당연히 노동의 '안전성(security)'과 함께 진행되어야 합니다. 실제로 덴마크에서 태동한 '유연안전성(flexicurity)'의 개념은 이 두 용어의 결합이었습니다. '노동시장의 탄력성'만이 아니라 '적극적 노동시장정책'과 '강력한 생활보호'를 통해 그들은 '덴마크식 황금의 삼각형(The Danish Golden Triangle)'을 달성했습니다.

결입니다. 문제의 본질은 사실 유랑에 있는 것이 아니라 쓸쓸한 유랑에 있습니다. 자유를 찾아 떠나는 유랑에 있는 것이 아니라 그 유랑을 지켜줄 사회적 안전망이 없다는 데 있습니다.

지금 우리 사회에는 자본주의시장의 보험 상품이나 국가의 사회보장만 있지 자유로운 인간의 사회적 안전망이 없습니다. 아니, 자유로운 인간의 사회적 안전망을 국가의 사회보장으로 이해하는 것이 지금의 우리입니다. '사회적 안전망(social safety nets)'을 "모든 국민을… 보호하기 위한 국가의 제도적 장치"로만 이해하기 때문에 '사회적'을 '국가'로, '안전'을 '보호'로, '망'을 '제도'로 잘못 해석합니다. 하지만 '사회적 안전망'은 본래 이런 '사회보장'이 아닙니다. '사회적 안전망'은 "어떤 상황에서도 한 인간이 그가 속한 사회에서 안심하고 살 수 있게 하는 관계의 망"이고, 이런 관계의 망을 구축하는 주체는 당연히 그 사회의 인간입니다.

'사회적 안전망'에는 사회적·안전·망이라는 세 가지 개념이 있고, 각각의 개념 안에는 다시 두 가지 의미가 담겨 있습니다. '사회적(social)'에는 '(인간의) 결사'와 함께 '(내부적인) 상호부조와 (외부적인) 환대'의 의미가 담겨 있고, '안전(safety)'에는 '(정서적) 안심'과 함께 '(실제적) 안전'의 의미가 담겨 있으며, '망(nets)'에는 '(인간의) 상호작용'과 함께 그 상호작용의 '다시 상호작용'이라는 의미가 담겨 있습니다.

이런 사회적 안전망의 세 가지 개념은 지역사회의 공간·관계·

정서라는 세 개념과도 완전히 일치합니다. 사회적 안전망의 '사회적'은 지역사회의 '관계'와, '망'은 지역사회의 '공간'과, '안전'은 지역사회의 '정서'[146]와 일치합니다. 결사를 통한 상호부조와 환대가 지역사회의 관계를 형성하고, 이런 관계의 상호관계가 지역사회의 공간을 형성하며, 이 과정에서 지역사회 사람들은 안전과 안심의 정서적 일체감을 형성하게 됩니다. 사회적 안전망의 관점에서 보면 지역사회란 한마디로 "어떤 상황에서도 한 인간이 그가 속한 사회에서 안심하고 살 수 있게 하는 인간 상호 간 관계의 망"이라 할 수 있습니다.

하지만 우리 사회에는 지금 이런 사회적 안전망은 없고 오직 사회보장만 있습니다. 인간의 상호행위는 없고 단지 국가의 제도만 있습니다. 덕분에 시장에서 낙오되면 사회보장밖에 기댈 곳이 없고, 사회보장의 손길이 미치지 못하는 곳에서는 삶을 포기할 수밖에 없게 됩니다.

---

146   우리는 보통 지역사회를 형성하는 세 가지 개념 가운데 정서를 공간이나 관계와 비교해 가벼이 보는 경향이 있습니다. 아니, 정서적인 일체감이나 귀속의식을 공간이 지배하는 지역사회의 강요된 관계, 즉 관습이나 풍습이 낳은 결과로 이해하기까지 합니다. 하지만 정서야말로 지역사회 창출의 동력이면서 동시에 목표입니다. 인간과 인간이 관계하는 것은 단지 특정 필요를 충족하기 위해서만이 아니라 그 안에서 정서적 안심과 실제적 안전을 얻기 위해서이고, 이런 관계를 공간화시키는 것 또한 정서적 안심과 실제적 안전을 굳건히 하기 위해서입니다.

송파
세 모녀

가장 대표적인 사례로 '송파 세 모녀 사건'이 있습니다. 2014년 2월에 서울 송파에 위치한 10여 평 남짓한 반지하 셋방에 살던 세 모녀가 번개탄을 피워놓고 동반 자살했습니다. 세 모녀 곁에는 질식해 숨진 고양이가 있었고, 그 옆 서랍장 위에는 "주인아주머니께. 죄송합니다. 마지막 집세와 공과금입니다. 정말 죄송합니다"라는 짧은 메모와 함께 전 재산 70만 원이 담긴 봉투가 놓여 있었습니다.

세 모녀를 자살에 이르게 한 건 12년 전 방광암으로 고생하시던 아버지가 빚만 남긴 채 돌아가시면서부터였습니다. 큰딸은 당뇨와 고혈압을 얻어 고생했고, 작은딸은 아르바이트를 했지만 이마저도 일정치 않았습니다. 식당 일하는 어머니 덕에 겨우 생계를 유지했지만, 어려운 살림에서도 세 모녀는 남에게 의지하지 않고 착하게 살았습니다. 8년 동안 월세와 공과금을 한 번도 거르지 않았고, 벽지가 뜯어져 도배를 새로 해주겠다는 주인의 제안을 "부담되실 텐데 괜찮다"며 거절할 정도였습니다. 자살 당시 월세 보증금 500만 원도 그대로 남아 있었습니다.

하지만 이런 세 모녀의 착한 삶을 세상은 그대로 놔두지 않았습니다. 계속되는 생활고는 두 딸을 신용불량자로 만들었고, 고혈압과 당뇨로 고생하는 큰딸은 변변한 진료조차 받지 못했습니다.

설상가상으로 생계를 책임지던 어머니마저 팔을 다쳐 식당 일을 할수 없게 되었습니다. 이런 긴급한 사정을 알아주는 이 또한 주변에 아무도 없었습니다. 공과금을 연체한 적이 없었기에 정부는 그 실정을 전혀 몰랐고, 이웃에 폐 끼치기를 싫어했기에 누구도 그 사정을 알아채지 못했습니다. 의지할 곳 없게 된 세 모녀의 마지막 선택은, 조금은 덜 고통스러울 아버지 계신 저 세상으로 함께 가는 것뿐이었습니다.

이 사건이 사회적 파문을 불러오자 일부 언론에서는 세 모녀가 정부의 복지정책을 잘 몰라 이용하지 못한 데 원인이 있다는 식으로 보도했습니다. 하지만 이런 언론 보도는 사실과 전혀 달랐습니다. 주소득자가 사망 또는 큰 사고가 났을 때나 적용되는 긴급복지지원제도는 팔을 다친 어머니에게는 적용될 수 없었고, 두 딸이 근로능력이 있다고 판단되는 경우에는 기초생활수급에서도 제외되었습니다. 한마디로 현행 복지제도하에서 세 모녀가 국가의 사회보장 혜택을 받기란 거의 불가능에 가까웠습니다.

가난 때문에 삶을 포기한 세 모녀가 마지막으로 남긴 말은 "죄송합니다"였습니다. 하지만 정말로 죄송해야 할 이는 세 모녀가 아니라 사실 우리입니다. 세 모녀를 죽음으로 내몬 이 나라의 복지제도이고, 이를 국가의 일이라고만 생각해온 우리 자신입니다. 이 나라에는 국가만 있지 사회는 존재하지 않으며, 그 사회에는 또 제도만 있지 사람이 존재하지 않습니다. 그리고 이런 국가와 사회를 만든 장본인은 바로 우리 자신입니다.

만약에 세 모녀 곁에 누군가가 있었다면 어땠을까를 상상해봅니다. 더구나 그 누군가가 선의를 가진 한두 명의 개인이 아니라, 어떻게든 해결책을 찾고 끝까지 함께 해줄 다수의 관계망이었다면 어땠을까를 상상해봅니다. 아마도 세 모녀는 편안한 마음으로 자신의 처지를 상의했을 것이고, 선의를 가진 다수의 관계망은 복잡한 현행 복지제도 안에서 세 모녀에 맞는 지원책을 찾아줬을 것입니다. 아니, 한 발 더 나아가 기존의 복지제도가 미치지 못하는 부분에 대해서도 어떻게든 해결책을 만들어냈을 것입니다.

혼자가 아니라는 사실, 어떤 상황에서도 함께해줄 누군가가 있다는 사실이야말로 현재의 어려움을 넘어서고 미래를 불안에 빠지지 않게 하는 힘이 됩니다. 자본주의는 모두가 자본가가 된다고 극복되는 것이 아니고, 나아가 국가가 그 문제를 해결한다고 극복되는 것도 아닙니다. 자본주의는 오직 한 사람이라도 고립되지 않게 인간의 연대가 나설 때나 극복됩니다. 이런 점에서 죄송해야 할 이는 송파 세 모녀가 아니라 우리이고, 안타까워할 것은 미흡한 국가의 사회보장이 아니라 우리의 사회적 안전망입니다.

/ 제5장 : 지역사회를 향한 사회적 경제의 진화

3. 관계의
진화

초기 사회적 경제와
지금의 차이

　　　　　　　　지역사회 안에는 공간·관계·정서
라는 세 가지 개념이 들어 있습니다. 같은 공간 안에 든 사람들이
다양한 관계를 통해 정서적 귀속의식을 느끼는 집단이 지역사회입
니다. 사회적 경제는 이런 세 가지 개념 가운데 특히 관계에 집중합
니다. 같은 공간에 거주하는 사람들의 다양한 관심·필요·테마 등
을 관계시키는 것이 사회적 경제입니다. 그리고 이때 중요한 것이 관
계와 공간의 결합입니다. 사회적 경제를 통해 마련된 관계가 다시
공간과 결합해야 지역사회가 형성됩니다.

　사회적 경제가 처음 태동했을 때, 공간은 관계보다 상대적 우
위에 있었습니다. 대부분의 인간관계는 공간에 의해 규정되었고,
어디서 누구와 사느냐에 따라 그들과 좋은 관계를 맺어야 하는 것

이 보통이었습니다. 그리고 이런 공간이 자본주의의 공간 확장 과정에서 위협받을 때, 자기들 공간을 지키기 위해 그 안의 관계를 더욱 강화하려 생겨난 것이 사회적 경제였습니다.

19세기 들어 유럽 각지에서 협동조합 같은 다양한 종류의 사회적 경제가 출현한 것도,[147] 우리나라에서 마을마다 집집마다 다양한 계(契)가 조직된 것도 이런 이유에서였습니다. 세계 각지에 종교적 공동체운동과 정치적 사회주의운동이 태동한 것도 공간이 위협당하는 상황에 맞서 보다 강력한 공간을 구축하기 위해서였습니다.[148]

이에 비해 지금은 상황이 매우 다릅니다. 지금은 자본주의가 이미 전 세계를 뒤덮은 상황이고, 시장 시스템이라는 통일된 제도가 인간의 모든 관계를 지배하는 상황입니다. 이런 속에서 인간은 예전처럼 공간을 지키기 위해 관계를 조직할 수 없게 되었습니다. 아니, 지킬 공간이 더 이상 남지 않게 되었습니다. 덕분에 인간은 자본에 종속된 인간관계를 회복하고 이런 관계들을 다시 관계시켜

---

147   폴라니가 19세기 사회를 "경제적 자유주의라는 조직 원리와 사회의 자기보호 원리라는 2중 운동의 충돌"로 묘사한 것은, 당시의 사회적 경제가 자본주의 시장경제의 확장에 대한 일종의 사회방위 즉 공간방위 목적이었음을 의미합니다.

148   물론 이런 공동체운동과 사회주의운동은 안타깝게도 대부분 실패로 끝났습니다. 그리고 그 원인은 물질적 풍요를 앞세운 자본과 무력을 앞세운 제국의 외압 때문이라기보다 오히려 그 내부에 원인이 있었습니다. 자기 삶의 결정권을 자신이 가지려는 인간의 자유의지가 이런 사회를 내부적으로 붕괴시킨 것입니다.

자본주의와는 다른 공간을 만들고자 노력하게 되었습니다.[149] 복수의 상호작용을 복수로 조직해 새로운 공간을 구축한다는 점에서 지금의 사회적 경제는 예전과는 많이 다릅니다.

또 한 가지 차이는 공간과 관계의 결합방식이 이렇게 변함에 따라 관계의 구체적 전개방식 또한 크게 변했다는 사실입니다. 공간을 지키기 위해 그 안의 관계를 강화한다는 것은 이미 존재하는 관계를 더욱 강력히 '묶는(bonding)' 행위에 가깝습니다. 이에 비해 관계의 회복을 통해 새로운 공간을 창출한다는 것은 존재하지 않는 관계를 새로이 '엮는(bridging)' 행위에 가깝습니다.

같은 관계여도 묶음과 엮음은 크게 다릅니다. 묶음이 한 집단(공간) 안에 속한 남 같지 않은 이들의 관계라면, 엮음은 완전히 다른 집단의 완전히 다른 남과의 관계입니다. 따라서 묶음에서는 굳이 규범이나 언어가 아니어도 서로 통하는 '비언어적 정서'[150]가 존

---

149   일본 그린코프 생협에서는 이런 '지키려 했던 공간'과 '만들고자 하는 공간'을 '제1지역'과 '제2지역'으로 부릅니다. "생협운동은 제1지역 속에 제2지역을 만들어가는 운동이다.… 생협의 사업은 급속도로 성장했지만… 아직 지역에는 국가와 자본이 대규모로 진출해 있다.… 연대·협동·공생의 사상과 제2지역 창출을 목표로… 생협운동을 안팎에서 새롭게 펼쳐야 할 시기가 왔다"고 말합니다.

150   '비언어적 정서'의 집단적 표출을 우리는 보통 '분위기'라고 표현합니다. '분위기'는 한편에서는 언어화된 규칙이나 명시적 금기 같은 구속이 없고, 사안에 대한 구체적 대응이 각각의 사정에 따라 조정된다는 점에서 매우 유연한 것처럼 보입니다. 하지만 이런 '분위기'는 때때로 그 안의 사람들에게 심한 스트레스와 답답함을 느끼게 합니다. 일본의 한 히키코모리(은둔형 외톨이) 여성이 말한 것처럼 "투명

재하는 반면에, 엮음에서는 성문(成文)이든 불문(不文)이든 모두가 공유하는 '관계의 규칙'[151]이 필요합니다. 묶음이 집단 내 구성원의 동질성과 일체성을 강화하기 위해 존재한다면, 엮음은 집단에 대한 관심보다는 각자의 필요를 충족하는 데 일차적인 목적이 있습니다.

초창기 사회적 경제는 묶음의 관계였습니다. 공간이 관계보다 상대적 우위에 있는 상황에서, 같은 공간에 사는 남 같지 않은 이들과의 관계를 더욱 강화해 자본주의의 위협으로부터 지키려는 것이었습니다. 이에 비해 지금의 사회적 경제는 엮음의 관계입니다. 자본주의가 이미 하나의 공간이 되어 인간의 모든 관계를 지배하는 상황에서, 완전히 다른 남과의 관계를 회복해 자본주의와는 다른 공간을 구상하는 것입니다. 초창기와 지금의 사회적 경제는 공간과 관계의 결합 방식만이 아니라 관계의 구체적 전개방식에서도 이렇게 크게 다릅니다.

한 명주실로 전신을 압박하는 느낌"이 들게 합니다. 나아가 분위기에 동조하지 못하는 사람을 향해서는 적대적이기까지 합니다.

151 국가의 법률이나 사회적 경제의 정관·규약·규칙 같은 것들이 모두 이에 속합니다. 서로 다른 이들이 관계해 국가나 사회를 형성하는 과정에서 모두가 모두에 대해 자유롭고 평등할 수 있도록 함께 정한 약속의 언어가 '관계의 규칙'입니다. 물론 여기서 중요한 것은 규칙 '안에서의' 평등이 아니라 규칙을 '통한' 평등입니다. 모든 인간이 한 국가나 사회 안에서 자유롭게 말하고 행동할 수 있게 하려고 규칙이 필요한 것이지, 정해진 규칙 내에서 말하고 행동하라고 있는 것이 아닙니다.

사회적 경제의
목표와 목적

　　　　　　　　지금의 사회적 경제가 각자의 필요를 충족하는 데 일차적인 목적이 있다고 해서 그것이 곧 최종 목표를 뜻하는 것은 아닙니다. 사회적 경제의 최종 목표는 각자가 가진 필요의 충족에 있는 것이 아니라 인간의 연대에 있습니다. 인간의 연대를 통한 새로운 공간의 구상을 위해 그들이 가진 공통의 필요를 엮는 것이 사회적 경제입니다.

　마르크스가 협동조합 같은 사회주의운동이 부르주아운동으로 끝나리라 예측한 것은 그것이 단지 필요의 충족으로 끝나리라 보았기 때문입니다. 레닌이 과도적으로는 인정하면서도 협동조합이 결국 자본의 시녀가 될 거라 예측한 것도 특정 필요의 소유자로만 인간을 보고 그 충족에만 매진하는 듯이 보였기 때문입니다. 하지만 마르크스나 레닌의 예측은 일부는 맞았어도 전부 맞지는 않았습니다. 대다수 협동조합이 부르주아운동으로 끝나거나 자본의 시녀가 되었을지 몰라도, 일부 협동조합은 여전히 남아 지금의 사회적 경제를 주도하고 있습니다. 그리고 이런 협동조합들에는 하나같이 필요의 충족만이 아닌 인간의 연대와 이를 통한 새로운 공간의 구상이라는 공통점이 있습니다.

　사회적 경제가 '관계의 규칙'을 세우는 목적도 실은 여기에 있습니다. 사회적 경제의 정관·규약·규칙 등은 모두 인간을 향한 것이지 그들의 필요를 향한 것이 아닙니다. 즉, 모든 인간을 1인 1표로 평등히 대하자는 데 그 목적이 있지 그들이 지닌 공통의 필요를 1필요 1표로 평등히 대하자는 데 목적이 있지 않습니다. 1필요 1표는 언제든 1주식 1표로 바뀔 수 있고, 이는 결국 1달러 1표를 낳게 됩니다. 필요에 집중하면서도 필요로서가 아니라 인간으로서 그 안에 존재할 수 있게 하는 것이 바로 '관계의 규칙'을 세우는 목적입니다.

이런 점에서 볼 때 사회적 경제의 엮음은 처음에는 그 대상이 인간의 필요일지 몰라도 결국에는 인간 자체로 향합니다. 그리고 그 인간이 안심하고 살 수 있도록 엮음의 성과가 다시 그 인간에게로 향합니다. 복수의 상호작용을 복수로 조직해 새로운 지역사회를 창출하는 이유는 결국 수많은 필요의 집적된 공간으로서 한 인간이 존재할 수 있도록 하기 위해서입니다.

물론 이는 말처럼 쉬운 일이 아닙니다. 단번에 이뤄낼 수 있는 것이 아니라 많은 노력의 진화 단계를 거쳐 비로소 달성됩니다. 지금부터는 공통의 필요를 엮는 데서 시작한 사회적 경제가 어떻게 인간의 연대와 이를 통한 새로운 공간의 구상으로 나아가는지, 관계의 측면에서 그 진화 과정을 살펴보도록 하겠습니다.

엮음의 시작:
멤버십

사회적 경제는 한 인간이 지닌 공통의 필요를 엮는 데서 시작됩니다. 물론 이런 필요의 엮음은 일반 기업에서 말하는 "시장 요구에 부응한다"는 것과 전혀 다릅니다. 표면적으로는 차이가 없어 보이지만, 누가 엮고 누가 부응하느냐에서는 큰 차이가 있습니다. 일반 기업에서 시장 요구에 부응하는 주체가 자본이라면, 사회적 경제에서 필요를 엮는 주체는 인간입니다. '시장 요구에의 부응'이 인간에게서 떨어져 나와 죽은 시간으로 연명하는 회색신사들이 하는 것이라면, '필요의 충족'은 시간의 소유자인 인간 스스로가 하는 것입니다. 사회적 경제를 결사의 한 유형에 넣는 것도 그것이 본질적으로 시간의 소유자에 의한 자기 시간의 엮음이기 때문입니다.

협동조합에서는 이런 시간의 소유자를 '조합원(member)'이라 부릅니다. 그리고 이런 조합원에 의한 조합원의 엮음을 '조합원제도(membership)'라 부릅니다. '조합원제도' 하면 보통은 협동조합에 가입하거나 탈퇴할 때 어떤 제약도 없어야 한다는 것으로만 이해하지만 실은 그렇지 않습니다. 협동조합 제1원칙[152]은 가입과 탈퇴에

---

152   제1원칙: 자발적이고 열린 조합원 제도 ─ 협동조합은 자발적인 조직으로 성적·사회적·인종적·정치적·종교적 차별 없이 협동조합을 이용할 수 있고 조합원으로서의 책임을 다하겠다는 의지를 지닌 모든 사람들에게 열려 있다.

관한 이야기가 아니라 조합원에 의한 조합원의 엮음에 관한 이야기입니다. 조합원과 조합원이 그들 공통의 필요를 스스로 엮어가는 데 있어 내부적으로는 다른 조합원을 차별하지 않고, 외부적으로는 모두를 향해 열려 있어야 한다는 취지입니다. 그리고 이런 취지는 제도적 장치를 통해서가 아니라 조합원과 조합원 사이의 관계에서 달성된다는 것입니다.

이런 면에서 볼 때 '조합원제도'로 번역되는 'membership'은 '조합원관계' 내지는 영문 표기 그대로 '멤버십'으로 표현하는 것이 오히려 그 취지에 맞습니다. 멤버십은 인간이 지닌 공통의 필요가 아니라 인간과 관계하자는 것이고, 더욱이 그 관계가 열려 있어야 한다는 것입니다. '자발적이고 열린 멤버십'은 협동조합이 협동조합이기 위한 가장 기본적인 요소이고, 이것이 제대로 발휘되지 못할 때 협동조합은 이름뿐인 결사로 남습니다.

스스로가 자기 필요를 엮는 것도 쉽지 않은데 그 과정에서 다른 인간을 차별하거나 배제하지 않기는 쉽지 않습니다. 자기 필요를 충족하기 위해 다른 사람과 관계할 때, 자기도 모르는 사이에 그 사람을 사람이 아닌 필요로 평가하는 것이 보통입니다. 그리고 이런 평가가 쌓이면서 점차 필요의 분량과 역량에 따라 그 사람을 차별하게 되고, 나아가 자기들이 이룬 성과를 자기들 것으로 가두게 됩니다.

하지만 이런 멤버십은 그리 오래가지 못합니다. 영국의 로치데

　　　　　/　제5장 : 지역사회를 향한 사회적 경제의 진화

일공정선구자조합도 이용하지 않는 조합원을 제명해야 한다는 의견이 있었지만 결국에는 함께 가기로 결정했습니다. 이용하든 이용하지 않든 조합원의 자유의지이고, 이를 손상시키면서까지 협동조합을 발전시킬 수는 없다고 생각했습니다. 인간과 그의 자유에 대한 이런 일관된 신념이 최초의 근대적 협동조합을 성공으로 이끌었습니다.

엮음의 성공:
파트너십

　　　　　　　　사회적 경제는 처음에 멤버십에서 시작되지만 일정 수준 이상을 넘어서면 멤버십만으로 안 되는 한계에 부딪힙니다. 공통의 필요를 엮기 위해 멤버십을 형성하지만, 공통의 필요를 충족하기 위해서는 다른 엮음의 방식을 필요로 하게 됩니다. 이를 나는 엮음의 두 번째 단계인 '파트너십(partnership)'이라 부르고자 하는데, 이런 파트너십을 기존의 멤버십과 구분하는 이유는 같은 엮음이어도 엮음의 내용이 다르기 때문입니다. 멤버십이 '공통의' 필요를 엮는 것이라면, 파트너십은 '이질인' 필요를 엮는 것이기 때문입니다.

　가령 협동조합은 처음에는 조합원 스스로가 자신의 필요를 엮는 과정에서 시작되지만, 점차 규모가 커지고 업무가 전문화·다양화되면서는 직원의 도움을 받게 됩니다. 물론 이때의 직원은 조합원과는 다른 사람들입니다. 단지 고용자와 피고용자라는 신분상의 차이만이 아니라 관계하는 목적이 다릅니다. 조합원이 공통의 필요를 충족하기 위해 다른 조합원과 관계한다면, 직원은 조합원과는 다른 필요—보통 '생계'나 '임금'이라 표현되는 것—를 충족하기 위해 협동조합과 관계합니다.

우리가 자주 쓰는 말 가운데 '시너지(synergy)'라고 있습니다. 서로 다른 것들이 힘을 모아 '1+1=2'의 단순 덧셈을 넘어서는 곱셈의 성과를 이룬다는 의미입니다. 우리는 보통 이 말을 효율이나 생산성을 중시하는 경영학에서 나온 것으로 알지만 실은 그렇지 않습니다. 기독교가 가톨릭과 정교회로 분리되기 전에 그 중심지는 콘스탄티노플—지금의 이스탄불—이었고, 이곳에서 '시너지'는 매우 중요한 신학적 용어였습니다. 당시의 기독교는 인간이 어떤 난관에 부딪혀도 자유로운 선택 능력이 있다고 믿었고, 이런 인간의 자유의지가 신의 은총과 결합해야만 인간이 구원받을 수 있다고 믿었습니다.

물론 여기서 말하는 '신'은 단지 형이상학적 절대자가 아닙니다. 만약 그 신이 형이상학적 존재라면 인간의 일에 관여할 리 없고, 절대자라면 인간의 자유의지가 필요 없습니다. 여기서 말하는 신은 인간 밖에 있는 인간과는 다른 존재지만 엄연히 실재하는 존재

이고, 이들과의 관계와 이들로부터의 도움을 통해 인간이 구원받는
다는 것입니다.

인간은 혼자만으로, 또 동료와의 관계만으로 구원받을 수 없
습니다. 같은 인간끼리만 모여서는 그 안에 자유의지가 아무리 충
만해도 수시로 다가오는 새로운 난관들을 넘어설 수 없습니다. 이
런 폐쇄적인 관계는 잘돼야 단순 가산에 그치고, 잘못되면 그나마
쌓아 올린 성과마저 무너트립니다. 수많은 난관 속에서 인간과 그
들의 관계가 구원받는 것은 오히려 같은 인간의 범위를 넘어선 존
재와의 관계 덕분이고, 이를 통해 우리 인간과 그 관계는 단순 가산
을 넘어 곱산의 성과를 이루게 됩니다.

협동조합 원칙에 '협동조합 간 협동'이 새로이 추가된 것도 이
런 취지에서였습니다. 제2차 세계대전 이후에 유럽의 협동조합들
은 자본주의 시장경제의 세계화 과정에서 그 존립을 위협받았습니
다. 그나마 일궈온 성과마저 무너질 상황에서 협동조합은 다른 이
의 도움이 필요했고, 그 대상은 일차적으로 다른 협동조합에로 향
했습니다. 지금까지 서로 경쟁해오던 관계에서 파트너십이 생겨났
고, 그 결과로 협동조합 진영은 자본주의의 세계화 과정에서 조합
원과 그들의 관계를 지킬 수 있었습니다.

엮음의 전환:
릴레이션십

사회적 경제는 이렇게 멤버십에서 시작하지만 파트너십으로 확장하는 과정에서 조합원 공통의 필요를 충족하게 됩니다. 물론 필요가 충족되었다 해서 사회적 경제가 여기서 끝날 수는 없습니다. 필요의 충족에만 머물러서는 필요가 곧 인간이 되고, 인간은 이해 당사자로만 남을 뿐입니다. 이를 넘어서기 위해서라도 사회적 경제는 멤버십에서 시작해 파트너십으로 확장된 그간의 엮음을 차원 변화시켜야 하는데, 이를 나는 '릴레이션십(relationship)'이라 부르고자 합니다.

릴레이션십은 멤버십이나 파트너십과는 차원이 다른 것입니다. 멤버십이나 파트너십은 공통이냐 이질이냐의 차이가 있어도 필요를 엮는다는 점에서는 같습니다. 이에 비해 릴레이션십은 필요를 엮는 것이 아니라 인간을 엮는 것입니다. 인간을 엮기 위해 그가 가진 필요가 소중한 것이지 그 반대의 경우가 아닙니다.

또 한 가지 차이는 멤버십이나 파트너십이 수평적인 데 비해, 릴레이션십은 수직적이라는 데 있습니다. 수직적이라는 것은 위계적이라는 것이 아닙니다. 제1장에서 인용한 승조법사의 표현을 빌리자면 "천지만물은 나와 같은 뿌리(天地與我同根)"이기 때문에 의식하든 의식하지 않든 그 뿌리를 통해 서로 연결돼 있다는 것입니다. 멤버십이나 파트너십이 필요를 매개로 수평적으로 관계하는 것이라면, 릴레이션십은 뿌리를 통해 연결돼 있고 뿌리를 매개로 관계하는 것입니다.

제1장에서 언급한 영적이고 회상적(상상적)인 사유는 이런 릴레이션십을 가능하게 하는 인간의 사유입니다. 또 공자가 이상사회로 여겼던 '대동(大同)'은 이런 릴레이션십이 실제로 구현된 사회입니다. 대동사회의 사람들이 자기 부모만 부모로 여기지 않고 자기 자녀만 자녀로 여기지 않는 것은, 타자와 내가 같은 뿌리로 연결돼 있음을 알기 때문입니다. 평생을 생명의 협동운동에 헌신했던 원주의 무위당 장일순 선생이 '개문유하(開門流下)' 즉 "문을 열고 아래로 흐르자"한 것도, 또 일본의 그린코프 생협이 조합원을 향해 '강하(降下)'를 이야기하는 것도, 모두 릴레이션십을 강조하기 위해서입니다.

한마디로 멤버십이 공통의 필요를 엮는 것이고, 파트너십이 이를 위해 이질인 필요의 도움을 받는 것이라면, 릴레이션십은 필요에서 존재로의 전환입니다. 필요를 엮어온 그간의 성과를 존재자에게로 쏟아냄으로써 사회적 경제를 필요의 엮음에서 인간의 엮음으로 전환하고, 나아가 그 안의 인간을 특정 필요의 소유자에서 인간으로 전환하자는 것입니다.

물론 이런 릴레이션십은 사회적 경제 내부에만 해당하는 것이 아닙니다. 하나의 사회적 경제 조직이 다른 사회적 경제 조직과 관계할 때, 특히 지역사회 안에서 이질인 사회적 경제 조직들이 서로 관계할 때, 그 엮음의 방식은 멤버십이나 파트너십이 아니라 릴레이션십입니다. 공통의 필요를 충족하기 위해 필요를 엮는 것이 아니고, 서로 다른 각각의 필요를 충족하기 위해 관계하는 것도 아닌, 자기를 있게 한 지역사회를 매개로 서로 다른 것들이 관계하는 것이기 때문입니다.

지역사회를 매개로 한 릴레이션십을 잘못 이해하면 '엮음의 다양화'로 이해되기 쉽습니다. 멤버십으로 엮고 파트너십으로 강화시킨 공통의 필요를 지역사회를 향해 다양하게 펼쳐내는 것으로 이해되기 쉽습니다. 그렇게 하면 마치 엮음의 대상이 필요에서 인간으로 전환되는 것처럼 여기지만 이는 완전히 잘못된 생각입니다. 한 인간의 필요를 다양하게 엮는다고 엮음의 대상이 필요에서 인간으로 전환되는 것이 아닙니다.

사회적 경제의 주체는 개인이고, 그 개인은 기본적으로는 이질인 존재입니다. 이런 개인이 각자가 가진 공통의 필요를 엮어 그 효용을 높이자는 것이 사회적 경제이지만, 이런 목적이 어느 정도 달성되고 다양하게 전개된다고 이질인 개인이 동질이 되는 것은 아닙니다. 엮음의 대상을 필요에서 인간으로 전환시키는 것은 처음부터 인간을 엮는 행위가 있기 때문이고, 멤버십과 파트너십을 차원 변화시키는 것은 처음부터 차원 변화한 릴레이션십이 있기 때문입니다.

서로 다른 사회적 경제 조직들이 지역사회를 매개로 릴레이션십을 형성하기는 사실 쉽지 않습니다. 릴레이션십은 이제까지와는 전혀 다른 차원의 엮음이고, 그만큼 사유의 전환이 따라야 합니다. 하지만 이렇게 어려운 릴레이션십은 지역사회만이 아니라 각각의 사회적 경제를 위해서도 반드시 필요합니다. 이런 릴레이션십을 통해 비로소 각각의 사회적 경제가 그 안의 인간을 부류가 아닌 인간으로 보게 되기 때문입니다. 서로 다른 농경민과 유목민의 만남이 인간을 등장시키고 사회를 형성했음을 기억할 필요가 있습니다.

엮음의
강화?

우리나라 사회적 경제에는 참 이상한 풍조가 있습니다. 기존의 방식을 차원 변화시킬 생각은 안 하고, 기존의 방식을 강화하는 것이 차원 변화인 양 생각하고 있습니다. 특히 어느 정도 성과를 거둔 사회적 경제에는 이런 경향이 더욱 강해서, 자기도 모르는 사이에 차츰 필요의 강력한 엮음이 인간의 엮음인 양 생각하고 있습니다.

한 가지 예를 들어보겠습니다. 우리나라에서 생활협동조합은 서구의 소비조합과는 다르게 출발했습니다. 전통적인 소비조합이 소비자들의 동질적인 소비행위를 엮는 데서 출발한 데 비해, 뒤늦게 시작한 우리나라 생협은 이질적인 생산자와 소비자를 엮는 데서 출발했습니다. 그리고 이를 실현하는 구체적 방식으로 시장 유통이 아닌 직거래를 채택했습니다.

이런 차이는 단지 소비자만의 협동조합에서 생산자와 함께하는 협동조합으로 참여 범위를 넓혔다는 정도가 아닙니다. 보다 본질적으로 이는 공통의 필요를 엮는 협동조합에서 이질인 인간을 엮는 협동조합으로 전환했음을 의미합니다. 아무런 지리적 연관성도 없는 생산자와 소비자를 직거래로 엮은 것은, 동질인 필요의 엮음에서 이질인 인간의 엮음으로, 공통의 필요를 충족하는 데서 이질인 필요를 결합시키는 데로 그 엮음의 대상과 목적이 바뀌었음을 의미합니다.

하지만 이렇게 출발한 우리나라 생협이 그 조직과 사업을 체계화시키는 과정에서 생산자는 생산자별로, 또 소비자는 소비자별로 묶이기 시작했습니다. 그리고 이런 경향은 한편에서는 엮음을 강화하는 동력이 되었지만, 다른 한편에서는 엮음의 위기를 초래하기도 했습니다. 직거래가 사업적으로 안정되기는 했지만, 정작 직거래에서 사람은 사라지고 거래만 남게 되었습니다. 한 발 더 나아가 일부 생협에서는 지금 거래로서의 직거래마저 점차 사라지고 있습니다.

이런 상황에서 사회적 경제의 주체는 더 이상 인간이 아닌 필요입니다. 인간은 점차 '복수(複數)인 한 사람(=다중)'에서 '사람의 복수(=대중)'로 전락해갑니다. 그들 간의 '관계의 규칙'은 '정서적 분위기'로 대체되고, 그들 '공통의 필요'는 '이해관계'로 치부됩니다. 당사자에게 한 번도 물어보지 않은 채 "소비자는 이것을 원한다" "생산자는 이것을 원한다"고 쉽게 이야기됩니다.

하지만 동질로 보이는 구성원의 이해관계는 실은 허상에 불과합니다. 인간은 더는 자신의 이해관계를 어느 특정 집단에 예속시키지 않습니다. 아니, 특정 집단의 이해관계를 공유하기는 해도 그 안에 자신을 두지는 않습니다. 나아가 이해관계가 다른 두 집단에 아무런 거리낌 없이 동시에 가입하기까지 합니다.

실제로 20세기를 풍미했고 지금도 여전히 우리 안에 뿌리 깊게 남아 있는 공동체주의(communism)의 가장 큰 결함도 여기에 있습니다. 지금도 많은 이들이 인간을 무리의 구성원으로 이해하고 있고, 그 안에서 존재의 의미와 기쁨을 발견해야 한다고 생각하고 있습니다. 아니, 한 걸음 더 나아가 이런 우리들 세상이 끝없이 확장될 수 있고, 또 확장되어야 한다고 믿고 있습니다.

하지만 불행하게도 그런 우리들 세상은 존재하지 않습니다. 존재하지도 않는 세상을 향해 가는 과정에서 자본에 의한 인간의 지배와 관료에 의한 필요의 지배만 남을 뿐입니다. 더욱이 이런 세상을 위해 수많은 이들이 희생해야 한다면, 수많은 이들의 희생을 토대로 만들어진 우리들 세상이라면, 이는 그 실현 가능성을 넘어 극복의 대상이 되어야 마땅합니다.

엮음의
민주주의

정치학자 아렌트(Hannah Arendt)는
민주주의의 본질을 "복수(複數)인 한 사람에 의한 복수인 한 사람
에 대한 말하기"이고, "그 말이 진실성을 가지고 기억될 권리"라고
했습니다. 그녀에 따르면 사실에 부합하지 않거나 보편적 가치에 어
긋나지 않는 한에서 모든 개인과 그의 의견은 존중받아야 마땅합
니다. 그녀에게 있어 '다양성(plurality)'은 민주주의의 핵심 가치이
고, 민주주의의 본질은 '묶음의 공동체(commune)'가 아닌 '엮음의
결사체(community)'였던 셈입니다.

아렌트는 이런 민주주의와 대비되는 것으로 전체주의와 관료
제를 들었습니다. 전체주의는 독재나 전제(專制)가 아니라 전체의
지배입니다. 처음에는 특정 집단을 선별해 그들의 인간성을 공격하
지만—나치가 유대인들에게 행했던 것처럼—, 결국에는 모든 인간
을 무용한 존재로 만드는 대중의 전체주의운동이 바로 전체주의입
니다. 마찬가지로 관료제는 관료에 의한 지배가 아니라 누구도 아
닌 자에 의한 모두의 지배입니다. 관료제 사회에서는 구성원의 오
직 하나뿐인 '자기표현'[153]이 규제받고, 그 대신에 '정상적인 행위'가

---

153   '자기표현'은 '자기형성'과 짝을 이루는 행위입니다. 승조법사는 "천지만물이 모여
       나를 이루었으니(會萬物爲自己), (이번에는) 내가 그 천지만물을 만든다(萬物無非
       我造)"고 했습니다. 앞의 문구가 '자기형성'이라면 뒤의 문구는 '자기표현'이라 할

요구됩니다. 인간의 무수한 차이(=복수성)는 사적인 영역으로 치부되고, 공적인 정상만이 모든 인간을 지배하게 됩니다.

민주주의의 본질이 '묶음의 공동체'가 아닌 '엮음의 결사체'라는 데서 우리는 '코뮌'과 '커뮤니티'의 차이를 발견합니다. 두 용어는 모두 '공동'을 뜻하는 라틴어 '코무네(commune)'에서 나왔지만 실제 사용면에서는 많은 차이가 있습니다. 커뮤니티가 공동의 '관계'—공동노동·공동분배·공동소비 등과 같은—에 방점이 가 있는 반면에, 코뮌은 그것이 제도화되어 하나의 '체제'가 된 것—공동체와 같은—에 더 큰 방점이 가 있습니다. 커뮤니티가 엮음의 과정이라면 코뮌은 그 결과이고, 중요한 것은 코뮌의 결과가 아니라 커뮤니티의 과정입니다.

실제로 유럽연합(EU)의 경우가 그 대표적 사례입니다. 우리는 보통 유럽연합을 하나의 통일된 국가처럼 생각하기 쉽지만 실은 그렇지 않습니다. 유럽연합이 태동하기 전까지 그들 안에는 수많은 엮음의 과정이 있었고,[154] 1993년 태동한 이후에도 여전히 그들은

수 있습니다. 같은 말을 일본의 유키오카는 인간의 삶은 "인간이 그 자의식에 자기를 형성하는 과정"과 "(이렇게) 형성된 자기를 표현(외화)하는 과정"으로 구성되는데, 이런 자기표현 가운데 사회적이고 역사적인 자기표현이 자본이고, 개체적이고 동시대적인 자기표현이 삶(생활)이라 했습니다.

154 1952년에 유럽석탄철강커뮤니티(European Coal and Steel Community), 1957년에 유럽경제커뮤니티(European Economic Community)와 유럽원자력에너지커뮤니티(European Atomic Energy Community), 1967년에 유럽커뮤니티(EC,

스스로를 엮음의 열린 결사체라고 천명했습니다.[155] 유럽연합이 그 지폐의 앞면에 문(창문)을 디자인하고, 뒷면에 다리를 디자인한 것도 이런 이유에서였습니다. 문(창문)은 열림을 상징하고, 다리는 엮음을 상징하는 것이었습니다.

사회적 경제에서도 마찬가지입니다. 사회적 경제가 공통의 필요를 엮는 데서 출발한다고 해서 그 주체마저도 동질로 묶으려 해서는 안 됩니다. 이런 환상이 정관·규약·설립이념 등과 같은 '관계의 규칙'을 제도적·교리적 '법령'으로 탈바꿈시킵니다. 그렇게라도 해서 내부적 일체감을 얻을 수 있으면 좋겠지만, 나는 이런 방식의 성공 사례를 본 적이 없습니다. 아니 오히려 『모모』의 회색신사들처럼 엮음의 대상, 즉 마을 사람들의 필요를 마을 사람에게서 빼앗아 죽은 시간이 되게 할 뿐입니다.

시간(필요)을 빼앗아 죽은 시간이 되게 하는 것은 체제의 행위가 아니라 인간의 선택입니다. 아렌트는 이를 두고 '악의 평범성(the banality of evil)'이라 이야기했습니다. 독일의 나치즘은 나의 의지와는 관계없이 생겨난 게 아니라 인간 행위의 결과로 생겨난 것입니

European Communities) 등이 있었습니다.

155   유럽연합은 조약의 첫머리에 "연합은 인간의 존엄에 대한 경의, 자유, 민주주의, 평등, 법에 의한 지배, 소수자의 권리를 포함한 인권존중이라는 가치관에 기초해 설립"되고, "이런 가치관은 다원적 공존, 무차별, 관용, 정의, 결속, 남녀 간의 평등이 실현된 사회에서 가맹국 모두에게 공통된 것"이라고 했습니다.

다. 인간은 다른 선택도 가능했지만 끝내 전체주의를 선택했습니다. 폴라니가 사회적 인간을 강조한 것은 이런 책임에서 우리 인간이 자유로울 수 없다고 보았기 때문입니다.

시간을 세속화·추상화시킨 덕에 자본이 태동했고, 그 자본이 공간화되면서 자본주의 세계가 태동했습니다. 마찬가지로 단일한 필요의 강력한 엮음은 오히려 필요를 세속화·추상화시키는 결과를 낳을 뿐입니다. 또 필요의 다양한 엮음은 주인만 바뀐 자본주의를 지역사회에 확산시킬 뿐입니다. 사회적 경제의 공간화 전략은 한 사람 한 사람이 그 존엄을 잃지 않으면서 살아가도록 그가 지닌 다양한 필요를 엮는 것이지 그 반대의 경우가 아닙니다.

4. 구조의 진화

사회적 경제의
세 가지 구조

　　　　　　　　사회적 경제는 공간·관계·정서라
는 지역사회의 세 가지 개념 가운데 특히 관계의 영역에 집중합니
다. 공통의 관심·필요·테마 등을 엮고 이렇게 엮어진 관계를 다시
공간과 결합시키는 것이 사회적 경제입니다.

　물론 이런 관계의 공간화 전략은 지역사회를 향해서만 있는 것
이 아닙니다. 지역사회를 향해 지역사회 공간과 사회적 경제 관계
를 결합시키는 것만이 아니라 사회적 경제 안에서도 공간화 전략이
필요합니다. 사회적 경제 스스로가 하나의 공간이 되어가는 과정
에서, 아니 최소한 이와 병행해서 지역사회라는 더 큰 공간과 결합
하는 것입니다.

　사회적 경제를 하나의 공간으로 볼 때, 그 안에는 다양한 요소

들이 각각의 구조를 이루고, 이런 구조들이 다시 결합해 하나의 공간이 된다고 볼 수 있습니다. 실제로 모든 사회적 경제는 어느 시대 어느 유형을 막론하고 크게 운동과 사업이라는 두 요소가 결사체와 사업체라는 각각의 구조를 이루어왔고, 이런 구조들이 다시 결합해 사회적 경제라는 하나의 공간을 만들어왔습니다.

문재인 정부 일자리위원회에서 사회적 경제를 "구성원 간 협력·자조를 바탕으로 재화나 용역의 생산 및 판매를 통해 사회적 가치를 창출하는 민간의 모든 경제적 활동"이라 정의했을 때, 그 안에는 구성원 간의 협력과 자조라는 운동이 있고, 이를 바탕으로 재화나 용역을 생산 판매하는 사업이 있음을 암시합니다. 국제협동조합연맹(ICA)이 협동조합을 "공동으로 소유하고 민주적으로 운영하는 사업체를 통해, 그들 공통의 경제적·사회적·문화적 필요와 염원을 충족하고자, 자발적으로 결합한 사람들의 자율적인 결사체다"라 정의할 때도 그 안에는 '결사체(association)'와 '사업체(enterprise)'라는 두 가지 구조가 동시에 들어 있습니다. 우리가 보통 사회적 경제를 "운동과 사업의 양 수레바퀴로 굴러간다"고 말하는 것은 은연중에 이런 두 구조에 대한 이해가 있기 때문입니다.

하지만 이런 결사체와 사업체만으로 사회적 경제의 전체 구조를 온전히 드러냈다고 보기는 어렵습니다. 운동과 사업의 양 수레바퀴가 축으로 이어져야 굴러가듯이, 어떤 형태로든 결사체와 사업체가 이어져야 합니다. 더욱이 수레의 목적이 바퀴를 굴리는 데 있는 것이 아니라 그 위에 무언가를 실어 나르는 데 있는 것처럼, 결사체와 사업체를 이으면서도 이들과 구별되는 또 다른 어떤 구조가 필요합니다.

이런 점에서 볼 때 우리가 별로 의식하지 못하지만 사회적 경제에는 결사체와 사업체 이외에 또 다른 구조가 있습니다. 결사체와 사업체를 연결하고 또 그 위에 무언가를 실어 나르는 구조로서 '공동체(community)'라는 것이 있습니다. 일자리위원회에서 사회적 경제를 정의한 내용 가운데 '사회적 가치'는 이런 공동체가 실어 나르는 내용물의 성격을 이야기한 것이고, 협동조합 원칙에 자주 등장하는[156] '조직(organization)'이라는 말은 이런 공동체의 다른 표현입니다.

준비·태동·
성장 단계

물론 이런 세 가지 구조가 처음부터 한꺼번에 갖춰지는 것은 아닙니다. 결사체·사업체·공동체는 엮음

---

[156] Co-operatives are voluntary organizations(제1원칙), Co-operatives are democratic organizations(제2원칙), Co-operatives are autonomous, self-help organizations(제4원칙) 등

의 세 방식인 멤버십·파트너십·릴레이션십과 마찬가지로 시차를 두고 드러납니다. 처음에는 결사체만 있다가 차츰 그 안에서 사업체가 분화하고, 이들 간의 상호관계가 다시 공동체라는 또 하나의 구조를 낳는[157] 것이 일반적인 경로입니다.

사회적 경제의 발전 단계를 준비·태동·성장의 세 단계로 나누어 볼 때, 처음 〈준비단계〉에서는 단지 사람만 있습니다. 사회적 경제가 아직 태동하지 않았음에도 내가 굳이 이를 첫 단계로 삼는 이유는, 그것이 어느 날 갑자기 나타난 게 아니라 사람이 만든 것이기 때문입니다. 사람에 의해 만들어지고, 사람에게로 돌아가는 것이 사회적 경제의 진화 과정이기 때문입니다.[158]

준비단계가 중요한 또 한 가지 이유는 사회적 경제의 영원한

---

157 이런 분화 과정은 단지 사회적 경제만이 아니라 생명의 일반적인 진화 경로라 할 수 있습니다. 노자는 이를 상징적으로 "도가 하나를 낳고(道生一), 하나가 둘을 낳고(一生二), 둘이 셋을 낳고(二生三), 셋이 만물을 낳는다(三生萬物)"고 설명했습니다. '결사체(一)'에서 '사업체'가 나오고, 이런 '결사체와 사업체(二)'에서 '공동체'가 나온다는 말입니다. 이런 노자의 상징적 비유에서 또 한 가지 중요한 점이 처음의 '도(道)'와 끝의 '만물(萬物)'인데, 이는 결사체·사업체·공동체를 낳은 것은 '인간(道)'이고, 결사체·사업체·공동체의 구조를 갖춰야만 '모든 인간(萬物)'이 나온다는 것으로 이해될 수 있을 것입니다.

158 「천부경(天符經)」에서는 "시작이 없는 하나에서 시작된(一始無始一)" 천지인(天地人) 삼극(三極)이 "끝이 없는 하나로 끝난다(一終無終一)"고 했습니다. 이는 다른 말로 하면 결사체·사업체·공동체라는 삼극이 인간에게서 나와 다시 인간에게로 돌아간다는 말이라 할 수 있고, 이 과정에서 인간과 그 사회가 비로소 지고성을 확보하게 된다는 말이라 할 수 있습니다.

자기 자리를 암시하기 때문입니다. 사회적 경제를 태동시킨 것은 사람이지만 그 사람은 보통 이하의 사람입니다. 세상 누구도 거들떠보지 않는, 기존 사회로부터 소외된, 물리학적 개념으로는 '평형으로부터 멀리 떨어진(far-from-equilibrium)' '혼돈의 가장자리(the edge of chaos)'에 놓인 사람들입니다.[159] 그들이 자신의 존재가치를 깨닫고 이를 구현하기 위해 사회적 경제를 시작합니다.

이는 매우 중요한 의미를 담습니다. 사회적 경제의 시작은 단지 사람에 의해서가 아니라 기존 질서로부터 멀리 떨어진 사람에 의해서입니다. 그들이 기존 질서 안으로 들어가기 위해서가 아니라 기존 질서와는 다른 질서를 만들기 위해 사회적 경제를 시작합니다. 비록 일정 단계에 도달하면 기존 질서로 수렴되는 것이 보통이지만, 수렴되는 속에서 수렴되지 못하는 자기 자리를 향함으로써 사회적 경제는 영원한 생명을 얻게 됩니다.

준비단계에 이은 〈태동단계〉에서 사회적 경제는 자신의 존재가치를 깨달은 이들이 비슷한 처지인 사람들을 엮기 시작합니다.

159　실제로 우리나라 협동조합 역사에서 대표적 민간협동조합이라 할 수 있는 1920년대의 소비조합, 1960년대의 신용협동조합, 1980년대의 생활협동조합은 높은 소작료와 일본인들의 상권 지배, 개발독재에 따른 고물가와 고리채, 심각한 먹을거리 오염에 시달려온 서러운 사람들이었습니다. 1990년대에 자활기업과 마을기업이, 또 2000년대에 사회적기업이 제도화되기는 했지만, 그 뿌리는 1970년대 태동한 생산협동조합에 있었는데 이곳에 모인 이들 역시 대부분 철거민·실업자·저임금노동자들이었습니다.

그리고 이런 엮음이 하나둘 쌓여 가시적 실체를 드러내면서 사회적 경제는 비로소 결사체를 갖게 됩니다. 물론 이때는 아직 사업체가 드러나지 않습니다. 사업체는 결사체 안에 내포돼 있고, 따라서 이 둘을 잇는 공동체도 아직은 모습을 드러내지 않습니다.

위에서 나는 엮음에는 세 가지가 있고 그 시작이 멤버십이라고 했습니다. 평형의 가장자리에서 사회적 경제를 태동시키는 것은 사업에 따른 혜택보다 구성원 간의 멤버십 덕분입니다. 구성원을 확대하는 것도 멤버십을 통해서고, 초기 사업의 수많은 위험요소를 경감시키는 것도 멤버십 덕분입니다. 구성원 간의 멤버십이 사회적 경제를 드러내고, 따라서 태동단계의 사회적 경제는 결사체 자체입니다.[160]

물론 이렇게 사회적 경제가 자기 모습을 드러낸다고 해서 모두 자리 잡게 되는 것은 아닙니다. 안으로는 결사에 관한 관심보다 사업의 혜택을 바라는 이들이 늘어나고, 밖으로는 국가의 규제나 시장의 경쟁에 직면하는 상황에서는 더욱 그렇습니다. 이런 때 등장하는 것이 바로 파트너십입니다. 파트너십 덕분에 사회적 경제는 한

---

160   결사체 자체라는 말은 운동 자체라는 말과 같습니다. 실제로 우리나라 사회적 경제의 초창기 모습은 대부분 운동이 중심이었습니다. 협동조합은 농촌계몽운동(소비조합)이거나 민중운동(신협)이거나 시민운동(생협)이었고, 자활기업·마을기업·사회적기업도 초기에는 민중의 생존권 운동이었습니다. 사업이 있기는 해도 소규모이거나 결사의 연장에서 진행되었습니다.

사회 안에서 자리 잡을 수 있게 되고, 태동단계를 넘어 비로소 〈성장단계〉로 접어들게 됩니다.

결사체 안에 내포돼 있던 사업체가 그 모습을 드러내는 것은 이때부터입니다. 성장단계에 이르러 결사체에서 사업체가 분리되고, 이렇게 분리된 사업체가 자신을 분리시킨 결사체와 다시 관계합니다. 그리고 이 과정에서 사회적 경제는 내부적인 이원화 구조를 갖게 되고, 외부적인 지속가능성을 확보하게 됩니다.

보통의 사회적 경제는 이렇게 준비단계에서 태동단계로, 그리고 다시 성장단계로 발전합니다. 물론 이런 경로를 모든 사회적 경제에 일률적으로 적용할 수는 없습니다. 준비단계에서 끝나는 경우도 있고, 태동했지만 성장을 거부하는 경우도 있습니다. 하지만 나는 이런 경로 속에서, 각각의 단계에서 맞닥는 새로운 과제들을 해결해가는 속에서, 사회적 경제가 단지 양적으로만이 아니라 질적으로도 성장한다고 생각합니다.

성장에 따른
문제

성장단계에서 결사체로부터 사업체가 분리되었다 해서 이 둘을 잇는 공동체가 태동하는 것은 아닙니다. 이때는 아직 사람들이 공동체 태동의 필요성을 크게 못 느낍니다. 사람들의 관심은 대체로 결사체에서 사업체를 잘 분리시켜 사업의 안정을 꾀하는 데 집중돼 있고, 일부에서 사업체에 의한 결사체의 소외를 우려하는 목소리가 있어도 이는 아직은 기우일 뿐입니다. 아니, 오히려 사업의 강화를 통해 결사가 강화될 수 있다는 희망이 그 내부를 지배합니다.

하지만 기우가 현실이 되고 희망이 환상임을 아는 데는 그리 많은 시간이 필요하지 않습니다. 성장의 중간 단계쯤부터 결사체와는 상관없이 사업체가 움직이고, 이것이 고착화되면서 사업체에 의한 결사체의 지배가 시작됩니다. 사회적 경제가 그 준비단계에서 먼저 사람이 있고, 이들이 멤버십과 파트너십을 형성하면서 태동단계와 성장단계로 발전했음에도, 정작 성장한 사회적 경제에서는 사람과 그들의 관계가 사라지게 됩니다. 사람 대신에 그들의 필요만 남게 되고, 사람의 관계 대신에 형식적 민주주의만 남게 됩니다.

형식적으로라도 결사가 남아 있으면 그나마 다행입니다. 지금 우리나라에서는 사회적 경제를 사람의 관계가 아닌 사업의 가치로 이해하는 경향이 대세를 이루고 있습니다. 멤버십·파트너십·릴레이션십 같은 인간관계는 없고, 사업을 통해 드러내는 가치에만 중심이 가 있습니다. 하지만 나는 '사회적'이라 포장되는 이런 가치가 정녕 사회적 가치인지, 또 그렇게 해서 사회적 가치가 드러날 수 있는지 의문입니다.

혹자는 이런 결사의 붕괴를 조직 확대에 따른 자연스런 현상으로 받아들이기도 합니다. 인간이 관계할 수 있는 범위는 정해져 있어서,[161] 성장에 따른 범위의 확대가 관계를 약화시킬 수밖에 없다고 체념합니다. 하지만 나는 이런 생각에 별로 동의하지 않습니다. 현대사회에서 관계는 공간이 아닌 시간의 영역이고, 범위가 아닌 테마의 영역입니다. 다시 말해 범위의 확대가 관계를 무너트린 것이 아니라 테마의 상실이 관계의 필요성을 못 느끼게 하는 것입니다. 이미 공간화되어버린 성장한 사회적 경제의 테마를 대신해 새로운 테마를 찾지 못하면서 그 안의 관계는 당연히 무너져버립니다.

또 혹자는 이런 결사의 붕괴를 구성원이나 정부 탓으로 돌리기도 합니다. 결사할 의지 없이 사업의 혜택만 누리려는 구성원 때문이고, 과정은 생략한 채 성과만 강조하는 정부의 물량주의 때문이라고 말합니다. 하지만 나는 이런 생각에도 별로 동의하지 않습니다. 인간을 죽이고 그들의 필요만 탐해온 덕에 결사가 무너진 것이고, 평형의 가장자리에서 출발했음에도 기존 질서를 넘어서려는 생각 없이 그 안에서 기생하려는 생각이 정부의 시녀로 전락시킨 것입니다.

---

161   실제로 영국의 문화인류학자 던바(Robin Dunbar)는 인간의 대뇌 신피질 비율로 볼 때 한 사람이 강제적인 규범에 의하지 않고 자발적으로 안정적인 관계를 맺을 수 있는 범위는 기껏해야 150명 내외라고 했습니다.

상사와
상동

　　　　　　　　　　생명의 진화에 관한 생태학 용어 가
운데 '상사(相似, analogy)'와 '상동(相同, homology)'이라고 있습니다.
외관이나 기능이 비슷해 보여도 실은 별개의 구조에서 유래한 것이
'상사'이고, 외관이나 기능이 전혀 달라 보여도 실은 같은 구조에서
유래한 것이 '상동'입니다. 새와 곤충의 날개는 외관이나 기능이 비
슷해 보여도 실은 새의 날개는 다리에서 진화하고 곤충의 날개는
표피에서 진화한 것입니다. 사람의 팔과 새의 날개는 외관이나 기
능이 전혀 달라 보여도 실은 같은 다리에서 진화한 것입니다.

　　상사와 상동의 과정을 각각 '수렴진화(convergent evolution)'와
'발산진화(divergence evolution)'라 부릅니다. 수렴진화는 외부 환경
에 적응하기 위해 전혀 다른 데서 기원했지만 비슷한 외관과 기능
을 갖게 되는 것이고, 발산진화는 같은 데서 기원했어도 전혀 다른
외관과 기능을 갖게 되는 것입니다. 새의 다리와 곤충의 표피는 같
은 날개로 수렴된 것이고, 사람과 새의 다리는 각각 팔과 날개로 발
산해간 것입니다. 생명의 역사는 이렇게 상사의 수렴진화와 상동의
발산진화가 교차하면서 다양하고 풍요로운 생명의 세계를 만들어
온 과정입니다.

　　그런데 여기서 한 가지 주의해야 할 점이 있습니다. 상사나 상
동은 외부 환경에 적응하기 위한 생명의 자기선택이지 이를 위해

생명이 진화해온 것이 아닙니다. 또 수렴은 생명의 수렴이 아니라 특정 기능의 수렴이고, 발산은 특정 기능의 발산이 아니라 생명의 발산입니다. 다시 말해 생명의 진화는 각자가 가진 여러 기능을 발달시켜 전혀 다른 존재로 계속 가지치기[162]해나가는 과정이고, 이런 가지치기의 중심에는 생명의 자기선택이 있습니다.

사회적 경제를 이야기하는 마당에 굳이 생명을 끌어들이는 이유는 그 진화의 모습이 매우 닮았기 때문입니다. 모든 사회적 경제는 상사의 수렴진화로부터 시작됩니다. 서로 다른 이들이 지닌 여러 기능(필요) 가운데 공통의 것을 모아 엮는 것이 사회적 경제입니다. 멤버십을 형성하고 이를 다시 파트너십으로 보강하는 것도 특정 기능을 강화하기 위해서입니다.

하지만 동시에 특정 기능은 한 인간의 여러 기능 가운데 '유사한'[163] 특정 기능일 뿐 그것이 곧 인간은 아닙니다. 나아가 유사한

---

162   '발산진화'라 했을 때 '발산(divergence)'은 본래 '가지치기'라는 말입니다. 실제로 일본에서는 '발산진화'를 '발산'이 아닌 '분기(分岐)' 즉 가지치기로 표현합니다. 생명의 진화 과정을 담은 '계통수(phylogenetic tree)'를 수많은 가지로 뻗어나간 한 그루 나무로 그리는 것도 이런 이유에서입니다.

163   '유사한' 특정 기능이지 그냥 특정 기능이 아닙니다. 사회적 경제를 '공통의' 필요를 엮는 행위라 했을 때, 엄밀한 의미에서 이는 '공통으로 보이는' 필요이지 '공통의' 필요가 아닙니다. 공통으로 보인다 해도 막상 그 실현 과정에서는 많은 차이가 드러나기 마련이고, 이는 '공통으로 보이는' 필요 속에서 '공통이 아닌' 측면들이 드러나기 때문입니다. 그리고 이는 필요가 아닌 인간이 드러나는 과정이기도 합니다. 사회적 경제를 '공통의' 필요를 엮는 행위에서 '공통으로 보이는' 필요를

특정 기능을 강화하기 위해 인간이 있는 것이 아니라 인간을 위해 유사한 특정 기능의 강화가 필요한 것입니다. 그리고 이때의 인간은 유사 기능의 강화를 필요로 하지만 실은 전혀 다른 인간입니다. 따라서 유사한 특정 기능을 강화한다고 그 안으로 인간이 수렴되는 일은 없습니다.

생명의 진화는 항상 두 방향에서 동시에 이루어집니다. 한 방향은 자기가 가진 여러 기능을 기능별로 수렴해 강화하는 것이고, 또 한 방향은 이렇게 강화된 기능들을 가지고 전혀 다른 자기 모습으로 계속 가지치기해가는 것입니다.

이런 관점에서 보면 인간과 그들 공통의 필요를 엮는 사회적 경제는 이제 그 진화의 방향이 바뀌어야 합니다. 지금까지 상사의 수렴진화에 몰두해왔다면, 앞으로는 상동의 발산진화로 그 방향을 바꿔야 합니다. 아니, 정확히는 상동에 기초한 다시 한번의 상사, 즉 발산을 전제로 한 다시 수렴의 과정을 밟아야 합니다. 유사한 기능의 수렴에서 벗어나 가지치기를 통해 인간을 더욱 개체화시키고, 이를 토대로 한 인간이 지닌 다양한 유사 기능들을 다시 수렴해 들어가야 합니다.

엮는 행위로 인식 전환하는 것이야말로, 엮음의 대상을 필요에서 인간으로 전환하는 출발인 셈입니다.

사회적 경제의
진화

　　　　　　사회적 경제는 준비·태동·성장 단
계를 거쳐 발전합니다. 새로운 인간의 출현으로 사회적 경제가 준
비되고, 이런 사람들이 멤버십을 형성함으로써 사회적 경제가 태동
하며, 이런 멤버십에 파트너십이 더해지면서 성장하게 됩니다. 그리
고 이 과정에서 사회적 경제는 결사체와 함께 결사체에서 분화한
사업체라는 구조를 갖게 됩니다. 하지만 동시에 이렇게 성장한 사
회적 경제에서는 점차 인간과 그들의 멤버십이 사라지게 됩니다.

　　이런 때 사회적 경제는 수렴과 발산의 동시적 진행이라는 생명
의 진화 과정을 닮아야 합니다. 내부적으로는 비슷한 외관과 기능
을 가졌지만 수렴되지 못해온 이들을 향해, 또 외부적으로는 전혀
다른 외관과 기능을 가졌지만 같은 데서 기원한 이들을 향해, 사회
적 경제는 기능의 수렴을 넘어 존재로서 그들이 발산되게 해야 합
니다.

　　앞에서 나는 우리 시대가 사회적 경제에 거는 세 가지 기대로
'주체의 확대'와 '영역의 확장', 그리고 '지역사회의 창출'을 들었습
니다. '주체의 확대'는 인간의 확대이지 그들이 지닌 필요의 확대가
아닙니다. 더 많은 노동자·농민·소비자들의 공통의 필요를 수렴해
가는 것이 아니라, 더 많은 개인이 자유롭고 평등하게 자신을 발산
할 수 있도록 하는 것입니다. 기능의 수렴을 넘어 대내외의 인간이

존재로서 발산되도록 하는 것이 '주체의 확대'입니다.

물론 이런 '주체의 확대'는 사회적 경제 내부에도 큰 변화를 가져옵니다. 대내외 인간이 기능의 수렴을 넘어 존재로서 발산되도록 할 때, 이를 향해 기능을 수렴해온 구성원들이 함께 나설 때, 즉 멤버십과 파트너십을 통해 이룬 성과를 릴레이션십으로 차원 변화시킬 때, 그 과정에서 사회적 경제는 인간과 그들의 관계를 회복하고, 사회적 경제 안에는 유사한 기능의 수렴을 넘어 인간의 상호성이 확보되는 법입니다.

릴레이션십을 통한 '주체의 확대'는 자연스럽게 두 번째 기대인 '영역의 확장'으로 이어집니다. 우리 안에도 못 드는 이들, 우리 안에 들었어도 여전히 소외돼온 이들을 향해 우리가 나가는 과정에서 사회적 경제는 이들의 필요에 관심을 갖고 사업화해내게 됩니다.

물론 이때의 필요는 이전과는 성격이 다릅니다. 엮음의 대상이 계급이나 계층이 아닌 개인이기 때문에 당연히 그 필요는 그들의 필요가 아닌 그의 필요이고, '대중(大衆)의 필요'가 아닌 '다중(多重)의 필요'입니다. 따라서 이를 실현하는 과정에서도 대중의 필요를 충족하기 위한 효율성이나 규모보다 다중의 필요를 충족하기 위한 구체성이나 적합성이 중요해집니다.

필요를 사업화해내는 방향 또한 다각(多角)화에서 다기(多岐)화[164]로 바뀝니다. 다각화가 대중이 지닌 다양한 필요를 다양한 경로로 수렴하는 것이라면, 다기화는 가지치기한 개인의 전체적 필요를 전체적으로 통합해가는 것입니다. 그리고 이를 위해 필요하다면 새로운 사업도 기존 사업의 도움을 받으며 만들어내는 것입니다. 구성원의 참여가 이용을 넘어 삶 전체로 전환하는 것은, 이렇게 사회적 경제의 사업이 한 인간의 전체적 삶을 향해 다기화한 때문입니다.

공동체의
태동

　　　　　　　　위에서 나는 결사체와 사업체만으로는 사회적 경제의 전체 구조를 온전히 드러내지 못한다고 이야기했습니다. 운동과 사업이 축으로 이어져야 하고, 그 위에 무언가를 실어 나를 공간과 역할이 마련되어야 하는데, 이것이 바로 공동체라고 했습니다. 그런데 이런 공동체는 사실 채워서 마련되는 것이 아니라 비워야 마련되는 법입니다. 결사체나 사업체를 만들어온 기존의 방식과는 다르게, 스스로를 비우려는 의식적인 노력이 공동

164　　'다기(多岐)'는 '발산진화'에서의 '가지치기'와 마찬가지로 '여러(多) 갈래(岐)'를 뜻합니다. 사업의 대상이 가지치기한 통합적 인간이라는 점에서, 또 그 사업체의 방향이 기존 사업체에서 계속 가지치기해야 한다는 점에서, 주체의 확대를 통한 영역의 확장은 다각화가 아닌 다기화로 표현해야 맞습니다.

체라는 새로운 구조를 만들어냅니다.

사회과학의 한 분야로 '네트워크론'이라고 있습니다. 이에 따르면 우선 '사람'이 있고, 그 사람이 다른 사람과 '관계'하며, 이런 관계가 지속적으로 이루어지면서 '네트워크'가 구축됩니다. 동시에 이렇게 구축된 '네트워크'에 의해 사람의 '관계'가 촉진되고, 이런 관계의 촉진 덕분에 '사람'이 존재할 수 있게 됩니다. 전자가 네트워크를 향한 인간의 수렴 과정이라면 후자는 인간을 향한 네트워크의 발산 과정이고, 이런 양방향이 교차하면서 사회가 형성된다는 것이 네트워크론의 핵심입니다.

재밌는 것은 이런 양방향 과정에서는 우리가 미처 인식하지 못하는 큰 변화가 일어난다는 사실입니다. 자세한 표기는 생략했지만 위의 두 과정에서는 같은 '사람'이어도 수렴 과정에서는 '마디(node)'였던 것이 발산 과정에서는 '이용자(user)'로, 같은 '관계'여도 수렴 과정에서는 '이음(tie)'이었던 것이 발산 과정에서는 '공급망(line)'으로, 또 같은 '네트워크'여도 수렴 과정에서는 '네트워크(network)'였던 것이 발산 과정에서는 '오퍼레이터(operator)'로 전환합니다.

물론 이런 전환은 네트워크만이 아니라 사회적 경제에서도 똑같이 일어납니다. 사회적 경제도 〈사람→관계→사회적 경제〉라는 '인간의 자기조직화' 과정과 〈사회적 경제→관계→사람〉이라는 '사회적 경제의 사업화' 과정 사이에서 사람이 주체에서 이용자로 바꾸고, 관계가 결사에서 사업으로 바뀌며, 이런 관계의 결과물이 결사체에서 사업체로 바뀝니다.

그렇다고 이런 전환을 탓할 수는 없습니다. 문제는 전환에 있는 것이 아니라 전환의 고착화, 즉 네트워크나 사회적 경제를 만들어가는 과정은 사라지고 만들어진 것을 단지 이용할 뿐인 지금의 상황에 있습니다. 이런 상황에서 사회적 경제가 자신의 가치를 장황하게 이야기하는 것은 사업 유지를 위한 강요된 이데올로기로 들릴 뿐입니다. 그것이 비록 '사회적'이라 포장될지라도 실제와는 거리가 먼 과대 포장으로 보일 뿐입니다. 그리고 이런 과정이 누적되면 사람들은 '사회적'이라 포장된 가치는 이야기해도 자기 이야기는 하지 않습니다. 사업을 이용하기는 해도 다른 사람과의 관계는 오히려 그 밖에서 찾습니다.

네트워크론에서는 이런 문제를 해결하는 방안으로 장황한 설명이나 과대 포장보다 오히려 '빈 여백(structure holes)'과 '부드러운 연계(week tie)'를 강조합니다. 이를 통해 사람들은 하나의 목적을 위해 동원되고 이미 알고 있는 사업을 이용하는 자신을 넘어 사람과의 관계와 새로운 꿈을 그 안에 담아낸다고 말합니다.

사회적 경제에서도 마찬가지입니다. 사회적 경제에 빈 여백을 둘 때, 그 안으로 부드럽게 연계된 대내외로부터 새로운 주체와 그들의 다중적 필요가 들어오게 됩니다. 우리 시대가 요구하는 '주체의 확대'와 '영역의 확장'은 사실 이런 '빈 여백'과 '부드러운 연계'를 통해서나 가능한 일입니다. 그리고 이렇게 들어온 다중의 필요에 사회적 경제가 적극 대응할 때, 사회적 경제 안에는 기존과는 다른 결사와 사업이 태동하게 됩니다. 나아가 이렇게 새롭게 태동한 결사와 사업이 기존의 그것들과 관계하는 과정에서, 사회적 경제는 공동체라는 또 하나의 구조를 갖게 됩니다.

공동체는 결사체와 사업체의 단순한 연결이 아닙니다. 운동과 사업의 두 바퀴가 이어진다고 수레가 되지는 않습니다. 더욱이 수레의 목적은 무언가를 실어 나르는 데 있지 바퀴를 굴리는 데 있지 않습니다. 수레가 수레일 수 있는 것은 복수의 바퀴들이 복수로 상호작용하면서 그 위에 무언가를 실을 공간이 마련되면서부터입니다. 서로 다른 결사체와 사업체들이 모여 '복수의 계(複雜系)'를 형성하고 그 안에서 '하나의 계(單系)'에서는 볼 수 없었던 복수의 상호작용이 일어날 때, 사회적 경제는 비로소 '공동체'라는 자신의 공간을 갖게 됩니다.

사회적 경제가 자신의 공간을 갖는다는 것은 매우 중요한 전환입니다. '지역사회'가 '지역(공간)'과 '사회(관계)'의 결합이듯이, 관계에 집중해온 사회적 경제가 자신의 공간을 갖는다는 것은 스스로가 사회가 될 조건을 갖추었음을 의미하기 때문입니다. 하나의 사회로서 더 큰 사회인 지역사회를 향해 중층적으로 관계할 조건을 마련하게 된다는 점에서 이는 매우 중요한 전환입니다.

우리 시대가 요구하는 세 번째 기대인 '지역사회의 창출'은 이런 과정에서나 가능합니다. 사회적 경제가 기능을 넘어 스스로 사회가 되어가는 과정에서, 아니 최소한 이와 병행해 지역사회와 관계해야만 비로소 지역사회의 '창출'이 가능해집니다. 기능의 집합은 기능으로 끝나지 결코 새로운 사회나 질서를 만들어내지 못합니다. 사회적 경제는 그 내부에 결사체와 사업체를 넘어선 공동체를 태동시켜야 하고, 이런 전체 구조 속에서 스스로가 사회가 되도록 향해야 합니다.

5. 지역사회의
창출

'중층사회'와
'관계의 이중성'

영장류학자 가와이는 인간이 다른 영장류와 비교해 지니는 특징을 '중층사회'를 형성해온 데 있다고 보았습니다. 가족이라는 사회를 형성하고 이런 가족이 더 큰 사회와 중층적으로 관계해왔다는 것입니다. 물론 그가 말한 가족은 앞으로는 계속 규모가 작아져 개인으로 응집할 것입니다. 그리고 이를 대신해 사회적 경제 같은 새로운 중간 집단들이 그 역할을 대신하게 될 것입니다.

중층사회를 이해하는 데 있어 중요한 것이 부분과 전체입니다. 가족이든 사회적 경제든 모든 종류의 중간 집단은 전체사회를 향해서는 부분이면서 동시에 개인을 향해서는 전체입니다. 물론 이는 중간 집단만이 아니라 개인이나 전체사회도 마찬가지입니다. 한 개인은 중간 집단을 향해서는 부분이지만 동시에 수많은 부분을 포함한 전체이고, 전체사회 역시 수많은 중간 집단을 포함한 전체이지만 동시에 더 큰 전체사회를 향해서는 부분입니다. 개체가 전체와 직접 관계하는 것이 아니라 어떤 중간적 전체를 매개로 관계하고, 그 전체는 다시 더 큰 전체와 개체로서 만나는 중층적 구조가 끊임없이 이어진다는 것입니다.

또 한 가지 중요한 것이 이런 중층사회에서의 '관계의 이중성'입니다. 개체와 개체의 관계는 한 전체 안에서의 내부적 관계와 그 밖을 향한 외부적 관계가 다르게 표출됩니다. 단지 관계의 대상이 다른 정도가 아니라 관계의 방식에서도 큰 차이가 나타납니다. 그렇지 않고 안팎의 관계방식이 같아서는 개인이든 중간 집단이든 전체사회든 부분이면서 전체인 구조를 유지할 수 없습니다. 생명이 세포막을 통해 안팎의 관계를 구분하듯이, 모든 종류의 사회는 그 관계망을 통해 안팎의 관계를 구분합니다.

한살림이 태동했을 때 그 생각과 방향을 담은 문건으로 『한살림선언』이 발표된 적이 있습니다. 여기에는 "(생명은) 자신보다 큰 전체에 대해서는 하나의 부분이면서 동시에 많은 부분을 통합하고 있는 전체라는 의미에서는 전일(全一)적 아(亞)조직체다"라는 구절이 있습니다. '아(亞)'란 상위조직체보다 낮은 단계에 있고, 따라서 상위조직체 안에 속한 작은 하위조직체를 말합니다. 물론 이런 아조직체는 상위조직체의 부품이 아니라 부분입니다. 하나의 아조직체 또한 수많은 아조직체들로 이루어진 전체이고, 이들 간의 내부적 관계와 상위조직체를 향한 외부적 관계를 통해 그를 구성하는 아조직체는 물론이고 상위조직체와도 다른 독특한 성질을 출현시키기 때문입니다.

내가 '중층사회'와 '관계의 이중성'에 주목하는 이유는 그것이 개인과 사회적 경제, 그리고 지역사회와의 관계를 이해하는 데 있어 매우 중요한 키워드이기 때문입니다. 사회적 경제는 엄밀히 말해 개개인이 지닌 공통의 필요를 엮는 것이지 개개인을 엮는 것이 아닙니다. 하지만 이런 사회적 경제가 지역사회를 구성하는 한 부분으로 관계할 때, 즉 '중층사회'를 향해 외부로 표출될 때, 사회적 경제는 비로소 다양한 개인(부분)을 포함하는 하나의 사회(전체)가 되고, 그 안에서는 필요의 엮음을 넘어서는 개인 간의 상보성이 확보된다고 보기 때문입니다.

'상호부조'와
'이천식천'

'중층사회'와 '관계의 이중성'에서 중요한 것은 '관계의 이중성'입니다. 상위사회와 하위사회가 어떻게 관계하고, 이로 인해 각 사회가 내부적으로 어떻게 관계하느냐에 따라 중층사회는 위계 사회가 될 수도 있고 생명 사회가 될 수도 있기 때문입니다. 외부와의 관계가 지배와 착취냐 연대와 공생이냐에 따라 그 내부의 관계가 결정되기 때문입니다. 그리고 이에 대한 설명으로 나는 최시형 선생의 '상호부조(相互扶助)'와 '이천식천(以天食天)'을 뛰어넘는 설명을 본 적이 없습니다.

> **만일 한울 전체로 본다면 한울이 한울 전체를 키우기 위하여 동질(同質)이 된 자가 상호부조로써 서로 기화(氣化)를 이루게 하고, 이질(異質)이 된 자는 이천식천으로써 서로 기화를 통하게 하는 것이니, 한울은 일면에서는 동질적 기화로써 종속(種屬)을 양(養)하게 하고, 일면에서는 이질적 기화로써 종속과 종속의 연대적 성장발전을 도모하는 것이니, 총(總)히 말하면 이천식천은 곧 한울의 기화작용으로 볼 수… 있나니라.**

최시형 선생의 이 이야기는 당연히 인간과 자연, 인간과 다른 생명과의 관계에 관한 것입니다. 동질인 인간끼리는 상호부조하고, 이질인 생명 간에는 먹고 먹이는 과정에서 생명 전체의 진화가 이루어진다는 이야기입니다. 하지만 나는 이것이 인간과 자연의 관계만이 아니라 중층사회를 향한 개인·사회적 경제·지역사회의 관계를 설명하는 데도 하등 손색이 없다고 생각합니다.

먼저 "한울이 한울 전체를 키운다" 했을 때 앞의 '한울'은 개인,

뒤의 '한울 전체'는 지역사회라 할 수 있습니다. 최시형 선생은 언급하지 않았지만 이 둘 사이를 매개하는 것으로 사회적 경제가 있습니다. 사회적 경제를 한마디로 표현하자면 "동질이 된 자가 상호부조로써 서로 기화를 이루게 하는" 것이고, 지역사회를 한마디로 표현하자면 "이질인 사회적 경제가 이천식천으로써 서로 기화를 통하게 하는" 것입니다. 다시 말해 상호부조는 개인과 지역사회를 매개하는 사회적 경제의 내부적 관계이고, 이천식천은 이런 사회적 경제가 지역사회를 향해 표출되는 외부적 관계인 셈입니다.

'이천식천(以天食天)'에는 "한울이 한울을 먹는다"는 의미와 함께 "한울로써 한울을 먹인다"라는 두 가지 의미가 있습니다. 전자가 한울 전체로부터 한 한울이 받는 것이라면, 후자는 한울 전체를 향해 한 한울이 내주는 것입니다. 승조법사의 표현을 빌리자면 전자는 "만물이 모여 내가 되는" 것이고, 후자는 "그 만물을 내가 만들어가는" 것입니다. 최시형 선생은 이런 양방향 관계를 통해 한 생명과 생명 전체, 개인과 지역사회의 연대적 성장발전이 가능하다고 보았습니다.

물론 이런 양방향 관계는 직접 이루어지는 것이 아니라 어떤 중간적 매개자를 통해 이루어집니다. 한 생명과 생명 전체, 개인과 지역사회 사이에는 사회적 경제 같은 또 하나의 사회가 있습니다. 그리고 이런 사회에 대해 최시형 선생은 그 내부적 관계가 상호부조인 데 비해, 외부적으로 표출되는 관계가 이천식천이라 했습니다.

그리고 전체적으로 보면 모두 이천식천이라고 했습니다.

상호부조와 이천식천은 관계의 주체와 대상, 목적과 방식에서 많은 차이가 있습니다. 상호부조에서는 동질인 이들이 주체이고, 이들 공통의 필요가 대상이며, 필요의 충족에 그 목적이 있고, 이를 위해 서로 돕는 동질적 행위로서 상호부조가 요구됩니다. 이에 비해 이천식천에서는 이질인 이들이 주체이고, 이들의 인격이 대상이며, 인격의 실현에 그 목적이 있고, 이를 위해 서로 주고받는 이질적 행위로서 이천식천이 요구됩니다.

우리는 보통 '먹는다'의 상대어를 '먹인다'가 아닌 '먹힌다'로만 이해합니다. 먹히지 않고 먹기 위해 힘없는 이들이 상호부조하는 것을 사회적 경제라 이해합니다. 하지만 이런 취지의 상호부조는 그리 오래가지 않습니다. 먹히지 않을 만큼 강해지고 먹기 충분할 만큼 부유해지면 금세 소멸돼버립니다.

이에 비해 최시형 선생은 다르게 설명합니다. 먹히지 않기 위해 상호부조하는 것이 아니라 먹이기 위해 상호부조한다고 이야기합니다. 먹을 수 있게 된 덕분에 나와 우리가 형성되었으니, 이번에는 먹이기 위해 나와 우리가 나서야 한다고 이야기합니다.

최시형 선생의 이런 이야기는 약육강식의 사회를 살아가는 우리에게는 매우 낯설게 들릴지 모릅니다. 하지만 사회적 경제가 내부적으로 빵을 함께 나눠 먹는 동료(accompany) 관계일 수 있는 것은 외부를 향해 빵을 나눠 먹는 관계를 통해서나 가능합니다. 외부를 향한 주고받는 행위를 통해 비로소 그 내부의 서로 돕는 관계가 형성됩니다. 이런 이유로 최시형 선생은 상호부조 역시 전체적으로 보면 이천식천의 과정에 있다고 보았고, 이런 생명의 주고받는 행위를 통해 인간과 사회적 경제와 지역사회 전체의 연대적 성장발전이 이루어진다고 보았습니다.

지역사회에서의
삶

그러면 이런 사회적 경제를 통해 우리가 창출하는 지역사회의 모습은 어떤 것일까요? 지역사회 창출을 위해 우리는 어느 것부터 시작해야 할까요? 혹자는 단절된 인간관계를 복원하는 것이 최우선 과제인 양 이야기하지만 내 생각은 조금 다릅니다. 상호부조의 인간관계를 복원하려면 먼저 이천식천의 인간관계를 복원해야 하고, 나아가 그 전에 먼저 어떤 지역사회를 위해 이천식천의 인간관계를 복원하는지가 좀 더 명확해야 합니다.

노자는 자신이 꿈꾸는 이상적인 사회의 모습을 다음과 같이 표현한 적이 있습니다.

나라가 작고 백성도 적은 곳에서는(小國寡民)

문명의 여러 이기가 있어도 쓰지 않고(使有什佰之器而不用)…

사람들은… 그 음식을 달게(甘其食), 그 옷을 예쁘게(美其服),

그 거처를 편안하게 느끼며(安其居), 세속의 삶을 즐긴다(樂其俗).

이웃 나라를 서로 마주 보고(隣國相望)

닭과 개 울음소리가 들려도(鷄犬之聲相聞)

죽을 때까지 서로 왕래하지 않는다(民至老死不相往來).

노자의 이상사회를 우리는 보통 소규모로 구획된 폐쇄 사회, 문명을 모르는 원시사회로 생각하기 쉽지만 실은 그렇지 않습니다. 그들이 이웃 나라와 마주하고 닭과 개 울음소리가 들려도 죽을 때까지 왕래하지 않는 것은, 왕래의 필요성을 못 느낀 그들의 선택이지 운명이나 강요 때문이 아닙니다. 그들은 문명을 모르는 사람들이 아니라 문명의 이기가 있어도 쓰지 않는 사람들입니다.[165] 물론 그렇다고 그들을 소박하게 살아간 사람들로만 이해해서도 곤란합

---

165   이런 차이는 '원시사회'와 '미개사회'의 차이에서도 드러납니다. 우리는 보통 미개
       사회를 사라진 원시사회로 폄훼하지만 실은 그렇지 않습니다. 미개사회에서는 비
       록 구성원의 일부라도 문명을 알고 있습니다. 다시 말해 미개사회는 문명을 모르
       는 사회가 아니라 문명을 거부한 사회입니다. 풍족한 자연 덕분에 문명을 거부해
       도 충분히 행복하게 살 수 있는 사회입니다. 그들이 문명에 편입되는 것은 이런 자
       연이 파괴당해서지 문명이 좋아서가 아닙니다. 미개사회가 지역사회의 지향이 될
       수는 없지만, 문명과 자연에 대한 그들의 생각만큼은 본받을 필요가 있습니다.

니다. 그들이 즐긴다는 세속의 삶, 즉 그 음식을 달게 먹고 그 옷을 예쁘게 입으며 그 거처에서 편안함을 느끼는 삶은 검소한 삶이 아니라 꾸밈없는 삶입니다. '소박(素朴)'의 진정한 의미는 검소하게 살아간다는 데 있는 것이 아니라 꾸밈없이 자신을 드러낸다는 데 있습니다.[166]

지금으로부터 5만 년 전쯤에 인류가 처음 등장했을 때, 우리 조상들은 수렵과 채집을 하면서 배고프면 먹고, 추우면 입고, 힘들면 쉬는 그런 즉자(卽自)적 인간으로 살았습니다. 지금의 눈으로 보면 동물이나 다름없다고 비웃을지 모르지만 이때에는 오히려 인간이 살아 있었습니다. 아무리 먹어도 그 맛을 모르고, 어떤 옷을 입어도 예쁘지 않으며, 쉬어도 쉬는 것 같지 않은 지금과는 달랐습니다. 아니, 어떤 면에서는 배고파도 못 먹고, 추워도 못 입고, 힘든데도 쉬지 못하는 지금보다 훨씬 나았습니다.

이런 인류에게 지금으로부터 1만 년 전쯤에 큰 변화가 일어났습니다. 농경과 목축이 발명되면서 인간은 배고프면 먹고, 추우면 입고, 힘들면 쉬는 존재에서 무엇이 맛있고, 예쁘고, 편한지를 아는 존재로 변모했습니다. 나아가 더 맛있고 예쁘고 편안한 것을 좇는 존재로 변모했습니다. 한마디로 이때부터 인간은 즉자적 인간에서

---

166 이는 루소가 강조했던 '투명성(transparence)'과도 같은 것입니다. 매개자·중간자·장애물 없이 현재의 내가 나와 직접 만나는 것이고, 이는 본래적이고 고유한 것이면서 동시에 청결하고 아름다우며 순수한 것입니다.

대타(對他)적이면서 대자(對自)적인 인간으로 변모했고, 대타성의 총체로서 자연과 사회(공동체)를, 또 대자성의 총체로서 자기를 발견하게 되었습니다.

하지만 이런 인간의 변모는 한편에서는 불행의 씨앗이기도 했습니다. 더 나은 삶을 위한 인간의 노력이 자본으로 축적되고 국가가 소유하게 되면서, 즉 대타성의 총체가 자연과 사회에서 자본과 국가로 대체되면서, 무엇이 더 맛있고 예쁘고 편한지를 그들이 정하게 되었습니다. 대자적 인간은 그들이 정해준 더 맛있고 예쁘고 편한 것을 좇아 헤매는—노자는 이를 '떠돌아다닌다(遠徙)'라고 표현했습니다— 존재로 전락했고, 이런 인간에 의해 배고프면 먹고 추우면 입고 힘들면 쉬는 즉자적 인간은 인간 축에도 못 끼는 동물로 취급받게 되었습니다. 그리고 그 결과로 마침내 대자적 인간은 어떤 음식을 먹어도 맛이 없고, 어떤 옷을 입어도 예쁘지 않으며, 어떤 집에 살아도 편안하지 않게 되었습니다. 즉자적 인간은 배고파도 못 먹고, 추워도 못 입고, 힘든데도 못 쉬게 되었습니다.

지역사회를 창출한다는 것은 한마디로 이런 대타성의 총체를 자본과 국가에서 자연과 사회로 되돌리자는 것이고, 이를 통해 대자적 인간을 해방시키고 즉자적 인간이 살아가게 하자는 것입니다. 음식과 옷과 집을 가지고 무게 잡는 사회, 자신보다 못한 음식과 옷과 집을 가진 이들을 차별하는 사회, 그 차별에서 벗어나기 위해 끊임없이 상품을 소비하지만 오히려 자기가 소비 당하는 사회. 그런 사회로부터 "그 밥을 맛있게 먹고, 그 옷을 예쁘게 입으며, 그 집에서 편안히 기거하여, 일상의 삶을 즐기는" 그런 대자적이고 즉자적인 인간의 세상을 만들자는 것입니다.

생명의
호응공간

우리나라 사회적 경제는 지금 두 방향에서 새로운 전기를 맞고 있습니다. 하나는 새로운 사람들이 그들의 놓인 자리에서 새로운 사회적 경제를 모색하고 있고, 또 하나는 사회적 경제를 통해 어느 정도 목적을 달성한 사람들이 새로운 출구를 모색하고 있습니다. 각자의 출발지점은 달라도 둘 사이에는 새로운 모색과 출구를 찾는다는 점에서 뚜렷한 공통점이 있습니다.

나는 이런 두 방향이 이제는 만날 때가 되었다고 생각합니다. 1990년대에 프랑스를 비롯한 유럽 각지에서 연대의 경제와 사회적 경제가 상호작용했던 것과 마찬가지로, 지역사회 창출이라는 공동의 목표를 향해 새로운 사회적 경제와 기존의 사회적 경제가 만날 때가 되었다고 생각합니다. 그리고 이런 두 방향의 조우를 통해 '하나의 계'로는 예측하지 못하는 '복수의 계'를 형성하고, 나아가 이것이 '사회'를 태동시킬 때가 무르익었다고 생각합니다.

물론 이런 상호작용을 위해서는 먼저 인간에 대한 이해가 바뀌어야 합니다. 지금까지 사회적 경제는 인간을 '시민'으로만 여겨왔습니다. 시민이 그 권리와 의무를 행사하는 과정에서 정치적으로는 민주주의, 경제적으로는 자본주의, 사회적으로는 사회적 경제를 마련해왔습니다. 시민사회를 국가와 기업과 사회적 경제의 삼각 정립(鼎立) 구조로 이해하는 것도 인간을 이렇게 시민으로 보았기 때문입니다.

하지만 역사적으로 볼 때 '시민(citizen)'은 도시에서 살 수 있다는 일종의 자격이었습니다. '시민 아닌 이'와의 구분[167] 속에서나 존재하는 무리로서의 '시민집단(citizenship)'이었습니다. 시민 아닌 이들과의 구분 속에서 스스로를 시민이라 생각하는 이들이 권리를 지키고 지위를 향상시키기 위해 노력해온 것이 민주주의이고 자본주의이고 또 사회적 경제였습니다.

나는 이런 그동안의 노력을 결코 가볍게 평가하지 않지만, 이제는 차원 변화해야 할 때라고 생각합니다. 인간은 이제 더는 특정 집단의 구성원이 아니라 개개인이고, 살 수 있다는 자격이 아니라

---

167   '시민'은 고대도시국가에서는 '엠파로스(emporos, 이방인)'와 구분되는 '시비타스 (civitas)', 중세도시에서는 '프롤레타리아(prolétariat, 무산자)'와 구분되는 '부르 주아(bourgeoisie)', 프랑스혁명 이후에는 '소바주(sauvage, 야만인)'와 구분되는 '시토엔(citoyen)'이라 불렸습니다.

살아 있는 존재입니다. 따라서 한편에서는 모두가 모두를 향해 이방인일 수밖에 없지만, 덕분에 살아 있는 모든 존재를 환대하지 않고는 내 지고성이 확보되지 않는 상황이기도 합니다. 사회적 경제 앞에 '인간' 대신에 굳이 '생명'을 넣은 것은 이런 변화에 대응하기 위해서입니다.

사회적 경제에서 지역사회가 중요한 것은, 이런 변화하는 상황에서 모든 인간이 생명으로 살아갈 수 있게 지켜주는 공간이기 때문입니다. 물론 이런 공간은 20세기를 풍미했던 코뮌과는 다른 것입니다. 코뮌에서는 협동·결합·우애가 강조되었다면, 앞으로의 지역사회에서는 인간의 자유가 최우선이고 이에 기초한 연대·호응·형제애가 강조되어야 합니다. 일본의 사회학자 미타(見田宗介)는 이를 "서로 다른 이들의 타자성(他者性)을 녹여 없애 하나로 만드는 용융집단으로서의 코뮌이 아니라, 다른 이의 타자성이야말로 서로가 향유할 가치로 보는 호응공간으로서의 커뮤니티"라고 표현했습니다. 개개인의 자유를 전제로 그 이질성을 서로 향유하는 공동체로 나아가기를, 또 이런 사회적 경제 조직들이 복수로 상호작용해 자본주의 세계와는 다른 지역사회가 창출되기를 기대해 마지않습니다.

평화를
향해

　　　　　　　사이먼과 가펑클의 노래 중에 '험한 세상에 다리 되어(Bridge Over Troubled Water)'[168]라는 명곡이 있습니다. 지치고 초라해 보이는 이들을 향해 다리가 되어준다는 것, 내 몸 뉘어 그들의 쉴 곳을 마련해준다는 것은 수직적 연대로서의 엮음을 말합니다. 사회적 경제의 특징을 설명하는 용어로 '교차(intermediary)'니 '가교(架橋)'니[169] 하는 말이 자주 등장하는 것도 이런 다리와 엮음을 강조하기 위해서입니다.

　　물론 이런 수직적 연대는 한 인간이 감당할 수 있는 일이 아닙니다. 지금처럼 모두가 험한 세상에 놓여 있고 그 험한 세상을 스스로 헤쳐 나가야 하는 상황에서는 혼자서 다른 이의 다리가 되어줄

168　　그대 지치고 초라하게 느낄 때 / 그대 눈에 눈물 가득할 때 / 내가 닦아드릴게요. // 내가 당신 곁에 있어요. / 곤경의 순간이 다가오고 친구를 찾지 못할 때 // 거친 물살 위에 놓인 다리처럼 / 내 몸 뉘여드릴게요. // 그대 의기소침해져 있을 때 / 그대 거리를 헤맬 때 / 밤이 힘들게 내려앉을 때 / 내가 당신을 편안히 해드릴게요. // 내가 그대 짐을 덜어드릴게요. / 어둠이 오고 고통이 주위에 가득할 때 // 거친 물살 위에 놓인 다리처럼 / 내 몸 뉘여드릴게요. // 거친 물살 위에 놓인 다리처럼 / 내 몸 뉘여드릴게요.

169　　시장에 의한 교환, 정부에 의한 재분배, 가계와 지역사회에 의한 호혜라는 삼각형의 세 모서리가 교차하는 영역에 사회적 경제가 위치한다는 점에서 사회적 경제 영역을 '교차 공간(intermediary space)'이라 부르기도 합니다. 또 상품 내지는 상품화한 노동과 그 바깥의 자연 내지는 비상품화한 노동을 연결한다는 점에서 사회적 경제의 실천을 '가교적'이라 부르기도 합니다.

여유가 없습니다. 그래서 필요한 것이 수평적 협동이고, 수평적 협동을 통한 수직적 연대야말로 진정한 엮음의 방향입니다.

수평적 협동을 통한 수직적 연대의 가장 뛰어난 상징이 예수의 십자가입니다. 예수의 십자가는 대속의 상징이 아니라 양방향 엮음의 상징입니다. 좌와 우의 수평적 협동과 위와 아래의 수직적 연대의 결합입니다. 예수가 보여준 마지막 행동은 이런 양방향 엮음이었고, 예수는 그 안에 하늘나라의 평화가 있다고 했습니다.

이런 예수의 행동은 당시로서는 매우 혁명적이었습니다. 양방향 엮음은 로마나 그 황제가 하는 일이었고, 이를 통한 평화 또한 로마의 지배 아래 놓인 '팍스 로마나(Pax Romana)'였습니다. 이런 상황에서 예수는 양방향 엮음의 주체를 황제에서 보통의 인간으로, 그것의 방향을 가장 높은 황제에서 가장 낮은 사마리아인으로, 또 이를 통한 평화를 로마가 지배하는 평화에서 생명을 살리는 평화로 뒤집어놓았습니다. 로마로서는 당연히 체제 전복의 위협을 느꼈을 것이고, 체제 전복을 요구하는 사람들에게는 당연히 배신자로 보였을 것입니다. 예수가 죽음을 면치 못한 것은 어쩌면 당연한 일이었습니다.

하지만 예수는 죽었어도 죽지 않았습니다. "천국은 너희 안(사이)에 있다"는 그 말 안에, 수평적 협동과 수직적 연대가 결합한 그 세상 안에 예수는 여전히 살아 있습니다. 공간으로서의 소도가 소멸했다고 그 안의 관계마저 사라진 것이 아니듯, 예수가 죽었다고 그 생명마저 죽은 것이 아닙니다.

　최근 새로이 발견된 도마 복음에는 "천국은 너희 안(사이)에 있다"와 더불어 "천국은 너희 밖에 있다"는 이야기가 수록돼 있다고 합니다. 두 이야기는 언뜻 상반돼 보이지만 실은 같은 이야기입니다. 철학적으로는 김용옥 교수의 해석대로 '안과 밖'이라는 상대적 양단(兩端)을 동시에 긍정하는 전관(全觀)으로 볼 수 있지만, 이런 사유가 정작 빛을 발하는 것은 우리 밖에 있는 세상을 향해 우리 안(사이)의 관계가 발현되는 과정을 통해서입니다.

　천국이 너희 사이에 있고 너희 밖에 있다는 이야기는, "서로 다른 둘이 융융하지만 그렇다고 하나가 되지도 않는(融二不一)" 것이 "막힘없이 모두에게 이바지한다(無碍菩薩行)"는 원효의 이야기와 그 맥락이 같습니다. 서로 다른 사회적 경제가 사이를 두고 관계해 그 바깥의 모두를 향해 이바지함으로써 차원 변화한 새로운 가운데 중심을 형성하자는 것과 같은 이야기입니다. 이런 양방향 엮음 안에 원효는 '화쟁(和爭)'이, 또 예수는 '평화'가 있다고 이야기한 것입니다.

　평화는 전쟁의 일시적 휴전 상태가 아닙니다. 몇몇 국가의 정상들이 모여 종전선언이나 평화협정을 맺는다고 찾아오는 것도 아닙니다. 자유냐 평등이냐, 자본이냐 국가냐, 동서냐 남북이냐 등등의 수많은 이분화된 것들이 바깥과 아래를 향해 통일되어가는 과정이고, 그 안에서 이루게 될 미래가 아닌 현재의 모습입니다. 나는 이런 평화의 세상에 살고 싶고, 이런 세상을 아이들에게 물려주는 것이 내 살아가는 의미라 생각합니다.

에필로그

        군부독재를 몰아내고 정치적 민주
화를 이룬 '87년 체제'가 막 시작되었을 무렵, 무위당 장일순 선생
이 이제 갓 태어난 한살림에서 강연한 적이 있습니다. 이 자리에서
선생은 한살림을 하면서 꼭 지녀야 할 세 가지 마음으로 자애(慈)·
검약(儉)·겸손(不敢爲天下先)이라는 노자의 삼보(三寶)를 이야기했습
니다. 삼보의 토대 위에 잘못한 사람조차 안식처를 찾도록 하는 게
이 운동의 목표라고 이야기했습니다. 내가 새삼 30년 전의 이야기
를 다시 꺼내는 것은, 그 안에 사회적 경제가 나아가야 할 방향이
담겨 있기 때문입니다.

    먼저 '자애'에 대해 선생은 어머니가 자식을 품어 안 듯 세상
일체를 내 몸으로 품어 안는 것이라 했습니다. 옳다 그르다는 선악

의 분별을 두지 않고 세상 일체가 하나의 관계라는 걸 알고 내 몸으로 인정하는 마음, 따라서 내 자식이든 남의 자식이든 내 부모든 남의 부모든 내 몸처럼 품어 안으려는 마음이 이 운동의 시작이라고 했습니다. 세상이 온통 민주주의 하자고 난리지만, 나만 가지면 되고 남의 사정을 헤아릴 줄 몰라서야 어찌 민주주의가 되겠냐고 했습니다.

내가 볼 때 이는 사회적 경제의 '인간'에 대한 이야기입니다. 이성의 굴레에서 벗어나 '자기'를 발견하고. 자아의 이성이 아니라 육체를 지닌 자기의 큰 이성을 되찾자는 것입니다. 그리고 이를 통해 자기를 있게 한 세상의 모든 관계를 향해 자기를 드러내자는 것입니다. 그래야만 우리 사회가 진짜 민주주의가 될 수 있다는 사회적 경제의 시작을 이야기한 것입니다.

다음으로 '검약'에 대해 선생은 만물을 알뜰하게 모시고 이를 통해 이웃과 나누어 세상에 누구도 굶주리지 않게 하는 것이라고 했습니다. 지금까지 우리가 자연을 무시하고 개발해서 분배만 잘하면 그것이 복지고 민주주의인 줄 알았지만, 이런 생각은 지금 한계에 와 있고 이래서는 인류가 살 수가 없게 된다고 했습니다. 자연의 모든 존재가 인간을 살 수 있게 뒷바라지했으니, 이제는 이를 알뜰하게 모시고 이웃과 함께 나누어 세상의 누구도 굶주리는 이 없게 하는 것이 이 운동이라고 했습니다.

내가 볼 때 이는 사회적 경제의 '경제'에 대한 이야기입니다. 자

/ 사회적 경제란 무엇인가

연·사회·경제라는 교역의 세 층위에 호혜·재분배·상품교환이라는 교역의 세 유형을 담아내자는 것이고, 이를 위해 먼저 교역의 대상을 재화에서 생명으로, 또 교역의 목적을 부의 축장에서 복의 재분배로 전환시키자는 것입니다. 그래야만 우리 사회가 유지될 수 있다는 사회적 경제의 경제행위에 관한 이야기입니다.

세 번째로 '겸손'에 대해 선생은 세상에서 남보다 앞서려 하지 않고 항상 아래로 내려가는 것이라 했습니다. 넓게는 세상에서 또 좁게는 우리 안에서 보기에 좀 못난 건 자기가 집고 좋은 건 상대에게 나눠 줘야 진짜 민주주의라고 했습니다. 좋은 건 자기가 집고 나쁜 건 상대에게 주는 그따위 민주주의는 서양 애들이나 하는 거고, 그 결과로 세계가 이 꼴이 되었다고 했습니다.

내가 볼 때 이는 사회적 경제의 '정치'에 대한 이야기입니다. 사회적 경제의 정치는 다스리는 '제어(制御)'에 있는 것이 아니라 스스로 되어가게 하는 '이화(理化)'에 있고, 위만 바라보게 하는 '상향(上向)'에 있는 것이 아니라 아래로 향하게 하는 '강하(降下)'에 있다는 이야기입니다. 민주주의의 진정한 가치는 여기에 있고, 그래야만 '신시의 태평세상(神市太平之世)'이 열린다는 사회적 경제의 정치행위에 관한 이야기입니다.

마지막으로 선생은 이런 자애와 검약과 겸손의 토대 위에서 잘못한 사람조차 안식처를 찾도록 하는 게 이 운동의 목표라고 이야기했습니다. 민주주의는 상대에 대한 존경과 상대를 귀하게 여기는

데서 오는 거지, 상대가 좀 실수를 했다고 "넌 꺼져" 해서는 민주주
의가 되지 않는다고 했습니다.

내가 볼 때 이는 사회적 경제의 궁극적 지향인 '공간화'에 대한
이야기입니다. 아무리 잘못한 이라도 피해 올 수 있는 소도와 같은
'성스런 공간(聖域)'을 만들자는 것이고, 이를 매개로 지역사회 누
구라도 존대 받을 수 있는 '성스런 지역사회(聖地)'를 만들자는 것입
니다.

실제로 선생과 그 제자들은 암울했던 70년대에 원주를 그렇게
만들었습니다. 한편에서는 군부독재의 칼날에 쫓겨 온 이들의 쉴
공간을 마련했고, 또 한편에서는 못나고 살기 힘든 이들이 주인 되
어 살 수 있는 지역사회를 만들었습니다. 덕분에 예로부터 모든 권
력이 "아질에 들어가면 아니마(anima)가 씌인다"고 터부시했던 것
처럼 박정희 정권 또한 "원주만 다녀오면 다 빨갱이가 된다"며 탄
압했지만, 그 안에 든 이들은 자신의 존엄한 삶을 지킬 수 있었습
니다.

나는 장일순 선생이 말한 자애와 검약과 겸손, 그리고 이를 토
대로 한 성스런 지역사회의 구축 안에 우리 시대 사회적 경제의 방
향이 모두 담겨 있다고 생각합니다. 세상 일체를 내 몸으로 품어 안
는 인간, 만물을 알뜰하게 모시고 이를 통해 이웃과 나누어 세상에
누구도 굶주리지 않게 하는 경제, 세상에서 남보다 앞서려 하지 않
고 항상 아래로 내려가 모시는 정치, 피해 온 이들에게 안식처를 제

공하고 이를 매개로 모두가 존대 받을 수 있는 지역사회의 창출이야말로 민주주의 이후를 전망하는 사회적 경제의 핵심 가치라고 생각합니다.

장일순 선생은 정치적 민주화가 시작되고 60년이 지나야 진짜 민주주의가 실현될 거라고 예감했습니다. 물론 선생이 말하는 진짜 민주주의는 우리가 보통 생각하는 그런 민주주의와는 다를 것입니다. 이를 위해 지난 30년간 노력해왔고 또 나름의 성과도 냈지만, 이것이 우리의 종착지일 수는 없습니다. 선생이 말하는 진짜 민주주의는 모든 생명이 자기 모습대로 살아 생동하는 것이고, 살아 생동하도록 돕는 것입니다. 그리고 이런 시대를 열어가기 위해 생명의 사회적 경제가 필요한 것입니다. 사회적 경제가 해야 할 일은 남은 30년 동안 그런 참 민주주의 세상을 열어가는 것입니다.

참고문헌

단행본

『三國遺事』
『檀君世記』
『水雲海月法說』
『三國志 東夷傳 韓條』
『禮記 禮運』
김기섭, 『깨어나라! 협동조합』, 들녘, 2012
김소남, 『협동조합과 생명운동의 역사 — 원주지역의 부락개발, 신협, 생명운동』, 소명출판, 2017
김신양 외, 『한국 사회적경제의 역사』, 한울, 2016
金呑盧, 『道德經1,2』, 圖書出版 敎林, 1983
김필동, 『韓國社會組織史研究 — 契組織의 構造的 特性과 歷史的 變動』, 一潮閣, 1992
다다 마헤슈와라난다, 다다 첫따란잔아난다 옮김, 『자본주의를 넘어 — 프라우트: 지역공동체, 협동조합, 경제민주주의, 그리고 영성』, 한살림, 2014
大山 金碩鎭 著, 『대산주역강의3 — 계사전 외』, 한길사, 2007
마르셀 모스, 이상률 역, 『증여론』, 한길사, 2011
마르틴 하이데거, 전양범 역, 『존재와 시간』, 동서문화사, 2015
막스 베버, 박성수 옮김, 『프로테스탄티즘의 윤리와 자본주의 정신』, 문예출판사, 2010
미하엘 엔데, 한미희 옮김, 『모모』, 비룡소, 2006
司馬遷, 丁範鎭 외 옮김, 『司馬遷 史記1 史記本紀』, 까치, 1994
유키오카 요시하루, 김기섭 옮김, 『인간연대의 자본론』, 들녘, 2017
아담 스미스, 유인호 옮김, 『국부론』, 동서문화사, 2010
_____, 김광수 역, 『도덕감정론』, 한길사, 2016
李敦化 編, 『天道敎創建史』, 景仁文化社, 1982
장 보드리야르, 이상률 역, 『소비의 사회(그 신화와 구조)』, 문예출판사, 1992
장원봉, 『사회적 경제의 이론과 실제』, 나눔의 집 출판사, 2006
전호근, 『한국철학사 — 원효에서 장일순까지 한국 지성사의 거장들을 만나다』, 메멘토, 2015
칼 마르크스, 김수행 역, 『자본론 1/상』, 비봉출판사, 2015
칼 폴라니, 홍기빈 옮김, 『거대한 전환』, 도서출판길, 2009
환관, 김원중 옮김, 『염철론』, 현암사, 2007
今井義夫, 『協同組合と社會主義』, 新評論, 1989
今村仁司, 『交易する人間 — 贈与と交換の人間学』, 講談社, 2000
_____, 『近代の労働観』, 岩波書店, 1998
_____, 『貨幣とは何だろうか』, 筑摩書房, 1994
_____, 『現代思想の系譜学』, 筑摩書房, 1986
エンゲルス, 大内兵衛 訳, 『空想から科学へ — 社會主義の発展』, 岩波書店, 2008
賀川豊彦, 『賀川豊彦全集』, キリスト新聞社, 第9巻 1964, 第11巻 1963
柄谷行人, 『可能なるコミュニズム』, 太田出版, 2000
_____, 『世界共和国へ 資本＝ネーション＝国家を超えて』, 岩波書店, 2006
_____, 『トランスクリティーク』, 岩波書店, 2010

カール・マルクス, 望月清司 翻訳,『ゴータ綱領批判』, 岩波書店, 1975

カール・ポランニー, 野口建彦・栖原学訳 訳,『大転換 — 市場社会の形成と崩壊』, 東洋経済新報社, 2009年

＿＿＿＿＿＿＿＿, 栗本慎一郎・端信行 訳,『経済と文明 — ダホメの経済人類学的分析』, 筑摩書房, 2003年

＿＿＿＿＿＿＿＿, 玉野井芳郎・栗本慎一郎 訳,『人間の経済 1 市場社会の虚構性』,『人間の経済 2 交易・貨幣および市場の出現』, 岩波書店, 1980

＿＿＿＿＿＿＿＿, 玉野井芳郎・平野健一郎 編訳,『経済の文明史 — ポランニー経済学のエッセンス』, 日本経済新聞社, 1975

＿＿＿＿＿＿＿＿, 福田邦夫・池田昭光・東風谷太一・佐久間寛 訳,『経済と自由 — 文明の転換』, 筑摩書房, 2015

神野直彦,『「分かち合い」の経済学』, 岩波書店, 2010

東京・大阪・熊本実行委員会,『勃興する社会的企業と社会的経済 — T. ジャンテ氏招聘市民国際フォーラムの記録』, 同時代社, 2006

克勤, 入矢義高(ほか) 訳注,『碧巌録 中』, 岩波書店, 1994

木田元,『ハイデガーの思想』, 岩波書店, 1993

玉野井芳郎,『玉野井芳郎著作集』全4巻, 学陽書房, 1990

桜井英治,『贈与の歴史学 — 儀礼と経済のあいだ』, 中公新書, 2011

見田宗介,『社会学入門 — 人間と社会の未来』, 岩波新書, 2006

坂本龍一・河邑厚徳,『エンデの警鐘 「地域通貨の希望と銀行の未来」』, 日本放送出版協会, 2002

桓寛, 佐藤武敏 訳注,『塩鉄論 — 漢代の経済論争』, 平凡社, 1989,

粕谷信次,『社会的企業が拓く市民的公共性の新次元 — 持続可能な経済・社会システムの「もう一つの構造改革」』, 時潮社, 2006

中沢新一,『緑の資本論』, 筑摩書房, 2009

＿＿＿＿＿＿＿＿,『純粋な自然の贈与』 せりか書房 1996

＿＿＿＿＿＿＿＿,『日本の大転換』, 集英社, 2011

広井良典,『コミュニテイーを問いなおす — つながり・都市・日本社会の未来』, 筑摩書房, 2010

＿＿＿＿＿＿＿＿,『定常型社会 — 新しい「豊かさ」の構想』, 岩波書店, 2005

＿＿＿＿＿＿＿＿,『持続可能な福祉社会 —「もうひとつの日本」の構想』, 筑摩書房, 2010

＿＿＿＿＿＿＿＿,『創造的福祉社会 —「成長」後の社会構想と人間・地域・価値』, 筑摩書房, 2011

＿＿＿＿＿＿＿＿,『ポスト資本主義 — 科学・人間・社会の未来』, 岩波書店, 2015

矢野久美子,『ハンナ・アーレント 「戦争の世紀」を生きた政治哲学者』, 中央公論新社, 2014

網野善彦,『中世的世界とは何だろうか』, 朝日新聞出版, 2014

＿＿＿＿＿＿＿＿,『日本の歴史をよみなおす』, 筑摩書房, 2015

＿＿＿＿＿＿＿＿, 石井進,『米・百姓・天皇 — 日本史の虚像のゆくえ』, 筑摩書房, 2012

桜井英治,『贈与の歴史学 儀礼と経済のあいだ』, 中央公論新社, 2013

隅谷三喜男,『賀川豊彦』, 岩波書店, 1995

水野和夫,『資本主義の終焉と歴史の危機』, 集英社, 2015

バタイユ, 中山元 訳,『呪われた部分 有限性の限界』, 筑摩書房, 2003

酒井健,『バタイユ入門』, 筑摩書房, 1996

山内昶,『経済人類学への招待』, 筑摩書房, 1994

若森みどり,『カール・ポランニー：市場社会・民主主義・人間の自由』, NTT出版, 2011

논문 기타

고용노동부 보도자료,「2017년 사회적기업 3천개 육성 ─ 제2차 사회적기업 육성 기본계획(2013-2017) 발표─」 2012.12.24.

관계부처 합동,「제1차 협동조합 기본계획 (2014~2016년)」, 2013

권혁철,「사회적경제와 자유시장경제」,『사회적경제기본법, 어떻게 볼 것인가 정책토론회』

기초보장연구실,『2016년 빈곤통계연보』, 한국보건사회연구원, 2016

기획재정부 보도자료,「협동조합 내실화를 통한 건강한 협동조합 생태계 조성 ─ 제2차 협동조합 기본계획」, 2017.

金杜珍,「三韓別邑社會의 蘇塗神仰」,『韓國古代國家와 社會』

文昌魯,「三韓 '蘇塗' 인식의 전개와 계승」,『한국학논총』(39)

민영현,「蘇塗經典本訓에 나타난 三一의 의미 맥락과 天符經의 철학사상」,『仙道文化』 제3집, 국학연구원, 2007

朴魯哲,「朝鮮卓衣花郎史」, 조선중앙일보, 1935

박맹수,「동학계 신종교의 사회운동사」,『한국종교』제38집, 2015

백승영,「니체「도덕의 계보」(해제)」, 서울대학교 철학사상연구소, http://philinst. snu.ac.kr

孫晉泰,「蘇塗考」,『民俗學』4-4, 1932

宋華燮,「馬韓의 蘇塗 연구」, 원광대학교 박사학위논문, 1992

申采浩,『朝鮮史研究草』, 京城 朝鮮圖書株式會社, 1929

李泰鎭,「17・8세기 香徒 조직의 分化와 두레 발생」,『震檀學報』(67)

일자리위원회 관계부처 합동,『사회적경제 활성화 방안』, 2017.10

鄭寅普,「五千年間朝鮮의 얼」(228), 동아일보, 1936.5.10.

정중호,「고대 이스라엘의 도피성과 고대 한국의 별읍과 소소」,『구약논단』제17권 4호, 2011

조성환,「동학의 사상과 한국의 근대 다시 보기 ─『해월문집』을 통해 본 최시형의 동학 재건 운동(5)(6)」,《개벽신문》 68-69호, 2017년 10월호-11월호

진나라,「조선전기 社長의 성격과 기능」, 동국대학교 대학원 사학과 석사학위논문, 2004

한국보건사회연구원,『2015년 협동조합 실태조사』

현진권 편,『사회적이란 용어의 미신』, 한국경제원구원, 2013

重頭ユカリ,「フランスの協同組合銀行の生活困窮者への相談対応」,『農林金融』, 2013

神野直彦 講演,「スウェーデン・モデルを考える」, 日本総研主催シンポジウム

協働総合研究所,「社会的事業体が取り組む就労準備事業から持続性の中間的就労創出にむけた制度・支援に関する調査研究」報告書, 2013

地域福祉研究会,「誰もが安心して暮せる地域づくり ─ 新たな一歩をふみだすために」, 日本生協連合会, 2010

北島健一,「連帯経済と社会的経済 ─アプローチ上の差異に焦点をあてて─」,『政策科学 23-3』, 2016

厚生労働省,『地域における「新たな支え合い」を求めて ─ 住民と行政の協働による新しい福祉』, これからの地域福祉のあり方に関する研究会報告書, 2008

中島恵理,「EU・英国における社会的包摂とソーシャルエコノミー」,『大原社会問題研究所雑誌』 No.561, 2005

服部有希,「フランス社会的連帯経済法 ─利益追求型経済から社会の再生へ─」,『立法情報 外国の立法』, 国立国会図書館調査及び立法考査局, 2014

経済産業省(経済産業政策局産業組織課)委託調
　　査,『海外における社会的企業についての
　　制度等に関する調査報告書』, 2015
松野尾裕,「賀川豊彦の経済観と協同組合構想」,
　　『地域創成研究年報』第3号, 2008
吉田裕,「過剰さとその行方: 経済学・至高性・芸
　　術(1)」,『AZUR』, 成城大学フランス語フ
　　ランス文化研究会, 2009
＿＿＿,「過剰さとその行方: 経済学・至高性・芸
　　術(2)」,『AZUR』, 成城大学フランス語フ
　　ランス文化研究会, 2009
＿＿＿,「過剰さとその行方: 経済学・至高性・
　　芸術(3)」,『人文論集』, 早稲田大学法学会,
　　2009
＿＿＿,「バタイユの構図: 労働, 死, エロティス
　　ム, そして芸術」,『AZUR』, 成城大学フラ
　　ンス語フランス文化研究会, 2016